LIUJIAXIA DAQIAO JIANSHE
LUNWENJI

↑ 刘家峡大桥建成通车

↑ 大桥建成夜景

↑锚碇基坑开挖

↑锚碇抗硫混凝土垫层施工

↑锚碇混凝土分层分块施工

↑桥塔钢管制造、拼装

桥塔首节断钢管安装

自爬升门架安装桥塔

猫道承重索牵引

猫道承重索安装

猫道变位钢架安装

猫道面网施工

猫道过程中改吊

猫道贯通

↑主缆索股牵引提升

←主缆握索器

↑主缆线形监测

↑主缆紧缆施工

↑钢桁梁厂内组拼

↑加劲梁桥面板安装总体布局

↑钢桁加劲梁首节段吊装

↑加劲梁和桥面板安装施工全貌

正交异性钢桥面板安装

钢桁架梁线形调整

钢桁架梁节点联接

桥面板喷砂除锈施工 →

↑机械在桥面防水层顶面作业

← 钢桥面环氧沥青混凝土施工

Liujiaxia Daqiao Jianshe Lunwenji

刘家峡大桥建设论文集

阳华国　李鸿盛　主编

人民交通出版社股份有限公司
China Communications Press Co.,Ltd.

内 容 提 要

本书为中交一公局承建的刘家峡悬索桥工程建设过程中施工、科研人员的论文集，系统介绍了桥型较窄、首次利用钢管自应力混凝土结构作为桥塔的公路悬索桥在设计、施工、监控和科研试验方面所采用的新技术、新工艺、新材料、新设备和创新型的项目管理方法。包括大体积重力式锚碇、钢管自应力混凝土桥塔、猫道、缆索系统、钢桁梁和正交异性钢桥面板、钢桥面铺装施工等在特殊的地理气候条件下的成功做法，值得业界工程技术人员参考和借鉴。

图书在版编目(CIP)数据

刘家峡大桥建设论文集/阳华国，李鸿盛主编．—北京：人民交通出版社股份有限公司，2015.2

ISBN 978-7-114-11251-5

Ⅰ.①刘…　Ⅱ.①阳…　②李…　Ⅲ.①悬索桥—桥梁工程—工程施工—甘肃省—文集　Ⅳ.①U448.25-53

中国版本图书馆 CIP 数据核字(2015)第 032181 号

书　　名：**刘家峡大桥建设论文集**
著 作 者：阳华国　李鸿盛
责任编辑：赵瑞琴
出版发行：人民交通出版社股份有限公司
地　　址：(100011)北京市朝阳区安定门外外馆斜街 3 号
网　　址：http://www.ccpress.com.cn
销售电话：(010)59757973
总 经 销：人民交通出版社股份有限公司发行部
经　　销：各地新华书店
印　　刷：北京市密东印刷有限公司
开　　本：880 × 1230　1/16
印　　张：19
插　　页：4
字　　数：549 千
版　　次：2015 年 2 月　第 1 版
印　　次：2015 年 2 月　第 1 次印刷
书　　号：ISBN 978-7-114-11251-5
定　　价：80.00 元

《刘家峡大桥建设论文集》

编审委员会

主 任 委 员：弓天云

副主任委员：刘元泉　王宝善

编写委员会委员：田克平　周　兵　刘　晟　光　明　黄振燕
姚记所　周志峰　朱　琪　武维宏　阳华国
李鸿盛

编写组成员：李鸿盛　刘红宁　卢界江　赵鑫森　樊兆卫
路小科　王家玉　蔡明智　王　娜　闫瑞争
郑春雨

主　编：阳华国　李鸿盛

主　审：田克平

目录

1 管 理 篇

基于全过程成本控制下的“管理模块化＋施工专业化”项目管理 …… 阳华国(3)
浅谈大型项目的施工管理 …… 李鸿盛(9)
浅谈建筑工程专业分包合同管理 …… 朱文杰　王　娜(16)
浅谈经营管理中费用与成本的控制 …… 秦　磊(19)
公路施工企业资金预算管理的几点思考 …… 刘立波　蔡明志(22)
浅议如何从项目工作中全面优化各项财务指标 …… 蔡明志　刘立波(27)
浅谈企业绩效管理中的问题及对策 …… 徐小辉(32)
刘家峡大桥钢结构施工管理 …… 王军刚　李鸿盛(37)
公路工程计量支付工作的几点体会 …… 王　娜　朱文杰(45)
悬索桥施工定额测定方法 …… 王　娜(48)
建设项目如何做好经济活动分析 …… 蔡明志(51)
浅谈猫道架设施工安全管理 …… 罗求林(60)

2 锚 碇 篇

刘家峡悬索桥重力式锚碇施工温控设计及监测 …… 王宝善　李鸿盛　周　苗(67)
刘家峡悬索桥锚碇施工技术 …… 路小科　薛文明(77)
重力式锚碇预应力锚固系统施工技术 …… 刘红宇(86)
浅谈锚碇深基坑施工控制 …… 王家玉(92)
刘家峡大桥散索鞍倾斜墩支架设计 …… 卢界江　周　苗(95)
刘家峡大桥锚碇基坑安全开挖监控测量 …… 陈高成(104)

3 桥 塔 篇

刘家峡大桥桥塔施工技术综述 …… 殷建超　刘红宇(113)
刘家峡悬索桥大直径桥塔钢管制造关键技术 …… 黄振燕　阳华国　冯　浩(119)
刘家峡大桥索塔钢管微膨胀混凝土施工技术 …… 李鸿盛　阳华国(125)
刘家峡大桥钢塔施工监控测量 …… 陈高成　闫瑞争(132)

刘家峡大桥桥塔微膨胀混凝土施工质量影响因素及控制措施 …………………… 赵鑫森 殷建超(138)
附着式自爬升门吊安装索塔钢结构新技术 …………………………… 光 明 李鸿盛 阳华国(142)
钢管混凝土桥塔共同工作性能 ………………………………………………………………… 王家玉(151)
刘家峡大桥桥塔钢管现场对接环向焊接质量影响因素及控制方法 ………… 刘红宇 孟 孝(154)
刘家峡大桥大节段重型钢塔安装施工技术 ………………………………………… 路小科 卢界江(159)
刘家峡大桥桥塔施工安全设计与应用 ………………………………………………… 蔚立军 李鸿盛(167)

4 猫道、缆索篇

刘家峡大桥三跨连续式猫道的设计与架设 ………………………………………… 李鸿盛 光 明(175)
刘家峡大桥猫道拆除 ……………………………………………………………………… 卢界江 富宝慧(187)
悬索桥 PPWS 法主缆索股制造工艺研究 ………………………………………………………… 姚占军(191)
刘家峡悬索桥主缆垂度控制 ……………………………………………………………… 陈高成 吴 辉(198)
刘家峡大桥主缆施工成套工装介绍 ……………………………………………………… 卢界江 薛文明(204)
一种轻型紧缆机在刘家峡大桥主缆紧缆施工中的应用 ……………………………… 路小科 樊兆卫(213)
悬索桥索夹位置的精确计算和放样 ……………………………………………………………… 陈俊杰(217)
刘家峡大桥索夹施工关键技术 …………………………………………………………… 郑春雨 宋金玉(221)
刘家峡大桥主缆防腐施工控制 …………………………………………………………… 卢界江 王家玉(225)

5 钢桁架梁、桥面铺装篇

刘家峡大桥钢桁加劲梁吊装关键技术 ………………………………………………… 李鸿盛 光 明(233)
刘家峡大桥钢桁加劲梁拼装技术 ………………………………………………………… 李鸿盛 郝铁宝(242)
刘家峡大桥正交异性钢桥面板拼焊技术 ……………………………………………… 姚记所 李鸿盛(249)
刘家峡大桥钢桥面沥青铺装黏结层施工技术 ……………………………………………………… 路小科(253)
刘家峡大桥钢桥面铺装施工技术 ………………………………………………………… 阳华国 李鸿盛(257)

6 科研、试验篇

刘家峡黄河大桥岸坡岩体原位剪切试验研究 ……………………………………………………… 胡建芳(267)
刘家峡大桥桥台岸坡岩体特性及其稳定性研究 …………………………… 王骑虎 陶连金 韩友续(271)
大直径钢管混凝土配合比的初探 ………………………………………………………… 朱 琪 李鸿盛(277)
刘家峡大桥吊索疲劳试验 ………………………………………………………………… 闫瑞争 赵鑫森(283)
大直径厚壁钢管混凝土超声检测方法研究 ……………………………… 陈旺生 耿江玮 朱 琪(289)
刘家峡大桥索夹摩阻系数试验 ……………………………………………………………………… 赵鑫森(294)

1 管 理 篇

基于全过程成本控制下的“管理模块化＋施工专业化”项目管理

阳华国

（中交一公局第一工程有限公司）

摘　要　根据刘家峡大桥的施工特点和难点，采用创新的管理模式进行项目全过程成本控制，从技术、质量、安全、企业文化等方面进行管理创新，取得了成效，在同类型项目管理中有借鉴作用和推广前景。

关键词　成本　管理模块化　施工专业化　项目管理

中交一公局第一工程有限公司（以下简称公司）是集公路、桥梁、市政、隧道、钢结构等领域综合性施工的国家公路施工总承包一级资质、市政公用工程总承包一级资质企业。公司从1963年成立以来，先后参加多条国防公路、国道和地方公路主干线建设，曾多次荣获“建筑工程鲁班奖”，“詹天佑奖”，“公路工程优质工程奖”，“火车头奖”，为我国公路建设做出卓越贡献。

公司多年来始终坚持把项目管理，提升项目的管理水平作为第一要务。为了进一步提高企业管控能力和水平，提升企业综合实力，有效整合、充分利用社会资源，拓展更大的盈利空间，提高经济效益，培养和锻炼出优秀的技术和管理人才，逐步形成具有核心竞争力的管理优势，决定从2010年起在全公司推行“管理模块化＋施工专业化”的管理模式。

1　实施“管理模块化＋施工专业化”管理模式的背景

随着公司经营战略的深入推进，项目管理和各种资源与施工任务的矛盾日益突出。项目越来越多，区域越来越广，管理跨度越来越大，市场要求越来越高，制约项目管理的因素也越来越复杂。我们只有充分解放思想，倡导先进理念，创新管理模式，不断地改进管理工作，才能适应快速发展和不断变化的市场环境，也才能提高企业的整体竞争能力，实现企业愿景。

1.1　市场激烈竞争的需要

自2010年下半年以来，国家调整经济结构，放缓经济增速，建筑业市场竞争异常激烈，投标竞相压价，拖欠工程款，工程成本不断提高，企业盈利水平降低，依托市场扩大增加盈利的可能性减少，企业发展的空间受到挤压，必须走管理创新的道路，才能增加企业盈利水平。不论内部或是外部都需要管理创新来助推企业发展。由于受到市场的打压，必须采用低成本战略来战胜对手，而且把它作为企业竞争的法宝。用低于社会平均价值、价格才能站稳激烈的市场。可以说采用“管理模块化＋施工专业化”来控制项目成本，是企业深思熟虑的结果，也是项目管理的必然之路。

1.2　解决发展中企业资源匮缺的重要途径

公司营业额以年递增25%的高速增长，而每个项目经理部平均承担的合同额递增30%。在双高速增长的影响下，企业所拥有的人力资源、资金、技术、管理都出现短缺，这是所有市场经济下，企业发展中普遍存在的问题。项目采用的“管理模块化＋施工专业化”的模式，提高项目管控能力，整合社会优质资源。

1.3　实施“低成本战略”的重要手段

建筑行业激烈竞争的态势是一个长期的不可回避的问题，低成本战略不是企业发展的权宜之计，而是企业前进中的必然选择。企业要想在市场竞争中立于不败之地，只有企业的成本低于社会平均成本才有可能战胜对手。企业低成本战略靠的是创新,采用"管理模块化+施工专业化"管理模式最终目的就是实施低成本战略。

2 "管理模块化+施工专业化"管理模式的内涵

"管理模块化+施工专业化"是施工企业管理创新的一种理念,是企业管理的重大改革,是企业管理标准化、精细化的重要环节。其核心是对企业管理的模式精细化,管理流程合理化,实现各种资源配置优化,以获得更高的质量、更低的成本、创出获利新的增长点,提高企业竞争力。

2.1 管理创新模式源于实践并高于实践

"管理模块化+施工专业化"其基本理论来源实践,但高于实践,是实践的总结和提升。用模块化代替传统的自然形成的管理随意性,克服过去项目管理非系统的、经验性的,随项目领导的喜好而改变项目的组织、岗位职责和工作流程。创新后的项目管理形成一种新的思维框架,将一些散乱的架构进行整合和系统化,开发更加复杂的功能,达到规范化、科学化、流程化和信息化。

2.2 管理模块化

管理模块化是指将项目管理系统分解成为若干个管理模块,块与块之间明确管理边界,成为单元管理模块。企业管理,既是一个系统、有机、相互紧密相连接的整体,又是相对独立、上下贯通的管理模块。通俗地讲,就是在继承传统管理精髓、统一策划条件下,将项目管理划分为几个功能相对独立、任务相对明确、权责相对明晰的模块,突出项目自身管理"专、精、尖"的特点,将内部资源发挥到极致,整合全社会优势资源,放大我们的管理能力、做到效益最大化。管理模块化示意图如图1所示。

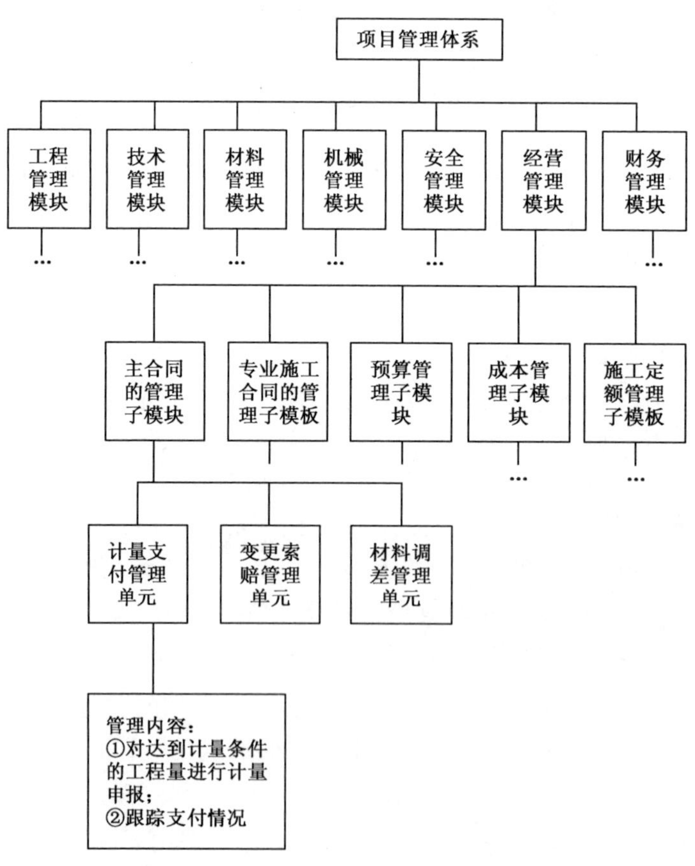

图1 管理模块化示意图

项目管理模块分为:工程管理模块、技术管理模块、质量管理模块、材料管理模块、设备管理模块、安全管理模块、经营管理模块、财务管理模块、人力资源模块、办公管理模块等13个管理模块。管理模块又分解为62个子模块、173个管理单元,每个管理单元都有其管理内容,形成明确的管理职能。

模块化具有使复杂系统简单化、管理思路清晰化、总体工期最优化、全过程成本最低化以及责权明确化等优势。管理模块适应各种项目组织形式,可以将模块、子模块任意组装成适合项目的生产经营管理体系。企业管理是一个系统、有机、相互紧密相连接的整体;又是相对独立、上下贯通的管理模块。这次改革的目的就是要将管理系统分解成若干个管理模块,这种模块建成后能达到管理便捷、规范、统一、高效。模块化具有使复杂系统简单化、管理思路清晰化、总体工期最优化、全过程成本最低化以及责权明确化等优势。

2.3 施工专业化

施工专业化是将公路工程的一个单位工程(商品)的生产流程,细分为几个专业流程,按细分的专业流程组织完成生产。单位工程施工专业分为路基工程、路面工程、桥梁工程、隧道工程等分部工程,将分部工程划分成66项分项工程,又将分项工程分成若干个生产工序。专业化不仅是项目上特定产品的专业化,也可以是生产链中某一个环节的专业化,如沥青混凝土、水泥混凝土配合比设计等专业化设计。施工专业化管理模型如图2所示。

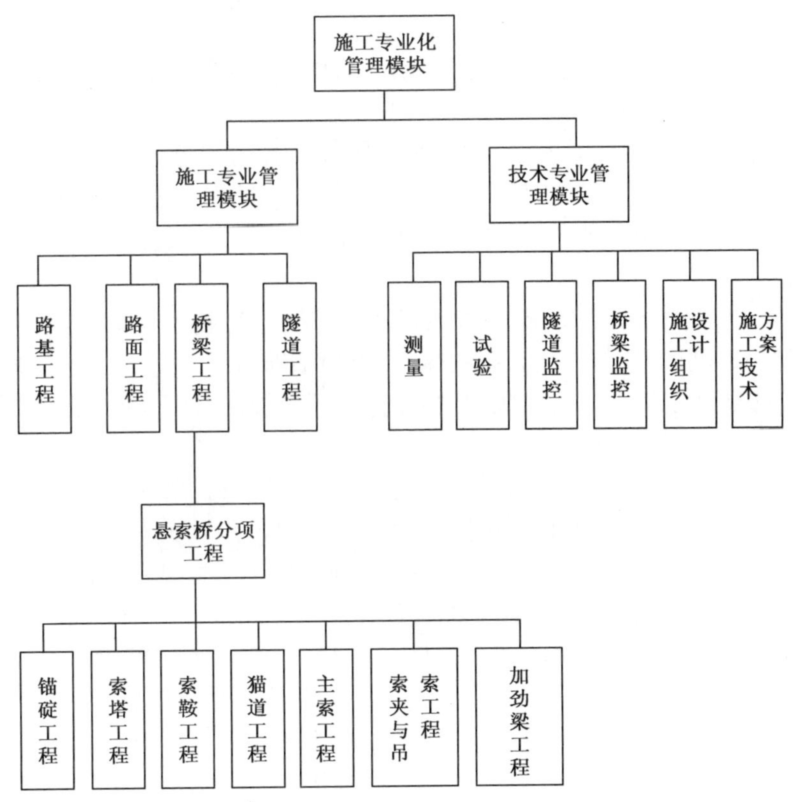

图2 施工专业化管理模型

管理模块的合理划分是有效管理的前提,遵照功能独立,权责明晰,体量适度等原则。根据本项目的特点,参考以往管理习惯,组织机构设置和岗位职责,以成本最优的原则,抓关键、盯重点,进行管理模块灵活运用。近些年公司的飞速发展,不论在新签合同额,还是在营业额方面发展速度很快,而且产品的品种多元化方面也迈入一个新的台阶。不仅如此,各级生产组织整合社会资源的能力大大提升,有不少项目生产要素、机械设备、劳动力,甚至技术管理都依托社会。采用创新管理模式提高工作效率,提高成本可控水平,提高企业赢利水平。

3 “管理模块化+施工专业化”实施成果

“管理模块化+施工专业化”是管理创新,其核心是实现企业管理的模式精细化、流程合理化、资源配置优化,以获得更高质量、更低成本,提高了企业竞争力。管理模式创新的最大成效在于理顺了内部关系,明确各自责任,实现管理过程程序化、规范化。公司同时提出:“以技术创新为中心、以管理创新为动力、以风险管理为重点、以文化建设为抓手”的管理理念,以巨人的形象开创项目全新管理。

3.1 符合项目管理的特性

施工项目的最大特征是组织的一次性、产品的单一性、业主要求的变化性。管理模块可以像搭积木一样,随意组合成满足市场需要的管理模式,而且内容充实,无一遗漏。比如,有的工程要求安全和质量合并成一个部门,可以迅速将安全和质量两个部门的模块合并在一块。有的业主要求档案管理单独成立一个部门,就将档案管理子模块提出来上升至一个独立管理模块。

加快项目部组建速度。管理模块的划分,是将管理工作进一步梳理,划分成功能相对独立的一个个模块,使员工能够明确自身工作模块中的子模块及管理单元的工作内容,更好地形成管理流程,与现行的有效文件是一致的,通过这种管理模式的推行,形成一种自然的管理状态和管理流程,全面提高工作效率,降低管理成本。

3.2 人力资源管理提升

3.2.1 人力资源的绩效考核

为了保证项目工程施工实现年度经营目标,不断提高项目员工绩效管理水平,充分调动项目经理部职工的工作积极性、主动性、能动性,增强责任意识、服务意识、大局意识,造就一支富有竞争力、高素质的员工队伍。成立考核小组,制订考核标准,确定5个层级的奖励。通过对员工绩效进行客观、公平的考核和反馈,帮助员工及时了解自己在工作中的优缺点,使之能够扬长避短,并在工作中不断提高自身的工作水平和业务能力。同时也促使公司及项目及时了解项目人力资源状况。

3.2.2 员工培养

青年比例:项目年轻技术干部有45名,占员工人数75%,年轻技术人员经验不足是制约他们直接参与和解决现场问题的不利因素,但年轻人朝气蓬勃、思想活跃、敢于挑战、不拘窠臼,接收能力强使他们在新的工作岗位上很快就能适应并崭露头角,当然作为领导者还需要采取合适的管理方法,贴近年轻技术干部,引导、培养、提携他们茁壮成长。

项目领导团队带年轻技术干部,按个人素质和爱好分配工作,利用师傅带徒弟方式引领全体技术干部共同进步,同时也给他们安排力所能及的任务,并适时进行指导和帮助,既保证经过努力完成工作任务而提振士气,又避免技术人员遭遇挫折后的消沉与迷茫。项目敢于充分发挥他们的聪明才智去进行科技研发与总结,指导他们及时收集、汇总、学习、总结已经完成的工作经验,形成有较高层次的课题总结。

公司把锻炼队伍、培养人才、积累经验和技术总结作为企业管理的重要工作。在人才培养方面,项目注重技能培训,实行“师傅带徒弟”的模式重点培养骨干人员。为了使员工对技术有超前认识,从大学、科研机构聘请专家教授集中授课,开阔了技术人员的视野,增长了见识。在项目上还采取互帮互学活动,部门主管以上干部上台讲课,开展“一人一课”系列讲座,锻炼了技术人员的独立思考和演讲能力。在技术方面,每年度完成多项局级课题。由于采取多项措施,员工的专业技术水平大大提高。

3.3 安全管理的提升

公司在推行“管理模块化+施工专业化”管理模式后,对安全管理工作有了很大提升。把“安全就是效益,安全才是进度”成为全体员工的共识,把“安全第一”真正落到实处。整个施工过程中无生产安全事故,多次被评为安全生产先进单位。

3.3.1 完成安全制度建设

根据公司近几年承接工程特点,建立和完善了与之相适应的安全生产管理制度,其中包括安全生产教育培训制度、安全检查制度、安全生产费用保障制度、特种作业人员持证上岗制度、安全技术交底制度、专项施工方案审查制度、特种作业设备验收登记制度、安全事故应急救援制度和安全事故报告制度等安全制度。项目部聘请地方劳动监督部门和安全技术专家进行安全危险源辨识和安全评估,找出施工生产过程的危险工序。

为了促进项目的安全生产的意识,在项目部建立安全风险抵押制度,项目领导、专职安全员、工区负责人、现场技术员缴纳了风险抵押金,完成安全生产目标受奖,完不成受罚,使得项目的安全指标完全落在实处。

3.3.2 强化现场安全管理措施

配备完善的安全生产管理机构、加强安全技术培训和动态交底,及时检查、消除安全生产隐患、保证安全生产目标实现。

3.4 企业文化的提升

3.4.1 “自强奋进、永争第一”企业精神激励员工

公司以“永争第一”为契机,动员职工投身到“创新高”活动中来,与中交一公局的企业精神紧密结合起来。许多员工把参与技术管理方面,把进入高、难、尖技术和组织管理创新作为人生新的驿站,个个精神饱满,充满激情。虽然工地条件艰苦,远离城镇且交通十分不便,青年员工又正是年轻好动的年纪,毅然决然投身到火热的施工中去。

3.4.2 展现建设者心声

为了让各方及时了解工程建设情况,袒露员工心声,各级组织推出了各种简报”,编印了宣传画册、宣传展板等,展现企业的特色文化,赢得了各方的赞誉。

3.5 技术、质量管理的提升

3.5.1 技术前期策划

公司十分重视项目的前期策划。施工前期,项目部对技术方案进行详细分解,制订分项工程技术方案编制计划,并安排专人限期完成。对特殊分项工程施工技术方案,对技术复杂、工程重点、难度工序等进行多次比选、论证,并邀请专家对专项技术方案进行评审。

根据施工技术方案编制计划,详细列出每个分项工程技术方案、材料试验、设备配置的完成节点时间,分别指定技术部、工程部、实验室、材料部、机械部完成人员和要求,限定时间完成各项技术方案的编制、审查、评审、上报工作,为各分项工程的陆续开展奠定基础。

3.5.2 技术量化承包

项目为了充分挖掘现有人力资源,突出相关人员的专业特长,提高项目各项技术管理水平。对批准的施工方案,编写开工报告,编制施工技术交底、作业指导书,组织相关施工人员进行安全技术交底和施工技术交底,落实施工方案等技术及管理工作实行承包,对经过评审完成技术量化承包的给予承包兑现。技术量化承包,不仅能调动广大技术人员的积极性,提高他们的收入,且鼓励他们刻苦钻研技术,培养他们的领导才能。

为了充分利用项目现有的技术资源,强化现场管理力度,项目部根据试验、测量工作任务明确、技术成熟、分区作业的特点以及绩效考核的要求,将项目测量、试验工作实行内部专业化承包。根据施工模块、专业技能、持证情况、工作熟练程度进行考核。相关人员学习热情高涨,现场管理责任心极大提高,工作热情饱满,同时也确保了工程试验、检测精度,突出试验检测,保证质量、控制原材料质量、优化配合比设计、节约原材料等重大作用。为项目降低施工成本、质量风险发挥重大作用,同时也增加了职工的收入,一举多得。

3.5.3 质量管理提升

推行“管理模块化 + 施工专业化”管理模块后,对质量管理有重要意义。项目日常质量检查、抽查,落实三检制度,对接业主、质监部门以及公司的各种检查、督查得到进一步落实。定期组织技术交底,质量

分析会，质量大检查。对于重点和难点工程，编制质量检查表、制订工序交接卡、关键工序签字确认制度等。如，针对钢塔安装特点和难点，编制了质量检查表，明确了检查流程、检查项目、责任人，目标就是为了保证安装的精度和质量；又比如预应力张拉，要求操作工人必须签字，对数据的真实性负责，增强责任感，起到警示和教育的作用。采取的手段，包括实测实量、现场抽查、数理统计的方法，实现精细化、科学化。

3.6 施工专业化管理的提升

专业化是将一个分项工程（商品）的生产流程，细分为几个专业流程，按细分的专业流程完成生产。专业化是施工生产的先进组织形式，它具有很好的经济效果。根据项目分部分项工程性质、工序特点、工作要求分批组织，能充分利用企业以及社会上先进的专业设备、施工工艺、熟练工人、工程技术人员和专业管理人员的特长，提高劳动生产率和管理水平，提高质量，降低生产成本。

项目在“管理模块化＋施工专业化”管理模式的指导下，项目通过合并相同或类似工作或拆分工作的办法，发挥专业化队伍“专、精、尖”的优势，在广泛的市场调研基础上，分期、分批引进专业化施工协作队伍。专门引进了一支有资质的劳务协作队伍；引进了锚碇队伍、路基队伍、特殊设备队伍等数十家专业化施工队伍，保证了施工资源的充足。当然选定专业队伍只是整个施工管理的第一步，如何管理好这么多的专业化队伍才是经营管理的重中之重。

项目部采取编制施工，制造工艺细则，专项方案专家评审，制订工序质量验收程序和标准，首件试验，首节段验收，选择有资质单位进行特殊产品自检，第三方检测单位终验的程序组织施工生产有序展开。采用技术人员专业学习，项目委派，驻厂监造，过程控制，进场验收等方法对施工、产品质量进行指标量化、检验程序化等精细化管理流程，确保对专业化施工队伍全过程监管到位。

3.7 技术咨询服务

施工专业化承包，解决了主体工程施工必需的熟练工种、特殊设备、工程技术人员、施工管理人员等硬件问题。但对工程涉及较复杂的新技术、新材料、新工艺等需要理论性研究的工作，则要充分利用“外脑”，整合社会优势资源，采取与科研院校、专业设计等单位进行技术咨询、联合研究的方式完成。这样，既可高效完成工作，又取得经验和成果。

3.8 项目获得更高效益

由于推行“管理模块化＋施工专业化”管理模式，使项目管理难度减弱，内部管理条理化，员工的积极性容易发挥出来，不仅保证了生产进度，提高产品质量，满足业主的要求，还取得更高的经济效益。项目除了上交上级管理费，留足“标后预算切留部分”，还超额1%完成公司下达的目标值，取得经济效益、社会效益双丰收。

项目在管理创新上，虽然取得一定成绩，但尚有许多管理需要持续改进。随着企业多元化发展战略，公司正在进军国内铁路、市政、城市轨道交通市场。在这种背景下，管理创新工作任重道远，在生存与发展的道路上将继续前行。

参 考 文 献

[1] 王瑜. 大型复杂项目的模块化结构与制度设计——以上海世博会工程建设项目为例[J]. 管理现代化，2011，(5)：6-8.

[2] 吴慧慧. 施工项目模块化管理探究[J]. 网络财富，2009，20：22.

[3] 张贵宗. 项目专业化管理在公路工程中的运用[J]. 交通世界，2011(14)：170-171.

[4] 宋飞龙，董素莉，张春亮. 探寻项目专业化施工管理的新途径——中铁五局机械化公司实施专业化分公司的调查报告[J]. 铁道工程企业管理，2010(6)：6.

[5] 斯蒂芬·P·罗宾斯. 管理学[M]. 7版. 北京：机械工业出版社，2004.

浅谈大型项目的施工管理

李鸿盛

(中交一公局第一工程有限公司)

摘　要　通过对刘家峡悬索桥工程项目的施工管理,使我们在实践中体会到:对大型项目工程施工进行全过程管理、全方位监控、不断升华管理界面,是我公司在祖国大西部打出信誉,站稳脚跟的有效保证。从而形成了工程前期策划、立足创新、优化管理、不断提高综合实力的特大项目施工管理模式。

关键词　特大型项目　策划　管理　创新　有效控制

1　大型项目工程刘家峡悬索桥简述

刘家峡大桥为单跨双铰钢桁加劲梁式悬索桥结构;桥主跨536m,东西两岸各单体结构为3.6万立方米的混凝土重力式锚碇。桥塔采用50mm壁厚的钢板卷制而成,其柱体直径3m、塔高60.5m,具有伊斯兰风格的钢管混凝土桥塔。全桥设两根主缆,每根主缆由44股,每股127丝镀锌高强平行钢丝组成,主缆直径43cm,主缆间距15.6m,矢跨比1:11,上部桥体结构纵向间距为8m的吊索悬挂钢桁加劲梁系和正交异性桥面板组成,桥面宽度15m,桥面铺装采用环氧沥青混凝土,成桥后跨中垂高48.7m。项目计划工期30个月,工程造价2.4亿元。

本工程涵盖了悬索桥施工的所有技术,各分项工程专业化程度高,需要的各种专业设备繁多;同时本桥桥型窄,桥横向抗风稳定性差,设计采用钢桁加劲梁外设气动翼板结构以及加劲梁下部设挡风板的方式解决;桥塔钢管钢板厚度大,直径属于国内首次选用建造,单体钢柱重量大,安装垂度要求高,采用自制自爬升龙门吊设备进行安装;重力式锚碇为大体积钢筋混凝土结构,施工时间尤为集中,温度控制要求严,必须进行全过程监控。

项目工程任务紧,政治影响大;物资品种多,调控难度大;技术含量高,创新难度大;施工场地狭小,高空作业难度大。面对现实我们意识到一个大型工程项目在保证质量和安全文明施工的前提下,想要顺利完成施工生产经营目标,必须组建一个高效的管理团队。它需要这个团队能够准确地把握施工过程中的突破口,科学组织各种资源有效投入施工生产、迅速解决施工管理中遇到的棘手问题。

2　刘家峡大桥施工项目管理的几个关键思路

2.1　重视前期统筹规划,彰显"作战"必胜蓝图(五种策划)

2.1.1　技术策划

作为公司的重点项目,需要在悬索桥施工关键技术方面有所总结和借鉴,熟悉悬索桥施工技术,掌握特种桥梁结构施工管理方法,锻炼一批特大桥施工技术、质量管理的技术人才,造就特大桥梁施工专业队伍。形成悬索桥关键技术课题报告成果并通过验收。

悬索桥施工技术关键节点多,施工难度大,项目技术、施工管理经验不足。我们接收工程任务后,积极借助局、公司技术力量,主动进行前期技术策划工作,包括五个层面的策划。

(1)课题策划:计划完成"悬索桥施工成套技术"

子课题一:悬索桥大体积锚碇施工技术;

子课题二:钢管混凝土桥塔施工技术;

子课题三:悬索桥猫道施工技术;

子课题四:悬索桥缆索安装技术;

子课题五:悬索桥钢桁及桥面系安装技术。

(2)工法策划:计划完成以下工法

大跨悬索桥重力式锚碇施工工法;

钢管混凝土桥塔施工工法;

大跨悬索桥猫道施工工法;

大跨悬索桥缆索安装施工工法;

大跨悬索桥梁体安装施工工法;

大跨悬索桥桥面系安装施工工法。

(3)QC 策划

项目部成立锚碇施工、桥塔施工质量控制 QC 小组,后期猫道牵引系统施工、主缆施工、加劲梁施工中成立 QC 小组,通过全面质量管理活动,通过预测、预控、过程检验、分析、制订相应的措施,解决锚碇施工、桥塔施工、猫道施工、主缆施工以及加劲梁安装等,施工过程中影响工程质量的各种问题。

(4)论文策划

根据局、公司要求,我们对本桥施工进行全面技术总结,形成集设计、施工、监理、监控于一体的刘家峡大桥论文集,并计划选择优秀论文在核心期刊上发表。这项工作有任务书、有计划、有安排,项目主要注重过程中收集整理。

2.1.2 目标策划

项目部一进场就对质量目标、工期目标、安全目标、文明施工目标、环境保护目标、成本效益目标、资金回收率、主要材料及周转材料利用率等 8 项经济技术目标,进行策划,具体内容如下。

(1)质量目标:无重大质量事故,达到国家合格验收标准,满足合同约定要求;创优目标:争创甘肃“飞天奖”。

(2)工期目标:按照合同工期完成主要节点目标。

(3)安全目标:足额提取安全措施费,为合同价的 1.5%;项目安全生产目标:无重大工伤事故,杜绝因工死亡事故;重伤率在 0.2‰以下,轻伤率在 9‰以下。

(4)文明施工目标:满足地方基本要求,达到甘肃省文明施工工地;达标目标:满足企业基本要求,获得局、公司文明施工荣誉。

(5)环境保护目标:不发生重大环境破坏事故;噪声、粉尘、污水、有毒有害气体的排放,满足相关法律法规及其他要求。

(6)主要材料及周转材料控制目标:

①主材:钢筋节约比例不低于 3%,商品混凝土节约比例不低于 1%。

②周转料具:钢管损耗不高于 1.5%,扣件损耗不高于 2%。

2.1.3 组织策划

项目组织机构设置的目的是为了进一步充分发挥项目管理职能,提高项目整体管理效率,以达到项目管理的最终目标,包括进行项目施工管理,进行组织系统的设计与建立,组织运行及组织调整三个方面。组织系统的设计与建立,是指经过筹划、设计建成一个可以完成施工项目管理任务的组织机构,建立必要的规章制度,划分并明确岗位、部门的责任和权力,建立和完善管理信息系统及责任分担系统,并通过岗位和部门内人员规范化的活动和信息流通实现组织目标。

刘家峡大桥项目部结合工程实际,设项目经理、项目书记兼总工程师、总会计师、总经济师各 1 名,副经理 2 名,同时设置工程部、技术部、质检部、安全部、材料部、经营部、财务部、实验室、办公室等,确保项目管理的有效开展。

同时根据特大型项目管理特点，还需要从公司层面成立项目管理领导小组和专家小组，有针对性地解决施工过程中碰到的特殊问题。

2.1.4 经营策划

刘家峡大桥为限价中标项目，为了降低施工成本，项目从进场就对图纸和现场进行了研究和考察，并建立了变更索赔管理体系和具体变更索赔分工。由项目经理任组长；项目总工、项目总经经济、总会计师任副组长；经营部、工程部、技术部、材料部、安质部、财务部等部门负责人为组员，全面负责项目变更设计，变更索赔等日常工作。变更索赔管理办公室设在项目经营部。

经营部负责项目部日常变更索赔管理工作，建立变更索赔台账，定期进行检查和督导。项目经理是变更索赔第一责任人，总工程师是项目变更索赔业务负责人，经营部、工程部及所属各工区是变更索赔的业务主办部门。在实施变更索赔过程中，涉及工程数量签认资料由项目总工程师牵头，工程部门负责完成；涉及费用的资料应由经营部牵头，相关部门或人员配合完成。施工资料是变更索赔的重要依据，施工过程中必须加强基础资料的收集和签证，所有变更索赔的基础资料必须保存完好，并在项目完工后存档备查。

2.2 发挥技术龙头作用，编制科学合理的施工方案

2.2.1 建立专项方案编制计划

为规范和加强对刘家峡大桥各分部分项工程施工安全、质量管理，积极防范和遏制施工生产安全质量事故的发生，针对刘家峡大桥分部、分项工程划分情况，制订了施工技术方案编制计划，详细列出每个分项工程技术方案、材料试验、设备配置的完成节点时间，分别指定部门完成人员和要求，限定时间完成方案编制、审查、评审、上报工作。

对分项工程施工方案等级进行划分并上报，有 2 个Ⅰ级方案，2 个Ⅱ级。

2.2.2 建立试验检测计划

根据项目施工组织设计，制订详细的试验检测计划，常规试验由工地实验室自行承担，对于部分特殊试验，如微膨胀混凝土试验、抗硫混凝土试验、钢结构温度应力测试、钢管混凝土无损检测等，先后与兰州理工大学、兰州土木工程科学研究院以及西安公路研究院试验检测中心进行委托试验承包，确保了试验的准确性、客观性和有效性。

2.2.3 聘请专家审议提高防风险举措

为加强施工安全管理、优化施工组织方案、提高施工现场安全预控有效性，积极聘请专家对刘家峡大桥危险性较大的分部、分项工程，专项施工方案，进行认真评估，并且对大宗设备也进行了安全风险评估。从而增强了安全风险意识，改进了工程施工措施，规范了预案预警预控管理，有效降低了施工风险，在严防重特大管理人员的事故发生中起到督促和保护作用。

2.3 抓好项目制度建设，提高现场管理水平

2.3.1 对基层主管的管理

项目主管作为基层的管理人员，如何管好项目基层主管和提高他们的积极性，对项目施工和经营有着重要的作用。项目主管的业务能力和素质影响着整个项目管理水平。以往只强调项目领导班子成员的重要性，却忽略对各项工程负有最主要任务的基层管理人员，工程上一出现问题就责备普通员工，却没料到基层主管对工程施工质量起着决定性作用。对主管的管理应做到以下几个方面：

(1)提高项目主管的积极性，并不定期地进行培训，提高业务管理水平和技术管理水平。

(2)对经验丰富的主管和优秀的主管要大胆进行推荐，来提高他们对工作的欲望和期望。

(3)增加主管的主人翁意识，对年轻的主管要正确引导，使其不偏离项目管理方向。

2.3.2 对部门员工的管理

对部门员工的管理应从以下几个方面进行管理：

(1)严格而不要一味严厉，在制订考核目标的基础上，既要严格执行规章制度，也要考虑具体情况，

及时与员工进行沟通，不一味苛责。

(2)发号施令但不要忽略给予帮助，施工生产就是命令，但是也要针对不同的任务从项目全局层面予以统筹协调、组织资源确保任务能够顺利完成，这能够提高职工的工作积极性。

(3)维护权威，但不要拒绝听取员工意见，采用收集职工意见、座谈、个别谈话的方式及时听取他们的意见，为项目的管理博采众长。

(4)实现企业目标，但不要无视员工需求，注重员工的各种诉求、以较少的投入换取更高的回报。

2.3.3 对现场技术人员的管理

为了保证施工质量和施工进度，要求项目部技术人员必须技术全面、能吃苦耐劳，在每个分项工程施工中进行全程旁站。项目部还根据现场情况对技术人员严格执行责任制度和处罚制度。

责任制度：现场技术人员负责施工图纸的审核、施工日志、技术交底、现场技术管理、施工组织、监理报验及领导交办的其他任务。现场技术人员必须对每道工序严格把关，一道工序结束，并经验收合格才能进行下道工序施工，重点工序施工时必须现场监督。

处罚制度：因为现场技术人员不在场，出现安全质量事故，项目部研究做出对责任人进行处罚。对技术人员消极怠工，首次发现进行批评教育，再次发现进行每次100元的罚款。

2.3.4 对作业队伍的管理

作业队是项目的主要单元，对完成施工管理任务，确保施工质量、安全起着重要作用，需要根据作业队伍的不同情况采取不同的应对措施。

首先，要优选施工队伍，在广泛调研、充分利用公司合格分包商名录的基础上，通过考察考核及公开招标的方式，选择合适的施工单位作为我们合作伙伴，这是完成施工任务的重要环节。

钢结构工程施工，需要的资金垫付量大。因此，我们在合同的谈判过程中不能一味地从资金方面予以制约，可以通过及时计量、项目采购关键物资、支付材料预付款的方式对作业队的施工进度和质量安全等进行促进，确保施工进度适合项目的总体安排。

根据施工进度适时制订管理节点奖励办法，通过奖励激发他们工作的积极性，为保证关键线路的按期完工找到出路。

2.4 整合社会优质资源，发挥公司综合实力

2.4.1 专业施工单位的选择

刘家峡悬索桥涉及四大部分12项专业化实体工程施工。这些工程既紧密联系，又要求各不相同。如何发挥项目的组织协调、资源整合能力，降低成本，提高管理效果，是值得仔细研究的。公司和项目部原有的协作队伍资源远远不能满足工程施工需要，在前期管理模块化+施工专业化管理技术路线的指导下，项目通过合并相同或类似工作或拆分工作的办法，发挥专业化队伍“专、精、尖”的优势，在广泛的市场调研基础上，分期、分批引进专业化施工协作队伍。将钢塔、主索鞍、散索鞍、钢桁加劲梁、正交异性板等钢结构加工工作合并，将制造和安装分开，引进了江阴大桥公司和局机械厂；将猫道架设、主缆安装、索夹安装、吊杆安装工作合并，专门引进了一支有资质的劳务协作队伍；将主索鞍、散索鞍、索夹、拉杆、连接器等铸件或加工件合并，引进了机械化程度、加工精度要求高的精加工企业四川天元；将主缆、吊杆合并，将安装拆分，选择了巨力公司；此外，还引进了锚碇队伍、土方队伍、特殊设备队伍等数十家专业化施工队伍，保证了施工资源的充足。

2.4.2 专业设计单位的选择

猫道为上部主缆、吊索、索夹结构施工的专用平台，施工安全和结构受力比较复杂，项目在技术部设计的基础上，专门委托武汉大桥局设计中心进行专项设计检算，使我们的大型临时设计更加合理和科学，确保了猫道施工及悬索桥上部施工的安全性。

2.4.3 专业检测单位的选择

对于部分特殊试验，如微膨胀混凝土试验、抗硫混凝土试验、钢结构温度应力测试、钢管混凝土无损检测等，项目部先后与兰州理工大学、兰州土木工程科学研究院以及西安公路研究院试验检测中心进行

委托试验承包，确保了试验的准确性、客观性和有效性。

2.4.4 提高项目部对特殊工程、设计、检测的掌握力度，借助外力形成公司的综合竞争能力

项目部对本工程涉及较复杂的新技术、新材料、新工艺等需要理论性研究的工作，充分利用“外脑”，整合社会优势资源，采取与科研院校、专业设计等单位进行技术咨询、联合研究的方式完成。这样，既高效完成了工作，又取得了经验和成果。项目部本着高度负责的精神对此类工作实行技术咨询服务，如钢塔微膨胀混凝土试验、锚碇温度监控、猫道结构设计等。

刘家峡悬索桥桥塔采用门式钢管混凝土结构，桥塔钢管高62m，直径达3m，壁厚5cm，内部充填补偿收缩混凝土，如此大直径的钢管混凝土施工技术用于桥梁工程属于国内首创。为做好微膨胀混凝土配合比，确保钢管混凝土施工完毕后与钢管不发生脱空，混凝土充填密实，减少后期干缩，对钢管施加适当的应力，在充分咨询的基础上，专门委托兰州理工大学和西安公路研究所对其配合比进行专项对比设计，项目部又用同样材质的钢板卷制了四个模拟试验段进行现场模拟试验，对钢管的应力应变进行监控，通过室内、室外全面对比的方式，选择合适施工配合比，为保证桥塔钢管微膨胀混凝土浇筑质量提供了理论依据和技术保障。

猫道为上部主缆、吊索、索夹结构施工的专用平台，施工安全和结构受力比较复杂，项目在技术部设计的基础上，专门委托武汉大桥局设计中心进行专项设计检算，使我们的大型临时设计更加合理科学。

通过技术咨询服务，采用引进消化吸收提升自身再创新能力的模式，弥补自身不足，降低项目的技术风险，极大地锻炼了技术干部，提高了项目技术创新能力，为企业储备了后备力量。

2.5 标准先行规范指路，避免因小失大酿成事故

2.5.1 启动“四化”建设

标准化建设是项目综合管理能力的体现。项目部从开工以来就全面贯彻落实了管理制度精细化、人员配备择优化、现场管理职能化、过程控制规范化“四化”建设举措及“质量、安全、工期、投资效益、环境保护和技术创新”的六位一体运作。项目部严格按照“高标准、讲科学、不懈怠”建设要求，成立了以项目经理为组长；总工程师、总经济师、副经理为副组长；五部二室为组员的四化建设领导小组。并建立健全了四化建设组织保障体系。对项目部办公区、生活区、生产区和会议室、盥洗室、阅览室、活动室、厕所“五小”等建设，进行了统一规划与建设。为加快和推进项目部标准化管理工作，努力实现精品工程和安全工程提供先驱条件。项目部领导成员始终结合工程实际情况，把标准化建设作为当前一项重要工作来抓。在学习宣传贯彻落实“四化”上下功夫，逐级明确工作思路，确保项目部全员在思想上高度重视，从“四化”入手，按照法律、法规、规范、标准统揽全局，既提高了管理水平，又确保了各项施工管理目标的实现。

2.5.2 注重作业指导书的编制

在质量管理体系文件中，作业指导书是支持性文件，它详细地规定某些质量活动的具体管理活动应该如何开展，对具体工序作业活动提出详细要求，确保每个指定岗位职能的具体实施，对各岗位及对完成此项活动的员工是一种细化了的管控性文件。项目部先后编制了桩基施工、锚定施工、钢塔施工和猫道施工作业指导书。

2.5.3 样板工程引路与全员质量管理

项目部始终恪守“样板引路，开工必优”的质量管理理念，坚持过程控制标准化，在执行中实现可控性。积极实施公司推行的“首件工程认可制”。分项工程开工前，首先制订详细的首件工程施工方案，报批后实施。首件工程实施完毕后，组织各部门及施工作业班组进行观摩和详细总结，总结内容包括施工组织、人员分工、机具配备、质量检查情况、安全管理及防护、文明施工及环境保护等方面，最后将最优的质量，安全管理手段，工艺、工法形成标准工法在分项工程中推广，在推广过程中加强对后续施工工序的控制和不断改进，实现“超前控制，做好首件，典型示范，带动全面”的目标，从而推动整个项目部的规范标准作业。同时成立了以总工程师为组长的质量巡视小组，每周对全标段内施工质量进行系统性的

检查,定期分析总结工程质量情况,提出改进措施,促进工程质量的不断提高。

2.5.4 注重对违规行为的及时纠正

项目必须注重对施工过程中违规行为的督查与纠正。首先,确定管理的关键部位:刘家峡大桥主要的关键控制环节有大体积混凝土温度控制、预应力管道定位控制、桥塔钢管卷制质量控制、钢结构焊缝质量控制、主缆线形控制、加劲梁安装过程控制。据此项目部编制违规行为一览表,主要包括通水冷却违规行为、测量定位违规行为、钢管卷制违规行为、钢塔焊接违规行为和钢构件组装违规行为。针对检查中发现的问题及时予以纠正,避免了重大质量问题的发生。

2.6 加强过程控制力度,减少返工损失

2.6.1 加强现场检查,运用公司各项规章制度形成威慑力度

项目的科学管理,现场检查很关键,项目领导班子必须定期、不定期地深入现场对工程安全、质量、环保、节能减排等工作进行深入检查,及时查找各项规章制度的执行情况,及时发现现场施工过程中存在的问题,采取有效措施进行解决、整改,提高项目管理水平。

2.6.2 注重源头治理,避免具体工程质量安全问题造成返工损失

工程质量及生产安全不仅事关企业的生存和信誉,也是降低工程成本的重要方面。因为质量问题造成工程返工和安全事故,不仅影响施工生产,而且造成人力、财力、物力重复额外的投入,无形地增加了成本。另一方面,工程质量好了,投资方满意了,加速了对工程款的结算,加快了资金的回收和周转,减轻了施工企业的资金压力。

工程质量控制,应贯穿于施工全过程,包括事前控制、事中控制和事后处置。项目经理部应设立专门的安全质量管理机构,组建安全质量管理网络,把责任层层落实到每个施工者身上,通过召开安全质量会议,举行安全质量培训与考试等,使安全质量观念深入人心,从源头上减少或杜绝质量返工和安全事故的发生。

2.7 强化全员技能培训,提升项目创新能力

2.7.1 加强对年轻技术干部的培训和培养

年轻技术干部是企业发展的生力军,要抓紧培养造就青年英才,形成人才辈出、人尽其才、才尽其用的生动局面。把年轻干部的培养、培训和选拔使用结合起来,积极选送年轻干部参加上级组织的各种培训及外出参观学习,较好地提高年轻干部的专业素质。采取压担子、指派年轻干部参加重点工程任务、选派年轻干部到条件艰苦、技术要求高的地方锻炼等办法,切实加强对年轻干部的实践锻炼,提高年轻干部的实际工作能力。

2.7.2 加强对施工技术人员的引导

第一,要提高技术干部的基本技能:要求他们必须掌握基本作业规范,如果在此基础上再进一步掌握相关的设计规范,确保现场的工作正常进行、不犯错误,能够与监理和施工队伍进行正面的交流。

第二,要提高技术干部的管理技能:明确各本部门工作流程以及与相关部门的协作关系,能够在职责范围内开展工作,并能将相关部门的协调作用发挥出来。

第三,要提高技术干部的质量管理能力:严格按质量检验评定标准的要求对已经成型的产品进行检测。通过对成型的混凝土强度、钢筋焊接质量、混凝土拌和质量、模板安装质量在最后的关口进行符合性检查,找出出现问题的根源,以更好地在源头和施工过程中加以控制和预防。

第四,要提高技术干部的沟通能力:同事之间的沟通,互相学习,互相帮助,共同进步。与领导的沟通,不需要时时事事向领导汇报,但要求及时汇报。

2.7.3 提高现场技术革新能力

项目部坚持以科技创新为先导,在工程建设中开展“工艺小发明,技术小革新”等创新活动,进场一年半来先后革新工艺、运用技术成果3项,获得局级科技论文及工法6篇,创造价值100余万元。

随着公路市场竞争的激烈,依靠科技创新实现降本增效越发成为企业提高效益的必由之路。为此,

项目部从进场以来,积极在工程施工工艺优化、工法革新、技术创新上下苦工、做实功,针对悬索桥施工的特点成立以总工程师为组长的技术攻关小组,以岗位责任承诺的形式明确技术课题、明确任务目标、明确课题人员、明确奖惩措施,积极为一线技术管理人员营造科技创新的氛围,使技术革新积极向推进施工、降本增效方面转化。

先后对钢塔安装设备选型、地基摩阻力试验方法、大体积混凝土养生等一系列技术革新,不仅降低了工程成本,提高工程质量,降低了安全风险。

2.8 发挥支部核心作用,激发团队协作潜能

2.8.1 提供发展平台

对进场的人员进行全面的筛选、识别,因人分工、因才使用,为各类人员提供能够充分发挥他们聪明才智的工作平台,毕竟工程项目的施工管理需要各类人才,使用好了就能够对项目起到非常大的作用。

2.8.2 提供良好环境

我们的施工环境非常艰苦,因此需要在生活、工作、娱乐方面提供尽可能多的便利条件改善职工的工作生活环境,使他们能够无后顾之忧,全身心地投入到工作当中去。

2.8.3 大胆重用推荐

对有发展前途的技术管理人员,要大胆重用,适时向公司推荐,使他们的积极性、创造性得到充分的发挥,为其他人员树立努力的目标和方向。

2.8.4 纠正不良习惯

对一些职工的不良习惯和做法要及时予以纠正,通过和他们的谈心、分配任务、制定目标、按期考核等方法进行纠正,逐步使他们步入正轨,当然,对违法违规严重的人员及时清退也是非常必要的。

3 大型施工项目管理结语

刘家峡大桥的施工实践启示我们:大型项目管理工作只有在局公司各级组织的正确领导下,注重工程前期策划、立足创新、优化管理、不断提升部门职能才能顺利完成艰巨的施工管理任务,达到我们的预期经营管理目标。

参 考 文 献

[1] 梁世连. 工程项目管理[M]. 北京:中国建筑工业出版社,2010.
[2] 林立. 工程项目管理[M]. 北京:中国建筑工业出版社,2009.

浅谈建筑工程专业分包合同管理

朱文杰　王　娜

(中交一公局第一工程有限公司)

摘　要　根据近几年的经营管理工作,尤其是在刘家峡悬索桥施工过程中的经验总结,结合悬索桥专业施工合同在实际实施过程中发现的问题及产生的原因,简单论述专业分包合同管理的重要性。

关键词　建筑工程　专业施工　合同管理

在建筑市场竞争日益加剧的情况下,施工企业为了保证工程任务而大量投标,随着工作量的增加,企业自有资源不能满足施工需要,因此,需要施工企业将专业工程分包给专业队伍完成,可见专业分包在整个承包工程中起到极其重要的作用。

1　专业分包的概念

专业工程分包是指施工总承包企业将其所承包工程中的专业工程发包给具有相应资质的其他建筑企业,即由专业分包工程承包人,完成分包的专业工程。

2　专业分包合同管理

施工企业需要形成一个统一、集中的合同管理体系,尤其是在专业分包管理过程中进行不定时的监督和跟踪,从而避免出现不同程度的合同风险。专业分包合同管理的几点注意事项如下。

2.1　专业分包队伍的选择

专业分包队伍不仅关系到工程施工的质量、安全、进度、成本管理方面的成败,还关系到整个项目总体运行的成败,因此专业分包队伍的选择尤为重要。

在悬索桥施工过程中,从锚碇大体积混凝土的施工、直径3m的桥塔施工,到上部缆索系统施工、钢桁加劲梁的制造安装,再到钢桥面的铺装工程,各个施工工序均进行了“三个公开招标”。在公开招标过程中,分别对投标队伍的营业执照、组织机构代码证、资质证书及安全生产许可证的真实性及有效性进行核查;对队伍的施工业绩、信誉进行市场及社会调查,使得分包工程质量有所保障。

2.2　分包合同的签订

鉴于施工合同的内容复杂、涉及面广,为避免施工合同双方遗漏某些重要条款,或约定的义务和责任不够公平合理,国家有关部门或行业通常会颁布施工合同示范文本,作为规范性、指导性合同文件供选用。同样,工程专业分包合同也有示范文本可参考,但在拟订过程中,尤其是在施工内容、施工范围方面,要保证其条款的严密性及全面性,避免出现漏项、表述不清晰的情况。分包合同的签订应注意以下几个方面。

首先,专业施工分包的划分要有计划性,保证在施工过程中,根据施工进度项目合同管理人员可以提前进行分包工作的准备,避免工程进展到需要分包队伍进场施工时才去寻找施工队伍的现象,造成分包工作准备不充分,从而在施工过程中存在一定的隐患。

其次,要了解现场的施工工序,并根据工序对分包合同中的工程内容进行细化。例如在悬索桥施工过程中,存在很多交叉作业,在专业分包进行划分的时候,一定要将交叉作业的各个工序表述清楚,避免在施工过程中出现互相推诿的现象。

然后,分包价格的确定要有依据,要做到分包前分析。若采用的是新工艺、新方法,且在施工所在地的省份无类似单价可参考时,可通过公开招标的方式进行综合分析:在招标文件拟订过程中,要求各投标单位将单价组成细化,这样各投标单位的价格具有可比性,同时项目本身通过编制概预算进行单价分析,最后做综合分析、对比,确定后的分包单价要有详细的单价分析资料及单价编制说明,为以后同类型的专业分包工程提供一定的参考依据。

再次,细化工料机管理、安全管理。例如在施工过程中涉及高空及水上作业,要求所有进场人员名单、身份证及以及特种作业证书等向安保部报备;要求分包队伍为进场人员购买人身意外伤害保险,否则项目代为强制购买,费用从结算中扣除;要将具体施工方案及安全保证措施在合同规定的时间内上报至项目经理部,在施工过程中项目部据此进行监督落实情况。

另外,要提高对履约保证金的认识。在分包管理中实行履约保证金制度,可以增强项目部对分包队伍的信任度,增强对分包队伍的可控力度,保证协作队伍的履约效果,减少项目部的风险,为双方的合作打下良好的基础。履约担保一般采用履约保证金的形式,一般为合同金额的5%。

最后,要执行合同会签制度。在分包合同初稿拟好之后,要经项目经理部各个部门进行会签,将各自分管的部分条款进行修改、完善,最后汇总,保证分包合同的整体严密性。

2.3 分包合同的执行

(1)合同交底:在分包合同签订好以后,项目经理部组织各部门及施工班组进行分包合同交底,使各部门熟知合同中双方的权利和义务等内容,并将项目的权利和义务分解到各个部门。各部门应根据交底内容制订相应的计划、保证措施及监控指标,确保分包合同按计划全面履行。

(2)分包队伍的履约:分包队伍进场后,相应部门首先应按照分包合同中双方确定的人员、设备进行检查、记录,并根据了解的情况对分包队伍采取相应的管理措施,不能以包代管,同时还要了解分包工程是否转包。其次,要加强协作队伍内部人员的监控,监督指导协作队伍对相关人员进行培训,并保存培训结果;监督检查协作队伍与劳务工签订劳动合同情况;监督协作队伍的人员工资发放到位。

(3)向协作队伍进行技术交底并进行施工技术全面管理,保证技术交底交到位。项目经理部负责制订或审批协作队伍的施工方案和安全质量等措施,并监督其实施;验证其过程施工能力;对协作队伍完成的工程进行最终测量和验收。

2.4 分包工程的验收、计量管理

施工完成后,项目经理部组织相关部门对已施工完成的工程量进行质量验收,并要求其质量达到合同及业主要求的质量标准。验收合格后,现场技术负责人出具工程数量签认单,并附相应的设计图纸、计算草图、几何尺寸、计算式及施工部位说明等资料,交予经营部门进行计量。为防止引起计量混乱,计量时每份合同作为一个计量单位,避免将多份合同捆在一起计量,补充合同应与原合同一起计量。

在分包合同履行完毕,具备最终计量条件的应及时组织合同清算,结清双方的债权债务;办理最终计量前,应召集项目经理部各部门负责人,核算双方的债权债务及其他应该明确的问题,并形成合同最终计量会议纪要。

2.5 履约评价

为全面反映协作队伍的履约情况,项目部应定期对在本项目承包工程的协作队伍进行履约评价,并在分包合同履行完以后对协作队伍作最终履约评价,完成后及时报公司备案。根据各协作队伍的履约评价结果,建立合格分包队伍名录,形成重要的资源信息。

2.6 加强合同管理人员的培训教育

通过学习培训,合同管理人员须掌握合同法律知识和签约技巧,明确各类法律风险可能出现在哪个环节,在合同签订过程中有效规避法律风险,为项目的施工管理奠定良好的基础。

总之,随着专业分包市场主导性的地位加强,政策法律、法规也越来越完善,进一步规范和完善建筑工程专业分包合同管理体系,有效规避法律风险,将是项目管理研究的重要内容。

参 考 文 献

[1] 张允宽. 建设工程造价管理[M]. 北京:中国计划出版社,2013.

[2] 陈琼. 谈施工企业分包合同管理[J]. 山西建筑,2012(4).

浅谈经营管理中费用与成本的控制

秦 磊

（中交一公局第一工程有限公司）

摘 要 对公路工程施工企业而言，经营管理的范围是多方面的，主要包括计划统计、预算管理、定额管理、合同管理、材料管理、信息管理等，这需要企业多个部门精诚合作，是一个系统工程，从工程开工到工程结束，各个部门都很重要，缺一不可。

关键词 费用控制 成本控制 存在问题

1 工程概况

在项目施工中如何进行生产经营成本控制，减少施工浪费，是关系到企业健康发展的重要环节，特别是在材料用量较大，技术性较强的悬索桥施工中，费用与成本控制就显得更为重要。因此在生产经营活动中，企业要把成本控制细化到产品生产的各个环节，使工程在同等市场竞争条件下具有成本领先优势和市场吸引力，从而使企业良性发展。

2 刘家峡大桥施工的主要特点

(1)分项工程专业化程度高，需要多种专业设备。

(2)锚碇大体积混凝土施工时间集中，温度控制要求严格，需要进行过程监控。

(3)直径3m、壁厚5cm的钢管混凝土桥塔，国内乃至世界首次选用。桥塔钢管钢板厚度大，节段安装重量大，安装高度大，采用特制自爬升式龙门吊进行安装。

(4)猫道架设施工工序较多，承重绳垂度的调整需用专门的张拉设备及调节拉杆。

(5)主缆的安装要考虑猫道和牵引系统的设置，以及特种设备，如紧缆机、缠丝机施工的安排，小型缆索吊设计，卷扬机的选择等；主缆线形的调整是施工控制的重点，由于加劲梁的安装工况不同，需要多次对主缆线形垂度、索力进行调整。

(6)本桥桥型窄，横向抗风稳定性差，设计钢桁加劲梁外设气动翼板，桥上防撞护栏上和加劲梁下部中心线上设挡风板。

(7)钢桁架加劲梁重量大，最重节段120t，需设计大吨位缆索吊进行吊装，同时要解决靠近桥塔部位缆索吊负载爬升工况的设备性能问题；整个加劲梁架设都属于高空作业，施工难度及危险性较大。

下面针对我项目的一些实际特点就经营中的费用控制、成本控制方法和特点，简要谈谈自己的一些认识与想法，不足之处，敬请指正。

3 项目费用控制

3.1 人工费的控制

在各种生产要素中，人是最活跃的因素。所以，人是生产要素中进行动态管理和优化配置的重点。在项目施工管理中，应该按施工计划组织均衡的施工，并不断进行劳动力平衡、调整。解决施工中工人数量、工种、技术相互配合等问题，充分调动工人积极性。

3.2 材料费的控制

本项目工程材料的费用将近占工程造价的三分之二。材料费的控制主要通过量、价两方面控制。

3.2.1 对材料用量的控制

以施工预算为依据，正确核算材料消耗，实行限额领料制度，余料回收；推广采用降低材料消耗的各种新技术、新工艺、新材料。

3.2.2 对材料价格的控制

材料采购做到及时，准确大量地掌握材料市场信息，在保质保量的前提下，货比三家，争取最低买价。对于造价大的分项工程，可以采取招标的方式，往往能获得质量好和价格合理的材料。

3.3 机械费的控制

机械设备是建筑企业重要的物质基础，加强施工机械的规范化管理尤为重要。在施工过程中应合理安排施工生产，从现有机械设备着手，优化设备资源配置，控制设备使用成本，提高设备使用效率，杜绝因安排不当引起的设备闲置。对于特种机械要充分发挥机械设备的能力，安全、低耗、最大限度地为企业创造效益。

3.4 分包工程费的控制

在签订专项工程分包经济合同的时候，明确双方的权利和义务，特别是要求特种施工的专业队伍，要坚持“以施工图预算控制合同金额”的原则，绝不允许合同金额超过施工图预算。在具体的分包合同中，分包单价是又一成本控制的重要手段，单价中包含了完成分部分项工程所需的人工费、材料费、机械费以及相关的各项费用，制订分布单价时，应严格按照“公路工程预算定额”中的相关规定，做到将“工、料、机”的合理分配，确保达到利益最大化，消耗最低化。

4 项目成本控制

项目经营的最终目的是最大限度提升利润空间，取得良好的社会效益与经济效益。任何企业都是以获得良好的收益为目的，而成本控制是项目收益的重要保证。

4.1 坚持月度经济活动分析会制度

经济活动分析会重点在分析，项目在注重数据的同时，跟看中数据背后的原因分析，找出问题，解决问题，把问题限制住，不怕出现新问题，就怕老问题没解决。每月定期召开经济活动分析会，对材料的价差、量差进行分析，根据市场波动情况，随时掌握材料行情。节约是一种意识，更是一种能力，项目始终坚持以现场控制为主导的方针，营造全员参与成本控制的氛围，月度经济活动分析会紧扣现场实际，梳理成本目标控制点，对阶段性工作结果进行分析，查找成本控制漏项和不足，并及时弥补。坚持经济效益最大化的原则，坚持多重反馈的思路，不断地调整、修正、优化，为经营决策提供依据。

4.2 设立核算员岗位，坚持月度盘点制度

项目加强材料的量差管理，每月由材料设备部、经营部、工程部及协作队伍共同对现场库存材料进行盘点，对作业队伍超出设计用量材料的处理，要在合同中予以明确，并按照市场价格进行调拨；作业队伍一律由相关负责人或授权委托人签字确认，在结算时予以扣除。同时核算员还负责对协作队伍计算工程量的核算确认，专职核算员在核算时应和技术部相关人员及时沟通，避免因结算人员不熟悉工程而造成的结算偏差损失。

4.3 坚持小改小革，以工艺改进促进降低成本

刘家峡大桥跨径布置为:1 ×113m(无吊索) +1 ×536m(单跨双铰简支钢桁加劲梁式悬索桥) +1 ×148m(无吊索)，路线等级为双向二车道二级公路。其中刘家峡大桥钢管混凝土桥塔施工更属于国内首例，施工过程中不断地对施工技术的研究和对施工过程的总结，并对施工关键技术进行合理化的优化改良，包括自爬升门架、履带吊安装工艺及安装拆除方案，钢塔的制作工艺，钢塔安装施工工艺，钢塔混凝土施工工艺，横梁、格栅安装施工工艺等。在整个施工过程中，通过像这样一系列施工工艺的改进，为项目节约了一笔可观的费用。

4.4 坚持领导全过程参与，为成本控制指明方向

项目经营班子拓宽思路，挖潜增效。日计不足，岁计有余，项目部通过强化意识，精细管理力争取得

较好的经营成果，实现综合效益最大化。在成本控制上，项目坚持先签合同、后进场的原则，积极推行局所提出的"模块化+专业化"的管理模式，在项目管理上推行"模块化"管理，在工程分包上采取"专业化"分包，以合理的方式降低成本，对于施工辅助性材料与施工机械均由作业队伍自行提供，在一定程度上避免了项目的管理漏洞，节约了不必要的管理支出。项目始终树立"以人为本"的意识，努力打造一支过硬的团队，一支优秀的团队。项目在抓好生产经营工作的同时，加强了人才培养，通过建立梯队化的人才团队，引导员工不断学习，提高业务素质。通过各种方式，加强员工的服务意识、向心力和责任感。

4.5 以快制胜、快而有序、快中求稳、快中求新

快而有序：项目以锚碇、桥塔为施工突破口，进场后快速开始锚碇基坑开挖和桥塔钢管制造施工安排，并根据工程进度合理展开猫道、缆索系统施工预埋件的制造安装工程。在后续加劲梁和桥面板施工中根据施工工艺安排加劲梁和桥面板的有序制造和进场组装。保证了工序衔接紧密，做到了快而不乱，有理有序，为项目成本控制在合理范围内奠定了基础。

快中求稳：在快速开始各项工程施工的同时，还要做到稳中求胜，锚碇大体积混凝土，钢管自应力混凝土施工、低温条件下缆索系统安装施工等技术都需要通过大量的数据采集分析，摸索出适合本项目气候条件的合理施工工艺和方法，为减低质量成本提供依据。

快中求新：在有序开展各项工程施工的同时，还对现有施工技术进行大胆创新和研发，提高现场施工机械化、标准化、规范化程度，项目在施工过程中研发的一系列发明专利和实用新型专利技术的应用为提高项目降本增效能力创造了条件。

5 项目费用与成本控制存在的问题

目前我国公路工程施工企业在项目成本控制这块还存在一些问题。首先，缺乏一定的监督和管理，制度执行不到位。其次，项目成本控制部门涉及的部门较多，而项目成本管理工作是需要涉及多个部门同时合作完成的，这就导致了项目成本管理上存在不完善的地方。

6 结语

在市场和社会的要求下，我国公路工程施工企业不得不面临着项目成本控制的不断提高。控制项目成本既节约了成本，提高了经济效益，从更大的角度来说是节约了能源，一定程度上实现可持续发展，让建筑施工企业更好地适应市场需求。

参 考 文 献

[1] 杨红霞，孙宪华. 浅谈建筑施工企业项目成本控制与信息化管理[J]. 科技信息，2011(29)：331-331.

[2] 吕志红. 浅谈建筑施工企业项目成本控制[J]. 技术与市场，2011(11)：107-108.

[3] 王春霞. 浅析我国施工企业项目管理中的成本控制问题[J]. 科技创新导报，2011(6).

公路施工企业资金预算管理的几点思考

刘立波　蔡明志

（中交一公局第一工程有限公司）

摘　要　资金是企业发展的血液，是企业生产经营活动的根本。其运行状况的好坏，不但是衡量一个单位财务管理水平的重要标志，而且直接影响到一个单位的经济效益，甚至关系企业的生存与发展。本文从施工企业的资金管理的现状出发，分析了施工企业资金管理中存在的问题和不足，并针对这些问题提出了相应的措施。

关键词　施工企业　资金　资金预算管理

现代企业，应树立“企业管理以财务管理为中心，财务管理以资金管理为中心”的观念。当前经济危机下公路施工企业必然也受到其影响，施工企业的竞争日趋激烈，资金紧张的矛盾日益突出，资金管理的问题也不断暴露出来，已严重地制约了施工企业的生存和发展。面对日趋严峻的形势如何迎接挑战和机遇，如何科学地使用资金，发挥资金的最大效益，解决施工企业资金预算管理中存在的问题，加强施工企业的资金预算管理，已成为我们必须面对的一个现实课题。

1　资金预算管理概述

1.1　资金预算管理的含义

资金预算管理是指基于历史数据和经验，结合企业当前经营的实际环境，合理预测企业资金的需求量，并科学分配资金到企业经营的各环节和部门的管理活动。资金预算的内容包括资金流入、资金流出、资金多余或不足的计算，以及不足部分的筹措方案和多余部分的利用方案等。资金预算实际上是其他项目预算有关资金收支部分的汇总，以及收支差额平衡措施的具体计划。资金需要量的预测，能够保证企业某一时点或时段的生产经营活动顺利进行，而资金预算则真正动态地反映了企业的资金余缺。

1.2　资金预算管理的意义

企业资金预算管理是企业资金管理的重要组成部分，可以通过预算来监控资金管理目标的实施进度，有助于控制开支，准确预测企业的现金流量。具体来说具有以下两方面的意义。

1.2.1　降低企业财务风险

资金预算管理对资金的使用进行全程的跟踪，提高了对资金的内部控制，通过对各预算单位的货币资金、票据、预算内收支、预算外收支、借款、担保等的预算工作可以有效加强货币资金和金融风险的管理，保证资金活动的有序进行，降低财务风险。

1.2.2　提高资金利用率

资金预算的编制过程，对不同的筹资渠道、筹资方式分析比较，权衡筹资成本和承担的风险，优化资金结构，降低了企业的筹资成本。在资金投放使用过程中，通过资金预算使资金的投放按照计划进行，避免资金的无效使用和出现偏差，优化了投资结构，提高了投资的报酬率。资金预算通过有针对性的压缩应收账款、控制存货水平、削减资本性支出等优化了现金流量的质量。

2　当前施工企业资金管理的问题分析

2.1　资金分散，整体资金效率低下

目前施工企业管理的现状是：施工企业一般采用集团公司—子（分）公司—项目部”三级管理模式

并实行项目经理部承包制。在集团公司与下级子(分)公司或项目部之间,一般建立利润或净收益承包制。在财务上与之匹配实行三级核算。子(分)公司或项目部成为会计报告主体,它们有独立的银行账户,可以直接对外实现收支、结算和债权债务的清偿。作为子(分)公司或项目部拥有工程结算收支和产生经营性债权债务的权力,而所发生的经济与法律风险却经常由集团公司法人来承担,这种体制安排,客观上造成施工企业资金分散、结算成本高,整体资金效率低下和风险预警滞后等财务管理问题。

2.2 企业扩张,资金短缺

当前形势下,建筑市场竞争日益激烈,施工企业生产经营规模扩大势在必行,施工企业要实行超常规发展,资金短缺必将成为制约企业发展的瓶颈。而盲目扩张、过分强调多元化发展、无序投资是吞噬企业资金的黑洞,导致企业资金链断裂。任何事物都有两面性,做大做强主业必然要增加固定资产投资,但要充分考虑购置固定资产所带来的后续问题,几年之后工程完工,大量相同的设备闲置下来,将会为企业发展带来较大的隐患。施工企业不能处理好资金管理与经营投标两者之间的关系。目前我国建筑市场的现状是长期处于买方市场,一方面占主动地位的建设单位压低需求价格,使得近几年来建筑企业之间为争得工程项目,互相压价,互相"残杀",企业产值利润率不断降低,施工企业中标难和在建项目收益下滑的问题更加突出,导致企业亏损,资金链越来越紧,资金管理难度越来越大;另一方面建设单位要求施工单位投标前交纳投标保证金、信誉保证金,还有投标保函、信贷证明等,中标后要求提供履约保函、预付款保函,还对未中标项目的投标保证金滞后退还,这些都占用了流动资金,并增加了大量财务费用。更有甚者,一些建设单位要求中标企业交纳大量投标保证金或10%的现金保证金,占用企业大量流动资金,给企业增加沉重的负担。

2.3 对资金预算管理认识不到位

一些施工企业领导对资金的管理认识不足,不重视企业资金的管理,财务资金管理还没有被提高到应有的地位。不少施工企业整个理财活动仍缺乏科学的观念、原则和方法,没有专门的财务资金管理人员进行专门的、有一定知识和技术要求的资金预算管理工作,如制订资金使用计划、审批资金预算报表、编制全面财务预算和实施财务控制、评价与监督、修正和调整预算等。

2.4 财务管理体制不够完善

一些施工企业由于管理不到位,财务管理体制往往不健全,财务管理各个环节的工作不能落到实处。例如,由于机构设置不合理,人员配备不足,财务控制不能很好地进行,财务信息不能及时反馈,预算不能及时修订等,这些具体工作不到位,许多理财工具如资本预算、现金预算、存货和应收账款管理等在企业中也就不会受到重视或加以运用。相当多的施工企业尚未建立健全资金预算管理制度,有的企业虽然有了预算制度,但没有配备专门资金预算管理负责人或者管理水平不足,导致资金预算成为摆设。资金的收支缺乏统一的筹划和控制,随意性大,使用混乱,占用不尽合理,挪用生产经营资金从事长期投资的现象屡有发生,导致现金流量不平衡,支付能力不足,实际上靠借新还旧来维持经营;有的企业年末账面利润看似不少但应收款居高不下,不良资产有增无减,长期挂账,资金运作极度困难,时常难以支付到期的债务。

2.5 资金预算水平低,执行效果差

尽管每个企业都可能制订了资金使用计划和各项费用开支计划,但不少企业仍不能做到按计划控制,导致计划的可操作性差,有的甚至将计划束之高阁,形成计划与实际的严重脱节使企业的资金管理变得盲目,影响企业资金的正常周转和有效利用。

2.6 资金预算管理缺乏执行力度

首先,资金预算的编制不能体现公司业务开展的实际情况,公司业务因资金预算的编制不合理受到限制。为适应资金预算执行中遇到的突发事件,资金预算就要具有一定的弹性,这也是资金预算与资金计划的一个重要区别,缺乏弹性的标准,缺乏可执行性。除了标准缺乏可执行性外,公司对资金预算执

行、控制和调整未给予足够重视,公司财务部门对各经营单位经营和资金预算执行情况进行检查和反馈,报送公司管理层,但公司管理层并没有对经营和资金预算执行偏差做出处理。对资金预算编制、调整的权力没有进行划分与制衡,一些业务的资金预算编制相对简单,超资金预算或无资金预算的项目由于资金预算调整权的滥用而照样开展,资金预算对实际行为的预控作用严重削弱。

2.7 没有好的资金预算管理方法和考核机制

往往是一些制订了资金预算制度的施工单位,没有一套好的、真正适合施工企业的资金预算管理制度和办法,而基层单位由于事情繁多,人员配备严重不足,对资金预算没有引起足够的重视,造成基层单位资金预算的上报,单纯为了应付上报而上报,预算与实际支付严重不符,而通过资金预算的调整来补救实际与预算之间的差异,起不到资金预算管理的真正目的。

3 加强资金预算管理的措施

3.1 切实转变观念,加强对资金预算管理的重视

(1)企业各级领导,必须切实认识到资金管理对企业生存发展的重要性,将财务资金管理提升到企业战略的重要位置上。

(2)要从经营上转变理念。瞄准目标市场,找准市场定位。由于资金管理涉及企业管理的方方面面,为此在经营理念上,施工企业必须认真细分市场,找准自己的市场定位发挥企业的优势,从源头上加强控制,科学合理地筛选投标项目,再不能饥不择食,见标就投。

(3)要从支出上加强控制,加强基层单位对资金预算的重视程度,合理编制资金预算报表,认真执行资金预算制度,预算一经确定不得随意更改。

(4)强化全员参与的成本管理意识,全员全方位的成本控制消灭亏损项目,配合各项措施走精细化管理的路。

3.2 完善资金预算管理体制,细化资金预算编制

资金预算管理是一项庞大、系统、持久的工程,需要配备专门的资金预算管理人员。没有专门人员来从事这项工作,以及其他相关人员、部门的配合,是做不好资金预算管理工作的。

施工企业可以根据需要成立多级资金预算管理体制,各级预算单位成立由本预算单位领导负责的资金预算管理科室,项目部预算编制部门向公司预算管理部门汇报。通过多级预算管理将有助于进一步挖潜降本,提高成本核算和预算编制的准确性,使预算目标更具科学性和挑战性,也有利于落实责任。对于存在分公司或者项目部的集团企业,项目部实行财务主管委派制,将项目部的经营状况、资金状况和预算执行状况及时准确地反馈到公司总部,有效加强整个公司资金的管理和预算的监控。

提高资金预算编制的准确性。资金预算的编制是一个动态过程,由上级预算部门制定目标,下级预算部门根据部门实际制订方案,具体的执行部门还需要对方案的可行性进行分析,修正、改善经营预算和资金预算,明确各单位的资金投入和支出。

首先,项目部应根据生产经营任务按月编制资金预算并在月度资金预算的基础上编制旬资金预算。按时上报上级公司资金预算管理科室进行批复,未经公司批复,项目部不得动用资金。当项目部出现新增和超预算支出情况时,应提交专项审批报告。

其次,项目部在资金预算的编制过程中应细化编制方法,项目部资金预算由各部门分别编制,最后由财务部门负责将各部门预算平衡汇总并由项目经理签字后,报公司资金预算管理科审批。

最后,公司资金预算管理科收到项目部上报的资金预算应严格审核,及时批复,并定期对项目部资金预算情况进行分析,及时发现问题并向公司领导提交分析报告。项目部也要就实际执行情况与预算是否存在差异及其原因进行分析说明。

3.3 建立切实可行的资金预算考核机制,增强资金预算执行力

各级预算单位根据预算内容的可控原则确定责任人,预算指标细化到责任人。人是预算的制定者、

预算的执行者、预算制度的被考核者,也是预算工作的主体,是预算工作效果好坏的决定性因素。这就要求企业在制定考核指标时充分考虑到责任人的实际情况,不能让其对不可控的经济责任负责,使资金控制指标既可执行又富有激励性,还要求考评部门保持公平、公开、公正的工作态度,对预算及其执行情况进行及时披露,以加强预算对经营行为的监督约束作用。建立科学合理的预算考核和奖惩制度,预算指标必须与责任人的经济责任考核紧密结合,否则无法调动员工的积极性并进行有效约束。考核制度应该明确各单位的指标和奖惩办法。定期对资金预算的执行情况进行考评,据此对责任人进行评价,并将评价结果递交人力资源部,作为预算执行奖惩的依据;年终决算并通过内审确定实际完成情况,与责任书目标进行对比,人力资源部按奖惩办法对各责任人进行奖惩。高级管理人员是主要责任人,预算执行情况应与其年薪挂钩,以敦促其提高预算执行的质量。尽管预算工作量较大,但对于成本控制、经济责任考核能发挥很大作用,是企业完善资金管理的必要保证。

3.4 推行适合大型施工企业的资金预算管理方法

3.4.1 实行资金集中管理

针对我们集团公司多、项目分散的特点,实行资金集中管理的目的是设计一种上下沟通机制。运用系统进行分界,重新划分集团公司与下级单位之间的资金管理权限。通过合理的统筹,调剂不同会计报告主体间的资金余缺,减少运营风险,使整个企业资金管理高效有序动态平衡。其意义与作用有:①实现资金运营的集约和透明。子(分)公司或项目部分散在不同区域,允许它们作为会计报告主体独立开设账户。一个公司往往开设了数十、上百个账户,资金的监控成本极高。快捷的网银、网上结算和在授权分权下的资金集中,可以将分散开户的资金统一在一个系统内从而实现集约、透明的运营。②调剂资金余缺。在分散管理下,不同会计报告主体间存在资金盈缺不均。资金短缺的子(分)公司或项目部可能面临融资压力,而资金充裕的子(分)公司或项目部则可能弱化应收款催收动力,从而使总体的资金预测与控制失去依据。资金集中也是信息的集中,可以动态地解决同一公司内部不同主体间的余缺。③建立和增强自我管理能力。资金集中管理不仅解决公司内资金的分散运营,还可以为建立自我管理提供帮助。在传统资金管理模式下,收支和债权债务的清偿均需依赖银行传输单据和按期对账提供信息,企业往往不能及时、完整、准确地获得资金信息。实行资金集中管理可为企业建立敏感捕获资金信息的检测手段。④提高资金使用效率。实行资金集中管理可以帮助施工企业解决现行核算模式下资金管理中的突出问题,即减少结算的时间。集团公司可以随时掌握资金到账时间和实时监控子(分)公司或项目部付款的审批,减少资金的在途时间。资金的集中管理旨在提高集团公司对货币资产的控制,实时掌握资金运向进而提高企业整体的资金效率。

3.4.2 资金集中管理的模式

资金集中管理方法的选择体现了集团公司与子(分)公司、项目部之间的集权与分权,应当根据公司的经营特点和资金运营规律来决定。根据管理的集权与分权的不同程度,有不同的管理模式,本文主要说明“结算中心模式”。

结算中心通常设在企业集团母公司财务部门,是一个独立运行的职能机构,它有些类似于内部银行。采用这种模式并不是将子公司的全部资金都集中到企业集团的资金总库,而是将资金流动和投资、融资等决策集中化由结算中心对各子公司实行账户管理、统一结算和存贷款业务管理。采用资金集中管理,集团公司每年整体节约大量财务费用。目前普遍采用的管理方法主要是收支两条线法和余额控制法。

收支两条线的操作思路是,各子(分)公司、项目部可以在当地银行开设子账户,集团公司开设主账户。子账户可根据授权分别收、支功能开设,子账户收款时,通过网银系统上划到主账户,实际不拥有资金。付款时,子账户开户单位,通过系统向主账户委托,主账户根据审批后向子账户下拨资金及支付令实现向外支付。内部债权债务清算时,收付只在主账户内实现,并不真正在子账户中划转。在收支两条线下,子账户的资金仅表示子(分)公司项目部可用资金并不是实际拥有的资金。

余额控制法是根据集团公司授权度不同,分为总量控制和余额控制两种。

在总量控制下,根据子(分)公司、项目部经营规模确定子账户可用资金额度。超过额度部分的收款划入主账户,不足的付款向主账户申请划拨;在余额控制下当超过余额的收款发生时,收款划入主账户,当发生低于余额付款时向主账户申请划拨。

3.5 充分利用网络条件,加强资金管理信息化建设

随着网络普及,为资金信息化建设提供了条件。施工企业可大力推行网上银行资金结算系统,建立资金结算中心,利用资金系统平台对企业资金实行集中管理,充分发挥资金集中管理形成的作用。资金结算中心要与各家开户银行建立网上银行平台,实行资金远程管理,随时可以对项目部资金进行查询监控和调拨。通过网络系统将各项目部资金可实时划入结算中心账户,对各项目部银行账户实行限额管理,每天按时上收项目超额资金,需要用款时再由项目提交指令,将资金予以拨回,这样增加公司总部资金存量。实践证明,网上银行在资金集中管理中发挥了十分重要的作用。一方面,解决了资金短缺和富裕并存的矛盾,盘活了存量资金,提高资金的使用效率;另一方面,有利于加强对下级单位资金的监控管理,确保资金安全运营。另外,利用网络办公软件,加快信息交流的速度,使上报、批复流程快捷,使信息反馈及时。

4 结语

总之,施工企业要适应市场竞争就必须不断提升自身的实力,保证企业资金的良性循环。而要保证企业资金的良性循环,就必须在资金管理上建立一套行之有效的管理制度,从完善机制、健全制度入手,努力使资金运动的各个环节处于可控状态,从而优化资金结构,盘活沉淀资金,加大监控力度,有效规避资金风险。只有这样,施工企业的资金管理水平才能得到真正的提升。

参考文献

[1] 刘秀凤.浅谈加强施工企业流动资金管理的重要性[J].经济论坛,2006(12):109-110.

[2] 袁琳.构筑集团企业资金结算与集中控制的新系统—中国石化集团财务公司资金结算与集中控制案例研究[J].会计研究,2003(2):47-52.

[3] 于增彪,袁光华,刘桂英,等.关于集团公司预算管理系统的框架研究[J].会计研究,2004(8):22-29.

[4] 梁桦.实施全面预算管理之我见[J].经济师,2005(6).

浅议如何从项目工作中全面优化各项财务指标

蔡明志　刘立波

（中交一公局第一工程有限公司）

摘　要　财务指标提供的信息具有较强的实用性，是全面评价财务状况、衡量经营业绩的重要依据，也是企业挖掘潜力、改进工作、实现理财目标的重要手段，同时也是合理实施投资决策的重要参考。项目部是施工企业的基层单位，是一切基础数据的来源单位，也是控制和优化各项财务指标最有效的基层单位。从项目工作中，全面优化各项财务指标，可以合理地评价和掌握公司的财务状况和面临的风险，促使公司和项目加强管理，实现局和公司的战略规划和经营目标。

关键词　施工企业　项目工作　财务指标

企业财务指标，就是在一定时间和条件下对企业财务状况和经营成果的数量化反映，是总结、评价和考核企业财务状况和经营成果的经济指标。随着市场经济的发展和改革的深化，财务评价指标体系在反映财务管理目标、评价企业财务状况和经营成果方面发挥了巨大的作用。

公路施工企业不同于一般企业，其财务人员的工作地点主要是在施工一线的各项目部，他们受公司委派，负责项目部的会计核算和监督。项目部财务人员对企业的资金运营起着至关重要的作用。随着会计改革和财政改革的不断深化，财会知识的不断更新，财会环境不断变化，在竞争日趋激烈、飞速发展的今天，财务人员的工作已经不仅仅是记账、算账、报账，面对新形势的发展，对财务人员的素质提出了更新、更高的要求。如何从项目工作，全面优化各项财务指标，是我们项目部财务人员需要认真思考的问题。

1　加强学习，提高认识，提高财务分析能力

（1）财务人员要不断学习，拓宽知识面，增强对数字的敏感程度，了解每一个数据的来源和背后代表的含义，这样才能更好地对各项数据进行分析，提供高质量的财务数据。

（2）要有大局观，不能局限于项目部工作，要站在高处，站在公司的角度，以大局的眼光看问题，这样才能提供更有用、领导更需要的数据和信息。

（3）理解各项财务指标的含义。只有充分理解了各项财务指标所代表的含义和标准，才能准确计算出各项财务指标，才能围绕着这些财务指标开展工作，制订切实有效的措施优化各项财务指标。

（4）熟悉项目部施工生产流程。这将有利于我们将管理工作延伸到施工生产的各个环节。

（5）了解会计政策和账务处理对财务指标带来的影响。如未逾期的应收质保金计入长期应收款，长期应收款在报表上列示在“非流动资产”下，这将会对应收账款周转率带来影响。

（6）了解和把握市场行情和国家宏观经济政策对我们带来的影响。

（7）当前国家制定了收紧的货币政策，银行压缩信贷，导致各地业主资金收紧，致使我们资金紧张，影响公司的运营。那么我们就要关注应收账款周转率，加快应收账款的回收。

2　针对行业特点，选择合适的财务指标分析

公路施工企业，主要从事公路、桥梁、隧道等交通基础设施的建筑和安装工程活动，其施工生产具有流动性、单一性和长期性等特点，决定了公路施工企业在资金筹集、投资管理、成本费用核算与管理、工程价款结算等方面具有不同于其他企业的特点。因此，选择合适的财务指标进行分析，才能对企业的财

务状况和经营成果做出准确和全面的评价。

(1)常用的财务指标,共有十一项,分别是:

①反映财务效益状况的财务指标:净资产收益率,总资产报酬率,营业收入利润率,资本保值增值率。

②反映资产运营状况的财务指标:总资产周转率,流动资产周转率。

③反映偿债能力状况的财务指标:流动比率,资产负债率。

④反映发展能力状况的财务指标:营业收入增长率,总资产增长率,三年利润平均增长率。

(2)根据公路施工企业经营业务的特点,可通过分析应收账款周转率指标来反映企业管理拖欠工程结算款项方面的效率;通过分析存货周转率指标反映存货管理方面的效率;通过分析速动比率和现金流动负债比率指标来反映企业特定的偿债能力状况。

(3)局对公司考核的常用财务指标有:

①盈利能力指标:毛利率;总资产报酬率;净资产收益率。

②运营能力指标:资产负债率:应收账款周转率;已完工未结算占成本比率。

掌握了各项财务指标的标准,有利于我们把握开展各项工作的侧重点。

3 结合项目实际工作,重点应优化的财务指标

项目部是公司主要的利润来源,是建筑施工的直接生产者,项目部的各项财务数据对公司整体的财务指标有着重大的影响,围绕各项财务指标,项目应开展的工作有:

3.1 毛利率

3.1.1 公式

$$毛利率=\frac{主营业务收入-主营业务成本}{主营业务成本}\times 100\%$$

3.1.2 意义

反映企业赚取利润的能力。

3.1.3 如何提高毛利率

我们施工企业属于微利行业,毛利率很低。毛利率的变动受到工程规模、投标报价、原材料价格波动、人工成本的上升及工程管理水平等因素的影响。通过施工过程中的日常管理工作降低施工成本从而提高毛利率,财务人员围绕着降低成本能做的如下工作。

(1)参与到项目各项合同的签订工作,降低合同成本,规避其中的财务风险。

(2)了解施工预算的编制过程,进而编制成本计划,坚持成本费用开支标准,节约成本费用开支。

(3)加强成本核算,分清成本核算对象,按工程项目进行材料费、人工费、机械使用费的成本归集。

(4)开展成本分析,将实际成本与预算成本进行对比,找出差异,并分析形成差异的原因,一方面用于考核和奖惩,另一方面在以后的工程中进行改正或推广。

(5)做好资金集中和资金预算工作,降低资金使用成本。

项目资金集中到公司,公司可以对资金进行综合管理,协调平衡公司可使用的资金,这样既不会造成某个项目的资金闲置,也不会因向银行或局借款负担高额利息。这不仅加强了公司资金管理力度,而且大大减少了资金的沉淀,提高资金的利用效率,降低资金的使用成本。项目部上报资金预算,可以使公司按照其使用的资金额度协调平衡,这样项目部也可以提前统筹和分配资金,降低资金成本。

3.2 资产负债率

3.2.1 公式

$$资产负债率=\frac{负债总额}{资产总额}\times 100\%$$

3.2.2 意义

负债比率越大,企业面临的财务风险越大,获取利润的能力也越强。如果企业资金不足,依靠欠债

维持,导致资产负债率特别高,偿债风险就应该特别注意了。

资产负债率在60% ~70%,比较合理、稳健;达到85%及以上时,应视为发出预警信号,企业应提起足够的注意。

3.2.3 如何降低资产负债率

施工企业资产负债率,一直居高不下,项目工作中降低资产负债率需要做的工作如下。

(1)正确的账务处理和报表编报,降低因财务人员的失误,人为导致资产负债率虚高。

财务人员在编报报表时,未正确地进行对冲和重分类,导致计算出的资产负债率虚高。有的项目挂账的其他应收款未及时进行处理,这个科目中有些金额是需要列入成本的。其他长期挂账的应收、应付项目的处理,也会影响资产负债率的计算结果。

例如,预收账款在负债中反映,编报时如不能进行对冲的话会导致负债虚高。

(2)加快结算的进度。项目进场初期,按照合同约定业主一般都会给予一定金额的开工预付款和材料预付款,按照会计准则是要在预收账款科目中核算,反映在负债里。结算的迟缓会引发资产负债同时虚增,资产中存货(已完工未结算)虚增,应收账款偏低,负债中预收账款偏高,导致资产负债率的提高。

(3)合理安排资金,减少应付账款。

(4)加快应收账款回收。

(5)在资金紧张的情况下,项目部财务稳健的生产策略,满足生产需要的同时减少前期过多的投入。如分析设备租赁和购买的成本,选择合适的投入方式,减少应付账款的金额。

3.3 应收账款周转率

3.3.1 公式

$$\text{应收账款周转率} = \frac{\text{主营业务收入}}{(\text{期初应收账款余额} + \text{期末应收账款余额}) \div 2}$$

3.3.2 意义

应收账款周转率是反映公司应收账款周转速度的比率,说明一定期间内应收账款转为现金的平均次数。应收账款周转率越高越好,表明公司收账速度快,平均收账期短,坏账损失少,资产流动快,偿债能力强;反之,说明资金回笼差,影响公司资金周转及偿债,同时也说明公司催收账款不力,使资产形成了呆账甚至坏账。

近年来,由于受建筑市场、国家政策大环境和企业经营策略与经营方针的影响,施工企业的应收账款呈现出居高不下的特点,应收账款周转率偏低,有些应收账款不能及时回收,严重阻碍了企业的资金周转,影响了企业的生存与发展。施工企业的应收账款是企业的资金占用,其占用资金的多少和占用时间的长短直接关系到企业的经济效益和日常经营,因为应收账款已经计入企业工程结算收入,应收账款收不回来,使企业的盈利仅反映在企业的财务账面上,实际上企业还为其支付着增加占用的资金成本和可能丧失的机会成本。

3.3.3 如何提高应收账款周转率,减少应收账款余额

(1)加强应收账款清收管理工作

建立应收账款台账,明确应收账款责任人,制订合理的清收政策,定期盘点应收账款,尽量争取按期回收应收款项。特别是一些完工项目,工程结束后承接新项目或财务人员、项目经理调离,应收账款无人催收,增加了形成坏账的风险。

(2)对应收账款按账龄进行辅助管理

正确区分应收账款的账龄,才能采取积极的催收措施。不能仅是在财务报表上列出应收账款的数额和账龄,而要依据不同账龄的应收账款及时进行催收清理。而未在法律规定的诉讼时间内提起付款请求,会丧失债权。

(3)实行定期对账制度,建立业主信用档案

与业主进行定期对账，每月或每季度向业主发出应收账款对账单，取得对方回执，形成合法有效的对账依据，这样就可以明晰双方的权利和义务。如果不及时对账，只是口头上的承诺，或缺少连续性，致使双方挂账金额不一致，会导致出现赖账，应收账款因此形成呆账、死账。

为了防止不守信用的业主恶意拖欠工程款，建立完整的业主信息管理档案，做好应收账款台账，了解业主的资金来源、资信程度和偿债能力，对于恶意拖欠工程款的业主打入黑名单，项目部向公司汇报。

(4)采取多种手段，加大催收力度，必要时运用法律途径，依法追回拖欠应收账款

对于那些故意违约的业主，要以工程承包合同为依据，据理力争。对于恶意拖欠工程款的业主必要时提起诉讼，合法的维护企业的权利。当然，通过法律途径时，项目部最好不要擅自做主，是要通过公司的。

(5)搞好与业主关系，增大应收账款回收的可能性

现在公路市场依然是业主处于强势地位，和业主关系好的施工单位，可能业主在资金安排上会有倾向，或者是额度上的或者是时间上的。这就需要我们平时与业主搞好关系，争取在客观上获取资金的可能性。

应收账款的回收，不仅仅是财务一个部门的事情，也需要项目经理和经营部门的配合和支持。

3.4 已完工未结算占成本比例

3.4.1 公式

$$已完工未结算占成本比例 = \frac{工程施工 - 工程结算}{主营业务成本} \times 100\%$$

3.4.2 意义

已完工未结算占成本比例指工程施工和工程结算的差值，这个比例高说明项目存货不能及时变现，会导致资金压力增大。

3.4.3 如何控制已完工未结算

控制已完工未结算，项目需要做的工作如下。

(1)与经营部一起分析已完工未结算的成因，金额超过5000万元的要上报专项说明给公司。一般的形成原因有：计量规则影响，混凝土强度未到期，项目部计量资料不完整，变更未批复等。

(2)参与制订计量工作管理办法，加快计量进度。明确各计量签认环节责任人，制订考核办法，与各责任人绩效考核挂钩。

(3)对于已经签认的计量，财务及时入账，并尽快催收，让资金及时回笼，缓解项目资金压力。

3.5 加强现金流量分析，做好资金管理工作

3.5.1 意义

就短期而言，企业能否维持下去并不完全取决于是否盈利，而取决于是否有足够的资金用于各种支出。资金链断了企业就很难生存了。现在许多企业都推崇“现金为王”的理念，企业现金流量管理水平，往往是决定企业存亡的关键所在，尤其是在激烈的市场环境中。

3.5.2 作用

现金流量分析具有以下作用：

(1)对获取现金的能力做出评价。

(2)对偿债能力做出评价。

(3)反映企业资金周转情况。

(4)有利于加强财务控制。

3.5.3 分析方式

现金流量的财务分析比率：

(1)现金流动性分析包括现金到期债务比，现金流动负债比，现金债务总额比。

(2)获取现金能力分析的指标主要有每月销售现金净流入,每股经营现金流量和全部资产现金回收率。

(3)反映财务弹性的财务比率,主要有现金流量适合率、现金满足投资比率和现金股利保障倍数。

3.5.4 如何加强管理

项目部的现金流量结构比较单一,以经营活动中的现金流量为主,对于加强现金流的管理,财务人员需要做的工作如下:

(1)在入账时正确输入对应的现金流量类别。

(2)正确地编制现金流量表和间接法现金流量表。

(3)加强资金集中工作,重视资金预算上报与执行,合理利用资金,缓解公司资金压力。

4 结语

综上所述,合理构建和运用具有行业特点、以可持续增长为中心的财务评价指标体系,不仅为改进企业财务管理工作和优化经济决策提供重要的财务信息,同时也是交通施工企业规范经营行为,促进现代企业制度的建立与完善,实现战略发展的重要保证。

参 考 文 献

[1] 中国注册会计师协会.财务成本管理[M].北京:中国财政经济出版社,2010.
[2] 王雷,高永华.施工企业财务指标体系探析[J].金融经济:学术版,2008(8).

浅谈企业绩效管理中的问题及对策

徐小辉

（中交一公局第一工程有限公司）

摘　要　当今的企业要想在激烈的竞争环境里生存和发展，就必须依靠出众的业绩。我国企业如何对企业业绩进行评价及改进，已经成为迫切需要解决的问题。本文认为我国企业应强调绩效管理的“绩效提升功能”，加强培训和突出绩效循环管理，来确保绩效管理的有效实施和改进。

关键词　企业　绩效　绩效管理

随着经济全球化和信息时代的到来，世界各国企业都面临着越来越激烈的国内和国际市场竞争。为了提高竞争能力与适应能力，许多企业都在探索提高生产力和改善组织绩效的有效途径，我国企业也不可避免遭受到市场经济的洗礼。在与国际化悄然接轨的同时，现代各种管理理论层出不穷，如核心竞争力，学习型组织，团队建设，德鲁克的目标管理等管理工具与方法，成为中国企业界模仿与学习的样板，高薪聘请知名咨询公司对企业进行“有病看病，无病保健”，更成为一种时尚。但目前看来这些现代管理工具与方法对我国企业发展所起到的推动作用远未达到预期目标。究其原因，除脱离本国企业实际情况以致使先进管理活动流于形式外，照搬照套，机械式的使用相关管理方法也使企业在运行中事倍功半。

1　绩效管理的概述

1.1　绩效管理

所谓绩效管理，是指各级管理者和员工为了达到组织目标共同参与的绩效计划制订、绩效辅导沟通、绩效考核评价、绩效结果应用以及绩效目标提升的持续循环过程。绩效管理的目的是持续提升个人、部门和组织的绩效，如图1所示。

1.2　绩效管理模型

影响绩效的主要因素，有员工技能、外部环境、内部条件以及激励效应，如图2所示。员工技能是指员工具备的核心能力，是内在的因素，经过培训和开发是可以提高的；外部环境是指组织和个人面临的不为组织所左右的因素，是客观因素，我们是完全不能控制的；内部条件是指组织和个人开展工作所需的各种资源，也是客观因素，在一定程度上我们能改变内部条件的制约；激励效应是指组织和个人为达到目标而工作的主动性和积极性，激励效应是主观因素。

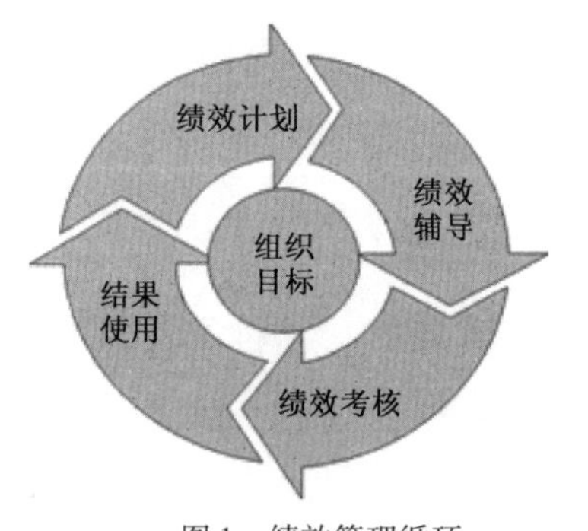

图1　绩效管理循环

在影响绩效的四个因素中，只有激励效应是最具有主动性、能动性的因素。人的主动性、积极性提高了，组织和员工就会尽力争取内部资源的支持，同时组织和员工的技能水平也将会逐渐得到提高。

1.3　绩效管理在人力资源管理中的地位

人力资源管理是站在如何激励人、开发人的角度，以提高人力资源利用效率为目标的管理决策和管理实践活动，人力资源管理包括人力资源规划、招聘与配置、培训与开发、绩效管理、薪酬管理和员工关系管理六大模块。

绩效管理在人力资源管理中处于核心地位，如图3所示。首先组织的绩效目标是由发展规划、战略和组织目标决定的，绩效目标要体现发展战略导向，组织结构和管理控制是部门绩效管理的基础，岗位工作分析是个人绩效管理的基础。

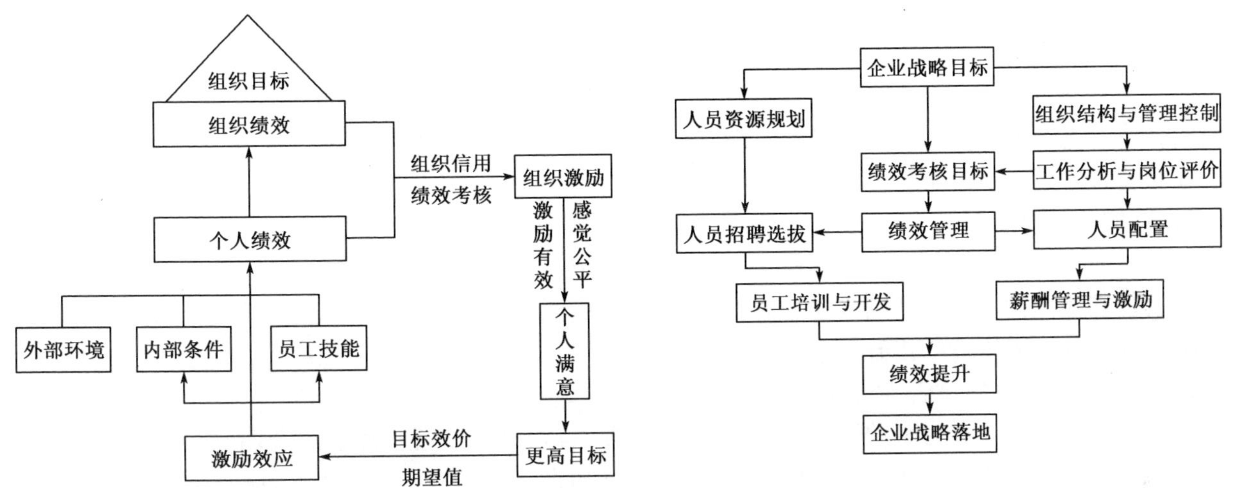

图2　绩效管理模型

图3　绩效管理在人力资源管理中的核心地位

其次，绩效考核结果在人员配置、培训开发、薪酬管理等方面都有非常重要的作用，如果绩效考核缺乏公平公正性，那么上述各个环节的工作都会受到影响，而绩效管理落到实处将对上述各个环节的工作起到促进作用。

绩效管理和招聘选拔工作也有密切联系，个人的能力素质对绩效影响很大，人员招聘选拔要根据岗位对任职者能力素质的要求来进行。

通过薪酬激励激发组织和个人的主动积极性，通过培训开发提高组织和个人的技能水平，能带来组织和个人绩效的提升，进而促进企业发展目标的实现。

组织和个人绩效水平将直接影响着组织的整体运作效率和价值创造，因此衡量和提高组织、部门以及员工个人的绩效水平，是企业经营管理者的一项重要常规工作，而构建和完善绩效管理系统是人力资源管理部门的一项战略性任务。

2　绩效管理的意义与作用

2.1　绩效管理的意义

实施绩效管理，从某种意义上说是企业对自己目前现状做出的反思与展望。

企业喜欢把更多的时间花在目前正在进行的工作，却很少花时间对过去做出反思，很少去总结过去的成败得失，而是一门心思地往前走，生怕因为总结过去而耽误了赚钱，耽误了发展。

以前的观念是"别老坐在这里了，赶快去干活吧"，而现在人们更多是提倡"别忙着干，先坐下来想一想"。相比，大家更喜欢后一句话，因为它告诫人们在做一件事情的时候不要忙乱，而是要想好了再做，这样才能保证始终在做正确的事情。

做好这个工作，也算是对企业过去一段时间进行了一个系统的总结，将总结的结果形成一个系统的报告，便于企业发现问题，及时调整，积蓄力量以便更快、更高效地发展。所以，企业应在实施绩效管理之前好好地总结一下管理中存在的问题，找出问题的症结所在，把它放到绩效计划当中，作为绩效管理的努力方向加以解决。

2.2　绩效管理的作用

2.2.1　绩效管理促进组织和个人绩效的提升

绩效管理,通过设定科学合理的组织目标、部门目标和个人目标,为企业员工指明了努力方向。管理者通过绩效辅导沟通及时发现下属工作中存在的问题,给下属提供必要的工作指导和资源支持,下属通过工作态度以及工作方法的改进,保证绩效目标的实现。在绩效考核评价环节,对个人和部门的阶段工作进行客观公正的评价,明确个人和部门对组织的贡献,通过多种方式激励绩效部门和员工继续努力提升绩效,督促低绩效的部门和员工找出差距改善绩效。在绩效反馈面谈过程中,通过考核者与被考核者面对面的交流沟通,帮助被考核者分析工作中的长处和不足,鼓励下属扬长避短,促进个人得到发展;对绩效水平较差的组织和个人,考核者应帮助被考核者制订详细的绩效改善计划和实施举措;在绩效反馈阶段,考核者应和被考核者就下一阶段工作提出新的绩效目标并达成共识,被考核者承诺目标的完成。在企业正常运营情况下,部门或个人新的目标应超出前一阶段目标,激励组织和个人进一步提升绩效,经过这样绩效管理循环,组织和个人的绩效就会得到全面提升。

另一方面,绩效管理通过对员工进行甄选与区分,保证优秀人才脱颖而出,同时淘汰不适合的人员。通过绩效管理能使内部人才得到成长,同时能吸引外部优秀人才,使人力资源能满足组织发展的需要,促进组织绩效和个人绩效的提升。

2.2.2 绩效管理促进管理流程和业务流程优化

企业管理涉及对人和对事的管理,对人的管理主要是激励约束问题,对事的管理就是流程问题。所谓流程就是一件事情或者一个业务如何运作,涉及因何而做,由谁来做,如何去做,做完了传递给谁等几个方面的问题,上述四个环节的不同安排都会对产出结果有很大的影响,极大影响着组织的效率。

在绩效管理过程中,各级管理者都应从公司整体利益以及工作效率出发,尽量提高业务处理的效率,应该在上述四个方面不断进行调整优化,使组织运行效率逐渐提高,在提升了组织运行效率的同时,逐步优化了公司管理流程和业务流程。

2.2.3 绩效管理保证组织战略目标的实现

企业一般有比较清晰的发展思路和战略,有远期发展目标及发展目标,在此基础上根据外部经营环境的预期变化以及企业内部条件制订出年度经营计划及投资计划,在此基础上制订企业年度经营目标。企业管理者将公司的年度经营目标向各个部门分解就成为部门的年度业绩目标,各个部门向每个岗位分解核心指标就成为每个岗位的关键业绩指标。

3 绩效管理存在的问题

近年来随着经济的发展,我国人力资源开发与管理在理论与实践方面都有了很大发展,在认识、观念等方面有了新的突破,并在实践中逐步取代了传统的人事管理。我国很多企业已经认识到绩效管理的重要性,并且在绩效管理的工作中投入了较大的精力,但在实践中仍然存在一些认识误区和实践问题。

3.1 对绩效管理的认识不够

在企业绩效管理实践中,首先,认为绩效管理是人力资源部门的事情,与业务部门无关;其次,绩效管理就是绩效考核,绩效考核就是挑职工毛病;第三,注重考核,忽视绩效计划制订环节的工作;绩效管理是一项复杂的系统工程,它包括了企业发展战略的制订、战略目标的分解与传递、绩效计划的制订、绩效评估、员工的激励等多个环节所组成的一个循环不断的过程。把“绩效管理”简单地理解为“绩效评估”,这一现象普遍存在。这些企业将绩效管理简化为对一张或几张评估表格的年初设计、年终的填报和认定工作,而进一步的绩效分析、绩效反馈与沟通、改进与提高等环节的工作并没有真正开展。事实上绩效评估仅仅是绩效管理过程中的一个环节,一个环节的工作做好了并不等于整个系统的各项工作都完成了。

3.2 绩效管理过程中,忽视员工的个人发展及其心理需要

管理的对象是人力资源,尤其是知识型人力资源,它作为企业乃至社会长足发展的主要资源,有着

不同于财力、技术、物资、地域等资源的特点。由于对人力资源特点的忽视,很多企业都有可能在较长的时间内遇到成为限制企业绩效管理达到预期目的及员工个人目标实现的瓶颈。在组织中,员工追求的不仅仅是一种经济利益,更重要的是员工渴望与组织建立起一种心理信赖关系,将组织看作发展自我才能的舞台,以便更加有效地实现自我的人生价值。往往企业在制订人力资源管理方案的同时,并没有考虑到员工的技能、行为和态度是否能支持组织战略规划的实现;这一管理过程对雇佣关系中的各位主体来说,都不具有为其提供双赢的建设性意义。

3.3 沟通不畅,反馈不及时

要做好绩效管理工作,就必须有良好的沟通与反馈机制,让员工充分了解企业的绩效管理的目标、作用、成果。绩效管理的最终目的在于确保企业战略目标的实现,对员工的指导与开发,最后才是将考评结果运用于工资和奖惩等方面。目前在许多企业的绩效管理过程中;沟通与反馈机制不完善。尽管制订了绩效考评的反馈、申诉制度,但由于缺乏信息反馈和有效沟通,员工不知道工作中存在的缺点和今后努力的方向,绩效考评工作无法达到改进管理绩效的目的,进而妨碍绩效考评对职工的指导教育作用。绩效考评找到了问题却解决不了问题,企业中大多数部门领导不重视与员工进行沟通和为员工提供不断提高自身能力的机会,缺乏管理技巧,企业要加强对各级营销人员进行管理技能方面的培训及开发。

3.4 绩效管理与战略目标脱节

企业各部门的绩效目标,不是从企业的战略逐层分解得到的,而是根据各自的工作内容提出的,即自下而上的申报,而不是自上而下的分解。这样,绩效管理与战略目标发生了脱节现象,难以引导所有员工趋向组织的目标。绩效管理作为企业战略实施的有效工具,能将战略目标层层分解落实到每位员工身上,促使每位员工都为企业战略目标的实现承担责任是关键。绩效管理实际上是一种自上而下传递绩效压力以及分散工作任务的过程,变企业高层承担压力为各级管理人员以及普通员工都承担压力,从而把组织变成一个有机的整体。

3.5 绩效指标设置不科学

选择和确定什么样的绩效指标是考评中一个重要的、同时也是比较难于解决的问题。企业在实践中,追求指标体系的全面和完整,所采用的绩效指标,职能部门方面是部门职责的完成情况,员工方面是德、勤、能、绩等一系列因素,可谓是做到了面面俱到。然而,在如何使考评的标准尽可能地量化而具有可操作性,并与绩效计划相结合等方面却考虑不周。而作为绩效管理,应该主要抓住关键业绩指标,针对不同的员工建立个性化的考评指标,将员工的行为引向组织的目标方向,太多和太复杂的指标只能增加管理的难度和降低员工的满意度,影响对员工行为的引导作用。企业的绩效考评机制属于一种非参与性的评价制度,员工被动地接受任务、目标模糊、责任不明确,工作完成后由上级采用有限的指标和主观印象对下属进行评价与考核,偏差较大,无法激发员工的积极性。过多定性化指标的存在,自然无法避免在实际考评过程中出现考评组织者的随意主观性判断,影响了考评工作的严肃性与有效性。

4 绩效管理的对策及建议

企业绩效管理不仅是要实现绩效考评模式的转变,更重要的是实现从单一的绩效考评向有效的绩效管理提升,建立起完整的、科学的绩效管理体系。

4.1 树立科学绩效管理观念

绩效管理不是管理者对员工挥舞的“大棒”,也不应成为“和稀泥”。绩效考核的目的不是为了制造员工间的差距,而是实事求是地发现员工工作的长处和短处,以便让员工及时改进、提高。要提升担当绩效考核工作的管理者的现代经理人意识、素质和能力,真正使企业各层级管理者在企业的所有管理活动中发挥牵引力。

4.2 开展工作分析，设定目标，增强可操作性

(1)在企业人力资源管理实务中，强调“以岗位为核心的人力资源管理整体解决方案”。实际上，就是指企业人力资源管理的一切职能都要以工作分析为基础。

(2)员工的绩效目标来源于部门目标的层层分解和职位应负的责任。绩效目标的设立是一种协调过程。

(3)绩效考评指标应尽量量化，不能量化的要尽量细化，以提高考评工作的可操作性和确保考评结果的客观性、公正性。为每个员工确定明确的工作目标，从而实现员工的自我控制。

4.3 营造良好沟通氛围，做好绩效面谈工作，建立健全绩效反馈机制

(1)绩效沟通是绩效管理的重要环节，绩效沟通的主要目的在于改善及增强考评者与被考评者之间的关系；分析、确认、显示被考评者的强项与弱点，帮助被考评者善用强项与正视弱点；明晰被考评者发展及训练的需要，以便日后更加出色有效地完成工作；反映被考评者现阶段的工作表现，为被考评者订立下阶段的目标，作为日后工作表现的标准。

(2)绩效面谈是经理与员工共同确定下一绩效管理周期的绩效目标和改进点的主要方式。做好绩效面谈工作才能在双方对绩效结果和改进点达成共识以后，确定下一绩效管理周期的绩效目标和改进点。

(3)基于绩效沟通基础之上的绩效评价是绩效管理的核心环节，是通过岗位管理人员或岗位关联人员与该岗位员工之间有效的双向或多向沟通，依据考评标准和实际工作完成情况的相关资料，在分析和判断基础上形成考评成绩，并将绩效成绩反馈给员工的一种工作制度。绩效评价应预先建立健全绩效反馈机制，如果有些员工对自己所得到的绩效评价结果有不同意见，可以在一定时间内通过该程序谋求分歧的解决。

参考文献

[1] 赵国军.绩效管理方案设计与实施[M].北京:化学工业出版社,2009.
[2] 王建中.沟通——绩效管理的灵魂和核心[J].金山企业管理,2006(4):36-37.
[3] 王红光.企业绩效管理的问题和对策[J].科技信息(科学教研),2007,21.

刘家峡大桥钢结构施工管理

王军刚　李鸿盛

（中交一公局第一工程有限公司）

摘　要　钢结构施工质量控制的项目繁多，依据的规范和标准不一，而且现在大部分的钢结构均采用专业单位制造的方法，常规项目的技术人员接触钢结构施工的现场管理，质量控制手段需要借助非常规设备才能检验控制的效果，必须对桥梁钢结构施工质量控制的措施和方法熟练掌握，才能达到有效管控的目的。

关键词　钢结构制造技术　焊接　检测　施工管理

1　工程概述

刘家峡大桥为大跨双铰钢桁加劲梁悬索桥，除重力式锚碇、桥塔承台、桩基础采用钢筋混凝土结构外，其余均为钢结构形式，其中桥塔采用钢管混凝土结构、行车道承载部分采用钢桁加劲梁叠合正交异性钢桥面板结构形式。整个桥梁钢材用量约10000t，钢结构主要采用专业生产厂家加工制造的专业化承包方式，大部分工程在厂内完成，因此专业化程度很高的钢结构的施工技术和质量管理，对常规公路项目经理部的施工管理人员和技术人员来说有非常大的局限性。因此，钢结构施工的技术管理、质量管理、试验检测等工作，就需要项目经理部科学管控。

2　桥梁钢结构施工技术管理

2.1　厂内（现场）制造

桥梁钢结构，由于其用钢量多，构件重量大，到达桥位的方式决定是采取厂内制造还是现场制造或是厂内制造和现场组装相结合的方式。然而不管采用何种方式，其施工管理和质量控制的关键内容是一致的。

2.1.1　各类施工规范的研究和应用

目前关于钢结构施工的规范种类繁多，国家标准和行业标准以及地方标准、建设单位的特殊要求等，在施工前要与设计单位进行详细的沟通，确定参照的准确标准，以便施工中遵照执行，避免标准规范的混用。

为了确保质量，刘家峡大桥设计阶段对钢桥塔的制造和检验提出了大量的特殊技术要求，如桥塔施工要求依照铁路钢桥制造规范，钢制压力容器焊接工艺评定，公路桥涵施工技术规范执行。但焊接工艺评定说明中要求按钢制压力容器焊接工艺评定执行，焊接材料又要求按照建筑钢结构焊接规程执行，由于制作方、检测方没有统一检测的标准和依据，造成了两者的检测报告标准不一，最后在监理单位协调下统一了检测标准，施工得以顺利开展。

2.1.2　施工图深化设计阶段

节段划分必须综合考虑订货、加工、运输、不增加接头数量、安装设备等因素，确保节段划分合理。本桥桥塔钢管总长61.5m，安装节段长度有5.9m、19m、18.75m三种形式，运输节段又分为10.4m和8.6m、5.9m、8.35m，节段的不统一对标准节段的制造、钢板的定尺数据的确定以及整个制造、加工、追溯性检测带来麻烦，不利于标准化施工，如果在设计图审核阶段提出将安装节段长度变为7.5m，3×18m，除一节标准节段长1m外其余标准节段均为3m，便于组装运输段时不受标准节段的长度限制，运输节段变为7.5m和9m两种规格，总体接头焊缝没有增加，同时减少了最大节段的安装重量，提高了施工的安全性。

例如，钢管卷制直径需要从板块下料方面予以详细设计，周长决定了直径的大小，板块各边的垂直度决定了端口与管道轴线的垂直程度，因此在板材放样图上标明长短板尺寸、对角线尺寸、对接钢板缝隙大小，这是保证标准节段卷制直径和管口平整度的基础。焊缝避让方式如图1所示。

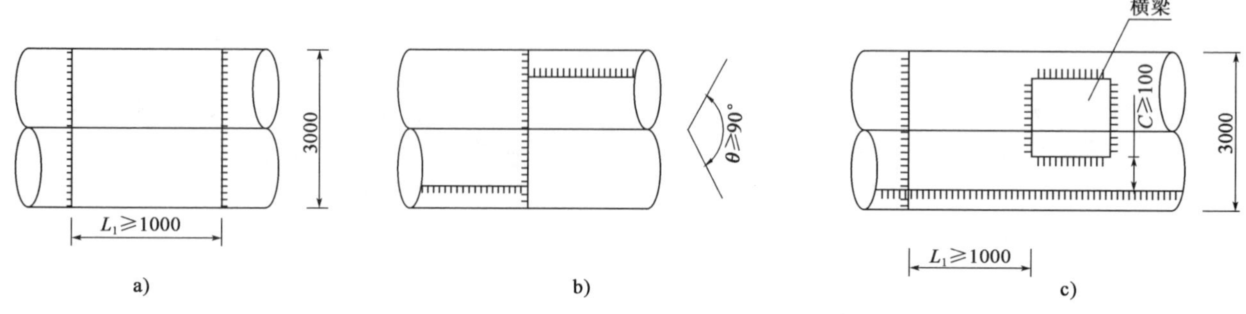

图1　焊缝避让方式（尺寸单位：mm）

2.1.3　焊接技术研究

施工单位需要根据原材料尺寸、焊接方式、施工经验、现有设备、人员资质方面综合考虑确定采用的焊接技术。Q345D钢材的材质、板厚、焊缝长度和坡口设计形式需要选择先进的焊接技术、工艺和设备，钢管安装的接口主要是对接焊缝，采用单面焊熔池太深，坡口的角度要控制。全自动埋弧焊是首选，其次是二氧化碳气体保护焊，一般不用普通焊条进行焊接。焊接设备选用数显设备，便于合理选择焊接电流和电压并精确控制。焊缝质量需要达到1级，采用超声波和射线进行探伤，厂内必须选择自动焊接技术，现场根据安装条件限制可以采用半自动焊接或人工焊接技术。

对接焊缝、T形交接焊缝或角焊缝合理的坡口的设计，恰当地预留缝隙、经济适用的衬垫材料关系到焊接的整体质量、焊接变形、焊接效率和材料的使用量。切割试板焊接如图2所示。

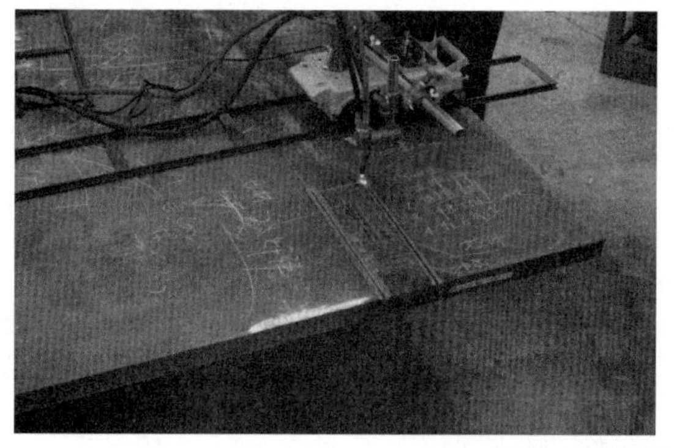

图2　切割试板焊接（埋弧自动焊）

2.1.4　焊接工艺设计

(1)焊接设备

对钢结构施工来说，性能优异、稳定的焊接设备无疑是我们选择和使用的首选，焊接设备的工作效率、焊接设备的焊接质量、焊接设备的电流电压调控准确性是需要充分考虑的。

(2)焊接人员

焊接人员的执业资格必须符合要求，关键焊缝必须有丰富施工经验的焊接人员进行操作，焊接管理人员、焊接质检人员也应有相应的施工管理经验能够按要求进行交底，按标准进行检验，避免人为原因造成质量缺陷和返工损失。

(3)焊接材料

衬垫、焊丝、焊剂、二氧化碳气体的选择，需要考虑焊接材料的机械强度以及与钢板材料相匹配。

(4)焊接工艺

焊接电流、焊接电压、焊接速度、送丝速度、焊丝倾角、焊接顺序、层间清理、衬垫选择及设置,需要根据施工经验、焊接质量要求、焊接条件经过仔细分析后确定,确保各项技术指标相匹配。并保证焊接工艺指标能够被焊接工人所掌握和熟悉。编制焊接工艺指导书,经监理工程师审批后实施。

(5)试板检验

根据相关规范对焊接试板的规格数量进行确定,在同批钢板原材料上进行试板的切割,坡口制作,在焊接人员对焊接工艺了解和熟悉后开始试板的焊接加工,在焊接人员、焊接设备和材料、焊接条件具备后根据焊接工艺指导书进行试板的焊接。焊后24h后进行超声波和射线检测,并送有资质的试验检测单位进行试板理化、力学性能试验并出具检测报告。

(6)确定实施性焊接工艺

根据焊接试板送样试验检测合格报告,根据实际焊接情况进行焊接工艺总结,包括焊接方法的确定、焊接材料的选用、焊接接头的形式、坡口角度、组装要求、允许偏差、焊接工艺参数和焊接顺序、焊接变形及焊接应力的清除措施等,并出具焊接工艺总结性文件报监理工程师审批后开始正式焊接工程施工。

2.2 现场安装施工阶段

钢结构现场安装条件与厂内制作条件有较大的差别,焊缝位置、焊缝形式、焊接条件都有所变化,因此需要重新进行焊接技术方案的确定。现场焊接热输入会对桥塔的偏位、垂直度等造成影响,现场焊接技术选择还需要考虑焊接变形控制。

例如现场塔柱钢管安装属于高空作业,竖向对接焊缝使自动焊接技术的采纳受到限制,因此手工焊接工艺属于无奈之选,但是我们通过采用分段同时实施的对称焊接技术,也能够达到预期的质量控制目标。

2.2.1 现场焊接工艺评定

编制现场焊接工艺作业指导书,进行现场安装节段的焊接工艺评定,确定切实可行的现场焊接工艺和质量保证措施。

现场焊接技术管理

2.2.2 焊接人员管理

对现场焊接人员持证情况进行等级考核,书面按照焊接工艺评定总结进行焊接技术交底,确保焊接工艺数据被操作人员掌握。了解现场焊接工艺要求,多人焊接时注意协调同步作业,避免热输入不均匀导致构件变形。

2.2.3 焊接环境管理

现场条件的变化对焊接工艺提出新的要求,湿度、温度、风力大小均会对熔池内的冶金过程造成影响,因此从技术角度出发,现场焊接作业防护设施的设计和安装是非常关键的环节,禁止在雨雪季节进行露天焊接作业。同时对密闭空间的焊接作业环境进行监控,确保焊接人员的职业健康安全环境满足要求,以此保证焊接人员生理、心理健康,为全面执行焊接工艺创造条件。

2.2.4 焊接安全管理

高空作业、密闭环境里,必须为施工设备、施工人员活动搭设安全有效的施工操作平台,各种防护用具、防护网、防坠落网等经过强度和刚度验算,并严格按设计进行施工,焊接用二氧化碳气瓶等起吊,必须用吊笼进行垂直运输,禁止捆绑,为现场焊接工艺的实施创造安全生产条件。现场防护棚创造焊接条件如图3所示。

图3 现场防护棚创造焊接条件

2.2.5 焊接设备管理

现场焊接设备,由于露天摆放需要经常进行设备完好率检验。现场临时电力系统,必须符合焊接工艺需要的稳定的电压。焊接材料统一购置,集中存放,注意防潮。

2.3 防腐涂装

审查设计的涂装方案和材料,如表1和表2所示。

刘家峡大桥塔柱钢管防腐要求 表1

防腐部位	涂装要求	设计值要求
塔柱钢管外表面	表面净化处理	无油,干燥
	喷砂除锈	Sa3 级
	表面粗糙度	Rz60 ~ 100μm
	二次雾化高速电弧喷涂	涂层厚度:喷铝 200μm
	手工涂刷环氧云铁封闭底漆一道	基本无厚度
	高压无气喷涂环氧云铁封闭底漆一道	厚度为 50μm
	高压无气喷涂环氧改性聚氨酯封闭面漆二道	2 × 40μm
塔柱钢管内表面	喷砂除锈或机械除锈	Sa2.5 级 St2.5 级

刘家峡大桥钢桁加劲梁、钢桥面板、鞍罩防腐要求 表2

结构部位	涂料(涂层名称)/道数	干膜总厚度(μm)
箱型构件封闭内表面	喷砂 Sa2.5R_z = 50 ~ 80μm	
	环氧富锌底漆/1	50
	环氧(厚浆)漆(浅色)面层	250
桥面板顶面(有沥青铺装)	环氧富锌底漆/1	80
构件外表面(包括人行道处顶板未铺装段、气动翼板挑梁、骨架、下稳定板骨架等)	喷砂 Sa2.5R_z = 50 ~ 80μm/1	
	环氧富锌底漆/1	75
	环氧云铁中间漆/1	125
	丙烯酸脂肪族聚氨酯面漆或丙烯酸聚硅氧烷面漆/2	80
普通螺栓、螺帽、垫圈、螺钉	热浸锌/1	600g/m^2
高强螺栓副	与其连接处构造外表面相同,在施工完成后统一涂装	
高强螺防滑摩擦面	喷砂 Sa3.0R_z = 40 ~ 80μm	
	无机富锌涂料/1	80

注:桥面板顶层涂层按沥青铺装温度 <250℃选择。

钢结构防腐设计的结构形式常见的有喷砂除锈、喷铝、环氧漆膜、特殊材料覆盖,防腐一种或几种不同厚度的复合结构形式,不同的防腐结构有不同的目的,因此不能轻视涂装施工。尤其是正交异性板顶面的涂装,作为连接钢结构与环氧沥青材料的重要过渡材料,它的质量更关系到桥面铺装的正常使用质量。

钢结构厂内和现场工作的不同,要求分别确定涂装施工的阶段任务,厂内制作完成后进行喷砂、喷锌(铝)、底漆施工,焊接部位不涂装,待现场安装焊接完成后进行底漆的补充涂装和面漆的施工。施工中主要的控制指标是涂料的材质、涂料的保管、涂料的涂装工艺和涂层厚度的检测。

3 桥梁钢结构施工质量管理

3.1 原材料质量控制项目

原材料的技术性能,必须符合设计意图,同时也要根据经验适当进行调整,刘家峡大桥桥塔设计采用Q345的钢材,-20℃夏比(V型)冲击试验冲击吸收能量必须大于34J。由于钢板较厚,要求厚度方向具有良好的抗层状撕裂性能,Z向性能级别采用Z25。因此订货阶段必须按要求进行合同的签订,后来经与设计单位了解设计意图，将抗撕裂要求高的横梁部位桥塔钢管采用特种钢材，其他部位采用普通材料也能满足要求。材料进场的复检非常关键，除按照规范要求的批量和频率进行取样送检外，还需要对特种钢板逐块进行超声波探伤检查，防止原材料出现制造缺陷影响施工质量。

3.2 放样、画线质量控制项目

确定放样的板材规格、质量与设计要求一致；放样精度考虑切割宽度、加工余量、焊接变形因素；放样后尺寸与深化设计图纸进行仔细对比；画线的样板、样卡的制作精度、管理、使用满足施工要求。

3.3 下料阶段质量控制项目

严格按切割线进行下料是保证结构尺寸的重要环节，同时控制材料剪切后的弯扭变形，必须进行矫正。

材料剪切后发现断面粗糙或带有毛刺，必须修磨光洁，这既是保证组装质量的基础，也是保证施工安全的重要措施。

剪切过程中，切口附近的金属，因受剪力而发生挤压和弯曲，从而引起硬度提高，材料变脆的冷作硬化现象，必须重视这一缺点。重要的结构件和焊缝的接口位置。一定要用铣、刨或者砂轮磨削的方法将硬化表面清除。

碳素结构钢在环境温度低于 -20℃，低合金结构钢在环境温度低于 -15℃时，不得进行剪切、冲孔。

3.4 坡口施工质量控制项目

在钢结构制造中，经过剪切或气割过的钢板边缘，其内部结构会硬化，须将下料后的边缘刨去 2 ~ 4mm，以保证质量。要求对钢管对接焊、钢板对接焊焊接坡口、箱形杆件加劲板等精度要求严格的板件必须进行边缘加工。

(1)气割或机械剪切的零件，需要进行边缘加工时，其刨削量不应小于 2.0mm。

(2)边缘加工的允许偏差值应符合《公路桥涵施工技术规范》JTG/T F50—2011 规定。

(3)焊缝坡口尺寸无论采用气割、气刨、铲削、打磨、坡口机加工均应满足焊接工艺要求。

3.5 焊缝施工质量控制项目

3.5.1 焊缝外观质量

焊缝外观检查项目和质量要求如表 3 所示。

焊缝外观检查项目和质量要求 表 3

<table>
<tr><th>编 号</th><th>项 目</th><th colspan="3">质 量 要 求(mm)</th></tr>
<tr><td rowspan="4">1</td><td rowspan="4">咬边</td><td colspan="3">受拉杆件横向对接焊缝及竖加劲肋角焊缝(腹板侧受拉区)不容许</td></tr>
<tr><td colspan="3">受压杆件横向对接焊缝及竖加劲肋角焊缝(腹板侧受压区)Δ≤0.3</td></tr>
<tr><td colspan="3">纵向对接及主角焊缝 Δ≤0.5</td></tr>
<tr><td colspan="3">其他焊缝 Δ≤1</td></tr>
<tr><td rowspan="3">2</td><td rowspan="3">气孔</td><td>横向对接焊缝</td><td colspan="2">不容许</td></tr>
<tr><td>纵向对接焊缝、主要角焊缝</td><td>直径小于 1.0</td><td rowspan="2">每米不多于 3 个，间距不小于 20，焊缝端部 10mm 之内不允许</td></tr>
<tr><td>其他焊缝</td><td>直径小于 1.5</td></tr>
<tr><td>3</td><td>焊脚尺寸</td><td colspan="3">主要角焊缝 K_0^{+2}，其他焊缝 K_{-1}^{+2}，手工角焊缝全长 10% 范围内允许 K_{-1}^{+3}</td></tr>
<tr><td>4</td><td>焊波</td><td colspan="3">任意 25mm 范围内高低差≤2.0</td></tr>
<tr><td>5</td><td>余高(对接)</td><td colspan="3">焊缝宽 $b>12$mm 时，$h\leq3$； $b<12$mm 时，$h\leq2$</td></tr>
<tr><td>6</td><td>余高铲磨后表面(横向对接)</td><td colspan="3">不高于母材 0.5，不低于母材 0.3，粗糙度 R_a50</td></tr>
</table>

焊缝外观检测合格后方能进行无损检测，并且要控制在焊接完成冷却 24h 后进行。

3.5.2 焊缝内部质量

所有焊接，不得有虚焊、气孔、夹渣、裂纹等缺陷。如果超声波检测裂纹多或其他缺陷较多时，要对扩大探伤范围或对整条焊缝进行探伤，射线检测出缺陷时要加倍进行检验。

无损检测要经有资质的单位的专业人员进行检测，检测要有相应的检测方案和探伤工艺卡，并根据统一的标准进行质量结果判定。

施工中应该对检测缺陷进行正确判断，应该保证各种探伤结果符合相应的合格标准，否则进行返工处理，也就是说各种检测结果是平级的，焊缝超声波探伤范围和检验等级如表4所示。

焊缝超声波探伤范围和检验等级 表4

焊缝质量级别	探伤比例	探伤部位	板厚(mm)	检验等级
Ⅰ、Ⅱ级横向对接焊缝	100%	全长	10～46	B
			>46～56	B(双向双侧)
Ⅱ级纵向对接焊缝	100%	焊缝两端各1000mm	10～46	B
			>46～56	B(双向双侧)
Ⅱ级角焊缝	100%	两端螺栓孔部位并延长500mm，板梁主梁及纵、横梁跨中加探1000mm	10～46	B
			>46～56	B(双向单侧)

3.6 涂装施工质量控制项目

(1)涂装材料，应根据图纸要求选定，以确保预期的涂装效果。禁止使用过期产品、不合格和未经检验的替用产品。

(2)对钢桁加劲梁，应进行专门的涂装工艺设计。钢桁加劲梁的不同涂层，应选用同一厂家的产品。涂装材料进场后，应按出厂的材料质量保证书验收，并做好复验检查记录备查。

(3)涂装材料应兼有耐候、防腐蚀、美化结构等多种功能。使用期应满足图纸要求年限。如需改变涂装设计，则变更的涂装材料应符合本款的要求，并报监理人会同发包人、设计单位研究批准后方可实施。

4 钢结构质量控制具体措施

4.1 钢结构变形控制

4.1.1 外形缺陷

钢管卷制时，常见的外形缺陷有过弯锥形、鼓形、束腰、边缘歪斜和棱角、表面压伤等缺陷。施工中需要采取相应的措施进行控制：合理控制轴辊调节力度，避免压弯管壁，严格控制卷管机上下辊的轴线平行，避免管筒不圆或锥形，对待卷板位进行准确定位和推送，避免卷制中边缘歪斜，利用样卡合理矫正预弯部位弧度，避免造成管壁棱角。卷制过程中及时清理板料表面硬性颗粒杂质防止表面压伤。

4.1.2 矫形及边缘加工

为保证钢结构制作及安装的质量，必须对构件在加工制造、运输、焊接变形、堆放等引起的变形进行矫正。采取如消除原材料或构件的弯曲；消除原材料或构件的翘曲或凹凸不平；对构件几何形状整形等方式进行矫形。

在钢结构制造中，经过剪切或气割过的钢板边缘，其内部结构会硬化，须将下料后的边缘刨去2～4mm，以保证质量。要求对钢管对接焊、钢板对接焊焊接坡口、箱形杆件加劲板等精度要求严格的板件必须进行边缘加工。

气割或机械剪切的零件，需要进行边缘加工时，其刨削量不应小于2.0mm。焊缝坡口尺寸无论采用气割、气刨、铲削、打磨、坡口机加工均应满足焊接工艺要求。

4.1.3 钢结构受热变形及防变形措施

钢结构焊接后会产生不同程度的变形和焊接残余应力，需采用反变形法等防变形措施和焊后矫正措施。焊接后的变形量与材质、焊接方式、焊接速度、冷却温度、焊缝尺寸、板材型材尺寸等有关。对主要构件应通过选定试件进行实际试焊来确定反变形量。

4.2 单元件几何尺寸控制

板材切割优先采用数控、自动、半自动等精密切割，手工切割仅适用于次要零件或切割后仍需加工的零件。钢板厚度在12mm以下的直线性切割采用剪切。对带曲线的零件或厚钢板采用气割，型钢可采用锯割。

4.3 栓孔质量控制

(1)控制制孔机械钻孔时，钻头旋转轴线位置一致，待钻赶紧固定牢靠，保证螺栓孔应成正圆柱形，孔缘无损伤不平，无刺屑。

(2)组装件成孔时先预钻小孔，然后扩钻。预钻孔径至少应较设计孔径小3mm。扩孔时严禁飞刺和铁屑进入板层。

(3)严格控制螺栓孔的放样准确性，采用样板法钻孔时核实杆件的规格尺寸，保证所用的样板无误。对卡固定式样板钻孔的杆件，检查杆件外形尺寸和制造偏差，并将误差均分。加劲梁杆件配钻如图4所示螺栓孔距允许偏差，如表5所示。

图4 加劲梁杆件配钻

螺栓孔距允许偏差 表5

项目	允许偏差		
	主要杆件(mm)		次要杆件(mm)
	桁架杆件	桥面板纵、横梁	
两相邻孔距	±0.3	±0.3	±0.4(±1.0)②
多组孔群两相邻孔群中心距	±0.6	±1.2	±1.0(±0.5)②
两端孔群中心距	±0.6	±3.0①	±1.5
孔群中心线与杆件中心线的横向偏移(腹板)	1.0	1.0	

注：①连接支座的孔群中心距允许偏差；
②括号内数值为附属结构的允许偏差。

4.4 焊接质量控制

质量检查人员应检查焊接工艺指导书的贯彻执行情况。如现场条件和规定条件不符时，应及时反映、解决，焊接工艺不得随意更改。

焊接设备应处于完好状态，并应抽验焊接时的实际电流、电压与设备上的指示是否一致，否则应督促检查、更换。

焊接材料应由专用仓库储存，按规定烘干、登记领用。当焊剂未用完时，应交回重新烘干。烘干后的焊条应放在专用的保温筒内备用。

进行超声波和射线探伤的无损检验的工作人员，需持国家相关部门颁发的有效的二级以上的合格证件，经监理人确认后方准上岗操作。

上岗的焊工应按焊接种类(埋弧自动焊、CO_2气体保护焊和手工焊)和不同的焊接位置(平焊、立焊和仰焊)分别进行考试。考试合格发给合格证书。焊工须持证上岗，不得超越合格证规定的范围和有效期进行焊接作业。

须在焊接环境温度5℃以上和相对湿度80%以下，方可正常施焊，当环境条件不满足需要时，可以采取局部预热的方法，创造局部施工环境。

施焊作业应严格执行以下措施：

(1)施焊前必须彻底清理待焊区的铁锈、氧化铁皮、油污、水分等杂质。焊后必须清理熔渣及飞溅物,图纸要求打磨的焊缝必须打磨平顺。

(2)采用 CO_2 气体保护焊时,应满足防风、防雨条件。气保焊及药芯焊丝电弧焊时,现场风速不大于2m/s,CO_2 气体纯度应不低于99.5%。

(3)焊接时宜使用引板。板件的拼接焊缝与结构焊缝的间距应大于100mm;采用焊接接长的板件,其接长不得小于1000mm,宽不小于200mm;T形接头交叉焊缝间距不小于200mm。

(4)对于横向对接焊缝,焊后要对其余高进行修磨,使其与母材平齐,平齐度为凸不高于0.5mm,凹不低于0.3mm。

(5)焊接现场温度低于0℃时需要对焊接构件焊接区域各个方向大于2倍厚度且不小于10cm的范围内的木材进行加热到20℃以上后方能施焊。

(6)低温或风速过大时,设置防护棚并制订详细的方案和低温焊接工艺参数、控制措施报监理批复后实施。

4.5 组装质量控制

构件组装几何尺寸控制,关系到整个交工验收工程的总体评定,因此必须对构件的几何尺寸进行严格控制。焊接构件,主要从单元板材的下料切割、破口间隙控制、收缩余量、对接错台量控制等方面予以控制和保证。对拴接构件,则主要控制栓空群的中心位置控制和拼装精度控制。对桥塔、钢梁、钢桥面板等长大节段还需要分别进行厂内立体试拼装现场不少于单个节段的组装等方式保证组装质量。

例如,在桥塔钢管安装的管壁错边量控制需要从几个方面进行处理:首先在工厂制作阶段确保相邻单元节段的实际周长、平均直径、椭圆度等一致,符合要求;其次要在厂内进行构件全长的试拼装,通过调整位置、旋转等方式对组装的错边量进行消除;然后在运输阶段、装卸节段注意对管节的保护,防止变形;最后还要在正式安装通过对已安装节段轴线位置、纵横向周长等进行检测,对待安装节段的周长、纵横周长、组装标记等进行核实,同时在安装过程中注意温度对组装质量的偏位、错台、倾斜度的影响,在气温较低时连续进行观测,确保构件组装质量达到要求。桥塔钢管安装管壁错边量调整如图5所示。

图5 桥塔钢管安装管壁错边量调整

5 刘家峡大桥桥塔钢结构质量控制效果

刘家峡大桥钢结构工程,采用了一系列方法对制造,安装质量进行管理,严格进行焊接工艺评定,严格进行焊接过程质量控制,编制钢结构工程施工工序验收程序标准,派人驻场监制等措施,从源头到过程对钢结构进行了控制,目前安装的桥塔各项技术指标达到验收标准要求,得到了业主和监理的认可。

参考文献

[1] 中冶集团建设研究总院. JGJ 81—2002 建筑钢结构焊接技术规程[S]. 北京:中国建筑工业出版社,2003.

[2] 中铁山桥集团有限公司. TB 10212—2009 铁路钢桥制作规范[S]. 北京:中国铁道出版社,2009.

[3] 冶金工业部建筑研究总院. GB 50205—2001 钢结构工程施工质量验收规范[S]. 北京:中国计算出版社,2002.

公路工程计量支付工作的几点体会

王 娜 朱文杰

（中交一公局第一工程有限公司）

摘 要 工程计量支付是项目施工管理的关键环节，它的计算精度将直接关系着概算、预算实际执行情况，是投资控制的一种表现手段，是业主和承包人经济利益的焦点核心问题，对加快承包人的资金周转、维护业主的最终利益都具有十分重要的意义。本文从悬索桥的实践出发，结合计量中遇到的问题，阐述公路工程的计量与支付原则、计量支付工作流程与工程计量支付台账的建立。

关键词 公路工程 计量支付 体会

1 计量的概念

计量是按照《公路工程标准施工招标文件》所规定的方法，对承包人所完成的符合要求的已完工程的实际数量所进行的测量、计算、核查和确认的过程。计量是监理人的基本职责和基本权力，也是费用监理的基本环节。没有准确和合理的计量，就会破坏工程承包合同中的经济关系，影响承包合同的正常履行。

计量的任务是确定实际的工程数量。工程量有预估工程量和实际工程量之分。工程量清单的工程量仅仅只是估算工程量，不能作为承包人应完成工程的实际和确切的工程量；工程量清单只能作为投标报价的基础，而不能作为结算的依据。所以，在项目拿到中标通知书后，要及时对照施工图纸进行清单工程量的复核。另外，计量的工程量应为实际工程量，按实际完成的工程量付款可以减少工程量的估计误差给双方带来的风险，增强造价结算结果的公平性。

2 支付的概念

支付是指按合同规定对承包人的应付款项进行确认并办理付款手续的过程。支付是业主与承包人之间的一种货币收支活动，既是施工合同中经济关系全面实现的一个主要环节，也是监理人控制工程的根本手段和制约合同双方（业主与承包人）的有力杠杆。合理的支付是工程顺利进行的前提和条件。支付必须以合同为依据，质量为前提，计量为基础。对合同中规定不明确的，要依据合同精神，实事求是的去确认，如索赔金额、变更的估价等。支付金额的多少，必须以准确的计量为基础。

支付同计量一样，必须做到准确、真实、合法和及时。

3 计量与支付的原则

3.1 合同原则

无论是计量还是支付，在合同文件中要有明确的规定。承包人在做计量的过程中，要充分理解合同条款、技术规范、招标文件、设计图纸和工程量清单等合同文件的各组成部分。如，悬索桥锚碇工程量的计量，要对应《公路工程标准施工招标文件》及《临夏折桥至兰州达川公路土建工程 ZD2 合同段施工招标文件》中的相对应内容进行一一解读，明确锚碇工程细目的内容及计量要求，切不可按照自己的理解进行计量，以免出现漏计、错计的现象。锚碇中锚固系统的定位支架在清单中并无定位支架的具体支付号，但在招标文件中，计量与支付中标明：锚固系统的定位支架钢材按图纸施工，经监理人验收的实际数量,以公斤计量。则技术人员将定位支架的图纸数量予监理进行签字确认,在计量时以此作为依据,避免出现了漏计现象。

3.2 公正性原则

监理人在计量这个环节中拥有广泛的权力,监理人只有保持公正的立场和恪守公正的原则,才能在计量工作中正确的使用权力。如果心怀不正,监理人就无法正确地做出判断,特别是当施工过程中发生工程变更、工程索赔和各种特殊风险时,更是要求监理人公正而独立地做出判断和估价。唯有公正,才能分清业主和承包人各自的权利和责任,才能准确的协调好双方之间的利益关系,才能保证计量的准确、真实和合法。

3.3 时效性原则

计量与支付都具有严格的时间要求,时效性较强。计量不及时,会影响承包人的施工进度;支付不及时,直接产生合同纠纷。一般项目的计量时间均有发包人的时间限制,刘家峡大桥所在的折达路的计量时间段为每月的20日至次月的5日,所以在此时间段,必须完成本月计量的上报工作。

3.4 程序性原则

为了保证计量与支付准确、真实和合法,合同条款和各项目的监理组织都规定了严格的程序。这些程序规定了各项工程细目和各项工程费用进行计量与支付的条件、办法以及计算、复核、审批的环节,从合同、组织和技术上对计量与支付加以严格管理,以确保准确和公正。

4 计量与支付的工作流程

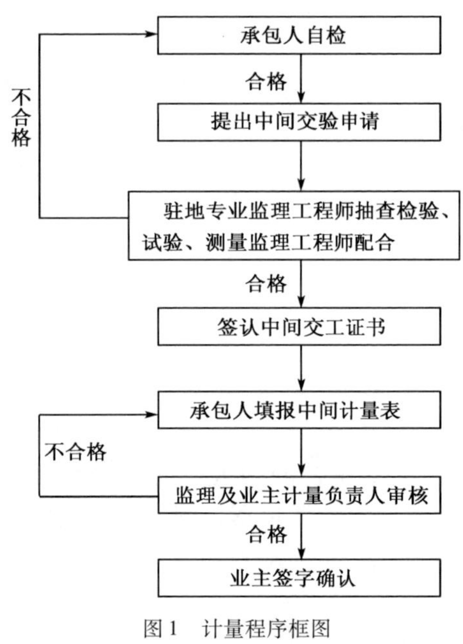

图1 计量程序框图

4.1 计量程序

计量程序框图如图1所示。

4.2 支付程序

(1)承包人提出要求

支付工程费用一般由承包人先通过监理人向业主提出付款申请,承包人在付款申请时要出具一系列的有效报表,以说明申请金额的准确性。

(2)监理人审核与签认

监理人对承包人的计量资料进行全面的审核和计算,在逐项审核和计算的基础上签认应支付的工程费用,一般以支付证书的方式确认工程费用的数额。

(3)业主付款

业主收到监理人签认的支付证书后,按合同规定的时间支付费用给承包人。

5 工程计量支付台账的建立

工程计量台账是按合同条款的有关规定,对承包人已完成的质量合格的工程数量进行测量与统计,对施工图纸载明的设计数量实施准确的统计管理。工程计量台账是计量支付的根本依据。

工程计量台账是按合同条款的有关规定,对工程量清单更进一步量化细分,对承包人已完成的质量合格的工程数量进行测量与统计,对施工图纸载明的设计数量实施准确的统计管理,是计量支付的根本依据。

工程开工后,由于此时正处于工程的起步阶段,项目的计量工程师级技术部门应首先熟悉设计图纸,验算各分部、分项工程的设计工程量,对有问题的工程量及时复核,做到准确无误。认真学习合同文件、技术规范,对各合同章节的计量范围做到深刻理解,为以后的计量工作打好理论基础。在做好以上工作的前提下,建立合同工程计量台账(表1)。此表格用 excel 制表,应与合同文件中各章节工程量清单中的各项目、细目号等完全一致。其中各月份的"数量、金额"为各月份计量审核后的最终数量与金额。"已计量情况"栏中的数量与金额等于各月份审核后的数量与金额之和并用求和公式,这样当某月的计量数据输入后,数量与金额会自动汇总。"合计"栏中只合计各月及已计量情况中的金额,也用求和公式,这样可以清晰的显示出各月计量金额及本章的计量总额。

计 量 台 账 表1

单位:

清单编号	工程名称	单位	合同工程量	合同单价	已计量情况		2012 年					
					数量	金额	第 2 期		第 3 期		第 4 期	
							数量	金额	数量	金额	数量	金额
	合计					0						
200 章	路基					0						
203 - 1	路基挖方											
- a	挖土方	m^3				0						
- b	挖石方	m^3				0						
- c	开挖结合槽土方	m^3				0						
- g	结构物台背回填	m^3				0						

对于工程量大、施工时间长的分项工程,除建立以上计量台账外,还要建立分项工程计量台账,以便掌握工程进度,如路基土石方工程、桥梁工程等。这些分项工程计量台账中还要列入设计工程数量,随时计算设计数量与已计量数量之差,以免可能出现的超额计量情况。设计工程数量可将设计图纸中的数量录入,对于变化比较大的分项工程数量,变更后可将变更工程数量录入。

每月计量审核结算后要及时将计量数据输入计量台账,以备随时查阅。做到账目平衡清晰,重要数据或临时数据要加批注,防止出错或遗忘,及时发现问题以便下期计量审核时予以修正。

6 结语

总之,虽然计量管理工作是一项复杂烦琐的工作,但此项工作关系到合同双方的经济利益,是非常重要的。做好这项工作,需要认真学习合同,掌握合同条款及计量相关的文件资料;建立完善的计量支付台账。另外计量管理人员还需要具备实事求是、严肃认真的工作态度,这样才能使得计量支付工作准确、真实、合法、及时。

参 考 文 献

[1] 交通运输部职业资格中心.公路工程技术与计量[M].北京:人民交通出版社,2011.

悬索桥施工定额测定方法

王　娜

（中交一公局第一工程有限公司）

摘　要　公路工程施工定额是整个公路工程定额体系的重要基础。本文首先介绍定额的基础理论知识，然后结合悬索桥专业施工的特点，简单论述悬索桥定额测定的具体方法。

关键词　悬索桥　定额测定　理论及方法

1　定额的概念、定额的产生

定额是在一定生产技术和管理水平条件下，在规定的单位内，生产过程中人力、物力、财力的消耗标准，是衡量工人劳动效果的标准，也是衡量企业管理水平的尺度。或者，定额是在一定技术和管理水平条件下，投入和产出的客观规律的反映，它反映投入一定数量的活劳动和物化劳动，产出符合一定质量标准产品的数量关系。生产单位产品消耗的活劳动和物化劳动量的实物表现形式就叫定额。

定额的产生：1958 年出版各主管部委主编的《建筑安装工程统一施工定额》；1978 年国家建委《关于加强施工企业劳动定额管理工作的通知》。

2　施工定额的概念

施工定额是建筑安装工人合理的劳动组织或工人小组在正常的施工条件下，为完成单位合格产品所需劳动、机械、材料消耗的数量标准。它根据专业施工的作业对象和工艺制订。施工定额，应反映企业的施工水平、装备水平和管理水平，作为考核建筑安装企业劳动生产率水平、管理水平的标尺和确定工程成本、投标报价的依据。

3　施工定额的性质和作用

施工定额是建筑安装企业内部管理的定额，属于企业定额的性质。正确认识施工定额的这一性质，把施工定额和其他定额从性质上区别开来是非常必要的。

施工定额是建筑安装企业管理工作的基础，也是工程建设定额体系中的基础。

施工定额在企业管理工作的基础作用主要表现在以下几个方面：

施工定额是企业计划管理的依据；是组织和指挥施工生产的有效工具；是计算工人劳动报酬的依据；是企业激励工人的条件；施工定额有利于推广先进技术；是编制施工预算、加强企业成本管理和经济核算的基础；是编制工程建设定额体系的基础。

4　如何进行定额测定

4.1　测定前的准备工作

（1）编制测定计划：包括测定目的、内容方法、步骤、进度、计时精确度要求、测定人员分工等；

（2）研究施工过程，进行因素调查：在测定前要了解施工过程的图纸、施工组织设计、施工技术规范、安全操作规程等有关先进经验和现行定额等，以便了解该工序的技术特性和质量要求；

（3）选择观察对象：根据测定的目的来确定；

（4）定额项目划分，编制组成部分项目表；

(5)确定定时点;

(6)确定计量单位;

(7)其他准备工作。

4.2 进行现场测定

(1)测定的方法:根据施工过程的不同选用测时法或数字写实法和工作日写实法。

(2)测定的内容:工程概况、施工图纸资料、施工组织设计、施工条件(包括地址情况、施工场地布置、工地小搬运范围等)、各班组或工序每一工作日实际完成的工作量;与定额项目划分对应的测定表填制,包括工料机及其他消耗。

4.3 测定资料整理

根据编制定额的要求,将资料进行分组;按照统计分析法的要求对数据汇总;进行必要的补测。

5 定额测定的基本方法

定额数据的测定方法基本有三种:技术测定法、统计分析法、数理统计法。

重点是技术测定法:

技术测定法就是深入施工现场,经过详细调查,研究施工过程,直接将观察对象的工作时间,一分一秒的记录下来,按工时分类加以归纳、分析,同时把所消耗的材料(当测定与时间有关的材料消耗定额时)和完成的产品数量详细地记录下来,经过科学地整理分析,拟定出最经济最合理的施工组织技术和先进合理的施工定额。

通过计时观察资料,可以经过统计分析获得某工序的各种必需消耗时间和完成的工序计量单位的工程量,工序计量单位可能是 m,也可能是 m^2,或者是 m^3 等。时间定额就是完成定额计量单位的工程量所需要消耗的基本工作时间、辅助工作时间、不可避免中断时间、准备与结束工作时间及休息时间之和。公路工程劳动定额的时间为工日。

技术测定法的具体观测方法:

对施工过程测时观测:①测时法;②写实记录法:数字写实法、工作日写实法。

对材料消耗观测实验:①施工实测法;②试验法。

优缺点:技术测定法有较充分的科学技术依据,确定定额比较先进合理,有较大的说服力。但是这种方法较复杂,工作量较大,不易做到及时。

(1)测时法

测时法适用于研究循环性的(定时重复的)组成部分的时间消耗。如锚碇深基坑开挖及大体积混凝土分层施工。通过测时必须取得下列资料:

①一个循环的各组成部分依次的延续时间。

②每一循环完成的产品数量。

③可变因素的变化规律。

④找出多余的,可以合并的操作或动作。

⑤有关先进生产者的工作方法或操作方法的资料。

⑥流水作业机械联合作业线上劳动力和机械配合的比例关系。

在刘家峡大桥东西两岸锚碇施工过程中,项目技术人员在锚碇基坑开挖、基坑防护、钢筋加工、钢筋绑扎、模板安装、混凝土浇筑、混凝土养生、拆模等各个工序工料机的消耗,采用此方法进行了定额基础数据的搜集。

(2)写实记录法

写实记录法分为数字写实和工作日写时两种,可以用来研究所有种类的工时消耗。包括循环型和非循环性的施工过程。

写实记录法就是把施工过程像照相机一样如实的用文字、数字记录下来，在现阶段技术手段比较发达的情况下，可以使用摄像机等工具全程记录施工过程。刘家峡大桥过程施工中，钢塔施工、上部缆索系统施工的定额测定均采用这种写实记录法，并将全程施工过程用摄像机记录下来。

工作日写时法是写实记录法的一种。是以整个工作班（队）延续时间为单位的写实记录取得各项资料。工作日写时法的任务就是研究工作班（队）时间的利用情况，提出工时损失的原因，检查工时利用程度，拟定工时利用系数（即规定工人休息与自然需要时间，准备结束工作时间，不可避免中断时间在总时间中所占的比重）。

（3）施工实测法

施工实测法就是在施工现场，观测成品数量和施工过程中消耗的材料数量，以制定定额的一种方法。这种方法适应范围很广，差不多所有施工过程都可以使用这种方法，在制定难以避免损耗的材料消耗定额时，采用此法是很必要的。

（4）试验法

试验法就是在实验室内或者其他非施工现场创造一种接近施工实际的情况，进行实验以取得制定材料定额消耗资料的一种方法。是一种孤立因素研究，能详细地研究各种因素对材料消耗的影响，因而比较准确。

总之，定额是标准，是规定的工作消耗尺度，是计划、组织生产的工作和基础。掌握正确的定额数据测定方法，搜集并汇总定额基础数据，为编制施工定额奠定基础。

参 考 文 献

[1] 交通运输部职业资格中心. 公路工程造价的计价与控制[M]. 北京：人民交通出版社，2011.

[2] 龙琰. 公路工程施工定额测定及原始数据处理方法研究[D]. 湖南：长沙理工大学，2007.

建设项目如何做好经济活动分析

蔡明志

（中交一公局第一工程有限公司）

摘　要　经济活动分析在项目的精细化管理过程中发挥着重要作用，为降低项目成本、提高项目经营效益、挖掘项目潜力、提升项目管理水平提供了依据。如何做好项目经济活动分析，控制项目的成本开支，提高项目的经济效益，是我们财务人员必须要掌握的。

关键词　项目经济活动分析　成本分析　成本控制

目前，大多数项目财务人员对如何做经济活动分析还不是很熟悉，对项目的真实成本构成、盈亏点、利润情况以及项目过程中的成本管理和分析没有清晰的思路，对项目的经营情况没有一个整体的把握。

这里说的项目经济活动分析不同于财务经济活动分析，财务经济活动分析更侧重于关注各项财务指标。经济活动分析是对项目一定时期内的生产状况、财务经营状况、经营成果等进行的一系列分析。是需要各部门配合、共同参与、共同分析才能做出的，其重点是成本分析。

及时做经济活动分析的作用：

（1）随时掌握项目经营情况、成本效益情况；

（2）分析项目管理中存在的不足之处，加以改正；

（3）对即将发生的成本进行预控、避免工程后期成本失控；

（4）提升项目管理水平、提高经济效益。

1　分析前准备工作

1.1　建立经济活动分析牵头人（责任人）制度

一项工作要想开展好，要有制度作为保证和领导的足够重视。经济活动分析负责人当然是项目经理。

由谁牵头？目前，很多企业是由财务人员牵头组织经济活动分析会，财务提出综合分析思路，其他部门提供原始分析资料，经财务部门综合汇总后，通过对比分析，提出初步分析意见、提交项目负责人，再由项目负责人召集相关部门进行讨论分析，总结经验、查找不足，并制定改进措施，形成经济活动分析报告。而我们多数项目财务人员不是很熟悉经济活动分析流程，对分析过程中涉及工程方面的业务知识不是很了解，所以目前是由经营部门在牵头做这项工作。财务只提供财务成本明细表和相关财务数据，没有真正参与到这项工作中来，对其中的分析过程一知半解。财务人员能不能主动参与到这项工作中来，汇总其他部门提供的资料，深入对成本进行分析，提出分析意见，得出正确结论，这对我们财务管理水平的提高和财务人员地位的提升有很大帮助。

1.2　围绕一个中心，做好两个盘点，核实三个数据，做到四个统一，关注五个指标

1.2.1　一个中心

经济活动分析的目的就是为了提高项目经济效益，就是要以收益率为中心，项目目前收益率水平到底达到多少个点了？偏差在哪里？

1.2.2　两个盘点

（1）实物量的盘点。现场完成了多少实物量要盘点清楚，实物量盘点清楚了，完成产值及其对应的实体工程成本就清楚了。

(2)材料的盘点。按月开展材料盘点,严格执行材料核算规定,确保材料费核算和工程计量同步。材料盘点包括项目部存放在仓库的材料;已办理出库手续发放到施工现场但在月末并未实际消耗的这部分材料。

对于已发出但实际未使用的原材料和施工半成品,属提前摊销的在成本核算时要相应抵减掉。

对于已进场验收入库但发票未到的材料,材料部门应做预收料,按照合同价格暂估入账。

1.2.3 三个数据

(1)完成的产值。施工产值是指实际完成的工程量按照合同价格折算成的金额。产值是工程结算的基础,是确认收入的依据。

(2)直接成本。已完产值所对应的实物量成本,包含人工费、材料费、机械费、其他直接费,也包括给劳务队伍的结算成本。

(3)管理费。这里的管理费不是财务账面的管理费用,而是经营成本口径核算的项目管理费,主要是财务间接费用和管理费用。

1.2.4 四个统一

(1)盘点、核算时间要统一。项目部要统一各项业务成本和收入的结算时点,确保月度收入和成本费用项匹配。项目部各部门收入、成本相关的业务处理时点应统一定为每月的25日。每月25日,经营部门应组织相关部门对现场进行验收计量;材料部门应组织相关部门对材料进行盘点;机械部门应收集汇总本月租赁设备使用记录。不能出现产值截至25日,物资盘点截至28日;核算截止时间如果不对应,出来的经济活动分析数据是不真实的,时间一定要卡断、统一,截至25日完成的产值是多少,消耗的材料多少,这样核算成本才能够真实准确。

经营部按月办理分包结算,确保分包成本及时全额入账。无论业主是否办理计量,都要对分包队伍按月办理结算。

(2)核算口径要统一。项目要严格执行公司的资产折旧和摊销政策,按月计提折旧和摊销,不能违规预提成本,确保成本分析数据的真实、可靠。摊销包括大临的摊销、周转材料的摊销。比如大临设施摊销,到底怎么摊销?是按工期摊销,还是一次性计入成本?要统一标准,比如项目一上场,大临建设1000多万元,全部一次性计列到成本里面,可能完成的产值还不到1000万元,那这样摊销肯定造成数据失真,很多项目一上场就报亏损就有这个因素的存在。

(3)采集的数据要统一。截至25日,浇筑到混凝土里的钢筋应计列到已完产值中,有的钢筋制成钢筋笼了,但没有完成混凝土浇筑,那么钢筋笼就不能在已完产值中计列,只能计列到库存材料中。如果不细致、采集的数据不统一,出来的数据也是失真的。

(4)步调要统一连贯。上个月是怎样摊销的,这个月继续这样摊销,如果上个月按工期摊销,这个月按产值比摊销,前后步调不统一,出来的数据也是不准确的。

1.2.5 五个关注

(1)已完工未结算。已完工未结算指工程施工和工程结算的差值,这个比例高,说明项目存货不能及时变现,会导致资金压力增大。已完工未结算占成本比例,我局要求是不超过20%。经营上已完工未结算是计量产值与施工产值的差额,经营规定计量产值占施工产值不能小于90%。

(2)施工产值与营业收入的差额。我局要求施工产值与营业收入差额不能超过施工产值的2.5%。

(3)对业主计量比例偏低要关注。项目应召开专题会议研究,要找到计量不及时的原因,是计量支撑资料跟不上?还是业主、监理的计量条件受限制?项目经理要根据具体问题采取相应措施。

(4)管理费超标要关注。管理费对于项目来说主要是间接费,管理费超标了作为财务要搞清楚是什么原因,是哪项费用超标了,分析出问题,针对这些存在的问题,要采取相应措施,特别要注意业务招待费的控制。

(5)收益率与责任成本收益率偏差过大要关注。最后分析出来项目收益率与公司下达的责任预算指标偏差较大,那得好好地分析了。现在我们很多项目平时汇报都是没有问题,略有盈利或者是持平,结果到最后出来是一个什么情况,10 个点变成 8 个点,8 个点变成 0 个点,这就是没有进行经济活动分析,或者说经济活动分析流于形式,否则就不可能出现这么大的偏差。

1.3 财务要做的准备工作

(1)财务每月末需要与各部门核对的:

与经营的核对工作:结算核对、及时入账;预计总收入、总成本是否及时调整;预结算;结算单入账问题。

与材料的核对工作:材料摊销(提前摊销、未摊销)。

与人事的核对工作:含量工资核对。

以上数据核对无误,据此入账,确认收入成本。

(2)提供财务成本及其他相关财务数据用于经济活动分析。

重点是对成本的重新划分,按照经营口径对财务每一项成本进行细致的分类。

2 分析流程及部门分工

2.1 分析流程

经济活动分析流程图如图 1 所示。主要是以经营部、财务部、材料部三个部门数据为主,其他部门参与分析。通过对比分析找出管理中存在的漏洞,提出改进措施。

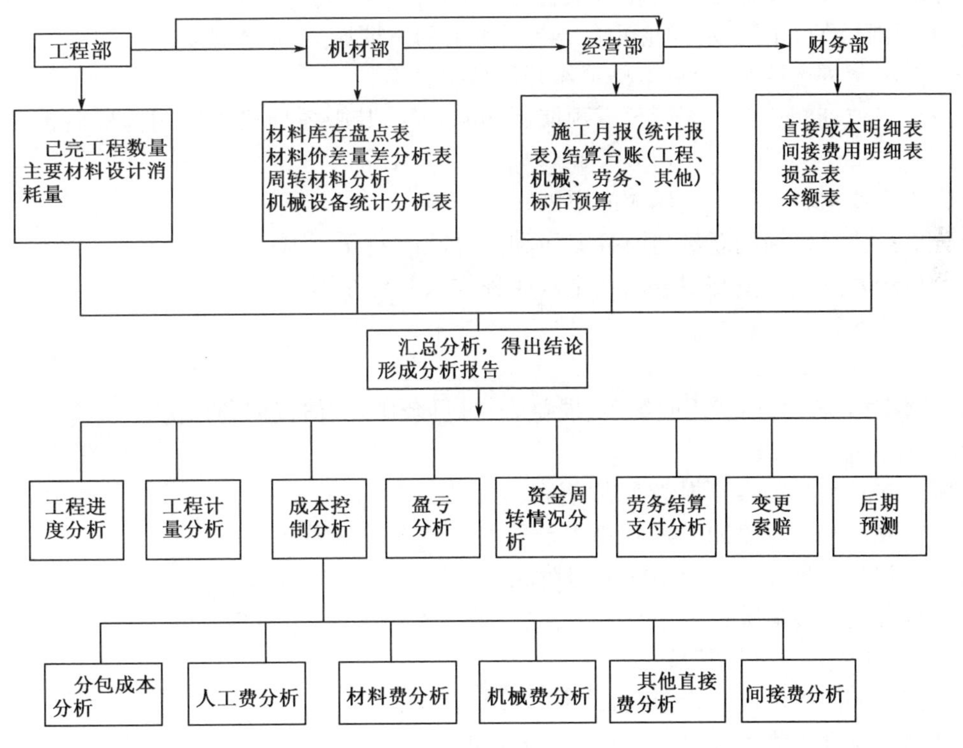

图 1　经济活动分析流程图

2.2 各部门应提供资料和分析的内容

2.2.1 工程部

需要提供资料:

已完工程数量、对劳务队伍工程量验收数量,提供给经营部。

根据完成的工程量,按成本核算对象计算主要材料设计消耗量,提供给材料部。

分析内容：

(1)配合经营部分析对内对外计量差的形成原因。

(2)分析施工组织的优化、施工方法、施工工艺、工序衔接、现场协调对成本的影响。

2.2.2 机材部

需要提供资料：

按月给材料供应商结算，并根据分项工程领用材料情况，向财务部提供材料收发动态表和材料消耗分配表；按月进行材料物资盘点，提供盘点表；统计机械设备运转情况和油料消耗情况。

分析内容：

(1)配合经营部分析主要材料的量差和价差形成原因和对成本的影响；

(2)分析、考核实际库存、实际消耗与账面库存；

(3)分析周转材料使用的节超情况；

(4)分析机械设备使用及油料消耗的节超情况。

2.2.3 经营部

需要提供资料：

按月对业主计量、对施工队伍结算，施工统计报表

分析内容：

(1)对比分析实际完成产值和业主计量的差异，分析已完工未结算的形成原因；

(2)针对未完成月度施工计划和形象进度的单项工程进行原因分析，对影响工期的情况进行分析，分析工程进度滞后的原因以及有此可能给项目带来的工期压力、成本压力；

(3)二次经营进展情况，变更索赔工作开展情况；

(4)分析当前利润总额与表后预算预期利润的差异，其中各项成本费用与标后预算的差异，并说明原因；

(5)分析主要材料价差量差形成的原因；

(6)分析经营核算利润总额与财务账面利润总额的差异原因；

(7)分析经营施工产值与财务确认主营业务收入差异原因。

2.2.4 财务部

需要提供资料：

直接成本明细表、间接费用明细表、损益表、科目余额表、债权债务情况；

分析内容：

(1)项目本月和开工累计损益实现情况；

(2)各项成本核算对象的成本节超情况；

(3)本月和开工累计间接费用的节超情况；

(4)项目资金周转情况；

(5)劳务队伍结算支付情况；

(6)审核各部门提供的分析资料，并提出分析意见；

(7)协同经营部预测到项目完工整理利润情况。

2.3 分析报告

分析报告是对经济活动情况进行分析得出的结果，对分析中暴露问题所作出的结论。包括成本效益情况、取得成绩、存在问题、改进措施、建议等内容。

经济活动的分析多种多样，我公司要求是每月做经济活动分析，不要流于形式。平时我们也可以进行专项分析，针对一个成本项目进行分析。

具体分析内容可不限于模板中的项目及内容，可以根据项目管理重点和需求进行增加或调整。

《项目级经济活动分析参考模板》主要内容：

(1)项目综合概况

(2)工程进度分析

(3)工程结算及支付分析:包含工程计量、工程变更索赔、材料价差、奖励基金、安全生产费、工程款支付、工程资金。

(4)利润分析:包含预算情况、合同收入、合同成本、费用及税金、项目利润总额、项目当前预期总体利润、下一步经营状况改进措施。

(5)其他管理分析:包含文明施工、安全生产、信誉质量。

3 需要重点分析的方面

3.1 项目整体经营情况

(1)收入:收入以施工统计产值为准,要考虑不能形成业主计量(变更、混凝土工期、其他原因)和未施工业主已形成计量的因素,调整后本期实际计量=本期实际完成-不能形成计量的-未施工超计量的。重点要关注已完工未结算(统计产值和计量产值的差)的成因。

(2)成本费用:本期发生实际成本要在财务账面成本的基础上进行调整,调整因素要加已完成经营未结算成本、已发生未计入统计产值的那部分成本(半成品);减提前摊销的材料成本。税金按照收入乘综合税率计算,上级管理费用按照收入乘提取率计算,财务费用按财务账面实际发生额(不考虑折现息的影响)。

(3)利润:根据调整后的收入和成本费用计算得来,不考虑折现息和存货跌价损失的影响。

3.2 分包成本分析

按照工程量清单将实际分包成本和标后预算成本进行对比分析。分包成本指以分包合同为依据,按实际完成的工程数量办理结算的成本。标后预算成本是项目经理部的责任目标成本,也就是公司完成切块比例后对项目下达的经营考核指标。

就分包成本结算的量差和价差进行分析。对量差的分析主要是对比结算和实际完成数量的差异,存在差异的,应分成本核算对象具体分析差异形成原因。对价差的分析主要是分包结算单价是否有高于预算单价的情况,分析其对成本的影响。当某一成本对象累计分包结算数量超过合同总数量时,那就是超合同结算了,应重点分析形成原因。

3.3 人工费分析

人工费主要包括以下内容:

(1)劳务队伍的结算费用(如钢筋加工、墩身混凝土灌注等);

(2)项目部直接使用的临时用工费用;

(3)项目部劳务派遣人员工资。

人工费的分析主要包括:临时用工费用是否受控,各种奖励支出情况,民工工资的发放,其他影响人工费的因素。

3.4 材料费分析

3.4.1 材料量差分析

根据材料设计量和实际消耗量的差异进行分析,分析材料消耗量节超情况以及对成本的影响量差,主要从进料环节、施工环节进行分析。进料环节主要从收料人员责任心、地磅精确度、协作队伍倒卖、现场丢失、保管过程中的损耗、浪费、损耗系数确定、数据统计的准确度、盘库的准确度、拌和站配合比等原因进行分析;施工环节主要从设计量的统计准确度、变更数据更新、实际用量的统计准确度、损耗系数的确定、偷工减料、工艺改进节省、施工工序衔接、混凝土过程、材料倒卖、施工过程浪费、为满足工程质量人为提高标准等原因进行分析。如果发生超耗,应分析超耗形成原因;如发生大幅节约,应分析是否存在质量隐患。

下面以我项目某月碎石为例子进行说明,如表1和表2所示。

进料消耗量差分析表 表1

年 月 日

名称	单位	实收数量	实际消耗	理论库存	实际库存	盈亏（未考虑损耗）	损耗率	损耗量	盈亏（考虑损耗后）
1	2	3	4	5=3-4	6	7=6-5	8	9	10=6+9-5
碎石	m^3	52392.12	49531.28	2860.84	1720	-1140.84	7%	85.83	-1055.01
水泥									
钢筋									
砂									
……									
合计									

说明:①本表主要通过理论库存与实际库存的对比,用于分析进料盈亏情况。

②主要材料损耗率为:盘条1.5%,钢筋3%,钢绞线7%,混凝土2%,中砂7%,碎石3%,袋装水泥2%,片石2%。

③本表中材料消耗量指分部工程或分项工程材料消耗,由工程部配合提供,实际库存由现场盘点获得数据。

分析结果:从表1中可以看出,碎石的实际库存比理论库存少1140.84m^3,扣除正常损耗后亏1055.01m^3。在进料环节查找原因发现收料人员误将部分砂的吨数没有换算成m^3记账引起的。

施工过程量差分析 表2

年 月 日

名 称	单 位	设计数量	应耗数量	实耗数量	实耗-设计	实耗-应耗
1	2	3	4	5	6	7
碎石	m^3	48253.93	49701.54	49531.28	-1277.35	-170.27
水泥						
钢筋						
砂						
……						
合计						

说明:①本表主要用于分析施工过程中技术性原因造成的原材料节超,表中应耗数量=设计数量×(1+损耗系数%)。

②本表中设计量由工程部配合提供,混凝土各种材料用量由实验室配合比计算得出,实际混凝土数量由拌和站提供。

分析结果:通过表2反映出碎石超用1277.35m^3,考虑损耗后超用170.27m^3,经查找原因发现是下雨维修便道耗用引起的。

3.4.2 材料价差分析

根据材料预算单价和实际采购单价分析主要材料的价差。应结合业主合同及相关的政策规定对材料情况进行分析。具体分析价差的形成原因,是否存在因采购控制不力造成采购单价偏高的情况,是否存在市场涨价因素,从采购管理和材料调差方面超找原因。

依然以碎石为例,延续表1、表2中的数据。

由表3可以看出我项目本月碎石价格差异127767.82元。

经过分析得出:①我项目地处偏远山区,交通不便,由此造成材料运输费用增加,导致材料采购价格增加;②我项目中标单价不理想,且业主合同中不允许材料调差,项目材料价差亏损要考虑在其他方面进行弥补。

材料价差分析表

表3

年 月 日

单位:元

材料名称	规格	单位	实收数量	本期价格差异				备注
				中标单价	实际单价	单价差异	金额差异	
碎石		m^3	52392.12	120	120.53	0.53	-27767.82	
钢筋								
水泥								
砂								
……								
合计								

3.4.3 周转材料分析

对比分析周转材料预算费用和实际采购(租赁费用),是否存在超支情况。周转材料报废情况及残值回收情况。如果发生超支,结合施工组织安排分析周转材料的配置是否合理,是否存在闲置的情况;已退场周转材料是否存在损耗率偏高的情况;分析周转材料摊销情况,摊销方法是否正确。

工程部按照每个计划期的施组安排给材料部提供物资计划,材料部再按照这个计划采购物资供应给现场,到了计划期的节点时间,物资部门再根据计划期内完成的工程情况到工地盘点物资,复核用了多少还剩多少;再复核账务处理有没有问题,材料出账有没有多支或少支现象,本期的周转材料摊销是不是按工程进度摊销了的等,然后,根据工程部提供的应耗量进行对比,复核材料节超情况,找出节超原因。主要的问题是,施工现场要把应耗量提准,材料部门要把现场库存物资盘实。但是,许多项目在材料管理方面都存在这样或那样的问题,导致材料成本高企。

以下简单举几个例子。

(1)发票未到的材料进账不及时。部分项目材料进来后都使用一大部分了,但发票没到,所以不入材料账,不做预收料,仅仅随意性的单独记录。因此,这部分材料在成本归集时很容易被遗忘,造成成本漏列。

(2)物资节超核算不真实。如果不能及时给材料部提供应耗量,只按物资计划支出材料,工地的实际用料不去考虑,那物资节超分析就没有了意义。所以施工部门需要按月给物资部门提供应耗量,物资部门再根据实际消耗掌握每个月的物资节超,同时需给超耗严重的工号发出警示。

(3)对于分包形式的物资管理。在起草合的同时一定要考虑全面,比如材料的损耗率怎么给,剩下来的残废料归谁,节约了怎么办,超耗了怎么处理等。在施工过程中,尤其是分包工程,需对其材料的节超进行严格管控,可以防止“偷工减料”现象的发生,同时也保证自身利润点的实现。

3.5 机械费

这里所说的机械费用,除了包括内部、外部机械租费外,还包括土石方施工、软基处理、钻孔桩施工等在施工队伍结算中的机械费用。对于内部及外部租赁公司每月一定要及时进行结算,对在与施工队伍结算的这部分施工机械按照合同约定每月要及时进行结算。这里特别强调一点,临时租赁机械的结算及控制,临时机械租赁的管理和按月租赁机械管理一样,使用时也要办理结算,通过结算中心审批,一定要严控临时机械设备的使用。

机械管理容易存在的问题:

(1)机械费用结算不及时,看似很简单的问题但有些项目却做得不到位。

(2)临时机械使用随意,结算数额较大。

(3)外租机械的结算不合理,如在冬休期间或者雨季,有的项目还是按照平常的月租进行结算。

(4)没有进行机械的单机消耗分析,机械利用率也不能够进行分析。

在经济活动分析时,按照目前的管理现状对租用的机械,很难达到单机分析,机械费用归集时按照产值对各工号完成情况进行均摊。

4 成本分析中存在的问题

4.1 成本划分口径不一致

成本分类对于项目经济活动分析来说,是一个非常重要的前提。通常以下列原则划分:①按照清单工程章节结合单位工程划分。②按施工里程划分,特别是路基施工、线路施工、隧道施工。③按施工队伍划分。④按工序衔接划分,如桥梁工程分为桩、台、墩、梁。

项目开始各部门要统一成本核算口径,财务成本辅助核算也要按统一的成本细目分类,以便于项目做成本分析。

目前,财务成本分类是按照工程量清单中的章节分类,即 100 章、200 章、300 章、400 章等,这样分类虽然方便,但不利于成本分析,无法分析各分项工程成本节超情况。

4.2 财务成本与经营标后预算成本对比,如表 4 所示

财务成本与经营表后预算成本对比 表 4

财务账面成本的组成		经营施工预算费用组成	
1	人工费	1	工程量清单综合基价费用
2	材料费	2	现场文明施工费
3	机械费	3	临时设施费
4	其他直接费	4	经理部管理费
5	间接费用	5	安全生产费
		6	税金

对于经营四块费用与财务 5 相关费用的归集不一致的问题要看项目经济活动分析数据汇总归口部门是哪个,如果是经营部牵头做,那么财务成本数据要相应调整成与经营口径一致的分类,反之亦然。对于庞大的财务数据如果账面成本分类不合理或者台账登记不完整,就要对数据进行重新分类,简单说明一下,可以用逐笔登记法或者运用电子表格数据透视表进行对应分类筛选,具体过程此处不再列举。

5 结语

以上介绍的是本项目进行经济活动分析的做法及本人的一些看法,认为通过经济活动分析几阶段的实施,使成本处于全过程的监控之下,即使发生偏离企业内部成本的情况,也会因为能在发生环节及时发现,而避免了成本失控的进一步扩大,使成本损失限制在最小程度,从而达到加强成本控制的目的。

参 考 文 献

[1] 中国注册会计师协会.财务成本管理[M].北京:中国财政经济出版社,2010.
[2] 张永康、徐文兴.交通行业财务指标体系及其应用问题研究[C].中国交通会计学会.
[3] 王雷,高永华.施工企业财务指标体系探析[J].金融经济:学术版,2008(8).

浅谈猫道架设施工安全管理

罗求林

（中交一公局第一工程有限公司）

摘　要　猫道为悬索桥施工必备的临时结构，为悬索桥上部施工提供施工操作平台，其在架设过程中大多处于高空、水上作业。是一项危险性较高的施工作业。本文结合刘家峡大桥猫道架设施工经验，从安全目标管理、规章制度建立、危险源辨识、安全教育培训、安全监管、应急救援、内业资料整理等方面探讨猫道施工安全管理对策，确保猫道架设施工安全。

关键词　猫道架设　安全　管理　事故

1　引言

猫道是悬索桥施工时架设在主缆之下、平行于主缆的线形临时施工便道。它是施工人员进行施工作业的高空脚手架，是主缆系统乃至悬索桥整个上部结构的施工平台。施工人员在其上完成诸如索股牵引、调股、整形入鞍、紧缆、索夹及吊索安装、箱梁吊装及工地连接、主缆缠丝、防护涂装等重要任务。

猫道架设是悬索桥上部施工的开始阶段，施工作业过程中，受到了气候条件变化，江河封航时间长短，水面风力、风向和浪高的影响及水流速度、水流漩涡等影响，同时在狭窄、复杂的施工现场使用的设备设施类别与型号繁多、设备工况参差不齐，施工队伍复杂、人员流动频繁，设备使用熟练程度、操作经验深浅不一，施工人员长期露天作业，大多处于水上、陆地、高空交叉作业，再加上施工人员个体安全防护、工期的紧迫程度等的影响，稍有不慎，极易引发高处坠落、触电、淹溺、起重伤害、坍塌等安全事故。

据对事故的分析可知，绝大多数事故的发生都是由各种原因引起的，而这些原因中的85%左右都与管理紧密相关。因此，要从根本上防止事故发生，必须从加强安全管理做起，不断改进安全管理技术，提高安全管理水平，才能有效避免各类安全事故的发生。本文结合刘家峡大桥施工经验，探讨猫道施工安全管理对策。

2　安全目标管理

安全目标管理是指项目部根据自己的整体目标，在分析外部环境和内部条件的基础上，确定安全生产所要达到的目标，并采取措施去努力实现目标的活动过程。安全目标管理是参与管理的一种形式，是根据项目安全工作目标来控制安全生产的一种民主的科学有效的管理方法，也是猫道施工安全管理的一项重要内容。

2.1　安全管理组织机构

保证安全生产，组织领导是关键，为了落实“安全第一、预防为主、综合治理”的思想，推动猫道施工安全管理向深层次、高标准发展，实现对工程全过程的安全监控，项目部成立以项目经理为组长，项目书记、总工、生产副经理为副组长，其他项目领导和各部门主管为组员的安全领导小组，形成安全工作层层把关，将安全管理工作处处落实的工作状态。

项目安全部门是猫道施工的监督管理具体实施部门，对施工安全有极重要的影响。安全管理部门负责人为本部门安全生产工作第一责任人，并根据相关法律法规和工程实际需要足额配备专职安全员。

各作业队根据工程规模和施工需要，配备专职或兼职安全管理人员，负责本作业队的安全管理，特别是施工前的安全措施完善、班组班前会、作业安全监督等监管工作。同时要求各作业队的作业符合安全规范的要求,保障施工人员的人身和设备安全。

2.2 安全目标设定

为认真贯彻执行《安全生产法》、《建设工程安全生产管理条例》、《建筑施工安全检查标准》和上级安全生产管理的有关规定,进一步做好猫道施工安全生产工作,保障社会稳定和企业经济发展,确保人民生命和国家财产安全,特制定猫道施工安全工作目标:

猫道施工安全生产、文明施工达标合格率100%,优良率80%,因工死亡率为零,因工重伤率为零,因工负伤率不超过12‰,交通事故为零,一般交通事故10%,机动车违章率10%。施工现场做到"两型五化",进一步开展"做文明建筑工人,创文明建筑工地"活动,逐步建立市场经济体制下的企业安全文化。做好维护安全、防范危险、预防火灾工作。积极完成上级主管部门下达的任务。努力争创甘肃省安全文明优良工地。认真搞好社会治安综合治理工作,杜绝刑事案件发生,保障社会稳定。

同时将安全目标层层分解到每个部门、各作业班组,通过层层签订安全目标责任书,把安全目标责任逐级落实到基层,明确各级、各部门安全责任,安全责任覆盖做到横向到边,纵向到底,将安全生产工作落实到每个环节、每个岗位和每个人员,形成"人人抓安全,人人管安全"的良好局面。

2.3 安全目标考核

为了落实岗位安全责任制,实现安全生产管理目标,将安全工作业绩与经济挂钩,增强岗位人员的安全责任意识,切实提高各级人员安全工作的积极性和主动性,必须制定切实可行的安全目标责任考核办法,定期对安全目标完成情况进行考核,奖优罚劣,切实提高项目安全管理水平。

3 建立健全安全规章制度

安全规章制度是项目部贯彻国家有关安全生产法律法规、国家和行业标准,贯彻国家安全生产方针政策的行动指南,是项目部有效防范生产、经营过程安全生产风险,保障从业人员安全和健康,加强安全生产管理的重要措施。

在长期的安全生产实践过程中,项目部按照自身的习惯和传统,形成了各具特色的安全规章制度体系。

猫道施工应建立健全安全生产责任制、安全教育培训制度、安全检查制度、安全措施计划制度、安全技术交底制度、施工现场机械设备安全管理制度、施工现场安全管理制度、安全设施管理制度、安全设施、设备验收制度、施工现场消防制度、临时用电安全管理制度、高处作业安全管理制度、文明施工管理规定、交通安全管理制度、特种设备安全管理制度、分包工程安全管理制度、主要领导带班制度、安全费用使用制度、劳动保护用品管理制度、安全生产奖惩制度、事故调查、处理、统计报告管理制度等。

4 危险源的识别与控制

准确及时地对危险源进行识别和控制,是做好项目安全管理工作一项重要任务。危险源的识别和控制是一项事前控制,安全生产只有事前进行有效的控制才能从根本上避免和减少事故的发生。危险、有害因素识别是施工过程风险分析、安全管理的基础部分。识别猫道施工危险有害因素应从猫道各分部分项施工工艺流程出发,利用安全系统工程的方法从人、机、物、管理等方面进行辨识,猫道施工容易发生的事故主要有高处坠落、触电、淹溺、坍塌、机械伤害、物体打击等,项目部应针对以上事故伤害,制定有效的安全技术与安全管理措施,通过安全技术交底、班前会及时传达到每位施工人员,并在工地关键部位设置危险源公示牌,及时告知作业过程中存在的危险源和相应的处理措施,从根本上降低与杜绝安全生产事故的发生。

5 安全教育和培训

员工的安全教育培训在项目部中应该是一堂必修课,而且应该具有计划性、长期性和系统性,安全教育培训由项目人力资源部门纳入职工统一教育、培训计划，由安全职能部门归口管理和组织实施，目的在于通过教育和培训提高职工的安全意识，增强安全技能，有效地防止人的不安全行为，减少人为失误。安全教育培训要适时、适地、内容合理、方式多样，形成制度，做到严肃、严格、严密、严谨并讲求实效。

猫道施工安全教育培训应覆盖到项目全体员工，以施工人员为主，以现场培训为主，要紧密结合施工实际，及时开展有针对性的安全教育培训，所有新进场人员必须经过三级安全教育并考试合格，所有分部分项工程开工前组织施工人员进行安全技术交底和专项安全培训，不定期组织工人观看安全警示教育片等，同时通过在施工现场设置安全展板、发放安全知识手册、设置安全标语标牌等，营造浓厚的安全氛围，提高施工人员安全意识。

6　创新安全监管模式

安全监管是项目安全管理的重要内容，是识别和发现不安全因素，揭示和消除事故隐患，加强安全防护措施，预防各类工伤事故和职业危害的重要手段。以往的安全监管主要是通过项目安全领导小组或安全职能部门，组织的各类现场安全检查，往往具有时间和空间局限性。

刘家峡大桥项目部将视频监控系统应用到项目日常安全监管中，在东、西两岸分别设置一套视频监控系统，通过先进的信息技术，全天候、全方位对猫道施工现场安全防护措施的落实情况，各类施工机械的运行情况，锚固系统的稳固情况及施工人员劳动防护用品的佩戴情况等进行监控，有利于项目部及时发现工地存在的安全隐患，有利于改善猫道施工的劳动条件和安全生产状况，预防工伤事故发生。

7　安全事故应急预案

常态下的安全生产管理与异态下的应急救援是项目安全管理工作的两个重要组成部分，应急救援作为安全生产的最后一道关口，为保障安全生产发挥着重要的作用。

安全事故应急预案在应急系统中起着关键作用，它明确了在突发事故发生之前、发生过程中以及刚刚结束之后，谁负责做什么、何时做，以及相应的策略和资源准备等。它是针对可能发生的重大事故及其影响和后果的严重程度，为应急准备和应急响应的各个方面所预先做出的详细安排，是开展及时、有序和有效事故应急救援工作的行动指南。

猫道架设施工前，项目部在刘家峡大桥综合安全应急预案的基础上，编制了刘家峡大桥猫道架设施工专项安全事故应急预案，同时根据猫道施工过程中的安全风险编制了猫道施工高处坠落、猫道施工触电事故、猫道施工门架坍塌等事故现场处置预案，成立了安全应急救援指挥小组，配备了充足的安全应急救援物资，在猫道架设施工前，组织了水上救援、防高处坠落等安全应急预案演练，极大地提高了全体施工人员的安全意识和应急处置能力，最大程度地避免和减少了安全事故造成的人员伤亡和财产损失。

8　安全内业资料管理

安全内业资料是项目日常安全管理的重要内容和依据，是猫道施工安全生产管理不可缺少的重要组成部分。

内业资料是一种以文字、图像等手段记录安全生产管理过程所形成的一系列文件的组合，能够直观反映安全生产管理中各项具体工作，它从理论上将安全生产管理过程以一种被大多数人都认可的形式记录下来，包括纸质资料、图片资料，录像资料等。项目部通过及时将特种设备相关资料、特种作业人员证件、安全检查资料、安全教育资料、安全应急预案演练资料、劳动防护用品发放登记等资料及时整理归档，有利于了解各项规章制度落实情况、各项具体工作的开展情况，可以根据资料全面、直观了解安全生产总体状况，发现不足之处和薄弱之处，并加以完善，同时为安全分析、安全评价、事故处理、事故报告提供依据。

安全内业资料是一个完整的体系，项目安全生产管理者必须将施工过程中所有安全生产资料真实、完备、准确地进行收集和整理,为我们安全生产管理工作提供最有价值的参考。

9 结语

现代事故致因理论认为,事故发生的根本原因是管理的缺陷,因此,为了防止猫道施工安全事故的发生,必须加强安全管理,坚持“安全第一、预防为主、综合治理”的方针,正确树立“安全生产,以人为本”的安全理念,通过科学的安全管理方式和有效的安全管理措施,才能够有效地避免或最大限度地减少安全事故的发生。

参 考 文 献

[1] 吴穹,许开立. 安全管理学[M]. 北京:煤炭工业出版社,2002.
[2] 毛海峰. 现代安全管理理论与实务[M]. 北京:首都经济贸易大学出版社,2000.
[3] 广东省长大公路工程有限公司. 悬索桥施工安全技术[M]. 北京:人民交通出版社,2011.
[4] 张莉莉. 管理缺陷是建筑业安全事故发生的根本原因[J]. 工程与建设,2007,21(4).
[5] 李毅中. 生产经营单位安全培训规定[R]. 中华人民共和国国务院公报,2007.

2 锚 碇 篇

刘家峡悬索桥重力式锚碇施工温控设计及监测

王宝善 李鸿盛 周 苗

（中交一公局第一工程有限公司）

摘 要 本文通过对大体积混凝土施工现状的研究，总结了大体积混凝土裂缝的主要成因、施工过程中的温控指标、温控及防裂措施等。同时，参照设计建议、相关文献和规范，以及大量工程实例，经过温控计算，确定了刘家峡大桥锚碇大体积混凝土施工的温控方案，有效地控制了锚碇大体积混凝土的施工温度，各项温控指标均满足设计和相关规范的要求，锚碇整体施工质量良好，未出现贯穿性裂缝。通过刘家峡大桥锚碇大体积混凝土的施工实践，总结了大体积混凝土施工温度控制相关的结论及存在的问题，为类似工程施工提供了借鉴，同时指出了大体积混凝土温控研究的新方向。

关键词 锚碇 大体积混凝土 温控 防裂

1 引言

1.1 刘家峡大桥锚碇设计要点

刘家峡大桥为536m单跨双铰简支钢桁加劲梁式悬索桥，采用三角框架式混凝土重力锚碇，倒梯形结构。锚碇设计平面尺寸44m×55.5m，高度20m，单体混凝土方量3.6万立方米，属于大体积混凝土。设计对锚碇大体积混凝土施工进行了较充分的考虑，为避免产生温度裂缝，提出在锚碇中心轴线上设置后浇带，采用分层分块工艺进行混凝土浇筑，以及设置冷却水管进行通水冷却等措施。

1.2 大体积混凝土施工研究现状简介

1.2.1 大体积混凝土裂缝主要成因

大体积混凝土水化温升过程中会产生大量的热量，而由于大体积混凝土截面厚度大，水化热聚集在结构内部不易散发，会引起混凝土内部急剧升温。大体积混凝土与地基浇筑在一起，当温度变化时，受到地基的限制，因而产生外部的约束应力。混凝土在早期温度上升时，产生的膨胀变形受到约束面的约束而产生压应力，此时混凝土的弹性模量很小，而徐变和应力松弛较大，与基层连接不太牢固，因而压应力较小。但当温度下降时，则产生较大的拉应力，若超过混凝土的抗拉强度，则会出现温度裂缝。

另外，混凝土的导热性能较差，浇筑初期其弹性模量和强度很低，对水化热急剧温升引起的变形约束不大，温度应力比较小。随着混凝土龄期的增长，其弹性模量和强度相应提高，对混凝土降温收缩变形的约束越来越强，即产生很大的温度应力，当混凝土的抗拉强度不能抵抗温度应力时，即产生温度裂缝。

在施工期间，外界气温变化对大体积混凝土结构的施工质量也有着重要影响。混凝土浇筑温度与外界气温有着直接的关系，浇筑温度又影响着混凝土的内部温度。大体积混凝土结构不易散热，其内部温度常可高达80℃，而且持续时间较长。外界气温下降，特别是气温骤降，会加大混凝土的温度梯度。混凝土内外温差过大形成温度梯度，使混凝土内部产生压应力，表面产生拉应力，温差越大，温度应力也越大。当拉应力超过混凝土的抗拉强度时，就会产生表面裂纹。

1.2.2 大体积混凝土施工的温控指标

国家标准《大体积混凝土施工规范》（GB 50496—2009）中规定大体积混凝土的温控指标如下：

（1）混凝土浇筑体在入模温度基础上的温升值不宜大于50℃。

(2)混凝土浇筑块体的里表温差(不含混凝土收缩的当量温度)不宜大于25℃。

(3)混凝土浇筑体的降温速率不宜大于2℃/d。

(4)混凝土浇筑体表面与大气温差不宜大于20℃。

其中,亦有文献指出,为减少大体积混凝土的裂缝产生,一般会尽量减少结构的外部约束,但结构自身的重力不可忽略,应当考虑。根据裂纹产生的条件:温度拉应力+重力应力≤劈裂抗拉强度,提出一种新的温差限值ΔT的计算公式,并指出温差限值ΔT并不是固定不变的25℃,而是一个关于龄期τ的函数。从混凝土浇筑开始,温控限值是随着龄期的发展而变化的。这样能更准确地控制内外温差,并且能够减少一定量的不必要的温控与养护措施,达到降低工程造价的目的。

1.2.3 大体积混凝土温控及防裂措施

根据大体积混凝土施工的相关文献和规范以及大量大体积混凝土施工的工程实例,总结大体积混凝土温控及防裂措施主要有以下几点:

(1)通过选择低热水泥;优选粗细集料,增大粗细集料粒径,降低砂率;采用粉煤灰、高效缓凝减水剂"双掺"技术等措施,优化配合比设计,强度设计可按60d进行。

(2)通过对骨料洒水、遮阳;减少混凝土运输、停留时间;合理布置输送泵线路;选择适宜浇筑时间等措施,降低混凝土入模温度。

(3)采用平面分块,块与块之间设置后浇带;竖向分层的浇筑方法。

(4)适当布设冷却水管,通水冷却。

(5)预埋温度计,实施温度监测,并根据实测温度实时调整通水量。

(6)加强保温、保湿养护。

2 大体积混凝土施工温度及应力分析

以锚碇基础C30混凝土为例,对其温度和应力进行分析。根据大体积混凝土配合比设计原则,由业主指定甘肃省中心试验室设计锚碇基础混凝土配合比如表1所示。

刘家峡大桥锚碇混凝土配合比 表1

混凝土标号	材料用量(kg/m^3)						水灰比	砂率
	水泥	水	砂	石	粉煤灰	减水剂		
C30	376	191	729	1094	56	3.384	0.44	40%

其中:水泥:甘肃祁连山P.042.5普通硅酸盐水泥,委托兰州理工大学土木综合实验中心测试其水化热为321J/kg。

水:刘家峡水库深层水。

砂:甘肃大川河砂,细度模数2.98。

石:甘肃四沟碎石,粒径级配5~31.5mm。

粉煤灰:兰州云天建材Ⅰ级粉煤灰。

减水剂:山西黄河新型化工聚羧酸高性能减水剂,固含量18%。

2.1 大体积混凝土温度控制基本理论

大体积混凝土主要是控制某一龄期的温度应力小于该龄期混凝土的抗拉强度,即

$$\sigma \leqslant R_{t(\tau)} \tag{1}$$

2.1.1 混凝土温度应力计算

大体积混凝土结构不同龄期的温度应力可按下式计算:

$$\sigma = \frac{E_{(\tau)} \cdot \alpha \cdot \Delta T}{1-\mu} S_{h(\tau)} \cdot R_{(K)} \tag{2}$$

式中:σ——混凝土的温度(包括收缩)应力,MPa;

$E_{(\tau)}$——龄期为 τ 时的混凝土弹性模量，MPa；

α——混凝土的线膨胀系数，取 1.0×10^{-5}/℃；

ΔT——混凝土的最大综合温差，℃；

μ——混凝土的泊松比，取 0.15；

$S_{h(\tau)}$——考虑徐变影响的松弛系数，按表 2 取用；

R_K——混凝土的外约束系数，由下式计算：

$$R_K = 1 - \frac{1}{ch\left(\beta \cdot \frac{L}{2}\right)} \tag{3}$$

$$\beta = \sqrt{\frac{C_X}{h \cdot E_{(\tau)}}} \tag{4}$$

式中：C_X——刚度系数，是单位面积的地基发生单位位移所需的剪力，不同的材质之间取值不同，对于风化岩砂岩泥岩与混凝土，取 0.6～1.0N/mm；

h——验算混凝土结构物的厚度，mm；

L——验算混凝土结构物平面的最大边长，mm。

混凝土不同龄期的松弛系数

表 2

τ(d)	0	1	2	3	7	10	15	20	28	40	60	90	∞
$S_{h(\tau)}$	1	0.617	0.59	0.57	0.502	0.462	0.411	0.374	0.336	0.306	0.288	0.284	0.28

2.1.2 混凝土抗拉强度

根据设计及相关规范，C30 混凝土设计抗拉强度为 1.75MPa，标准抗拉强度为 2.1MPa。

2.2 刘家峡大桥锚碇基础大体积混凝土施工时的温度及温度应力计算

根据《路桥施工计算手册》、《斜拉桥建造技术》，以及《大体积混凝土施工规范》（GB 50496—2009）中大体积混凝土施工温度控制相关的规定，进行锚碇基础 C30 混凝土施工时的温度及温度应力计算。

计算选取 1d、3d、7d、10d、15d、20d、28d 龄期进行，浇筑温度按 28℃计，养护温度按 30℃计，混凝土浇筑期间的气温以 25℃计，主要计算结果如下：

2.2.1 混凝土绝热温升（见表 3）

混凝土绝热温升值计算结果

表 3

混凝土龄期 τ(d)	水泥用量 m_c(kg/m^3)	水泥水化热 Q(J/kg)	混凝土比热 c(J/kg·K)	混凝土密度 ρ(kg/m^3)	经验系数 m	绝热温升值 $T_{(\tau)}$(℃)
1	376	321	0.97	2450	0.3708	15.73
3	376	321	0.97	2450	0.3708	34.09
7	376	321	0.97	2450	0.3708	47.00
10	376	321	0.97	2450	0.3708	49.54
15	376	321	0.97	2450	0.3708	50.59
20	376	321	0.97	2450	0.3708	50.76
28	376	321	0.97	2450	0.3708	50.79

最高绝热温升值，即 $t\to\infty$ 时的绝热温升值为：$T_{\max} = \frac{m_c Q}{c \cdot \rho} = \frac{376 \times 321}{0.97 \times 2450} = 50.8$

2.2.2 混凝土温度应力（表 4）

2.2.3 计算结果分析

由以上计算结果可见，在不采取任何措施的情况下进行锚碇基础 C30 大体积混凝土的施工时，产生的温度应力将大于混凝土的抗拉强度，易出现贯穿性裂缝，严重影响锚碇大体积混凝土的施工质量。

因此在施工中必须采取有效的温控措施。

混凝土温度应力计算结果 表4

混凝土龄期 τ(d)	混凝土浇筑后至计算时的弹模 $E_{(\tau)}$(MPa)	混凝土线膨胀系数 α	混凝土最大综合温差 ΔT(℃)	考虑徐变影响的松弛系数 $S_{h(\tau)}$	混凝土外约束系数 R_K	混凝土泊松比 μ	混凝土温度应力 σ(MPa)
1	2582.06	1.0×10^{-5}	15.22	0.617	0.99085	0.15	0.283
3	7098.62	1.0×10^{-5}	30.34	0.57	0.92251	0.15	1.332
7	14022.25	1.0×10^{-5}	42.55	0.502	0.80376	0.15	2.832
10	17802.91	1.0×10^{-5}	46.24	0.462	0.74715	0.15	3.343
15	22222.79	1.0×10^{-5}	48.01	0.411	0.68911	0.15	3.555
20	25041.03	1.0×10^{-5}	49.39	0.374	0.65622	0.15	3.571
28	27586.21	1.0×10^{-5}	50.49	0.336	0.62895	0.15	3.463

3 刘家峡大桥锚碇混凝土施工温控方案及效果

3.1 温控方案

在锚碇基础C30混凝土配合比确定的情况下,参照设计建议、大体积混凝土施工相关文献和规范,以及大量大体积混凝土施工的工程实例,针对刘家峡大桥锚碇大体积混凝土施工,我们主要采取以下措施进行温度控制。

3.1.1 平面分块,竖向分层浇筑

锚碇平面分四块浇筑区域进行,各块之间设置2m宽微膨胀混凝土后浇段;竖向分层立模浇筑,层厚控制在1.5m左右,根据温控方案设计以及后锚室内台阶高度1.5m的设计情况,最底层抗硫混凝土厚度为1m,其他按1.5m分层进行混凝土浇筑。锚碇浇筑示意如图1~图3所示。

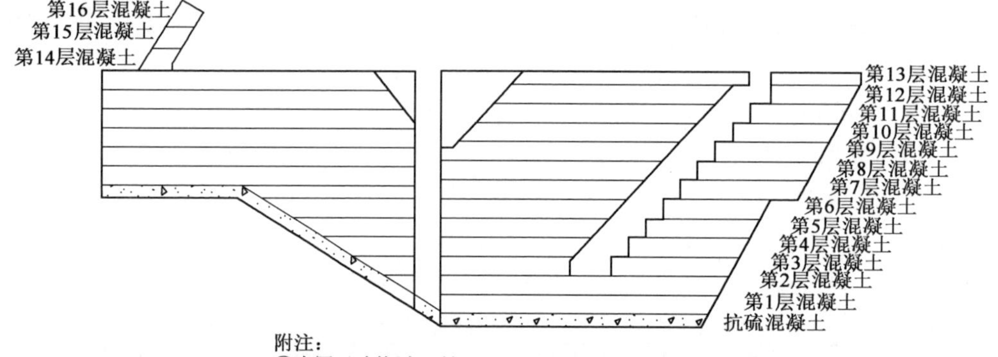

a)锚碇分层浇筑示意图

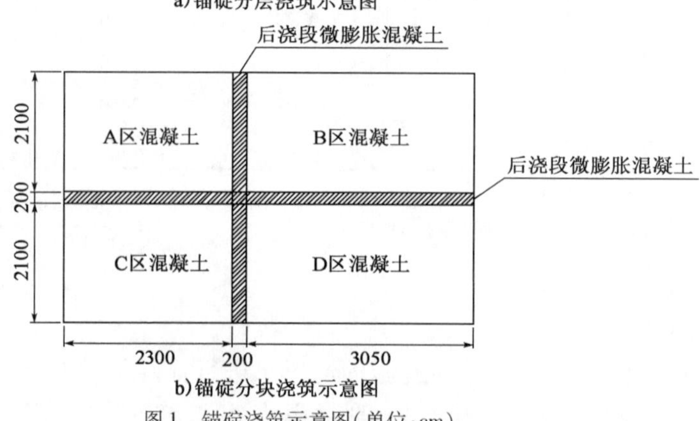

b)锚碇分块浇筑示意图

图1 锚碇浇筑示意图(单位:cm)

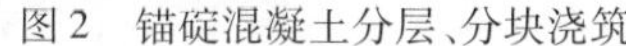
图2 锚碇混凝土分层、分块浇筑

图3 锚碇后浇段混凝土施工

3.1.2 降低混凝土入模温度

降低混凝土入模温度，从而降低混凝土中心的最高温度。主要措施如下：

(1)利用大棚对砂石料进行遮盖防护，降低外界温度对砂石料温度的影响，利用刘家峡水库深层水对砂石料进行降温处理和进行混凝土拌和，降低混凝土出机温度。

(2)合理布置泵管并覆盖麻袋，洒水降温，以降低混凝土在泵送过程中摩擦发热和吸收太阳的辐射热。

(3)拌和站设置在锚碇基坑边上，减少混凝土的运输和停留时间。

(4)夏季高温时利用每日低温时段进行混凝土浇筑，安排在19:00至次日9:00，气温不低于+5℃也不高于+32℃时进行。

3.1.3 合理布置冷却水管通水冷却

(1)冷却水管布置

锚碇预埋冷却水管采用直径25mm，壁厚为1.2mm的薄壁钢管。冷却水管路采用回形布置，尽量顺结构的长向，以减少弯头和接头数目。弯接头采用橡胶钢丝管，保证不漏水且施工便利。

各层冷却水管的平面布置根据场地情况及本层实际平面尺寸进行，尽量顺结构长向。锚碇冷却水管总体布置图如图4~图6所示。

(2)通水冷却操作及控制

①现场冷却水管使用前进行压水试验，防止管道漏水、阻水。

②混凝土浇筑到各层冷却水管标高后开始小流量通水，当混凝土浇筑完并达到初凝以后，通水流量应达到30L/min，使流速达到0.65m/s以上，使管内产生紊流，温峰过后调整冷却水流量和通水时间使混凝土降温速度稳定在2℃/d以内。

③为防止上层混凝土浇筑后下层混凝土温度的回升，现场采取二次通水冷却，通水时间根据测温结果并控制混凝土降温速率不超过2℃/d确定。

④为防止过大的温差会在冷却水管周围的混凝土中引起较大的拉应力，所以现场将冷却水与混凝土之间的温差控制在22℃以内。

⑤为防止冷却水温度过高而达不到冷却的作用，适时对蓄水池中的冷却水进行更换，冷却水采用刘家峡水库深层水。具体做法如下：

a.升温阶段：阴雨天及晚上十点至第二天早上的时间段不宜换水，气温较高时间段1次（水箱水更换量不超过一半）。

b.降温阶段（混凝土浇筑完24~30h后）：阴雨天及晚上十点至第二天早上的时间段1~2次，气温较高时间段2~4次。

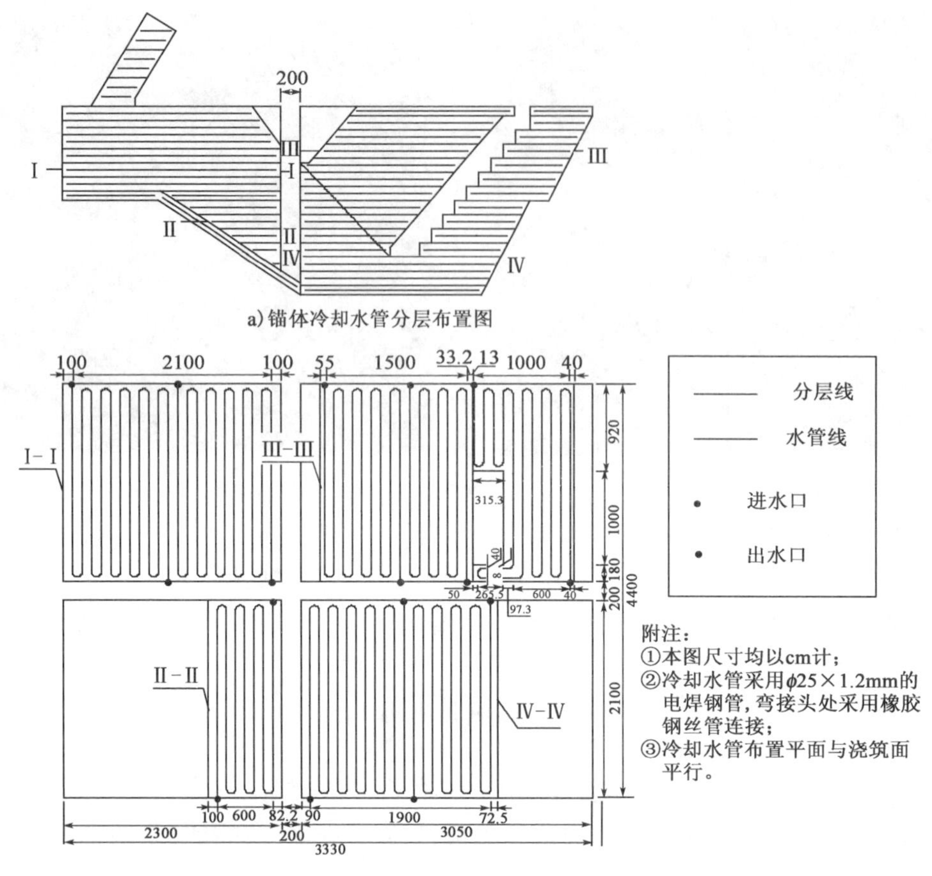

b) 锚体冷却水管平面布置图

图 4 锚碇冷却水管总体布置图(单位:cm)

图 5 预埋冷却水管布置

图 6 锚碇预埋冷却水管分层浇筑混凝土

c. 换水时不宜全换，避免进水温度大起大落，一次可根据监测情况和水箱水温度更换水量的 1/4 ~ 1/2。

⑥为使冷却结束时混凝土温度尽量均匀，冷却水循环每 12h 改变一次水流方向，亦即进水管、出水管互换。

⑦现场通水持续时间一般为 4 ~6 天。

⑧通水冷却结束后，冷却管内灌入 30 号水泥砂浆封闭，并将伸出基础侧面外的部分截除。

⑨为保证冷却效果，现场成立专门班子，专人负责，并配备检修人员，准备 2 台备用水泵；施工时，操作人员严格温度监测结果，及时调整通水量。

3.1.4 埋设温度计进行温度监测

根据温度测点的布置需具有代表性和可比性，做到既突出重点又兼顾全局，在满足监测要求的前提下以尽可能少的测点获得所需的监测资料的原则和Ansys有限元软件分析的结果，结合相关大体积混凝土施工规范，在计算得到的温度危险点和几何关键点等处布置温度计进行温度监测（如图7所示），并根据实测的混凝土的温度，即时调整通水量，保证通水冷却的效果，使锚碇大体积混凝土施工时的温度符合设计和相关规范的要求，杜绝温度裂缝的产生。

图7 现场温度计安装

(1)现场监测应对措施

如果现场监测温度超出温控标准，可采取下列应对措施：

①最高温度偏高，可以加大通水流量，降低冷却水温度的措施，但注意冷却水温度与混凝土中心温度之差在25℃以内，配合浇筑温度的控制，以降低混凝土的最高温度。

②内外温差偏高，加强内部降温，加大通水流量，加强外部保温，增加保温层厚度，做到外保内散。

③浇筑温度超过控制范围，可以将粗骨料洒水、遮阳通风降温，拌和水冷却，水泥存放散热的措施降低出机温度。

(2)观测周期与要求

混凝土浇筑期间，观测仪器埋设完成后应立即读取仪器的初始数据，然后按表5观测记录。

锚碇混凝土温度监测周期与要求 表5

施工状况	监测次数	施工状况	监测次数
混凝土浇筑平仓埋设仪器时	1次	混凝土浇筑后第2周	1日1次
混凝土浇筑后1~2日	2小时1次	混凝土浇筑后第3周	1周1次
混凝土浇筑后3~7日	4小时1次	混凝土浇筑一月后	10天1次

当外界温度发生变化及冷却管通水前后，适当加密测次。观测中注意温度升降趋势，通过水流调节、混凝土表面养护或覆盖保温等措施，使锚碇混凝土各项温度指标符合温控标准的要求。

3.1.5 加强养护

为保证混凝土后期强度的正常增长，防止出现干缩裂纹，混凝土浇筑完后，立即对其进行保温、保湿养护（见图8、图9）。

图8 夏季混凝土养护

图9 冬季混凝土养护

锚碇混凝土施工期间,加强保温、保湿养护,使混凝土表面始终保持潮湿。夏季施工时,混凝土表面采用土工布覆盖,人工洒水(为保证保温、保湿效果,现场采用冷却水箱中的水),保温保湿;侧面采用人工洒水,保湿养生。进入冬季施工后,混凝土表面覆盖层由原先的土工布改为塑料薄膜和棉被,为防止内外温差过大,夜间停止洒水。

3.2 温控效果分析

由于实测的温度数据量很多,以下仅列举刘家峡大桥东锚碇B区温度监测的结果进行分析,如表6所示。

东锚碇B区温度监测综合成果一览表 表6

部位 \ 项目	内部最高温度(℃)	温峰出现时间(h)	温峰持续时间(h)	内、表面最大温差(℃)	混凝土入模温度(℃)	混凝土浇筑时气温(℃)
东锚碇B—1(抗硫层)	55.6	18	3	16.1	20.9	26.7
东锚碇B—2	65.8	22	5	23.3	17.1	18.2
东锚碇B—3	66.8	26	4	20.6	22.4	23.6
东锚碇B—3	63.1	24	3	22.4	16.6	20.2
东锚碇B—4	64.9	20	5	21.1	17.3	17.6
东锚碇B—5	63.4	32	6	19.4	24.9	27.6
东锚碇B—6	68.1	28	3	24.0	21.2	26.8
东锚碇B—7	64.6	24	4	22.6	18.7	23.8
东锚碇B—8	64.3	22	5	23.5	20.7	21.7
东锚碇B—9	62.2	26	3	21.7	23.3	22.1
东锚碇B—10	61.7	22	3	19.2	24.3	20.4
东锚碇B—11	61.1	20	4	17.4	19.8	21.7

根据温度监测结果,可以看出:

(1)锚碇大体积混凝土温度变化经历了升温期、冷却期和稳定期3个时期,其中升温期比较急剧,而冷却期比较缓慢。而且表面、中心、底面的温度变化略有不同。

①表面温度一般经历24~30h的升温阶段达到峰值,峰值与天气、表面覆盖情况有关:夏季施工时晴天峰值一般为50~55℃,雨天峰值一般为40~45℃,冬季施工时峰值一般为35~40℃(刘家峡冬季一般不下雨)。并且表面温度峰值持续的时间较短,降温速度较快,最后在比大气气温略高一点的时候进入稳定期。

②中心温度一般经历24~30h的升温阶段达到峰值(通水晚则峰值将会延后出现),峰值一般在65~70℃。并且峰值是一个不稳定的过程(略有下降),前20~24h降温非常缓慢,一般在45℃左右进入稳定期。

③底面温度一般经历48~72h的升温阶段达到峰值(与上层浇筑的时间间隔有关),峰值一般在60~65℃。并且峰值是一个稳定的过程(一般要在峰值稳定2天左右),降温非常缓慢,一般在52~57℃进入稳定期。温度的峰值均低于《公路桥涵施工技术规范》(JTG/T F50—2011)要求的75℃。东锚碇B—8(B区第8层)混凝土浇筑后的温度走势图如图10所示。

(2)混凝土峰值出现后,混凝土的降温速率与各层混凝土的浇筑厚度、浇筑温度、气温通水时间有关,所以降温速率不尽相同。

(3)各层冷却水进水温度一般在35~40℃,出水温度较进口水温差升高值在2~10℃范围,起到了早期削减温峰和防止温度回升的作用。

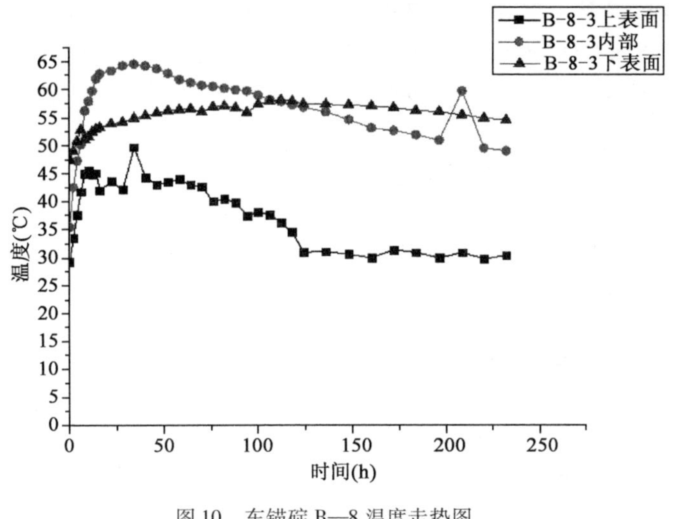

图10 东锚碇B—8温度走势图

(4)各层的内表面温差均在16.1～24.4℃范围,低于设计温控要求的25℃,产生的温度应力低于混凝土的同龄期抗拉强度。

4 结论及存在的问题

(1)通过温控计算,采取合理、有效的温控措施,使刘家峡大桥锚碇大体积混凝土施工顺利进行,未出现贯穿性裂缝,锚碇整体施工质量良好。

(2)锚碇等大体积混凝土结构的施工,必须通过多方面的措施进行温度控制,以保证大体积混凝土的施工质量。包括配合比的设计优化、施工工艺方法的选定、温度监测,并通过合理的温控计算确定是否布设冷却水管等。有些大体积混凝土,仅通过选用合适的配合比及施工方法即可达到温控的要求,而无需布设冷却水管进行通水冷却降温,这对施工进度和施工成本有积极的意义。

(3)由于现行的大体积混凝土温度控制的相关规范和手册各自在一些参数的取值等方面略有差异,建议在利用其进行温控计算时,同时参照多个规范和手册对比取值,以保证计算结果的正确和准确。

(4)《斜拉桥建造技术》一书“大体积混凝土施工的温度控制”的内容当中,计算混凝土外约束系数R_K所需的刚度系数C_K的量纲(或单位)不对,应是N/mm^2,同时,结构厚度h和平面最大尺寸L的单位应为mm。在此指出,以引起相关技术人员在利用其进行温控计算时注意。

(5)在大体积混凝土温控计算过程中的很多参数,试验室未提供。有些是由于工地试验条件限制无法完成,有些是工地试验室可以完成但未进行,导致温控计算时部分只能参照相关规范进行取值,与实际情况可能有较大的出入。所以建议,相关计算涉及的混凝土的参数尽量实测得到,以使计算分析的结果更加接近于实际。

(6)现行规范中关于大体积混凝土施工的温控计算,都只是在配合比等已确定的情况下,通过经验公式计算得到绝热温升值和温度应力值,以此来判断是否采用如通水冷却等其他措施来实施温控。而对于确定采用布设冷却水管通水冷却的情况下,无法考虑管冷的作用。现在的有限元软件,如Ansys、Midas、Adina等,可以通过仿真计算得到大体积混凝土施工过程中考虑管冷作用的温度场和应力场,但在参数、本构模型等的设定上存在较大的人为因素,且对于长期从事施工工作的人员来说,其使用有相当的难度。

参 考 文 献

[1] 王铁梦.工程结构裂缝控制[M].北京:中国建筑工业出版社,1997.

[2] 蔡文超.大体积混凝土施工过程中防止裂缝的控制措施[J].科技资讯,2006(20).

[3] 任铮钺,万涛.大体积混凝土温控方法研究[J].中国科技论文在线,2010.
[4] 薛慧君,刘必庆.黄河大跨越铁塔承台大体积混凝土施工技术[J].电力建设,2008,29(1).
[5] 汤红,尚友磊.桥梁大体积混凝土水化热温度与裂纹控制[J].工程科技,2009(2).
[6] 马奕斌,郑渊.悬索桥锚锭大体积混凝土温度控制施工方案设计[J].建筑与设计,2007(8).
[7] 周水兴,何兆益,邹毅松,等.路桥施工计算手册[M].北京:人民交通出版社,2001.
[8] 陈明宪.斜拉桥建造技术[M].北京:人民交通出版社,2003.
[9] 中华人民共和国行业标准.JTG/T F50—2011 公路桥涵施工技术规范[S].北京:人民交通出版社,2011.
[10] 中华人民共和国行业标准.GB 50496—2009 大体积混凝土施工规范[S].北京:中国计划出版社,2009.

刘家峡悬索桥锚碇施工技术

路小科　薛文明

（中交一公局第一工程有限公司）

摘　要　本文结合刘家峡大桥锚碇施工经验，以锚碇总体施工技术为研究主体，依次介绍了基坑开挖、锚碇混凝土、锚固系统的施工技术。通过锚碇施工实践，总结了锚碇总体框架的施工控制要点，并针对锚碇各工序施工要点进行详细阐述。

关键词　刘家峡　悬索桥　锚碇　施工技术

1　引言

近年来，大跨径桥梁日益增多。悬索桥以其独特的优势，成为大跨径桥梁的首选方案。作为悬索桥四大部分之一的锚碇，无论在设计、施工、科研等方面都显示出其重要性。目前在我国已经取得了成功的工程建设实例。该结构类型的复杂性对施工工艺要求更加严格，施工不当将对桥梁产生致命性的危害危及人身财产安全。

2　工程概况及特点

刘家峡大桥属于临夏折桥至兰州达川二级公路的重点工程，为跨越刘家峡水库黄河支流而设，折达二级公路起点位于临夏州折桥镇，与临夏市西滨河路相接，终点位于兰州市西固区达川镇，与国道 G109 相接，全长 81.51km。折达公路是甘肃省的重点工程，对促进当地经济发展和改善交通条件有重要意义。

大桥锚碇采用重力式锚，锚体分锚块、散索鞍墩及基础、前锚室、后锚室四部分。其中锚块主要受预应力锚固系统传递的主缆索股拉力，散索鞍支墩主要承受由散索鞍传递的主缆压力，前锚室、散索鞍墩及锚块形成一个三角框架式空间受力构件。刘家峡大桥东、西锚碇各一个，锚碇平面轮廓尺寸为 44m × 55.5m，单个锚碇钢筋混凝土方量 3.6 万立方米。刘家峡大桥锚碇结构纵断面图如图 1 所示。

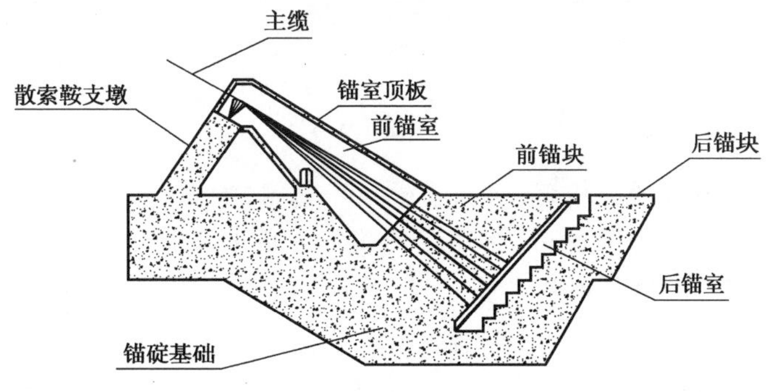

图 1　刘家峡大桥锚碇结构纵断面图

3　锚碇施工流程图（见图 2）

4　基坑开挖

4.1　开挖方案

测量各项施工准备工作就绪后，根据建立的测量控制网，按图纸上断面形状及开挖范围对基坑各个角进行放样,并撒石灰线作为开挖控制线,各角点插设旗帜作标志。将标高控制点引入基坑中,控制开挖地面高程。在边坡上建立变形观测点,随时监测边坡的变形情况。

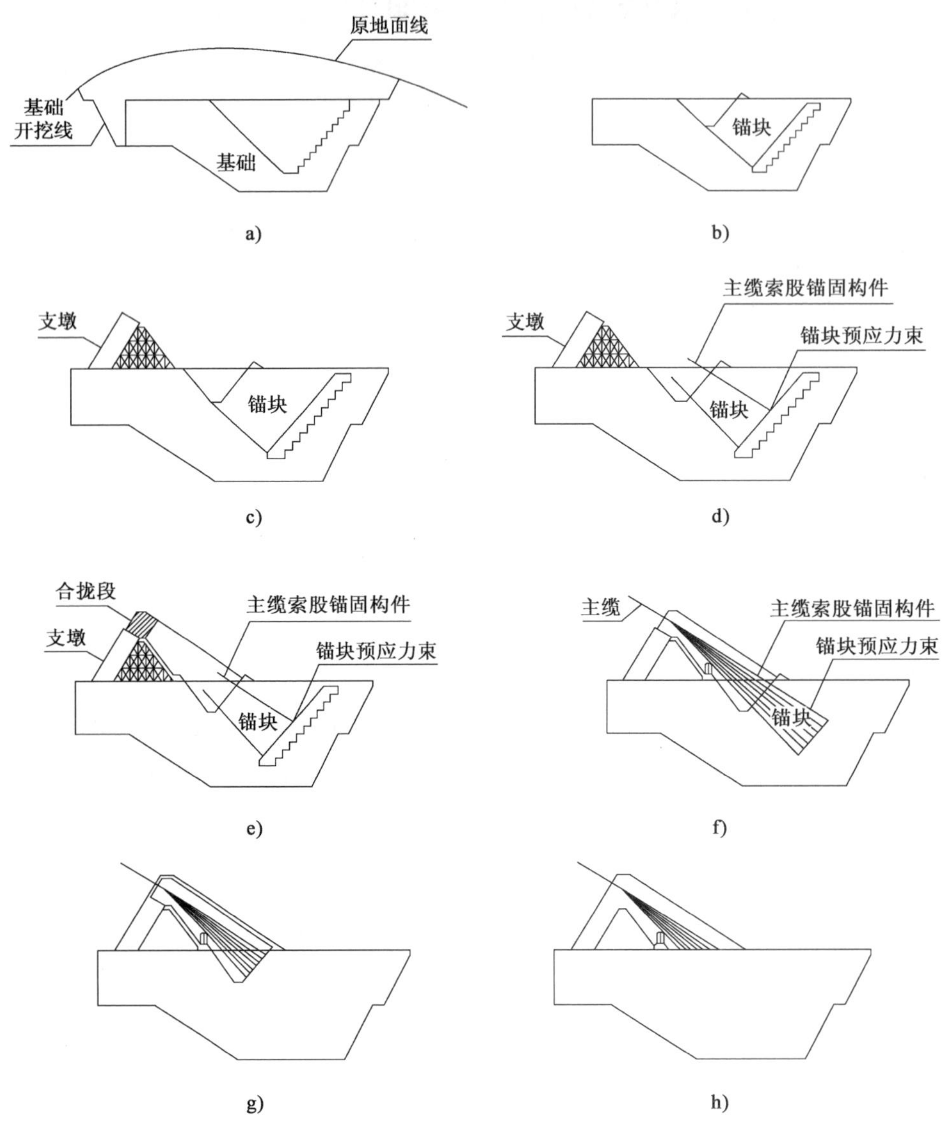

图2　锚碇施工流程图

本锚碇主要采用挖掘机进行开挖装车,自卸式翻斗车运输的方式。在散索鞍基础、引道路基处挖设出渣通道。按"从上向下,由外到内"的顺序逐层逐段进行。此时出渣通道能够满足载荷车辆的行驶要求,通道与附近便道连接,便于出渣及材料的运输。

开挖遵循"边开挖,边防护"的原则,上部一级边坡开挖的同时,按设计要求对已完成的边坡进行整平,并搭设钢管脚手架及时进行边坡防护加固。直至第一级边坡开挖工作全部完成。监理工程师检查验收后,各种机械转入下一级边坡,出渣通道坡度随之发生变化,基坑开挖至一定高程时,通道坡度增大,机动车爬升困难。此时可将出渣通道整体标高降低,增大坡长,减小坡度,以满足机动车辆行驶要求。

4.2　基坑开挖施工技术

4.2.1　开挖

表层软弱土层采用挖掘机直接开挖,微风化岩层采用破碎锤破碎,利用挖掘机装车运至弃土坑。

4.2.2 爆破

基坑主体开挖如图3所示,采取预裂松动爆破,在边坡处以人工及小药量爆破方式,不致影响边坡和岩体的稳定性;对于基坑内的弱风化岩层,则以小药量爆破为主,人工开挖为辅,机械清理运输的方式配合进行。距离底基面2m以内,基本为微风化岩石,开挖难度大,为避免影响地基强度,采用小药量的光面爆破施工。为避免对地基天然状态的扰动,开挖时预留50cm厚岩层,待锚碇混凝土浇筑前人工进行开挖。

a)

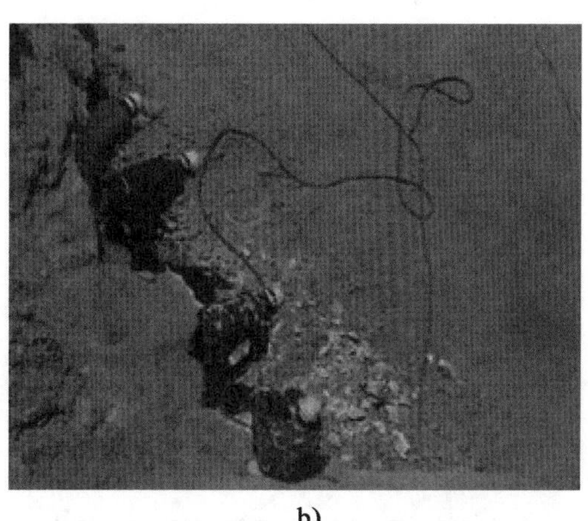

b)

图3 基坑开挖现场

4.2.3 基坑防护

对完成的基坑边坡进行检查,对破碎、松散且不平整的地方进行清除、修补,对较大裂隙进行灌浆或勾缝处理。

(1)对于较完整的岩层边坡,进行喷射混凝土防护。先用水将边坡冲刷干净,润湿岩层表面,后喷射5cm厚C20细石混凝土。

(2)对于破碎段岩层边坡,进行锚杆挂网喷射混凝土防护。钢筋网采用ϕ6的10cm×10cm网格冷轧带肋钢筋网,锚杆采用ϕ28螺纹钢筋(2m×2m布置)。人工钻孔2~3m,利用锚固砂浆将锚杆钢筋锚固在稳固岩层内,再挂设钢筋网,并喷射5cm厚C20细石混凝土。

(3)在基坑顶部平台上设置钢管护栏及安全网进行落石和作业人员的防护。锚碇基坑边坡喷混凝土防护如图4所示,锚碇基坑护栏示意图如图5所示。

图4 锚碇基坑边坡喷混凝土防护

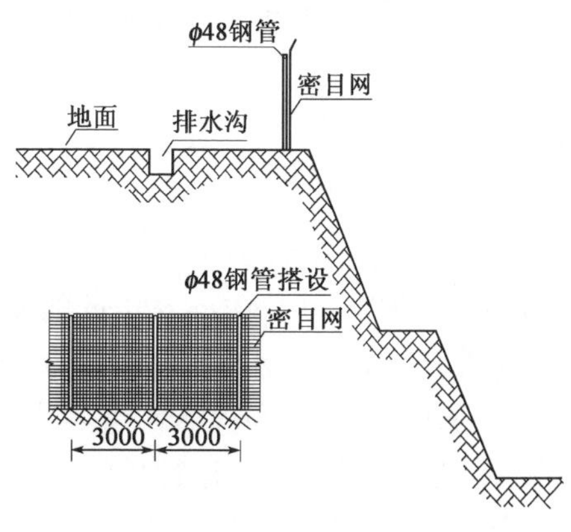

图5 锚碇基坑护栏示意图(单位:cm)

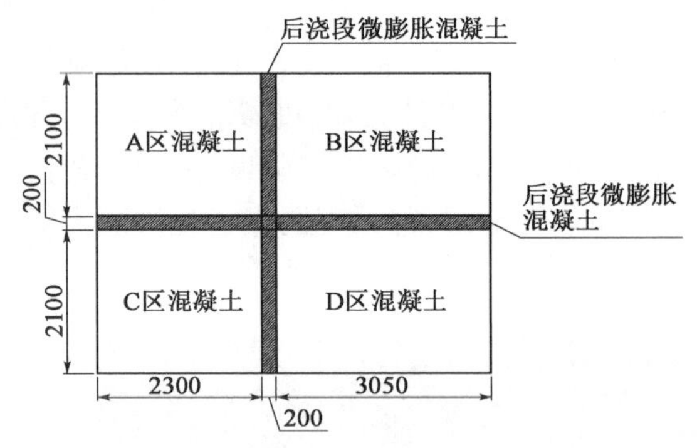

图6 锚碇浇筑分块示意图(单位:cm)

5 锚碇混凝土施工

5.1 锚碇混凝土施工方案的确定

锚碇平面轮廓尺寸为44m×55.5m,单个锚碇混凝土方量3.6万m^3,锚碇基础采用分块浇筑,通过设置2m宽的后浇段将锚体分为4块,如图6所示。

钢筋和模板施工中使用的起重设备由现场在锚碇轴线上安装的两台塔吊完成,塔吊回旋半径以外的部分采用轮胎吊配合进行施工,塔吊布置如图7所示。

根据锚块和散索鞍支墩和锚室布置的结构特征,混凝土系统生产能力以及混凝土的温度控制要求,将锚碇混凝土分为三期进行施工。

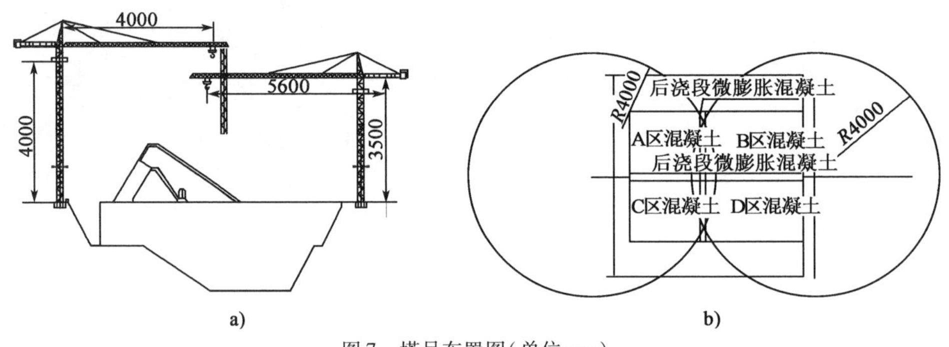

图7 塔吊布置图(单位:cm)

一期基础混凝土浇筑程序上采用平面分块、竖向分层、平行对称的浇筑方式,将锚体分成4块,后锚块浇筑时注意施工工作台阶的设置。搭设钢支架和劲性骨架进行锚块的混凝土施工,期间注意预应力管道和锚具的定位准确。

二期混凝土浇筑散索鞍支墩和锚室底板和侧板混凝土工程,同时进行锚固体系施工。支墩施工中满堂支架钢管的间距设置合理,确保倾斜支墩混凝土浇筑质量。锚室底板、侧板和顶板混凝土浇筑中注意混凝土板体的整体性和均匀性。

三期混凝土浇筑锚室顶板。

锚体采取分层进行混凝土的立模浇筑,层厚控制在1~1.5m左右,浇筑完成后每层间设置冷却管进行混凝土水化热的处理,冷却管进出水温差控制在10℃左右,水温与混凝土内部温差不大于20℃,保证锚体内混凝土温度不大于45℃,基础温差限制在20℃以内,内外温差小于25℃,上下层温差控制在15~20℃。

5.2 锚碇混凝土施工技术

5.2.1 钢筋的绑扎、定位

(1)锚碇基础底面配置两层20×20cm的ϕ20钢筋网,层间距30cm,层间设ϕ12拉筋,间距80cm×80cm;侧面和顶面配置一层20cm×20cm的ϕ20钢筋网,主筋外侧混凝土保护层内设一层ϕ6冷轧带肋钢筋网,钢筋间距10×10cm,保护层厚度2cm;钢筋网在工厂加工定尺产品,运输至锚碇施工位置后,现场拼接成型;锚碇基础后浇段钢筋现场绑扎,与基础预埋钢筋进行单面焊接,焊接长度不小于10d。

(2)锚块钢筋按设计图纸进行现场绑扎,前锚面下第一层钢筋网遇预应力锚固槽口时切断,第二层和第三层钢筋网适当调整间距让过预应力构造,后锚面下钢筋网遇预应力锚固构造时以调整间距为主,允许切断少许钢筋。

(3)散索鞍支墩钢筋在钢筋棚进行下料,运输至施工现场套丝连接,注意预埋散索鞍底板及转向门架预埋件。

(4)锚室底板、侧墙、顶板钢筋按设计要求进行现场绑扎,注意顶底板和侧墙埋入锚块和散索鞍支墩的钢筋锚固长度为100cm,同时注意侧墙检查门预埋件的预埋。

5.2.2 模板施工

(1)基础及锚块模板

锚碇基础模板采用定型钢模板翻模施工,模板配置为0.5m+1.0m+0.5m,每次留0.5m作为基模,与已浇混凝土锚固,承受上部施工荷载。模板外搭设支架作为施工脚手平台。

第一层立模高度0.5m+0.5m,形成1m高度模板体系浇筑底部垫层混凝土。

第二层按照1.5m高度控制,首先安装1.0m高度模板,然后拆除首次浇筑段的下部0.5m高度模板翻到顶部形成1.5m模板体系进行混凝土施工;其他层次依次类推进行翻模施工。

底模:利用弱风化基底岩层,基础底层混凝土浇筑前两天内,对基底进行凿毛处理,凿除表面风化层及浮石,用清水清洗晾干,并准备足够的防雨布,确保不受太阳暴晒和雨淋,以使锚碇基础底面与弱风化新鲜基岩面紧密结合。

侧模:采用大面钢模拼装形成锚碇侧模,由于锚碇每层施工时工作面积较大,在模板施工时采用斜拉形式,从而减少钢筋的干扰。比用对拉方式减少了材料的浪费,节约了成本,如图8所示。拉杆采用ϕ16的螺栓按1.0×0.8的间距进行安装。拉杆和外部支撑安装要牢靠,浇筑混凝土前进行锚碇几何尺寸的检测,浇筑过程中及时进行监控,发现位移或拉杆松动及时停止浇筑,加固后继续施工。

(2)散索鞍支墩模板

散索鞍支墩外模采用大块钢模,每次浇筑高度为3.5m,总高度为11m,其高度组成为6×0.6m,每次留0.6m作为基模,与已浇混凝土锚固,承受上部施工荷载。

(3)锚室模板

锚室采用全断面水平浇筑,每次浇筑高度为2~4m。底模采用钢模或竹胶模板,侧模采用钢模板,模板上带有脚手平台。锚室顶板待主缆施工完成后再施工,底模采用组合钢模,支架采用钢管脚手架。锚室内侧模采用组合钢模,内平台采用钢管脚手架。

(4)前后锚面模板

前后锚面由于存在预应力钢束锚固槽口,采用定型钢模板。在工地拼装台上进行预拼装,将44个槽口及相应的锚垫板按照设计坐标用螺栓固结于模板上,严格控制其误差在设计范围内。

锚面模板在前锚面靠锚体内型钢定位支架准确定位,在后锚面靠后锚室内采用脚手架进行模板的支撑和准确定位。后锚面模板定位方法如图9所示。

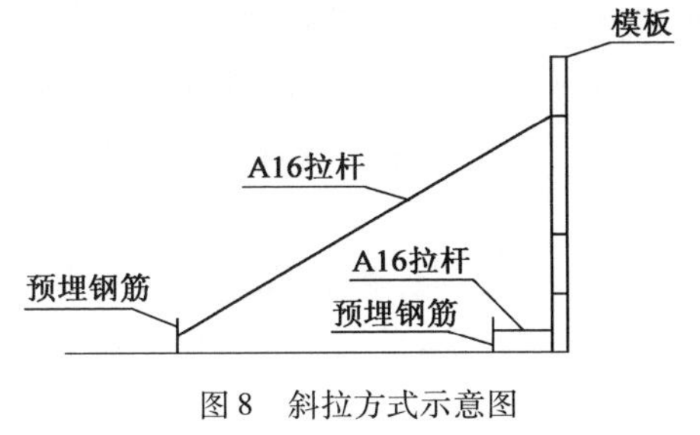

图8 斜拉方式示意图

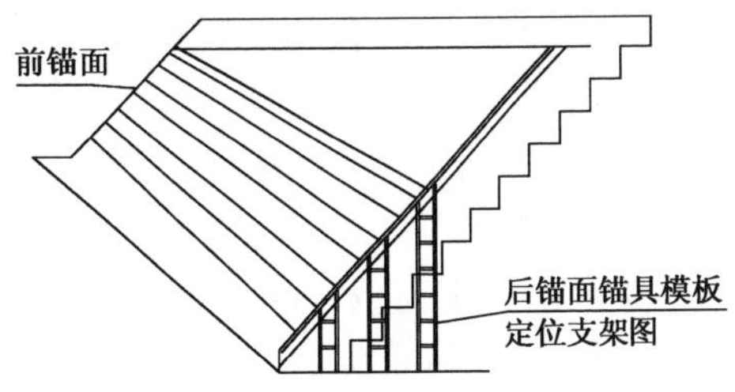

图9 后锚面模板定位方法示意图

5.2.3 混凝土施工

(1)锚碇混凝土分层浇筑,每层厚度为1~1.5m,如图10所示。混凝土浇筑时没有工作面,这就需要搭设混凝土浇筑平台,具体搭设如下:平台立杆采用50mm×50mm的角钢,分别在混凝土面上0.5m和1.5m处联结一根直径为ϕ20mm的钢筋,保证支架的整体性,钢筋上面铺设竹条板或木板,具体如图11所示。

(2)配合比的选定。大体积混凝土配合比的设计需遵循以下原则:

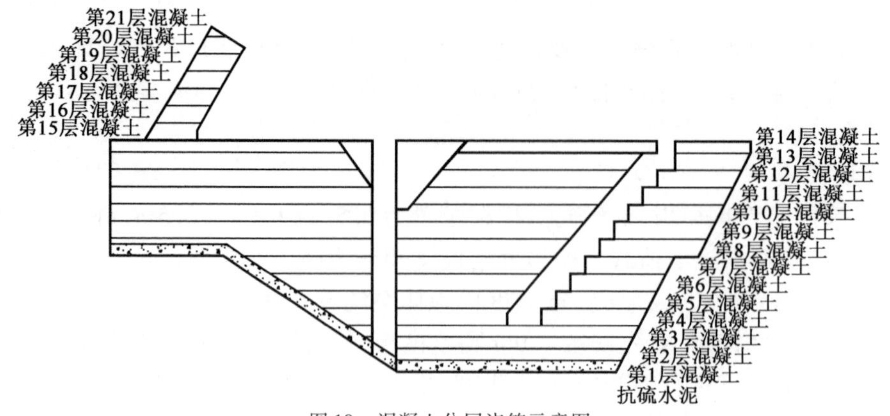

图10　混凝土分层浇筑示意图

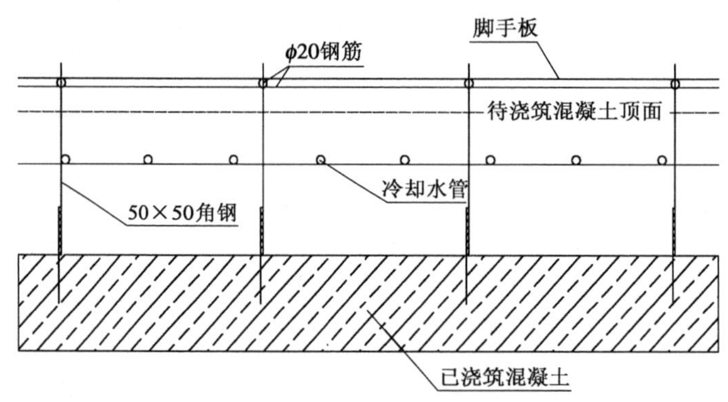

图11　混凝土浇筑平台示意图

①优先采用水化热较低水泥。通过试验对比选用普通硅酸盐水泥或矿渣水泥。可考虑选用水泥熟料中C3A和C3S含量低,C2S和C4AF相对较高的水泥,以减小水泥的水化热和放热速率。

②掺加粉煤灰降低水泥水化热。通过掺加粉煤灰,既可保证胶凝材料用量,同时也降低了水泥用量,减少了水泥的水化热;粉煤灰的有效成分反应较迟缓,发热速率较低,使混凝土水化热在一定程度上延缓释放,对于大体积混凝土的温控极为有利。

③掺加缓凝型高效减水剂。选用对大体积混凝土温控最有利的缓凝型高效减水剂,能有效延缓水化热的释放时间,降低水化热放热峰值,使混凝土水化热释放比较平缓,避免中心部位混凝土温度急剧上升导致温差增大。

④优选粗细集料,增大粗细集料粒径,降低砂率。保证在满足强度和施工性的前提下,尽量增大粗细集料粒径和砂率,可减少用水量,减少了水泥用量,有利于减少水化热的产生。同时,增强了水泥基体与集料的界面黏结,减少微观缺陷,不同程度的提高混凝土的抗拉强度和抵抗变形能力,能减少由于温度应力产生开裂的机率。

⑤采用复合型膨胀剂减少混凝土裂缝的产生。复合型膨胀剂具有膨胀、减水和缓凝的多重功能,能有效地延缓水化放热,降低温升,同时也能有效地防止混凝土裂缝的产生和扩展,增进了混凝土密实度,提高抗渗性能。

⑥利用刘家峡水库深层水对砂石料进行降温处理和进行混凝土拌和,降低混凝土出厂温度。利用大棚对砂石料进行遮盖防护,降低外界温度对砂石料温度的影响。

锚碇大体积混凝土配合比设计既要符合力学性、耐久性以及温控要求,又要具有良好的和易性和施工性能。有关技术指标为:

a. 混凝土初凝时间18~21h,终凝时间22~24h。

b. 混凝土坍落度受气温、泵送水平距离、泵送高度等影响,一般入泵时控制在120~150mm范围内。

c. 混凝土抗压、抗渗值不小于设计要求。

d. 混凝土拌和物温度符合温控要求。

(3)通水冷却技术。冷却水管的布置原则:

①保证各层冷却管能独立通水,且拆模不影响通水。

②每层分多根独立管道,以缩短冷却管路径,使混凝土降温均匀。

③能根据测温结果独立调节各管路通水量。

预埋冷却管采用直径25mm,壁厚为1.2mm的薄壁钢管。根据以上布置原则和锚碇的形状尺寸,锚体混凝土浇筑时,冷却水管路采用回形布置,尽量顺结构的长向,以减少弯头和接头数目;水平方向管间距为100cm,四周距边缘距离控制在50~100cm;垂直方向分为27层,层间距为100cm,底层距边缘为100cm,顶层距边缘为100cm;各层间进、出水管均各自独立,每层采用1台水泵单独供水,以便根据实时温度监测数据,相应调整各层水循环速度和进水温度。冷却水管总体布置如图12所示。各层冷却水管的平面布置按上述原则,根据本层实际尺寸进行布设。根据冷却水管路尽量顺结构的长向的原则,以及顺桥向有些部位存在的操作空间限制,结合浇筑层的具体尺寸和混凝土标号的区别等,将锚体冷却水管埋设划分为7个分区,如图13所示。

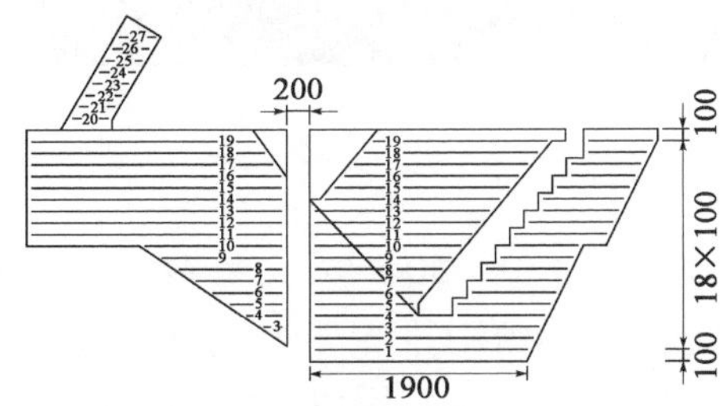

图12 锚体冷却管分层布置图(单位:cm)

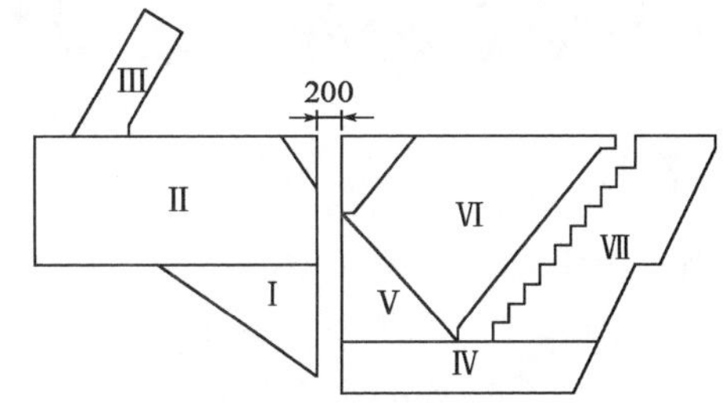

图13 锚体冷却管布设分区图

6 锚固系统施工技术

刘家峡大桥采用的是预应力锚固系统,其由索股连接器和预应力钢束锚固系统构造组成。索股锚固连接器构造由拉杆及其组件、连接器组成,如图14所示。

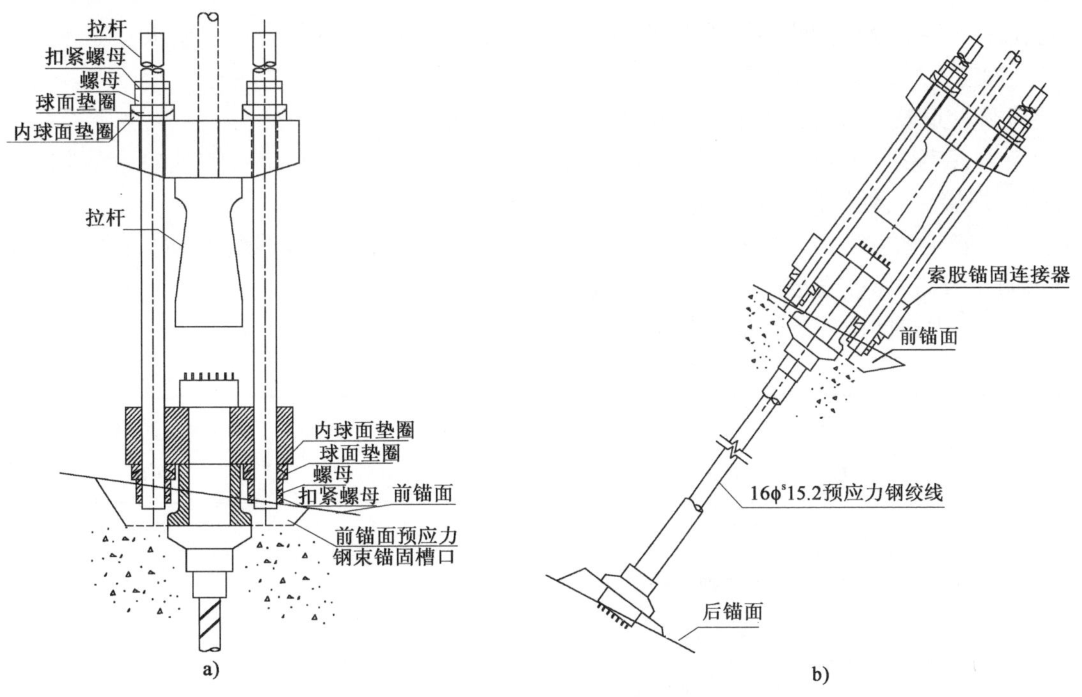

图14 锚固系统索股连接示意图

6.1 预应力管道的定位安装

预应力管道定位安装是锚碇施工中的一个重要环节，其安装精度要求较高，并且在施工过程中必须保证管道不变形，不漏浆，使预应力钢绞线能顺利穿过。为了满足以上要求，施工中采用定位钢支架实现预应力管道安装，并以“分层浇筑、分节支承、分批装管”为原则，由定位支架并在其上设置定位片来实现预应力管道的安装和定位精确，如图15所示。

图15 预应力管道的定位安装

6.1.1 定位钢支架的安装

锚固系统定位支架为一空间桁架结构，立柱、悬挑梁是由四根∠50×50×5mm角钢立杆和∠50×50×5mm角钢斜撑组成的空间格构架。每个主缆锚固系统定位支架由四排支架组成，在44束预应力管道经过悬挑梁高度处的水平位置，横向焊接通长的∠50×50×5mm角钢，用以支撑和定位预应力管道，同时将四排支架连接为一整体。

定位钢支架的安装应满足以下要点：

(1)定位钢支架预埋位置要进行测量校核，严格控制支架的位置及各排支架的相对位置。

(2)定位钢支架要具有足够的刚度和强度，在安装预应力管道时不应产生过大的变形，以防锚具埋设位置的精度受到影响。

(3)定位钢支架的就位及焊接要全程监控，确保支架自身的稳定性符合设计要求。

6.1.2 预应力管道安装注意事项

(1)预应力管道及预应力钢筋安装按由内向外的顺序进行。

(2)预应力管道接长时，应使两根管道的线型一致，在接头处不能有错台的现象，否则对管道的内壁进行打磨。焊接接头处用防水胶带进行缠护处理。

(3)预应力管道的安装要求与相对应索股的发散方向相同，防止钢绞线受剪，同时在各钢管接头的地方加缠护防水胶带，保证管道密封。

6.1.3 预应力连接构件及管道安装精度要求(见表1、表2)

预应力连接构件安装精度要求 表1

项次	检查项目		规定值或允许偏差	检查方法和频率
1△	连接器	拉杆孔至锚固孔中心距(mm)	±0.5	游标卡尺：逐件检查
2		主要孔径(mm)	+1.0，-0.0	游标卡尺：逐件检查
3△		孔轴线与顶、底面的垂直度(°)	0.3	量具：逐件检查
4		底面平面度(mm)	0.08	量具：逐件检查
5		拉杆孔顶、底面的平行度(mm)	0.15	量具：逐件检查
6△	拉杆同轴度(mm)		0.04	量具：逐件检查

预应力管道安装精度要求

表2

项次	检查项目	规定值或允许偏差	检查方法和频率
1△	前锚面孔道中心坐标偏差(mm)	±10	全站仪:检查每孔道
2△	前锚面孔道角度(°)	±0.2	经纬仪或全站仪:每孔道检查
3△	拉杆轴线偏位(mm)	5	经纬仪或全站仪:每拉杆检查
4△	连接器轴线偏位(mm)	5	经纬仪或全站仪:每连接器检查

6.1.4 预应力锚垫板和张拉槽口的安装

为了保证前后锚面的预应力锚垫板和张拉槽口位置的准确,在锚块钢筋绑扎现场放样,现场安装。

对于前锚面预应力锚垫板和张拉槽口模板的安装,先用螺栓连接锚垫板与槽口模板,然后将锚垫板套到管道端部,临时固定。在每个槽口模板前端边角位置,从前锚面定位支架加焊伸出四根长1m角钢,形成一个与前锚面重合的面,在其上测量定位槽口模板,然后用角钢焊接固定锚垫板及张拉槽口钢筋。

后锚面预应力锚具和张拉槽口模板的安装方法同上。

6.1.5 预应力张拉施工

当锚下混凝土达到100%设计强度时,方可张拉预应力钢束。为方便施工,张拉采用前锚面单端张拉。张拉控制应力0.7fpk,张拉控制力为2896kN,均按双控规则张拉,引申量允许误差应控制在±6%以内,且不允许断丝。张拉完毕后,从后锚面向前锚面方向进行压浆。

预应力张拉和压降的施工工序为:钢绞线下料→编束→穿束→安装锚具、夹片→调整连接器→张拉→封锚→孔道压降→安装锚罩→锚罩灌油。

为调整索股连接器的角度,张拉前检查孔道轴线、锚具和千斤顶是否在一条直线上,并预紧。调整完成后方可进行张拉施工,张拉采用从内到外螺旋施加方式。张拉顺序为0→初应力→分级张拉至δcon(持荷5min锚固)。

7 结语

通过对各项技术措施的落实和施工过程中的质量控制,刘家峡大桥锚碇已顺利完工。希望此文对同行起到抛砖引玉、借鉴提高的作用。

参考文献

[1] 王铁梦. 工程结构裂缝控制[M]. 北京:中国建筑工业出版社,1997.

[2] 蔡文超. 大体积混凝土施工过程中防止裂缝的控制措施[J]. 科技资讯,2006(20):79-80.

[3] 任铮钺,万涛. 大体积混凝土温控方法研究[D]. 中国科技论文在线,2010.

[4] 恭慧君,刘必庆. 黄河大跨越铁塔承台大体积混凝土施工技术[J]. 电力建设,2008,29(1):9-12.

[5] 汤红,尚友磊. 桥梁大体积混凝土水化热温度与裂纹控制[J]. 工程科技,2009(2):1-7.

[6] 马奕斌,郑渊. 悬索桥锚碇大体积混凝土温度控制施工方案设计[J]. 建筑与设计,2007(8):48.

[7] 周水兴,何兆益,邹毅松,等. 路桥施工计算手册[M]. 北京:人民交通出版社,2001.

[8] 陈明宪,公路桥. 斜拉桥建造技术[M]. 北京:人民交通出版社,2003.

[9] 中华人民共和国行业标准. JTG/T F50—2011 公路桥涵施工技术规范[S]. 北京:人民交通出版社,2011.

[10] GB 50496—2009 大体积混凝土施工规范[S]. 北京:中国计算出版社,2009.

重力式锚碇预应力锚固系统施工技术

刘红宇

（中交一公局第一工程有限公司）

摘　要　本文结合刘家峡大桥锚碇施工特点，介绍了刘家峡大桥锚碇锚固系统施工方案以及技术控制要点。

关键词　刘家峡大桥　锚固系统　施工技术

1　概述

重力式锚碇在悬索桥中具有“定海神针”的作用，而锚固系统又是锚碇中的核心部位，锚固系统定位的准确性，关系着主缆索力传导的合理性以及锚固系统的牢靠性，施工中必须严格把控。

2　预应力锚固系统设计及施工要点

刘家峡大桥采用预应力锚固系统，锚块混凝土强度等级为C40，主缆索股采用单束锚固，共计44束。预应力钢束沿索股发散方向布置，前后锚面均为与主缆合力线垂直的平面，撒索长度为20.3m，锚固长度为12m。锚固系统有以下技术特点：

(1)锚固系统由索股锚固连接器和预应力钢束锚固系统构造组成。索股锚固连接器构造由拉杆及其他组件、连接器组成；预应力钢束锚固构造由管道、预应力钢绞线及锚具、锚头防护帽等组成。拉杆上端与主缆索股锚头相连接，另一端与前锚面的连接器相连接完成主缆与锚块预应力体系的转换。

(2)索股锚固连接器由2根拉杆和连接器构成，每根主缆有44套索股锚固单元，采用15－16规格预应力钢束和特制的15－16型锚具锚固，如图1所示。

(3)锚块预应力锚固系统是随着锚块混凝土的分层灌注而逐渐完成。预应力管道的空间位置的准确定位、锚碇板的准确安装关系到锚拉杆次应力的大小，也关系到主缆轴力的精确传递。因此施工中要加倍小心，必须按设计位置进行控制。支撑预应力体系的支架需有足够的刚度和强度，在灌筑中不能产生变形。其中预应力管道的安装定位需采取严密的保证措施，保证管道位置正确和接头严密不漏浆。项目部技术人员和作业班组必须认真检查管道和支架的位置准确，同时采取措施保护预应力系统不受碰撞以防偏位。

3　预应力锚固系统施工方案比选

锚固系统预应力管道定位安装通常有两种方法，一种是整体安装，预应力管道做成锚箱形式整体安装就位。另一种是分散安装，利用定位支架对预应力管道逐根安装。具体选择那种方案要结合工程特点、工艺要求、现场实际情况及工期和经济性等因素综合考虑。

3.1　预应力管道整体安装

预应力管道整体安装施工较为简单，现场安装周期较短。但需要在工厂制作整体锚箱，且加工精度要求高，运至现场后用大型设备进行吊装。由于锚箱体积较大，在进行精确定位时不易控制。施工时空间位置调整难度大。另外刘家峡大桥地处山区，整体式锚箱重量大运输不便，因此需要选择更加合理的方案进行施工。某桥锚固系统整体式锚箱施工实例，如图2所示。

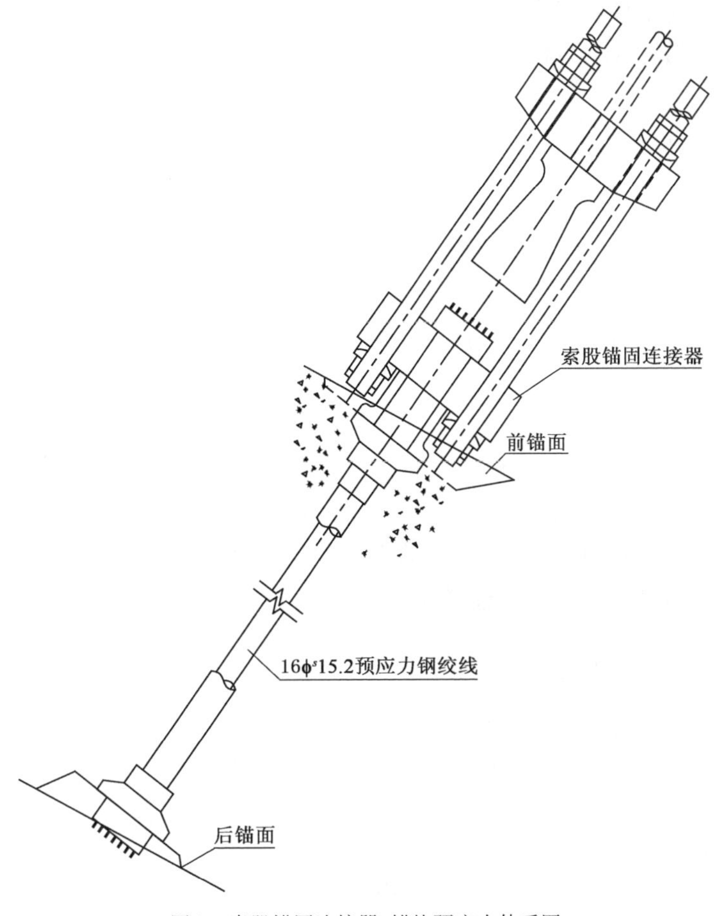

图1 索股锚固连接器、锚块预应力体系图

3.2 定位支架安装

预应力定位支架安装就是将预应力管道随着混凝土基础的浇筑高度逐层逐根安装在定位支架上，逐根进行测量定位矫正。定位支架系统由立柱、悬挑梁和横梁组成。由于定位支架在现场便于精确定位安装，测量调整方便。

刘家峡大桥最终选择预应力管道定位支架安装工艺作为本桥的最终施工方案，由于本方案所用钢材少、施工简洁、测量控制容易，大大节约了成本。刘家峡大桥锚碇锚固系统预应力定位支架施工图如图3所示。

图2 整体锚箱照片

图3 锚块预应力管道支架施工照片

4 预应力锚固系统定位支架设计

锚碇锚固系统预应力管道定位安装是锚碇施工中的一个重要环节，其安装精度要求较高，并且在施工过程中必须保证管道不变形，不漏浆，使预应力钢绞线能顺利穿过。因此定位钢支架施工质量控制显得极为重要，根据施工现场条件和塔吊的起重能力，定位支架整体加工，预应力管道分层安装。定位支架的设计的原则是保证支架混凝土浇筑过程中有足够的强度、刚度和稳定性。

4.1　立柱设计

立柱主要由竖杆和斜杆组成。依据定位支架的安装要求，每排悬挑梁的下面以一定的间距安置立柱。立柱两两相对拼接构成桁架结构。各片之间采用平联焊接连接构成整体。

4.2　悬挑梁设计

由于预应力管道在空间上斜向收敛，在设计定位骨架时采用CAD3D制图方法完成悬挑梁的线型设计。

悬挑梁主要由竖杆、平杆、斜杆和横杆组成框架结构。其中横杆的加工和拼装精度决定了预应力管道在z方向上的安装精度，其在竖向上的安装误差控制在设计范围内。

4.3　定位支架验算

锚固系统定位支架为一空间桁架结构，单排支架示意如图4所示，立柱、悬挑梁是由四根L50×50×5mm角钢立杆和L50×50×5mm角钢斜撑组成的空间格构架。每个主缆锚固系统定位支架由四排支架组成，在44束预应力管道经过悬挑梁高度处的水平位置，横向焊接通长的L50×50×5mm角钢，用以支撑和定位预应力管道，同时将四排支架连接为一整体。

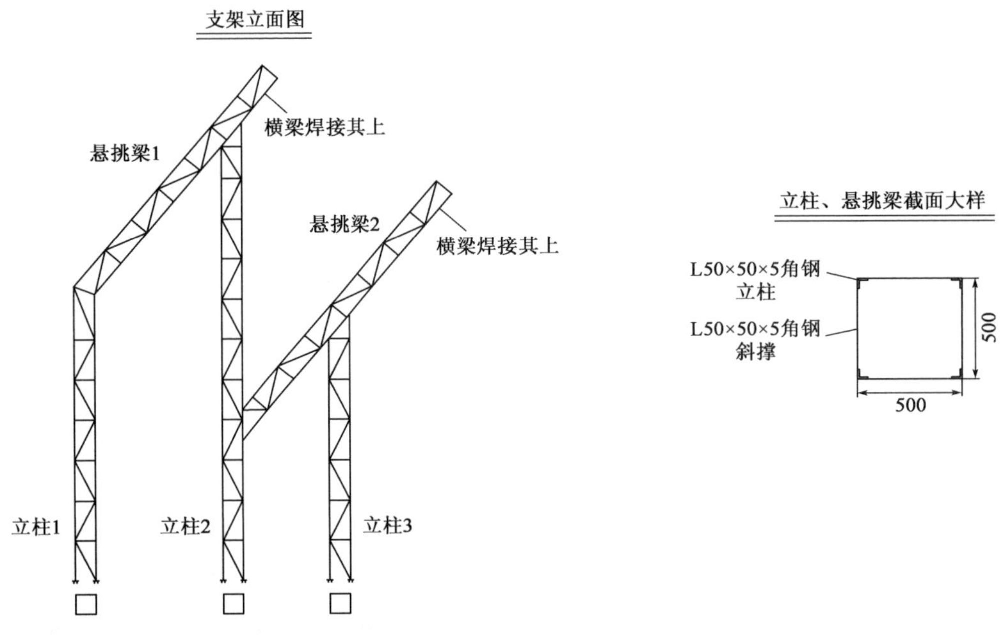

图4　锚固系统定位支架结构示意图(单位:mm)

验算总体思路:通过计算顺桥向预应力管道的最大挠度，检验悬挑梁布置是否合理;通过预应力管道作用于横梁的最大反力，验算横梁的最大挠度;验算定位支架自身的强度和刚度。

4.3.1　预应力管道最大挠度计算

取预应力管道最大跨径以简支梁验算其最大挠度，强度可满足。根据上述定位支架的设计，预应力管道最大跨径约4.6m，以5m进行计算，倾角取中心索股倾角40°。

荷载:预应力管道自重12.7kg/m。

由结构力学求解器建立模型如图5所示。

经计算，预应力管道最大竖向位移为1.07mm，根据《刘家峡大桥施工注意事项及验收评定标准》满足要求，由此可见，悬挑梁的布置合理;预应力管道作用于横梁的反力为317.5N。

4.3.2　横梁最大挠度计算

取横梁最大跨径以简支梁验算其最大挠度，强度可满足。根据上述定位支架的设计，横梁最大跨径为1.699m,位于悬挑梁2处的锚面上。

荷载:预应力管道作用力317.5N;横梁自重3.77kg/m。

由结构力学求解器建立模型如图6所示。

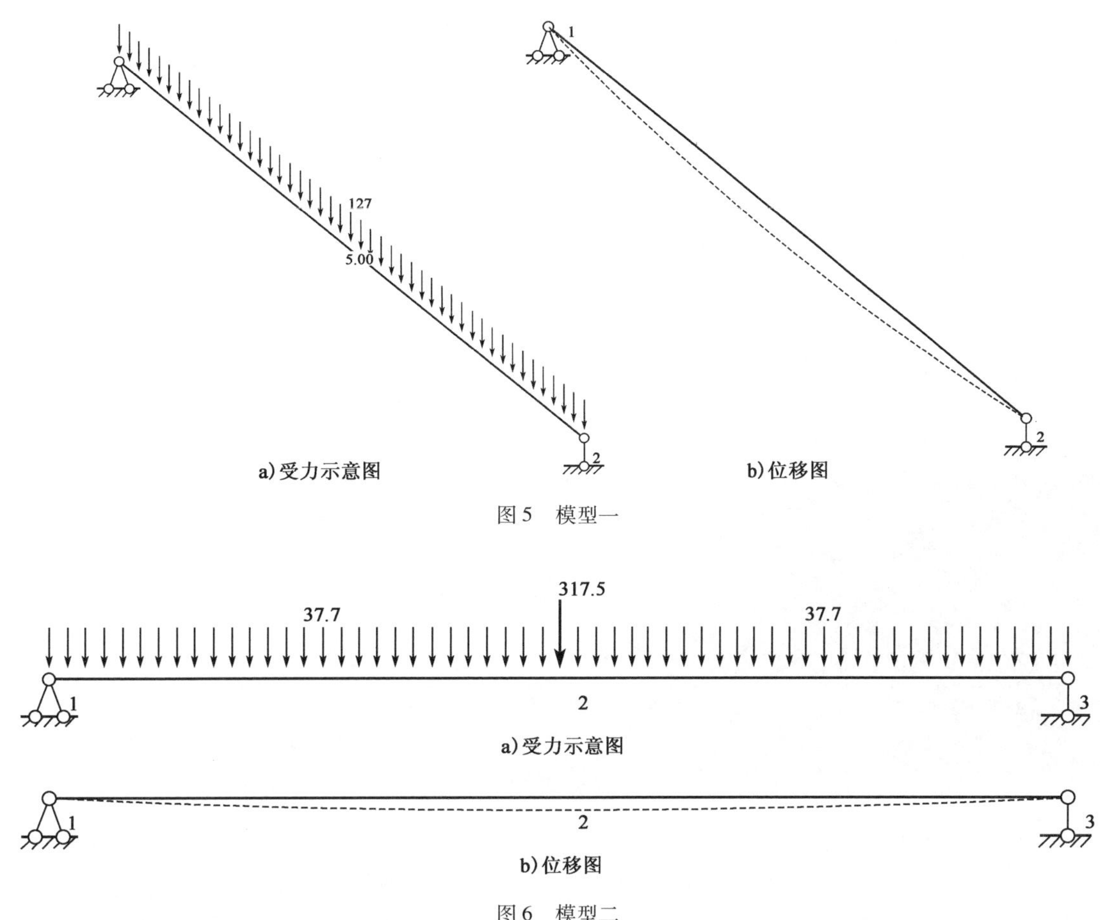

图6 模型二

经计算,预应力管道最大竖向位移为1.55mm,满足要求。

4.3.3 定位支架强度和刚度计算

通过前述的计算可知,横梁满足强度和刚度要求。锚固系统定位支架为一空间结构,预应力管道作用在其上的荷载较小,主要是考虑其刚度条件。为简化计算,仅验算单排支架且立柱立杆为两根L50×50×5mm角钢,在自身自重荷载作用下的强度和刚度。

荷载:结构自重密度7.8×10^{-9}t/mm^3;重力加速度10000mm/s^2。

由Ansys有限元软件,建立计算模型如图7所示,采用2节点beam188梁单元进行计算。立柱立杆下端以固定端处理。应力云图如图8所示,位移云图如图9所示。

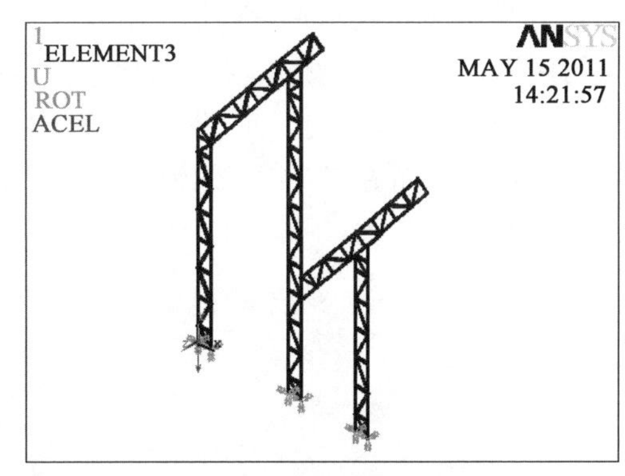

图7 计算模型

通过计算:单排支架且立柱立杆为两根L50×50×5mm角钢,在自身自重荷载作用下,最大应力为10.623MPa,最大位移为0.882144mm。由此可见,在较小的预应力管道自重作用下,实际设计的锚固系统定位支架空间结构,作为一个整体会具有很大的强度和刚度,故认为其可以满足预应力管道施工的要求。

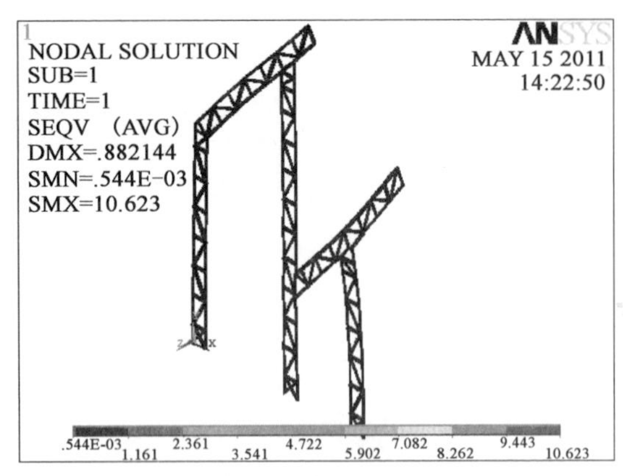

图 8　应力云图

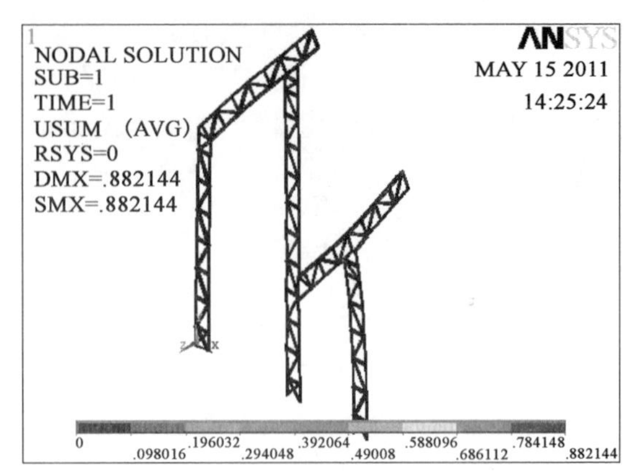

图 9　位移云图

5　预应力锚固系统安装

5.1　定位支架加工

图 10　预应力锚固系统定位支架加工照片

定位支架是预应力管道定位的关键构件，加工时要严格控制杆件的尺寸。根据其结构形式制作胎膜，按照钢构件加工工艺严格操作确保各个杆件之间连接面的平整度符合设计要求。为保证预应力管道的安装精度，在制作定位骨架时，先不把横梁焊接在定位骨架上，待定位支架安装到位后，再精确安装横梁。为了满足定位支架的安装精度，定位支架加工完成后在地面上试拼，校核并进行编号，运至施工现场进行吊装，如图 10 所示。

5.2　定位支架安装

定位支架安装前要在设计高程处预埋钢板，并用全站仪精确放样，然后用塔吊吊装定位支架进行焊接固定，在焊接时用水准仪进行高程精确控制，支架安装完毕后，就按照砼施工分层的顺序进行预应力管道的安装，测量放样时每 4m 一个断面进行放样，放出空间的 x、y、z 坐标，这样有利于精度控制。为了保证预应力管道的安装精度，横梁刚开始定位时可采用两头用螺栓进行固定，这样有利于在 z 方向上得微调，等到精度满足要求后，在用电焊进行固定焊接。并用 U 型卡子进行固定。另外预应力管道安装时，不可一次性把预应力管道安装完毕，这样不利于精度控制。砼施工振捣时要离钢管 0.5m 振捣，不要离钢管太近。工人在施工时严禁踩踏钢管，以免钢管变形。预应力管道与预应力管道之间连接时，要用套筒进行连接，焊接要牢固。必须保证管道不变形、不漏浆，使预应力钢绞线能顺利穿过。预应力管道安装、锚碇板安装照片如图 11 所示。

图 11　预应力管道安装、锚碇板安装照片

6 经济效益分析

刘家峡大桥预应力管道安装采用的是逐根安装法进行安装，而未采用预应力整体安装方法施工，逐根安装法施工配套设备较少，施工机具投入较小；施工速度快；塔吊配合施工，设备利用率高；安装精度高，较容易控制；工艺可操作性强、降低施工成本等优点。

按照原设计给定的预应力管道整体安装法施工，则全桥锚碇预应力管道定位系统需要钢材 132.205t。而按照变更后的定位支架法施工只用钢材 28.724t。按市场价一吨 5400 元计算，共计节约成本 558797.4 元。

7 结语

刘家峡大桥锚碇施工中采用定位支架法施工预应力锚固系统，支架安装重量轻，管道调整便利，材料用量少，完工后锚碇预应力管道位置准确，定位精度符合设计院下达的《刘家峡大桥施工注意事项及验收评定标准》要求，达到了预期的目标。

定位支架设计时还要重点考虑施工工况。如果是分层浇筑混凝土，则钢管的自重作为计算荷载逐步加载在支架上，定位支架悬挑梁部分的刚度安全系数较大；如果是整体浇筑混凝土，则必须将钢管自重一次全部加在支架上进行验算。这也是本桥定位支架用钢量少的重要原因。

参 考 文 献

[1] 中华人民共和国行业标准. JTG/T F50—2011 公路桥涵施工技术规范[S]. 北京：人民交通出版社，2011.

浅谈锚碇深基坑施工控制

王家玉

（中交一公局第一工程有限公司）

摘　要　刘家峡大桥地处青藏高原东北边缘，地质构造属中祁连隆起带南缘，采用无降水深基坑喷锚网支护技术，取得了良好的效果。深基坑支护重在过程控制，一旦出现质量问题，事后补救比较困难。

关键词　基坑工程　喷锚网支护　边坡变形监测

1　工程概况

刘家峡大桥采用重力式锚，采用倒梯式块结构，西锚碇区位于砂质泥岩和泥质砂岩分布区，岩质较软，地貌上为冲沟斜坡，地层产状近水平，为反向坡，岩层倾角约为6°，节理裂隙发育深度主要在3m以内，局部充填黄土，其下岩体较完整，西锚碇地表多直接露出强风化岩层。锚碇基底容许承载力不小于500kPa，基坑开挖边坡为1:0.5。

2　锚碇基坑开挖

2.1　测量放样

测量原地面高程，根据建立的测量控制网，按设计图纸上基坑边界线放样，撒出白灰线作为开挖基坑的控制线，各角点打上木桩。

2.2　基坑开挖

(1)施工控制要点是必须重视前期地质勘察工作，要熟悉并掌握工程的地质勘察报告，熟悉基坑开挖地的地形、地貌和地质特点，分析深基坑可能导致边坡土体滑坡的各种可能，对影响边坡稳定性的关键地段、地层和土质技术指标做到心中有数。由于地质勘察资料不一定很详细而且与实际情况往往有出入，在基坑开挖中还要经常比对现场的地质情况，与地质勘察报告差异很大时要及时书面告知建设单位，由建设单位通知勘察和设计单位，必要时调整施工组织设计，基坑按“从上向下，分层分台阶”的顺序逐层逐段进行。此时出渣通道能够满足载荷车辆的行驶要求，通道与附近便道连接，便于出渣及材料的运输。

开挖遵循“分级分层，边开挖，边防护”的原则，上部一级边坡开挖的同时，按设计要求对已完成的边坡进行整平，直至第一级边坡开挖工作全部完成。

(2)开挖方式的确定。在开挖过程中，根据现场岩样结合地质报告提供地质情况判定该处地层并选择开挖方式。距建基面2m以上的强风化地层，强度较低，主要采用机械开挖，利用挖掘机、装载机装车，并适当辅以人工及小药量爆破方式，不致影响边坡和岩体的稳定性；对于该范围内的弱风化岩层，强度较高，则以小药量爆破为主，人工开挖为辅，机械清理运输的方式配合进行。距离建基面2m以内，基本为弱风化岩，开挖难度大，为避免影响地基强度，严禁实施爆破施工，采用破碎锤进行开挖。采用机械开挖时，应预留0.5m原始土层，人工铲除修整坡面，尽量减少边坡超挖和扰动边坡土体，使之表面平整，坡角符合设计要求。

(3)弃土。开挖的土石方运至弃土场，考虑到锚碇混凝土浇筑完成后基坑回填尚需填料。在弃土场将用于回填的弃渣分开堆放，土方堆放距离边坡不小于1m，堆土高度不超过1.5m。

3 基坑支护

目前各种边坡稳定的理论计算模式都是在60°左右建立的，与陡立边坡的初始受力状态有较大差异，边坡开挖后，破坏了原自然土体的三向受力状态，在开挖面附近产生一个高能区。其中一部分能量传给周围土体，一部就成为使土体变形的动力。对近于直立的边坡，若一次开挖深度太大，积聚的能量就很大，有可能成为破坏的突破点而产生塌方。所以施工中必须控制开挖面的长度与深度，并进行快速支护，使支护尽早发挥效能，达到控制和消灭破坏突破点的目的。本工程采用喷锚网支护，它是目前深基坑支护工程中采用较多的一种经济支护方式。它是喷射混凝土、锚杆、钢筋网联合支护的简称，作为一种先进的支护加固技术，在岩土质高边坡，特别是在不良地质条件下，已得到了广泛的应用。喷锚网支护，是通过在岩土体内施工一定长度和分布的锚杆，与岩土体共同作用形成复合体，弥补岩土体局部强度不足并发挥锚拉作用，使岩土体自身结构强度潜力得到充分利用，保证边坡的稳定。坡面设置钢筋网喷射混凝土，起到约束边坡表面变形的作用，使整个坡面形成一个整体。其施工的工艺流程为：开挖土石方→修坡→钻孔→锚杆索安装→压力注浆→挂钢筋网→焊加强筋→喷射混凝土→锚索预应力张拉、锚固→开挖。对不稳定土层开挖修坡后还应增加喷射第一次混凝土。若一次开挖深度太大，积聚的能量就很大，有可能成为破坏的突破点而产生塌方。因此应做到及时支护、有效地保持土体强度，喷锚网支护的施工要紧跟开挖，随挖随支，每层开挖高度为4～6m。采用喷锚网支护的主要特点是：结构简单承载力高安全可靠；可用于多种土层，适应性强；施工机具简单施工灵活污染小噪声低，对周围环境的影响较小；可与土方开挖同步进行，工期短，本身不需要打桩，支护费用低。但对基础施工要求工期要短，以减少深基坑支护的时间。

4 基坑排水

4.1 截水沟和排水沟的设置

为确保基坑干开挖，沿基坑顶四周挖截水沟并设挡水墙，截水沟要随地形合理布置，设在地形较缓处，出水口远离开挖平台30m以外。防止地表水汇入基坑，使边坡受冲刷引起塌方。同样在基坑底部也设截水沟。坑外排水沟布于锚碇外侧距坑壁1.5m，呈环形封闭状，用C20混凝土抹面修筑，在基坑开挖前预先修好，水沟宽1.2m，深0.4m。

4.2 临时排水管的设置

在基坑边坡上设临时排水管，排水管水平埋设，间距3m。桥址区夏季短而凉爽，多大暴雨冰雹，为避免地表水对混凝土浇筑施工的影响。在临时排水管排水量大的情况下采用管道集中排水。并尽量将排水远离基坑的地方，防止回水。在基坑内设置集水坑使水汇集到集水坑内，用大功率水泵将水抽出基坑。

5 边坡变形观测

5.1 水平位移观测

在基坑四周设置位移观测点，采用全站仪测量边坡水平位移，将观测基点设在变形区以外的稳定地点，土方开挖阶段每天观测不少于2次，位移量超过5mm时，应加大监测频率，每天将观测值累加统计。

5.2 沉降观测

在基坑1倍开挖深度外的稳定区域设置3个基准点，采用水准仪对基坑周边的观测点进行监测，监测周期每天1次，并将观测结果汇总统计并进行分析。基坑边坡经过雨季和冬季的考验，不间断监测结果显示边坡处于稳定状态。

6 结语

深基坑开挖越来越普遍,深基坑支护难度逐步加大。基坑支护的施工组织设计方案必须依据工程地质资料科学设计,由于地质条件的不确定性,基坑开挖地质情况与地质勘察报告略有不同,我们必须在基坑开挖过程中根据地质条件的变化及时同设计单位调整和改进基坑支护施工方案,确保深基坑的施工安全。深基坑开挖施工质量控制技术将逐步完善,对于深基坑支护应保证安全第一预防为主,深基坑支护的质量是以技术来保证的。

参考文献

[1] 中华人民共和国行业标准. JTG/T F50—2011 公路桥涵施工技术规范[S]. 北京:人民交通出版社,2011.

[2] 中华人民共和国国家标准. GB 50086 锚杆喷射混凝土支护技术规程[S]. 北京:中国计划出版社,2001.

[3] 中华人民共和国国家标准. GB 50330 建筑边坡工程技术规范[S]. 北京:中国建筑工业出版社,2007.

刘家峡大桥散索鞍倾斜墩支架设计

卢界江　周　苗

（中交一公局第一工程有限公司）

摘　要　本文在总结扣件式钢管支架常用施工计算方法的基础上，分别采用规范方法和Midas有限元数值模拟方法，对甘肃刘家峡大桥锚碇散索鞍倾斜支墩施工扣件式钢管模板支撑架系统进行了设计。针对实际情况提出一些关于扣件式钢管模板支撑架力学计算方法的看法和建议，旨在引起广大施工人员的注意，在此领域继续探究，得出一套完善的、适合所有情况下使用且简便易掌握的扣件式钢管模板支撑架的计算方法，以满足施工需要，降低施工成本，保证施工质量、安全和进度。

关键词　倾斜支墩　扣件式钢管　模板支撑架　力学检算

1　引言

由于扣件式钢管支架具有构造简单，承载力较大，整体刚度好，装拆方便，搭设灵活，维护简便，部件通用性强，经济实用等优点，目前广泛应用于各类建筑工程施工作业中，以构筑各种形式的脚手架和模板支撑架等，是建筑施工中最常用的模板支架体系之一，其设计及计算方法直接影响到工程的质量、进度、效率和安全。

总结扣件式钢管支架常用的施工计算方法，主要有以下几种：

（1）根据《路桥施工计算手册》"支架计算"的相关内容，进行立杆、纵横向水平杆、扣件抗滑承载力和地基承载力的验算。

（2）根据行业标准《建筑施工扣件式钢管脚手架安全技术规范》（JGJ 130—2011）进行验算。

（3）利用中国建筑科学研究院开发的"PKPM施工"软件进行支架计算，输入各项参数，便可直接生成完整的支架力学检算计算书，使用较方便、快捷。

（4）通过建立有限元模型，进行整体分析，但扣件处节点的连接在有限元中的模型没有定论，目前主要的计算模型有铰接架模型、无侧移刚架模型、节点半刚性模型、排架模型等。文献[1]对比了上述几种计算模型，认为半刚性节点模型最能反映扣件连接的特点，但应该同时考虑对其他因素的影响，开展进行更多的钢管脚手架的稳定承载力试验，以对该计算模型进行检验和修正。

尽管扣件式钢管支架的施工计算方法有多种，但仍不完善。规范所规定的方法尚无法推广到一般情形（满堂支架除外）；由于扣件节点参数确定和软件自身使用都有一定难度，有限元方法在扣件式钢管支架的计算中也未得到普遍应用，这直接影响到一般情况下扣件式钢管模板支撑架的设计及使用，继续探讨扣件式钢管支架的设计计算方法仍是该领域的一个重要议题。

2　扣件式钢管模板支撑架计算实例

甘肃刘家峡黄河大桥（单跨双铰钢桁加劲梁式悬索桥）锚碇散索鞍支墩，其横桥向宽7.1m，高9.84m，倾角59°，采用C30混凝土浇筑，单个支墩混凝土方量为260.7m^3。锚碇结构及散索鞍支墩如图1所示。

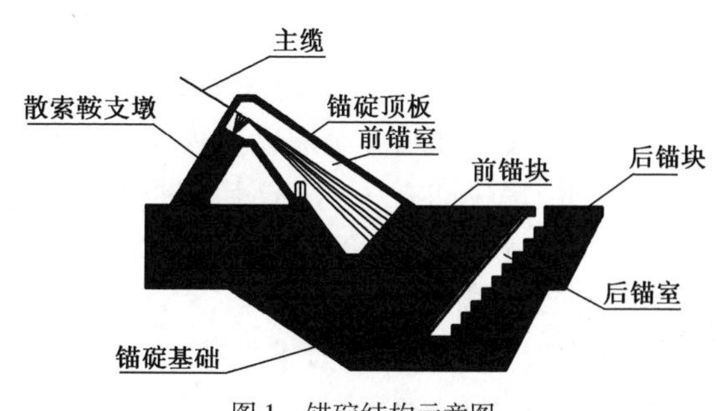

图1　锚碇结构示意图

由于散索鞍支墩有59°的倾角，故需搭设支架作为支墩混凝土施工的模板支撑系统，采用定型钢模分三层浇筑,下两层浇筑高度均为3m,剩余部分作第三层一次浇筑。在支架设计过程中,其力学检算成为我们的关注重点:现有规范仅对单纯竖向受力的扣件式钢管支架的计算做出相关规定,但对于倾斜支墩扣件式钢管支架的施工计算未作明确说明;利用有限元软件进行数值模拟计算,杆件之间的连接处理是关键,根据前人的研究成果,考虑扣件节点半刚性连接特征的半刚性节点模型已得到肯定,但扣件刚度、整架承载力、修正系数等数据需通过试验得到,受到多种因素的显著影响,测试结果离散性很大,且对于工地现场的试验条件而言,不具可操作性。

我们分别根据相关规范(路桥施工计算手册)和 Midas 有限元软件(刚架模型)的计算结果,设计了两种支架方案,具体设计图纸及计算结果如下。而通过我们现场散索鞍支墩的施工实践证明,根据 Midas 有限元模拟计算的结果设计的支架方案完全可以满足施工质量和安全要求。

2.1 规范方法

2.1.1 支架设计图

通过《路桥施工计算手册》中给定的方法进行计算,根据计算结果设计散索鞍支墩扣件式钢管模板支撑架如图 2 所示。

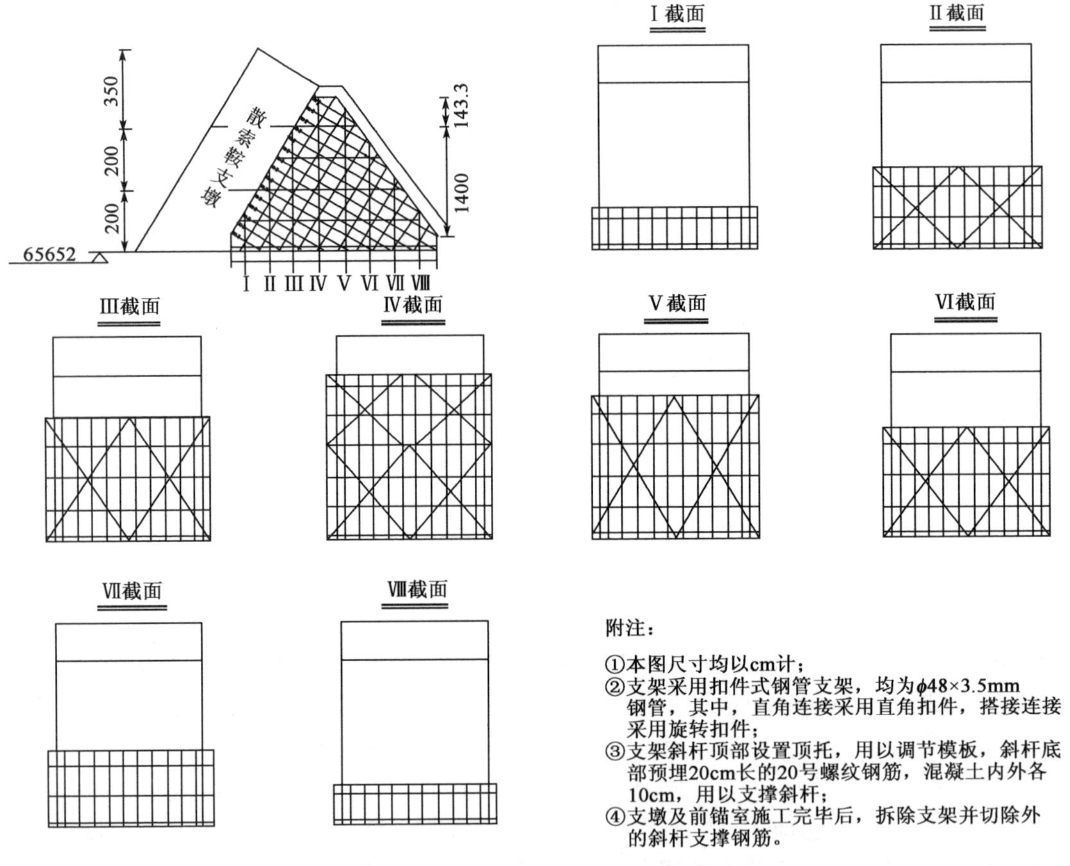

图 2 散索鞍支墩扣件式钢管模板支撑架布置图(规范方法)

支架均采用 $\phi48\times3.5$mm 钢管,节点连接采用直角扣件,支架斜杆顶部设置可调丝杆,用以调节模板高度;为解决斜杆底部与混凝土表面的支撑稳定性,采用预埋钢筋柱的方式进行处理。根据《路桥施工计算手册》提供的方法,下述计算过程中视斜杆为立杆。

2.1.2 力学检算

(1)计算荷载

①每层混凝土浇筑时对支架产生的荷载分为左侧混凝土的侧压力和右侧混凝土的重力(图 3 中每层蓝色虚线分割左、右)。

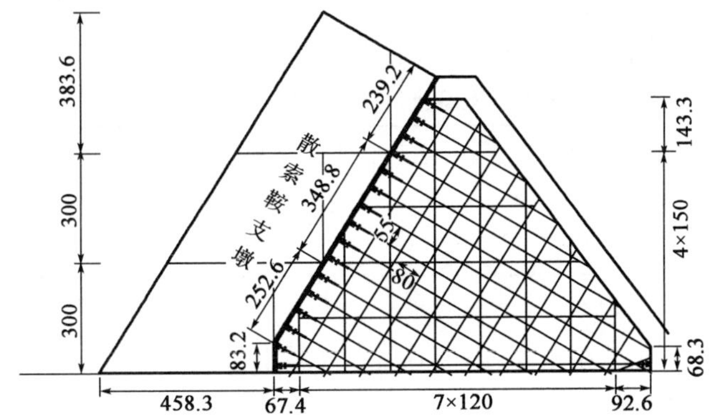

图3　混凝土侧压力和混凝土重力分割线示意图(单位:cm)

②每层钢筋(网)重量,根据每层方量占支墩总方量的比例近似计算。

③模板自重,取 $75kg/m^2$,即 $0.75kN/m^2$。

④施工荷载,取 3kPa。

其中,左侧混凝土侧压力为水平荷载,右侧混凝土重力、钢筋(网)重量、模板、施工荷载的合力为竖向荷载。

以第一层混凝土为例,计算水平荷载、竖向荷载及立杆所受合力如下。

a. 水平荷载

根据《桥梁施工工程师手册》,新浇混凝土对模板的侧压力为:

$$P = 0.22\gamma t_0 K_1 K_2 v^{1/2}$$

式中,混凝土重度 $\gamma = 24.6kN/m^3$;混凝土初凝时间 t_0 取 2.5h;外加剂影响修正系数 K_1 取 1.0;坍落度影响系数 K_2 取 1.15。

拌和站混凝土拌和能力约为 $40m^3/h$,设每小时散索鞍支墩混凝土的浇筑高度为 h,超过右下角竖向模板部分高度对应的右侧水平距离为 y,则根据几何关系有:

$$\frac{h-0.832}{2.168} = \frac{y}{1.3} \tag{1}$$

$$7.1\left[\frac{1}{2}h\left(\frac{4.58(7.628-h)}{7.628}+4.58\right)+\frac{1}{2}(h-0.832)y\right] = 40 \tag{2}$$

由上两式联立,解得:$h = 1.33m$,即浇筑速度 $v = 1.33m/h$。

则水平荷载:$P = 0.22\gamma t_0 K_1 K_2 v^{1/2} = 0.22 \times 24.6 \times 2.5 \times 1.0 \times 1.15 \times \sqrt{1.33} = 18kPa$

有效压头:$h = \frac{P}{\gamma} = \frac{18}{24.6} = 0.732m$

故侧压力合为:$P = 7.1 \times (\int_0^{0.732} \gamma x dx + 18 \times 2.268) = 336.7kN$

b. 竖向荷载

右侧混凝土自重:$1.4119 \times 7.1 \times 24.6 = 246.6kN$

钢筋(网):$15784 \times 12.4578/36.6978 = 53.6kN$

模板:$0.75 \times 2.527 \times 7.1 = 13.46kN$

施工荷载:$3 \times 1.303 \times 7.1 = 27.75kN$

故竖向荷载合为:341.4kN

c. 合力

将水平荷载和竖向荷载分解为垂直于模板面和平行于模板面的分力,垂直于模板面的分力的合力即为支架立杆所受的力,计算如图4所示。

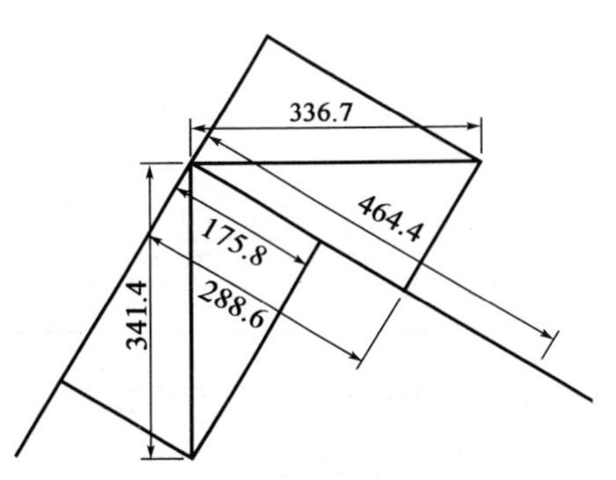

图4　支架立杆合力计算示意图

则得到支架立杆受力为464.4kN。

同样方法,计算得到第二层和第三层的荷载,汇总如表1所示。

每层支墩混凝土浇筑时支架立杆荷载表 表1

层　号	竖向荷载(kN)	水平荷载(kN)	立杆合力(kN)
1	341.4	336.7	464.4
2	580.84	342.6	592.9
3	383.62	399.6	540.1

(2)支架验算

根据支架设计,立杆间距纵向0.55m,横向0.7m,大横杆步距0.8m。

以第一层混凝土浇筑为例:

①小横杆计算

立杆所受合力由6排小横杆承担,故横桥向作用在小横杆上的均布荷载为:

$q=464.4/7/7.1=9.35\text{kN/m}$。小横杆计算跨径 $l_1=0.7\text{m}$。

弯曲强度:$\sigma=\dfrac{ql_1^2}{10W}=\dfrac{9.35\times700^2}{10\times5.078\times10^3}=90.3\text{MPa}<[\sigma]=215\text{MPa}$,满足要求。

抗弯刚度:$f=\dfrac{ql_1^4}{150EI}=\dfrac{9.35\times700^4}{150\times2.1\times10^5\times1.215\times10^5}=0.6\text{mm}<3\text{mm}$,满足要求。

②大横杆计算

大横杆计算跨径 $l_2=0.55\text{m}$,按三跨连续梁计算,由小横杆传递的集中力 $F=9.35\times0.7=6.545\text{kN}$。

最大弯矩:$M=0.26Fl_2=0.26\times6.545\times0.55=0.94\text{kN}\cdot\text{m}$

弯曲强度:$\sigma=\dfrac{M}{W}=\dfrac{0.94\times10^6}{5.078\times10^3}=185.1\text{MPa}<[\sigma]=215\text{MPa}$,满足要求。

抗弯刚度:$f=1.833\dfrac{Fl_2^2}{100EI}=1.833\times\dfrac{9.35\times550^2}{100\times2.1\times10^5\times1.215\times10^5}=0.0021\text{mm}<3\text{mm}$,满足要求。

③立杆计算

立杆承受由大横杆传递来的荷载,即 $N=6.545\text{kN}$。大横杆步距0.8m,长细比 $\lambda=\dfrac{l}{i}=\dfrac{800}{15.78}=50.7$,查表得稳定因数 $\phi=0.914$,则

$N<[N]=\phi A[\sigma]=0.914\times489\times215=96093.4\text{N}=96.1\text{kN}$,满足要求。

④扣件抗滑力计算

由 $R=6.545\text{kN}<R_C=8.5\text{kN}$,满足抗滑力要求。

同样的方法计算第二层和第三层混凝土浇筑时支架的受力,结果汇总如表2所示。

每层支墩混凝土浇筑时支架力学检算结果汇总表 表2

层号	小　横　杆			大　横　杆			立杆	扣件抗滑力
	均布荷载(kN/m)	弯曲强度(MPa)	抗弯刚度(mm)	最大弯矩(kN·m)	弯曲强度(MPa)	抗弯刚度(mm)	立杆受力(kN)	扣件受力(kN)
1	9.35	90.3	0.6	0.94	185.1	0.0021	6.545	6.545
2	10.44	100.8	0.66	1.05	206.8	0.0023	7.31	7.31
3	10.87	104.9	0.7	1.09	214.7	0.0024	7.61	7.61
结论	—	满足要求	满足要求	—	满足要求	满足要求	满足要求	满足要求

2.2 Midas有限元方法

2.2.1 支架设计图

通过Midas有限元软件建立刚架模型进行计算,根据计算结果设计散索鞍支墩扣件式钢管模板支撑架如图5所示。

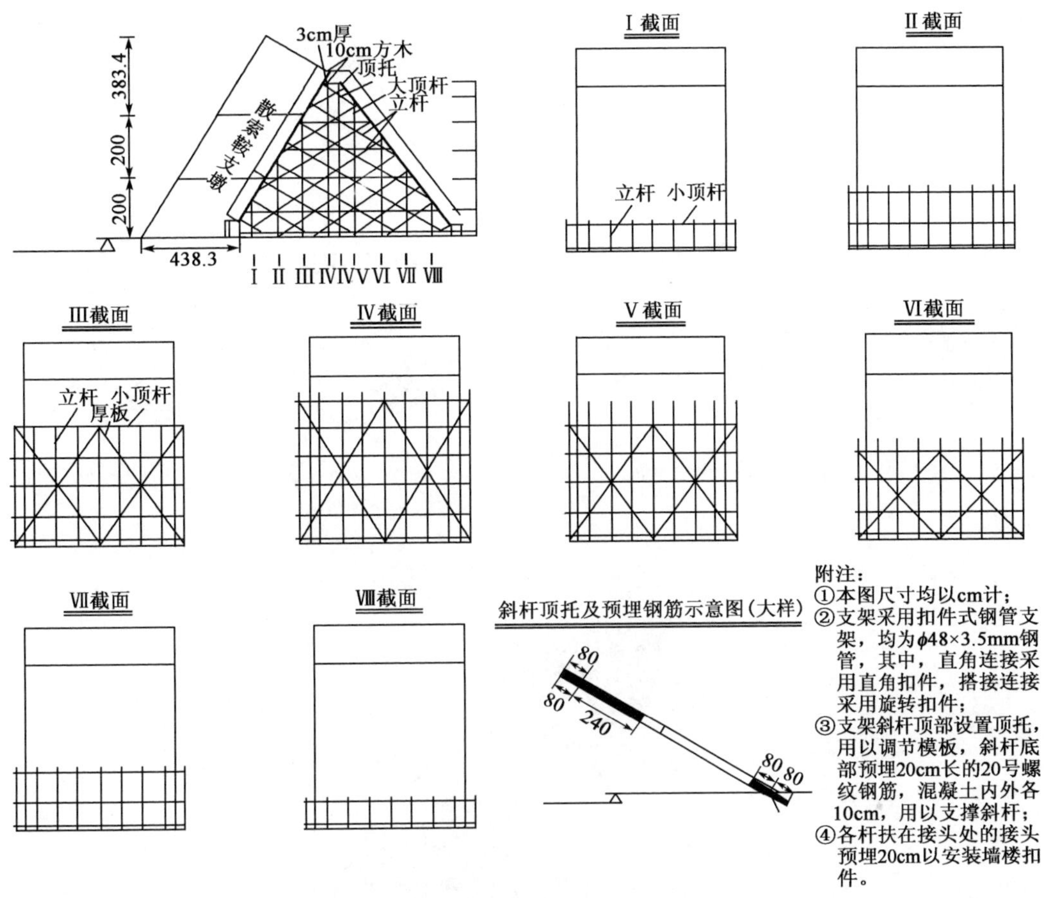

图5 散索鞍支墩扣件式钢管模板支撑架布置图(Midas有限元方法)

2.2.2 力学检算

(1)计算荷载

根据混凝土浇筑层的划分,计算得每层支墩混凝土浇筑时作用在模板上的荷载如表3所示。

每层支墩混凝土浇筑时模板荷载表 表3

浇筑层	荷载类型	荷载	
		位置	荷载值
第一层	混凝土重量	第一层模板满布	1.9N/cm^2
	混凝土侧压力	此层顶面以下至73.2cm	0~18kN/m^2 线性变化
		顶面73.2cm至底部	18kN/m^2 均布
第二层	混凝土重量	第二层模板满布	2.35N/cm^2
	混凝土侧压力	此层顶面以下至76.4cm	0~18.28kN/m^2 线性变化
		顶面73.2cm至底部	18.28kN/m^2 均布
第三层	混凝土重量	第三层模板满布	2.26N/cm^2
	混凝土侧压力	第三层模板满布	18.28kN/m^2 均布

(2)计算模型

采用Midas有限元软件建立刚架模型,共计1969个节点,3325个单元,其中钢管梁单元3221个,模板板单元104个,支架底部与混凝土的接触处采用绞结约束。计算模型如图6所示。

(3)计算结果

①第一层混凝土浇筑时支架位移即应力计算结果(见图7和图8)

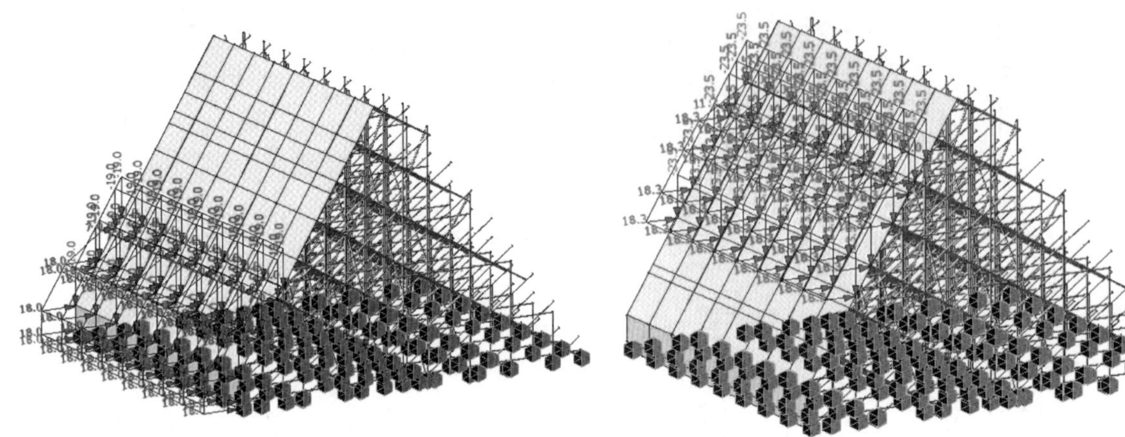

a)第一层散索鞍支墩浇筑时模板支撑架 Midas 有限元计算模型

b)第二层散索鞍支墩浇筑时模板支撑架 Midas 有限元计算模型

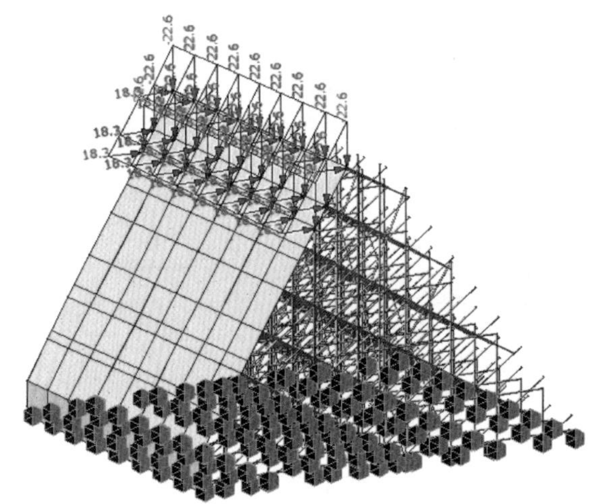

c)第三层散索鞍支墩浇筑时模板支撑架 Midas 有限元计算模型

图6 计算模型

由位移等值线图可知,支架基本不变形,满足要求。

由应力等值线图可知,支架最大拉应力为209.5MPa,最大压应力为198.0MPa,均小于215MPa,满足要求。

②第二层混凝土浇筑时支架位移即应力计算结果(见图9和图10)

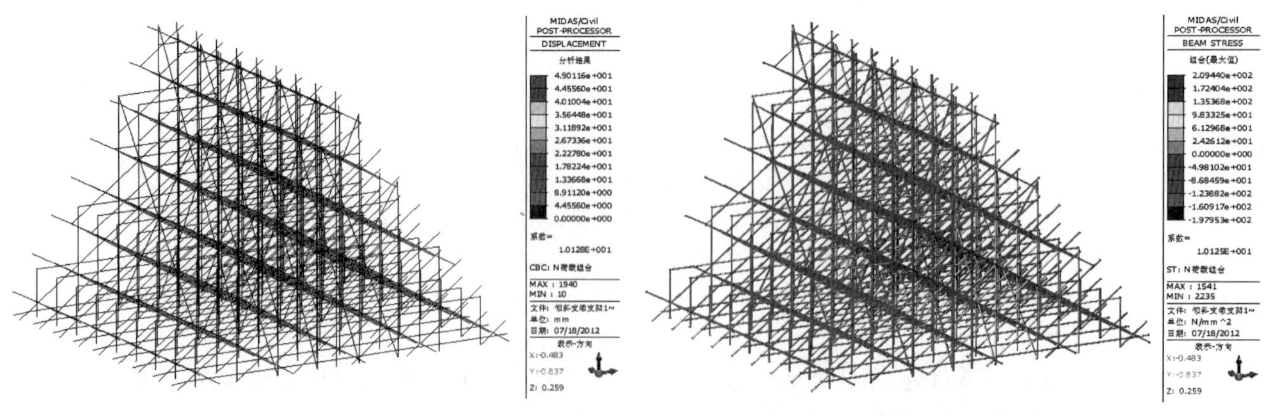

图7 第一层混凝土浇筑时支架位移等值线图

图8 第一层混凝土浇筑时支架应力等值线图

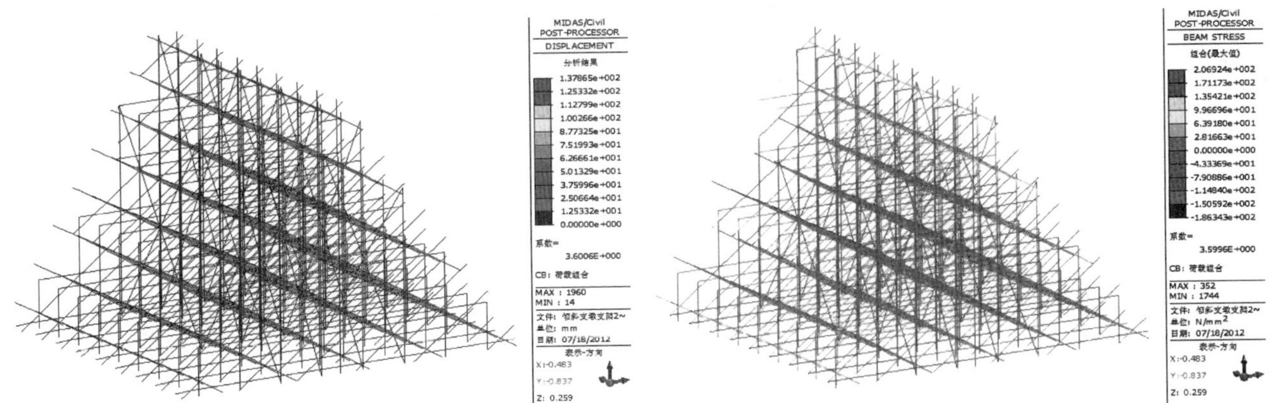

图 9　第二层混凝土浇筑时支架位移等值线图　　图 10　第二层混凝土浇筑时支架应力等值线图

由位移等值线图可知，支架基本不变形，满足要求。

由应力等值线图可知，支架最大拉应力为 206.9MPa，最大压应力为 186.4MPa，均小于 215MPa，满足要求。

③第三层混凝土浇筑时支架位移即应力计算结果（见图 11 和图 12）

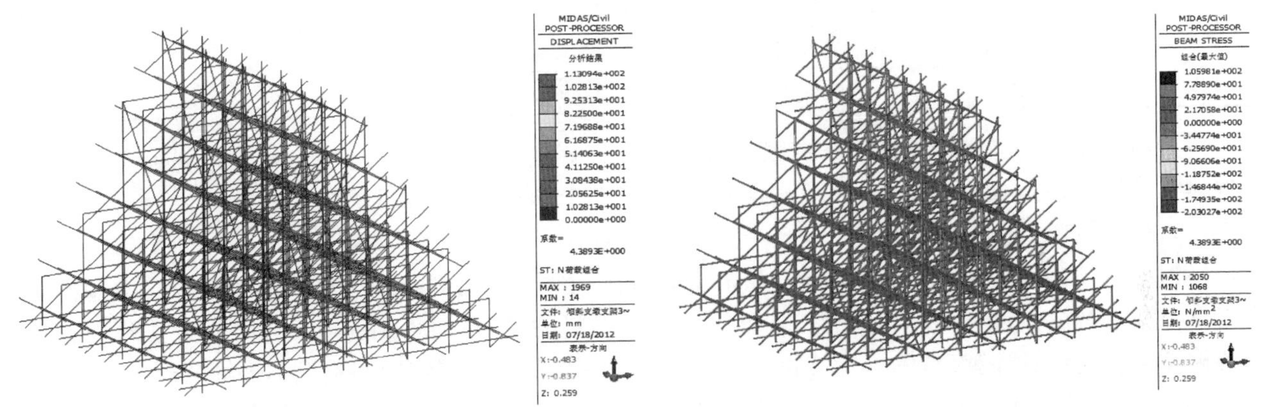

图 11　第三层混凝土浇筑时支架位移等值线图　　图 12　第三层混凝土浇筑时支架应力等值线图

由位移等值线图可知，支架基本不变形，满足要求。

由应力等值线图可知，支架最大拉应力为 106.0MPa，最大压应力为 203.1MPa，均小于 215MPa，满足要求。

2.3　两种支架设计计算方法的比较

对以上两种设计计算方法，在计算原理、材料用量和计算结果及应用情况等方面进行比较如下。

2.3.1　计算原理

规范方法是基于理论力学、结构力学和结构力学等基础力学，对组成扣件式钢管支撑架的构件分别按连续梁和两端绞结受压构件进行计算，作用于模板的压力面荷载经过简化换算为模板支撑架杆件的受力，其实质可理解为刚架模型的局部验算，只是荷载取值不准确且未考虑支架的整体效应。

而本文采用的 Midas 有限元计算方法，是通过有限元软件建立包括模板在内的整体刚架模型，进行的支架整体数值模拟分析，考虑了整体效应。

2.3.2　材料用量

根据支架设计图纸，统计材料用量如表 4 所示。

两种支墩模板支撑架设计方案材料用量表

表4

设计计算方法	构件名称	材料	用量(m)	单位重(kg/m)	单个支墩合计(kg)	共计(kg)
规范方法	立杆	ϕ48×3.5mm	957.3	38.4	36760.3	113768.9
	大横杆	ϕ48×3.5mm	726.8	38.4	27909.1	
	小横杆	ϕ48×3.5mm	288.6	38.4	11082.3	
	骨架斜撑	ϕ48×3.5mm	834.5	38.4	32044.8	
	斜撑	ϕ48×3.5mm	152.6	38.4	5859.9	
	预埋钢筋	20号螺纹钢筋	45.6	2.466	112.5	
	顶托	336个				336个
Midas有限元方法	立杆	ϕ48×3.5mm	366.5	38.4	14073.6	65613.0
	大横杆	ϕ48×3.5mm	294.5	38.4	11308.8	
	小横杆	ϕ48×3.5mm	252	38.4	9676.8	
	斜撑	ϕ48×3.5mm	794.4	38.4	30505.0	
	预埋钢筋	20号螺纹钢筋	19.8	2.466	48.8	
	顶托	189个				189个

通过材料用量表可以看出，Midas有限元方法设计计算的散索鞍支墩模板支撑架比规范方法明显节省材料，其中节省约42.3%(48155.9kg)的钢管和147个顶托，大大降低了施工成本。

2.3.3 计算结果及应用情况

通过上述规范方法和Midas有限元方法的计算，可以看出，利用规范方法对散索鞍倾斜支墩扣件式模板支撑架进行的设计和计算，偏于保守，可能会造成材料的浪费；而采用Midas有限元方法建立整体刚架模型进行的设计计算，考虑了支架的整体效应，荷载得到合理有效的传递，各杆件的受力情况接近实际，但由于软件使用水平和现场试验条件的限制，扣件节点半刚性的特性未能在计算中体现，计算结果安全系数相对较低。

现场散索鞍支墩的施工实践证明，根据Midas有限元软件模拟计算的结果设计的模板支撑架方案，完全可以满足施工的质量和安全要求。后期测量监测的结果显示，浇筑的散索鞍支墩没有下沉，各部分尺寸及支墩倾角满足设计及相关规范的要求，斜支墩底部综合挠度实测值为1mm，远小于设计控制值。

3 结语

(1)根据现有规范对扣件式钢管模板支撑架进行的设计和计算，偏于保守，可能会造成材料的浪费。

(2)除规则的满堂支架外，规范所规定的扣件式钢管模板支撑架的计算方法尚无法推广到一般情形，如本文所述的散索鞍倾斜支墩扣件式钢管模板支撑架等。

(3)尽量采用有限元软件建立刚架模型进行扣件式钢管模板支撑架的计算，保证足够的安全系数，可满足施工质量和安全要求。

(4)由于扣件节点半刚性的特性参数很难准确得到，同时，钢管和扣件等的性能还受到焊接质量及新旧程度等因素的显著影响，这些都是进行力学计算的不确定因素，直接影响扣件式钢管模板支撑架的设计计算及使用。

参 考 文 献

[1] 魏銮新,曾志兴.扣件式钢管脚手架计算模型讨论与思考[J].福建建筑,2010(6):113-116.

[2] 刘建民,李慧民.扣件式钢管模板支撑架计算模型回顾与思考[J].建筑技术,2006,36(11):860-862.

[3] 陈海浪,王欢,张增峰,等.基于ANSYS的扣件式钢管高支撑架计算分析[J].浙江建筑,2009,26(3):38-43.

[4] 张卫红,刘建民,朱国卫.基于整架试验的扣件式钢管脚手架半刚性节点计算方法[J].山东建筑大学学报,2009(1).

[5] 益德清.扣件式钢管脚手架与模板支架的设计计算[J].浙江建筑,2003(5).

[6] 周水兴,何兆益,邹毅松,等.路桥施工计算手册[M].北京:人民交通出版社,2001.

[7] 杨文渊,徐犇.桥梁施工工程师手册[M].北京:人民交通出版社,2003.

刘家峡大桥锚碇基坑安全开挖监控测量

陈高成

(中交一公局第一工程有限公司)

摘　要　刘家峡大桥锚碇基坑开挖深度高达20m，由于基坑开挖较深，在基坑上方也有不稳定土体存在，基坑一旦出现状况，将会带来严重后果。因此在基坑开挖过程中我们必须对基坑土体进行监控，以保证基坑的安全开挖。

关键词　锚碇　深基坑　开挖　监控

1　引言

在锚碇深基坑开挖的施工过程中，基坑内外的土体将由原来的静止土压力状态向主动土压力状态转变，应力状态的改变引起土体的变形，即使采取支护措施，一定数量的变形总是难以避免的，“这些变形包括：深基坑支护结构以及周围土体的沉降和侧向位移”，无论哪种位移的量值超出了容许的范围，都将对锚碇深基坑的开挖带来不便，所以刘家峡大桥项目在锚碇深基坑开挖过程中实施了全程监控。

2　监控内容

(1)各级坡顶水平位移。

(2)各级坡顶竖向位移。

3　监控方法

在锚碇深基坑开挖监控过程中，我们采取的是全站仪测三维坐标的方法来监测基坑土体的横向位移和竖向位移。在监控过程中我们使用刘家峡大桥施工控制网中的导线点(东锚碇使用J—1和GPS12—3，西锚碇使用GPS12—2和ZD2—2)作为监控基准点，然后用全站仪测所布监测点三维坐标，作为起始数据，作为以后检测数据对比的依据，从而来确定土体的位移量。

4　使用全站仪测三维坐标精度的分析

全站仪三维坐标法，对于待定点的三维坐标计算公式为：

$$X = X_0 + d \times \cos\alpha \tag{1}$$

$$Y = Y_0 + d \times \sin\alpha \tag{2}$$

$$H = H_0 + i - v + d \times \tan\beta + (1 - K) \times d^2/(2R) \tag{3}$$

式中，X、Y、H、X_0、Y_0、H_0 分别为待定点和测站点三维坐标；d 为待定点到测站点水平距离；α 为方位角；β 为竖直角；i、v 分别为仪器高和棱镜高。

平面位置精度：对式(1)和式(2)进行全微分可得：

$$m_x^2 = (m_d \times \cos\alpha)^2 + (d \times \sin\alpha \times m_\alpha/\rho'')^2 \tag{4}$$

$$m_y^2 = (m_d \times \sin\alpha)^2 + (d \times \cos\alpha \times m_\alpha/\rho'')^2 \tag{5}$$

利用TS06—2全站仪进行测量，取 $d = 200\text{m}$，$\alpha = 30°$，$m_\alpha = \pm 2''$，$m_d = \pm 3\text{mm}$，代入式(4)和式(5)得：

$$m_x^2 = (3 \times \cos30°)^2 + (200000 \times \sin30° \times 2''/206265)^2 = 7.6902$$

$$m_y^2 = (3 \times \sin30°)^2 + (200000 \times \cos30° \times 2''/206265)^2 = 5.0705$$

即 $m_x = \pm 2.7731\text{mm} \qquad m_y = \pm 2.2518\ \text{mm}$

取控制点误差 ±2mm,仪器对中误差 ±1mm(采用强制对中),棱镜对中误差 ±1mm,则根据误差传播定律,放样点的平面测量误差为:

$$m'_x = \pm\sqrt{(2^2 + 1^2 + 1^2 + m_x^2)} = \pm\sqrt{(2^2 + 1^2 + 1^2 + 2.98^2)} = \pm 3.700\text{mm} < \pm 5\text{mm}$$

$$m'_y = \pm\sqrt{(2^2 + 1^2 + 1^2 + m_y^2)} = \pm\sqrt{(2^2 + 1^2 + 1^2 + 2.93^2)} = \pm 3.3273\text{mm} < \pm 5\text{mm}$$

因此在锚碇深基坑监控测量中,该方法测量的精度能保证锚碇深基坑开挖监控过程中精度的要求。

高程精度:在式(3)中,$(1-K)/(2R)$为球气差改正系数,在仪器中已按 K 为 0.142(据有关资料,在我国 K 值在 0.11 ~0.19 范围变化)进行改正,锚碇深基坑开挖监控所有监测点的视距在 200m 以内,由 ΔK 引起的球气差改正数在 10^{-4} 数量级以下,对待定点高程的影响可以忽略不计。

对式(3)进行全微分可得:

$$m_H^2 = (m_d \times \tan\beta)^2 + (d \times \sec\beta^2 \times m_\beta/\rho'')^2 + m_i^2 + m_v^2 \tag{6}$$

在高程传递时,按四等水准观测技术要求,距离为 200m 时,观测高差限差为 $\pm 12\sqrt{0.3} = \pm 5.3666\text{mm}$。现用三角高程传递,竖直角(高差)测量 4 测回,则竖直角测量最大误差 $m_\beta = \pm 2/ = \pm 1''$,取 $d = 200\text{m}$,$m_d = \pm 3\text{mm}$,$\beta = 20°$,$m_i = m_v = \pm 2\text{mm}$ 代入式(6)得:

$$m_H = \pm\sqrt{[(2 \times \tan 20°)^2 + (200000 \times \sec^2 20° \times 1'' \div 206265)^2 + 4 + 4]}$$
$$= \pm 2.9225\text{mm} < \pm 5.3666\text{mm}$$

即在锚碇深基坑实施监控时以 2″级全站仪观测四测回,距离控制在 200m 以内时,以三角高程传递高程,其观测精度能满足四等水准观测技术指标。以三维坐标法进行锚碇基坑开挖监控测量,精度能满足规范的要求。

5 监控操作的具体流程

5.1 监控点的布设

观测基点布置:观测基点共设置 2 个,采用刘家峡大桥施工控制网内的导线点,基点为现浇钢筋混凝土墩,基点标墩高于地面 5cm,安装强制对中基座,混凝土强度为 C20。

土体表面变形监测点标为钢制测点标志,连接杆打入地下深度不小于 600mm,保证观测标能代表该处变形。

在基坑顶面布置 8 个点,四角和边线中间布置,二级平台布置位置与基坑顶相对应;基坑顶面上方土体在坡中和坡顶位置布置两层观测点,观测点间距不大于 20m,等间距布置,测点布置如图 1 所示。

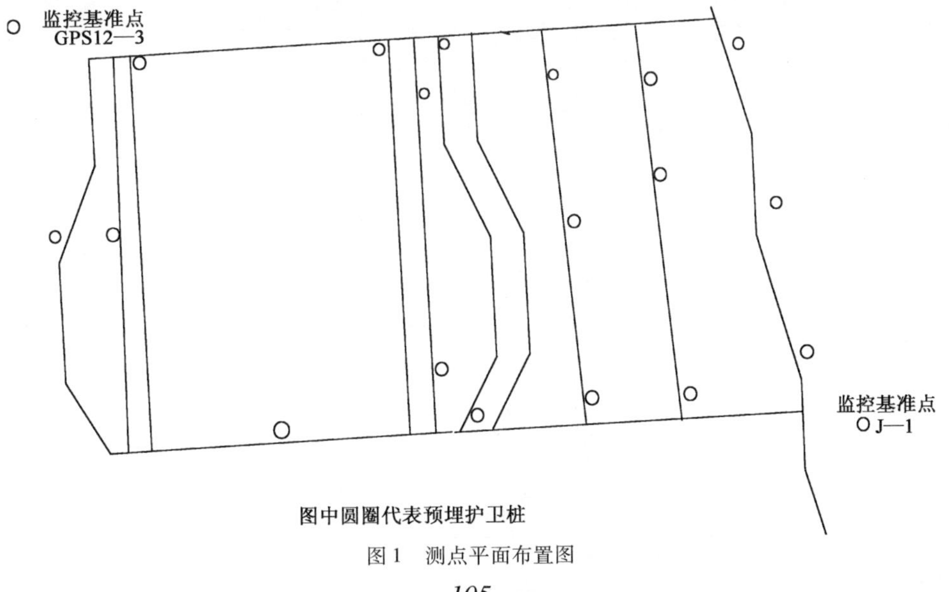

图 1 测点平面布置图

以刘家峡黄河特大桥东锚碇基坑开挖为例，监测点的布设的平面图及侧面图如图2所示。

5.2　平面位移的监控测量

以基准点GPS12—3和J—1作为测量起始点，通过测量距离与水平夹角，通过结合CAD数据处理的方法，求出各点位的坐标。以东锚碇最先布置的几个监测点为例，来介绍刘家峡大桥东锚碇深基坑开挖具体的操作。最先布置几个监测点的平面图如图3所示。

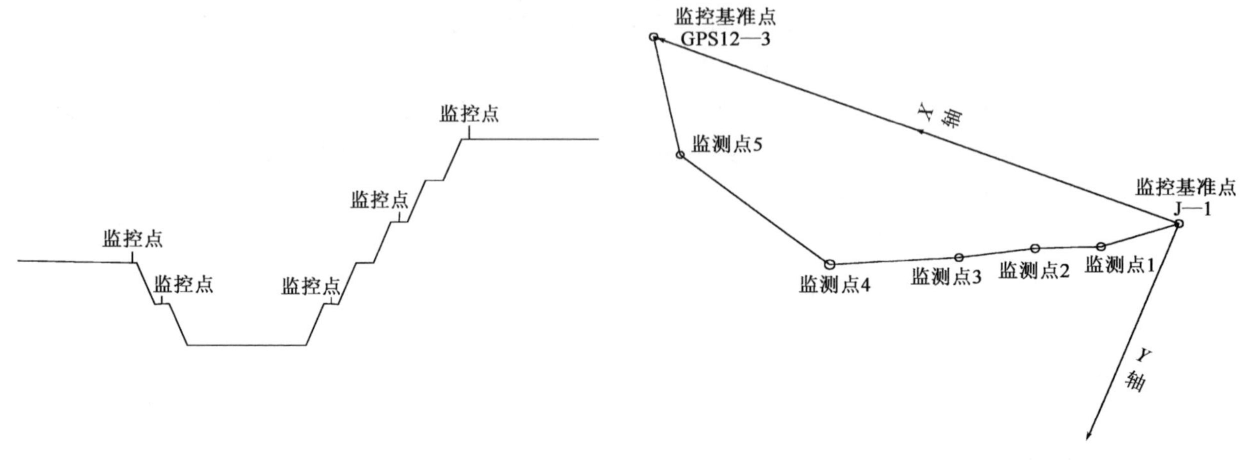

图2　测点侧面布置图

图3　监测点布置图

先仪器架设在基准点J—1上，后视GPS12—3，瞄准GPS12—3水平角度置零，测出J—1到GPS12—3的水平距离，然后旋转全站仪分别至监测点1、监测点2、监测点3、监测点4和监测点5，分别记录J—1到各监测点的水平距离以及从GPS12—3旋转到各监测点的水平角度，每个监测点做四个测回。首次监测数据如表1所示。

首次监测数据　　表1

<table>
<tr><th>编号</th><th>平均水平距离(m)</th><th>编号</th><th>平均　水平角</th><th>°</th><th>′</th><th>″</th></tr>
<tr><td>GPS12—3
J—1</td><td>192.502</td><td></td><td></td><td>0</td><td>0</td><td>0</td></tr>
<tr><td rowspan="3">J—1
监测点1</td><td rowspan="3">21.136</td><td>GPS12—3</td><td rowspan="3"></td><td rowspan="3">39</td><td rowspan="3">8</td><td rowspan="3">8</td></tr>
<tr><td>J—1</td></tr>
<tr><td>监测点1</td></tr>
<tr><td rowspan="3">J—1
监测点2</td><td rowspan="3">37.74</td><td>GPS12—3</td><td rowspan="3"></td><td rowspan="3">31</td><td rowspan="3">55</td><td rowspan="3">15</td></tr>
<tr><td>J—1</td></tr>
<tr><td>监测点2</td></tr>
<tr><td rowspan="3">J—1
监测点3</td><td rowspan="3">57.477</td><td>GPS12—3</td><td rowspan="3"></td><td rowspan="3">30</td><td rowspan="3">49</td><td rowspan="3">57</td></tr>
<tr><td>J—1</td></tr>
<tr><td>监测点3</td></tr>
<tr><td rowspan="3">J—1
监测点4</td><td rowspan="3">90.586</td><td>GPS12—3</td><td rowspan="3"></td><td rowspan="3">28</td><td rowspan="3">36</td><td rowspan="3">41</td></tr>
<tr><td>J—1</td></tr>
<tr><td>监测点4</td></tr>
<tr><td rowspan="3">J—1
监测点5</td><td rowspan="3">129.611</td><td>GPS12—3</td><td rowspan="3"></td><td rowspan="3">12</td><td rowspan="3">43</td><td rowspan="3">10</td></tr>
<tr><td>J—1</td></tr>
<tr><td>监测点5</td></tr>
</table>

5.3 数据的分析与处理

根据现场监控测量提供的数据结合 CAD 进行数据处理，首先利用刘家峡大桥施工控制网中的导线点 GPS12—3 和 J—1 确定其平面的相对位置，然后再以 J—1 为坐标原点(0,0)，以 GPS12—3 和 J—1 两基准点所确定的直线为 X 轴，以垂直与 X 轴且通过 J—1 的直线作为 Y 轴重新建立新的坐标系，那么坐标系转换之后 GPS12—3 和 J—1 在新的坐标系中的坐标分别为(192.502,0)和(0,0)，然后利用现场测设各监测点的数据在 CAD 中分别画出来，然后在 CAD 中分别由各个监测点向新的坐标系中两个坐标轴引垂线，在 X 轴方向上，由垂足点到 J—1(坐标原点)斜距即为该监测点的 X 坐标，在 Y 轴方向上，由垂足点到 J—1(坐标原点)斜距即为该监测点的 Y 坐标。通过这种坐标系的转换既能简化各监测点位坐标的计算又能直观明了的在 CAD 中看到各监测点位平面位置的偏移情况。

各监测点位在新的坐标系中坐标和 CAD 图如表 2 和图 4 所示。

监测点位在新坐标系中坐标 表 2

点名	坐标		备注
	X	Y	
GPS12—3	192.502	0	监控基准点
J—1	0	0	监控基准点
监测点 1	16.395	13.34	
监测点 2	32.033	19.955	
监测点 3	49.354	29.459	
监测点 4	79.524	43.378	
监测点 5	126.431	28.538	

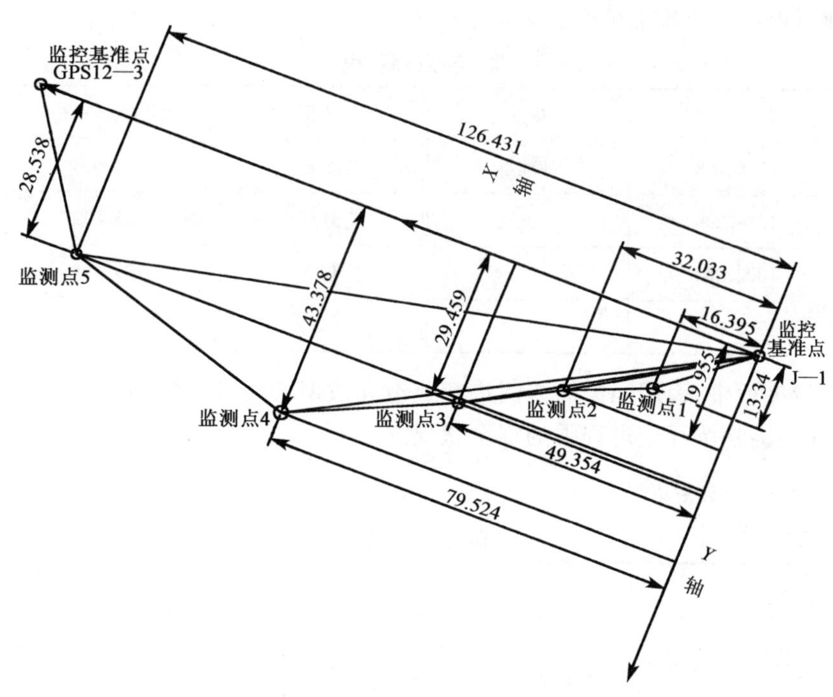

图 4 各监测点位在 CAD 中的标注情况(单位:m)

随着基坑开挖深度的增加，要在各级开挖的 2m 平台上逐步布置监测点，直至开挖完成，这样便完成了刘家峡大桥东锚碇深基坑开挖监控起始数据的测量。在以后的监控测量过程中，运用同样的方法进行测量，把每次处理的数据结果和起始数据进行比对，来确定在锚碇基坑开挖过程中的安全状况。

5.4 竖向位移的监控测量

仍以东锚碇为例来介绍东锚碇基坑开挖过程中竖向位移的监控测量，在水平位移监控测量过程中，我们同时记录由 J—1 到各个监测点的垂直角度，并记录仪器高和对应监测点的棱镜高，每个监测点位同样都是做四个测回，竖向位移的监控数据的平均值如表 3 所示。

竖向位移监控数据平均值 表 3

编号	水平距离(m)	平均垂直角	°	′	″
GPS12—3 J—1	192.502		6	1	41
J—1 监测点 1	21.136		38	54	35
J—1 监测点 2	37.74		28	30	47
J—1 监测点 3	57.477		27	25	59
J—1 监测点 4	90.586		18	16	3
J—1 监测点 5	129.611		13	3	57

利用我们先前所验证的三角高程的精度公式：$H = H_0 + i - v + d \times \tan\beta + (1 - K) \times d^2/(2R)$，将监测数据带入该公式即可得出各监控点的高程，如表 4 所示。

监 控 点 高 程 表 4

点号	监测点高程	备注	点号	监测点高程	备注
GPS12—3	1795.198	基准点	监测点 3	1785.688	
J—1	1815.299	基准点	监测点 4	1785.622	
监测点 1	1802.362		监测点 5	1785.444	
监测点 2	1795.021				

以后的监控测量过程中，运用同样的方法进行测量和数据处理，把每次处理的数据结果和起始数据进行比对，来确定在锚碇基坑开挖过程中的安全状况。

5.5 监控频率(见表 5)

监 控 频 率 表 5

基 坑 类 别	施 工 进 程		监 测 频 率
一级	开挖阶段 (m)	≤5	1 次/2d
		5 ~ 10	1 次/1d
		>10	2 次/1d

5.6 安全报警警戒值

根据规范以及相关标准，刘家峡大桥锚碇深基坑开挖的安全报警警戒值确定如表 6 所示。

基坑变形报警值　　表6

序号	监 测 内 容	绝对值(mm)	预警值		危险值（累计值）
			（累计值）	变化速率(mm/d)	
1	坡顶水平位移	30～35	>30mm	5－10	≥35mm
2	坡顶竖向位移	25～35	>25mm	2－3	≥35mm

6 结语

通过对刘家峡锚碇深基坑开挖实施全程监控测量，保证了深基坑的安全开挖，验证了监控方法的可行性。

参 考 文 献

[1] 中华人民共和国行业标准. JTG/T F50—2011 公路桥涵施工技术规范[S]. 北京：人民交通出版社，2011.
[2] 中国有色金属工业协会. GB 50026—2007 工程测量规范[S]. 北京：中国计划出版社，2008.
[3] 山东省建设厅. GB 50497—2009 建筑基坑工程监测技术规范[S]. 北京：中国计划出版社，2009.

3 桥 塔 篇

刘家峡大桥桥塔施工技术综述

殷建超　刘红宇

（中交一公局第一工程有限公司）

摘　要　刘家峡大桥塔柱施工技术要从塔柱钢管制造、安装、吊装设备的选择、焊接、混凝土浇筑等方面进行控制，施工中对各工序进行严格的过程控制，只有控制每道工序的关键环节，才能保证刘家峡大桥桥塔施工质量。本文主要介绍刘家峡大桥桥塔施工技术。

关键词　桥塔　施工　技术　综述

1　概况

刘家峡大桥为双塔单跨简支钢桁加劲梁桥，桥塔采用钢管自应力混凝土结构，钢管混凝土桥塔在悬索桥索塔中的应用尚属于首例，在国内外无可借鉴的经验。索塔钢管直径300cm，壁厚50mm，塔柱内灌注C40自应力混凝土，桥塔结构如图1所示。

由于现场条件限制，从钢管的制造、现场拼装、节段吊装以及管内自应力混凝土配合比设计和施工方面需要进行大量试验研究，确定合理的施工方案和控制措施，为保证索塔顺利施工提供技术支撑。本文从钢塔的安装焊接、测量控制、微膨胀混凝土配合比的设计、自应力混凝土的浇筑、桥塔的检测等不同方面，阐述了钢管混凝土施工的方法及注意事项，为以后钢管混凝土施工提供了借鉴参数。

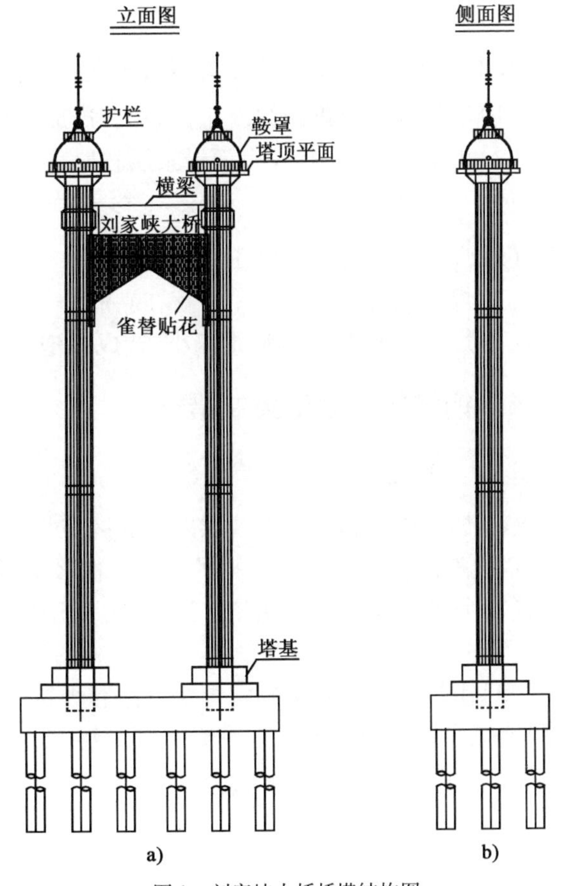

图1　刘家峡大桥桥塔结构图

2　桥塔施工技术重点与要点

2.1　钢管制造

刘家峡大桥钢塔柱钢管直径达3m，采用5cm厚钢板卷制，施工难度较大，因此钢管的加工制造阶段需要专用的加工设备来保证钢管的加工尺寸和焊接质量，钢管加工制造阶段的工艺研究、质量控制和检验是决定钢管桥塔施工质量的关键。为确保施工现场安装质量符合设计要求，因此保证在厂内卷制的钢管节段应满足标准。

2.2　钢塔安装

（1）塔柱钢管吊装节段最重为86t，安装高度达61.4m。由于地形狭窄，大吨位构件安装方案的优化、起重设备的选型，以及现场组装施工和安全控制是施工重点。

（2）塔柱安装受环境和施工影响大，需采取合适的措施进行施工和进行过程控制和监测。

（3）施工现场风较大，焊接时需采取有效措施，提高焊接质量。

2.3 混凝土浇筑

管柱内 C40 微膨胀混凝土配合比的设计需进行专门的试验研究。在施工过程中加强管理,保证了混凝土浇筑完成后钢管与混凝土很好黏结。

3 桥塔施工中容易存在的不足

3.1 管节安装错台较大

(1)桥塔钢管在厂内加工时没有控制好钢管直径偏差,造成钢管椭圆度较大。

(2)没有进行试拼装,对钢管直径误差进行调整。

3.2 钢塔垂直度误差较大

(1)钢塔调整时间选择不当,在太阳升起后气温较高时段进行了钢塔垂直的调整。

(2)焊接时没采用对称焊接,造成钢塔偏斜。

3.3 钢塔混凝土与钢塔黏结不密实

(1)微膨胀混凝土配合比设计不合理,混凝土膨胀量不能抵消混凝土收缩变形。

(2)钢塔内壁浮锈较多,浇筑混凝土时没有进行清理。

(3)振捣不到位。

3.4 混凝土施工质量较差,表面产生浮浆

(1)串筒安装高度距混凝土面较高,造成离析。

(2)坍落度较大,造成表面浮浆层较厚。

3.5 焊缝存在气孔、夹渣等缺陷

(1)焊接前对焊口打磨工作不到位。

(2)焊层间焊渣清理不干净存在夹渣。

(3)焊接时 CO_2 气体流量偏小,造成气泡。

4 钢塔施工质量控制措施

4.1 钢塔加工

(1)加强原材料施工放线误差,在卷制过程中严格控制钢板曲率半径,卷制完成后检查钢管的椭圆度、直径偏差等指标,对不合格的进行二次校圆,同时可以减少冷作硬化和残余应力。

(2)管节组拼在专用胎架上进行,可采用轨道式组装胎架,两根轨道必须矫直,水平平行设置并焊牢固。

(3)由焊接工艺评定确定焊接方法和焊接规范,优先选用 CO_2 自动和半自动焊进行打底焊接,然后采用埋弧自动焊对焊缝进行对称焊接成型工艺。选用焊缝金属少,变形量小的坡口形式,规定焊接顺序、焊接方向,综合控制焊接变形。

4.2 钢塔安装

4.2.1 钢塔安装施工控制

根据钢塔安装施工过程存在的问题,发现钢塔的安装受风力、气温、日照、测量放线误差影响较大。主要从以下几方面进行控制:

(1)根据施工过程中监测,钢塔在空管时太阳直射面垂直度偏差为 18mm,已浇筑混凝土钢塔垂直度偏差为 10mm,因此钢塔安装选择气温较低时进行垂直度调整。

(2)在钢塔下节段以水平轴向 4 个点位作为全塔安装施工控制点,根据轴线位置直径,对应标记处标出安装节段的轴线点,确保直径误差在最小值,在控制点处安装限位板作为导向匹配件。

(3)对吊装段的垂直度进行检测,控制在设计允许范围之内,再微调到位。将码板固定后,在气温稳定的时段对桥塔进行检测,确保轴线位置、垂直度合格,经检测合格后进行环向接缝焊接。焊接采用双面坡口焊缝,内侧焊接后外部碳弧气刨清根,再进行外部焊缝焊接。焊接顺序上,采用多人分段、对称施焊,防止焊接变形对塔身垂直度的影响。

4.2.2 钢塔安装设备的选择

由于刘家峡大桥桥塔受地形限制,吊装高度较高,常规吊装设备不能满足施工,图纸设计采用跨墩龙门,从场地、费用、技术创新等方面综合因素考虑后采用自爬升门架。采用以上安装方法既节约了资金,又加快了施工进度。

4.2.3 自爬升门架结构

自爬升门架结构如图2所示。

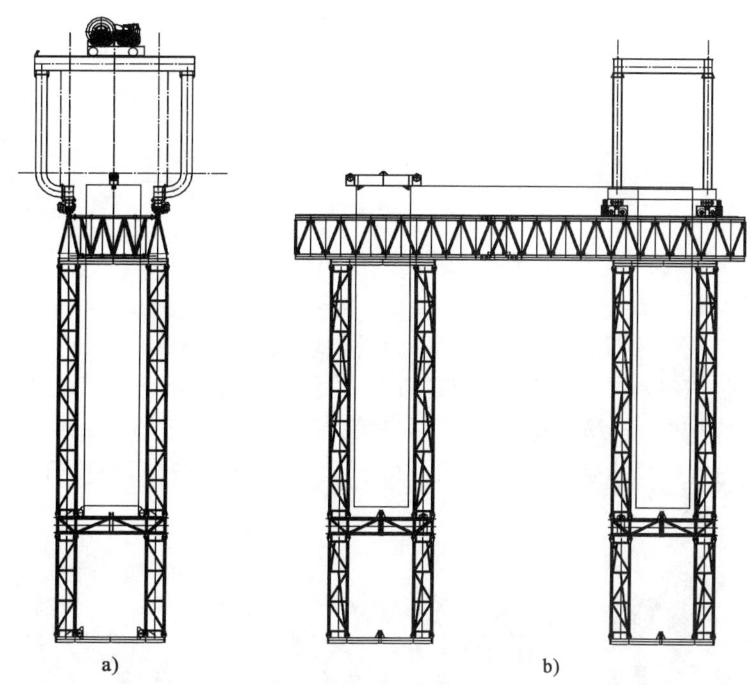

图2 爬升门架总体拼装结构图

4.2.4 卸车门架结构

卸车门架结构如图3、图4所示。

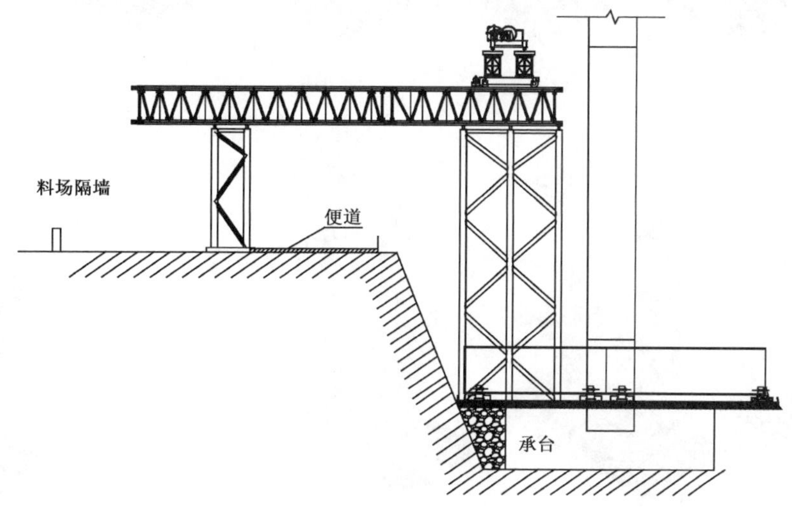

图3 卸车门架结构立面示意图

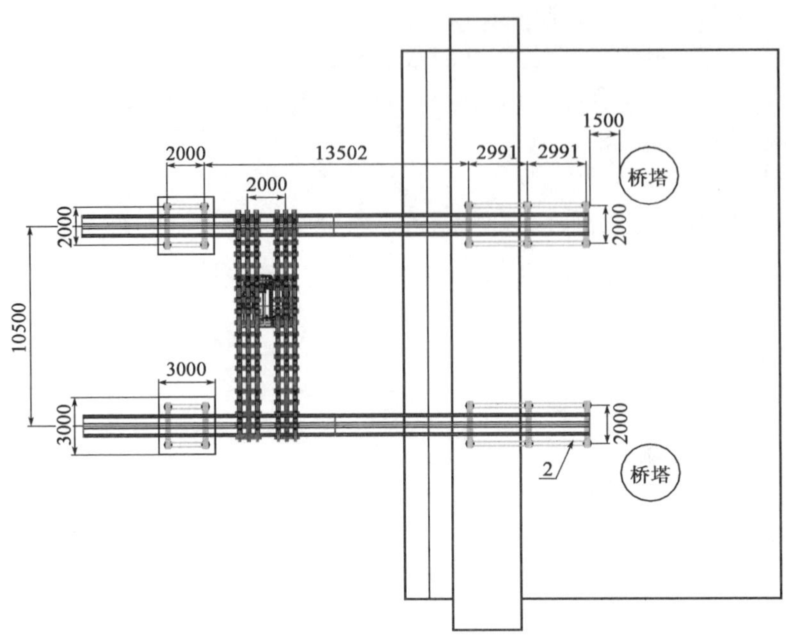

图4 卸车门架结构平面示意图(单位:mm)

4.2.5 钢塔安装步骤及流程

(1)在浇筑承台第二层混凝土前,首先要安装钢塔预埋段,利用100t汽车吊安装使其到位。

(2)承台浇筑完成后,安装龙门支架及自爬式门架,并利用门架开始安装第二节塔筒段,如图5所示。

(3)待第二节安装完成后,自爬式提升门架,安装第三节塔筒,如图6所示。

(4)第三节安装完成后,通过自爬式提升门架的自爬功能,将提升门架提升到第三节塔筒上,并安装第四节塔筒段,如图7所示。

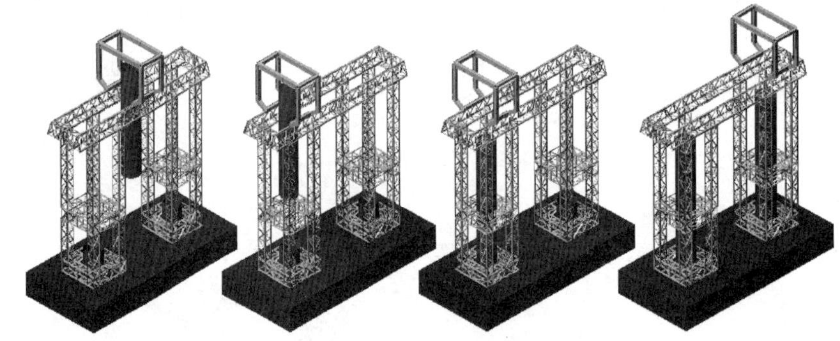

图5 安装第二节塔筒段

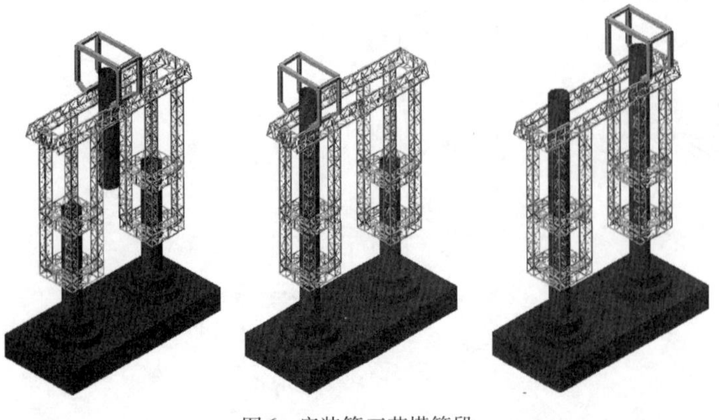

图6 安装第三节塔筒段

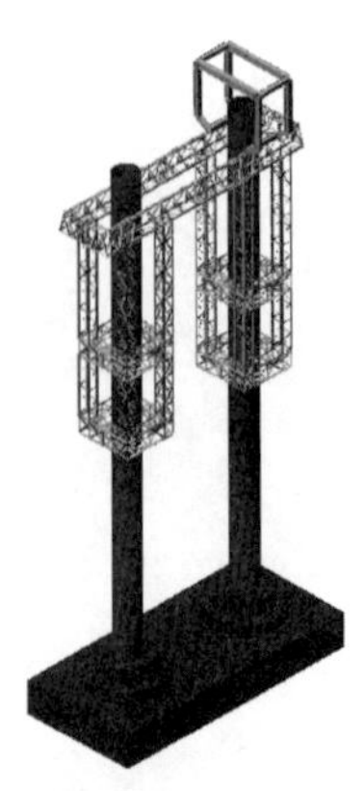

图7 安装第四节塔筒段

(5)安装横梁、格栅及索鞍等,完成全桥钢塔的安装。

首先进行格栅的安装,格栅安装完成后将主索鞍临时吊装至格栅上,进行横梁的安装,待横梁安装完成后进行主索鞍的调整,如图8所示。

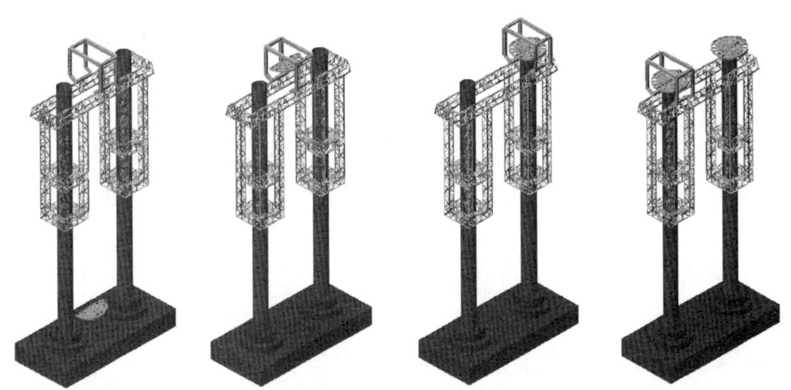

图8 进行主索鞍的调整

4.2.6 测量控制

钢塔定位控制采取跟踪测量的方法进行,全站仪直接架设在现场的导线控制点上,通过在钢塔上贴反光膜放样各个角点的坐标。

钢塔在施焊前进行钢塔的最后复测,平面位置及高程满足规范要求后进行钢塔的施焊,焊接前进行工序交接。上一道工序不满足要求严禁进行下一道工序施工。

4.3 微膨胀混凝土配合比设计

4.3.1 混凝土配合比设计

桥塔微膨胀混凝土的配合比设计直接影响到钢管与混凝土的黏结质量以及浇筑混凝土的密实度。项目部委托西安公路研究院公路工程试验检测中心进行配合比设计,共进行了3种配合比的试验检测,经工地试验室验证后,最终取配合比为:水∶水泥∶砂子∶碎石∶粉煤灰=154∶437∶726∶1044∶44,膨胀剂添加量选用10%。通过现场模拟试验确定,经监理单位试验验证可行。

4.3.2 配合比模拟试验方法

试验采用现场模拟试验,选取4个0.6m(高度)×1.5m(直径)×0.05m(壁厚)的钢管作为试验段(主塔钢管尺寸:61.4m×3m×0.05m),试验塔选用同主塔柱相同材料、相同厂家、相同焊接工艺的的钢管(具体尺寸见试验简介),试验前需核实相关材料并检查尺寸、焊接工艺等是否符合要求。同时在微膨胀混凝土浇筑前应将下部用钢板焊接封闭。内部模拟现场实际施工状况浇筑C40微膨胀混凝土。通过测定现场混凝土及钢管表面应变值,并结合现场温度状况和实验室养护混凝土膨胀率综合评价本次试验的微膨胀混凝土膨胀率是否满足设计要求,选择合适的膨胀率,确定膨胀剂添加数量,评价混凝土的膨胀和温度变化对钢管的影响;通过超声波检测钢管混凝土缺陷及混凝土与钢管是否发生脱落。

4.3.3 结果分析

通过监测在两种膨胀率作用的钢管应变,以及监测微膨胀混凝土的应变,结合根据现场和实验室监测数据分析,监测不低于28d,可得出微膨胀混凝土的膨胀率,通过膨胀率的大小最重确定膨胀剂使用数量。

4.4 钢管焊接

(1)施焊前,必须彻底清理待焊区的铁锈、氧化铁皮、油污、水分等杂质。焊后必须清理熔渣及飞溅物,图纸要求打磨的焊缝必须打磨平顺。

(2)采用CO_2气体保护焊应满足防风、防雨条件,CO_2气体纯度应不低于99.5%。

(3)定位焊缝应距设计焊缝端部30mm以上,焊缝长度应为50~100mm,间距应为400~600mm,定位焊缝的焊脚小于1/2设计焊脚。定位焊不允许存在缺陷。

(4)焊接时宜使用引板。板件的拼接焊缝与结构焊缝的间距应大于100mm;采用焊接接长的板件,其接长不得小于1000mm,宽不小于200mm;T型接头交叉焊缝间距不小于200mm。

(5)对于横向对接焊缝,焊后要对其余高进行修磨,使其与母材平齐,平齐度为凸不高于0.5mm,凹不低于0.3mm。

4.5 钢塔混凝土施工

(1)混凝土浇筑尽量选在气温较低时段进行,防止在混凝土浇筑时影响钢塔的垂直度。

(2)泵管从高压拖泵接出,沿塔身外布置,并用型钢固定在钢塔上。钢管混凝土浇筑前,对管壁上的浮锈进行清理,并用高压水清洗管内污物,润湿管壁,泵入适量与混凝土同等级的水泥浆湿润管道后再灌注混凝土。

(3)混凝土灌注采用串筒灌注方法进行施工,串筒下料口距离混凝土面不超过2m,并在串筒内部设置消力装置,每灌注0.3m时用振捣棒进行振捣,振捣时不能离钢塔壁太近,振捣采用快插慢拔的方式进行振捣。混凝土浇筑施工时,严格按照分层浇注分层振捣的原则进行,并且定岗定人分区负责,防止漏振、过振。

(4)混凝土灌注高度要避开焊接热影响区,要求混凝土灌注高度低于对接焊缝50cm,施工缝位置设置连接钢筋。当混凝土达到一定强度后对塔顶部分混凝土要进行凿毛处理,并将凿除的混凝土清除,确保在浇筑塔柱混凝土时有良好的连接面。为防止焊接高温对已灌注混凝土的影响,混凝土灌注后不准在管壁上再进行焊接。

(5)在每一节混凝土浇筑完成后,用土工布结合塑料薄膜包裹并保水养护。混凝土灌注至塔顶时,等混凝土顶面初凝后,顶部浇水进行养护,养生期不少于7d。

5 桥塔施工质量检测

(1)进场前对钢管节段焊接纵、横焊缝进行检测,检测方法采用射线和超声波检测方法进行,检测合格后方能进场。

(2)钢塔安装焊接完成后进行射线和超声波检测,检测合格后进行混凝土浇筑。

(3)钢管与混凝土的黏结性检测,采用人工敲击和超声波检测,对存在问题的部位进行打孔压浆处理。混凝土密实度再用埋设声测管的方法进行检测。

6 施工注意事项

(1)钢管内进行焊接和混凝土浇筑时钢管内部温度较高,尤其是在焊接时一定要做好塔内空气流通工作,保证作业人员有良好的作业环境。

(2)浇筑混凝土时由于托泵产生的振动较大,浇筑混凝土时尽可能在下部混凝土初凝前结束混凝土浇筑工作。

(3)钢塔施工均为高空作业,施工中要充分做好安全措施,防止安全事故发生。

7 结语

通过对刘家峡钢管桥塔的施工,掌握了大直径钢管质量控制的方法,对施工中存在的问题找出改进措施,通过这些措施既可提高工程质量,又可提高工作效率。

参 考 文 献

[1] 中交第一公路工程局有限公司. JTG/T F50—2011 公路桥涵施工技术规范[S]. 北京:人民交通出版社,2011.

[2] 中华人民共和国行业标准. GB 50496—2009 大体积混凝土施工规范[S]. 北京:中国计划出版社,2009.

刘家峡悬索桥大直径桥塔钢管制造关键技术

黄振燕　阳华国　冯　浩

（中交一公局第一工程有限公司）

摘　要　刘家峡大桥桥塔钢管壁厚、直径大、安装高度大，如何保证标准管节的加工质量，进而通过拼装焊接过程控制安装节段组装质量，需要进行细致的工艺研究。本文介绍了刘家峡主塔钢管卷制、拼装、焊接工艺和质量控制情况，总结出超厚、特大直径钢管制造质量控制关键技术。

关键词　钢管　制作　拼装　焊接质量

1　工程概况

1.1　结构设计特点

桥塔采用门式钢管混凝土结构，塔身为 ϕ3000mm×50mm×60900mm，材质 Q345D 钢管柱，其中有 5.9m 段埋入塔基及承台部分。为减少工地焊接量并保证质量，桥塔安装钢管分为 19m、19m、17.5m 三大段，单节最重的管节重 86t，全桥共用钢材 900.9t。为了加强混凝土与桥塔钢管管壁之间的黏结，管壁内侧焊接 ϕ300mm×25mm 焊钉。

1.2　施工控制要点

本桥钢管采用标准节段卷制、小节段组装、焊接工艺。为保证桥塔的安装垂直度、几何尺寸等技术要求，通过采用卷制直缝焊接钢管，分次多卷成形技术措施，避免钢管卷制中常出现的外形缺陷（如表面压伤、卷裂），避免拼装过程中的对接错边量、纵向弯曲等缺陷。成形钢管的合格标准如下：

（1）长度：±1mm；

（2）纵向弯曲（直度）：$f \leqslant 0.1\% L$，$f \leqslant 5$mm；

（3）椭圆度：$f \leqslant 9$mm；

（4）管端不平度：$f \leqslant 2$mm；

（5）钢管直径偏差：4mm；

（6）焊缝质量：X 射线 10%，超声波 100%；

（7）对接错边量：小于 0.7mm

2　标准节段施工工艺

图 1　钢管标准节卷制

2.1　钢管的卷制工艺确定

由于钢管管径大，壁厚，卷管难度大，质量控制点多，如何保证结构几何尺寸以及避免出现卷裂、变形等缺陷，需要对钢管卷制过程进行严格控制，经过多方调查，最后选择 W11S-80×3000 数控卷板机进行标准管节卷制施工。卷制过程中采用分多次卷制的方法完成钢管卷制，通过此种措施以减少钢管材料冷作硬化和残余应力。图 1 为正在卷制标准节。

2.2 卷管施工关键控制环节

2.2.1 钢板预处理

钢板在切割前,采用赶板机进行钢板赶平,以消除钢板内应力,防止进厂的钢板因弯曲、翘曲等因素影响切割质量。

2.2.2 钢板下料

钢管的直径、管端不平度、垂直度等对钢板的定制和下料精度要求非常严格,必须严格控制放样对角误差以及切口端部处理。采用自动气割机切割,切割后的钢板清除干净氧化铁渣。

2.2.3 钢板卷圆

(1)预弯处理措施

由于卷板机两根下轴辊之间有一定距离,使钢板两端无法形成圆滑弧线,因此必须对两端的直边先进行预弯。预弯时钢板预弯段随时用样板检查预弯曲率半径,局部凸起或凹陷的地方,用钢板条作为衬垫来校正。卷板机预弯时,根据材料的塑性、厚度和曲率的大小通过试验确定预弯次数。

在卷板机上预弯的做法如图2所示,先将一块弯成所需圆弧半径(小于管径)的原钢板作衬板,然后将钢板放在上面进行预弯。此工艺是保证钢管不圆度等误差符合设计要求的根本保证。

(2)钢板初始位置确定

在卷板机的下轴辊上画一条与轴辊轴线平行的定位直线,用钢板端线对正下轴辊上的定位直线,保证板端线与下轴辊外边缘线平行。

(3)卷圆成形

钢板初始位置确定后开始卷制。上轴辊下压高度要逐级控制,分级下压,施工过程中要经常用圆弧样板(半径为卷管内半径)检查,直至卷到需要的曲率半径为止。卷圆时还要考虑钢板的回弹量。

卷圆完成后在卷板机上进行定位焊,焊点要平整和牢固,定位后开动卷板机对圆筒进行初次矫正滚圆,矫正的重点是纵向接缝位置附近,这是保证标准管节直径和椭圆度的基本环节,需要多次校圆。如图3所示。

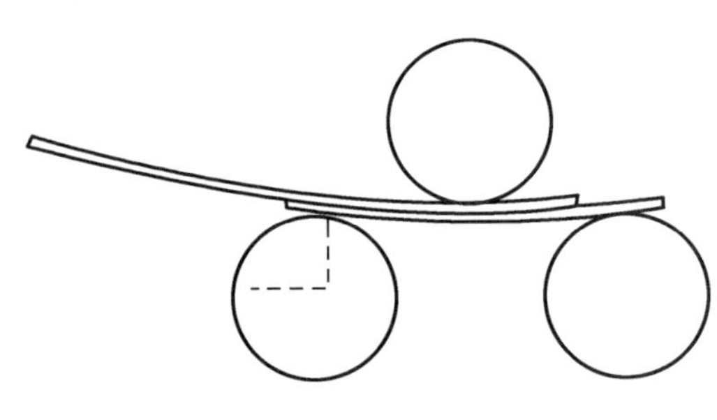

图2 钢板预弯

图3 标准节段校圆完成

(4)焊接

根据焊接工艺评定确定焊接方法,采用 CO_2 自动和半自动焊进行打底焊接,然后采用埋弧自动焊对焊缝进行对称焊接成形工艺。如图4、图5所示。

(5)校圆

对组焊完毕的标准管节,二次将进行校圆。校圆在卷板机上进行,加载遵循渐进模式,不得过校,卸载也要逐渐减小。

由于管节纵缝焊接后,焊缝会收缩,导致管节纵缝处产生内棱角或外棱角。使用专用弧板进行校圆,即先将专用弧板放于卷板机上,再将管节放于弧板和上辊之间,使管节纵缝位于弧板中间,并使管节和弧板一起在卷板机上来回滚动,直到检查棱角合格为止。当管节纵缝有内棱角时,将管节纵缝放于卷板机上滚轮正下方,上辊向下压,待焊缝两侧产生一定变形后可使管节在焊缝两侧附近来回滚动数次,过大角度，检查棱角合格后即可。校圆后的管节应保证圆度要求，其形成的棱角用弦长等于1/6设计内直径，长不小于300mm的内样板和外样板检查，如图6所示其棱角值不得大于$(\delta n/10+2)$mm，并不大于5mm。

图4 内部纵缝焊接

图5 外部纵缝焊接

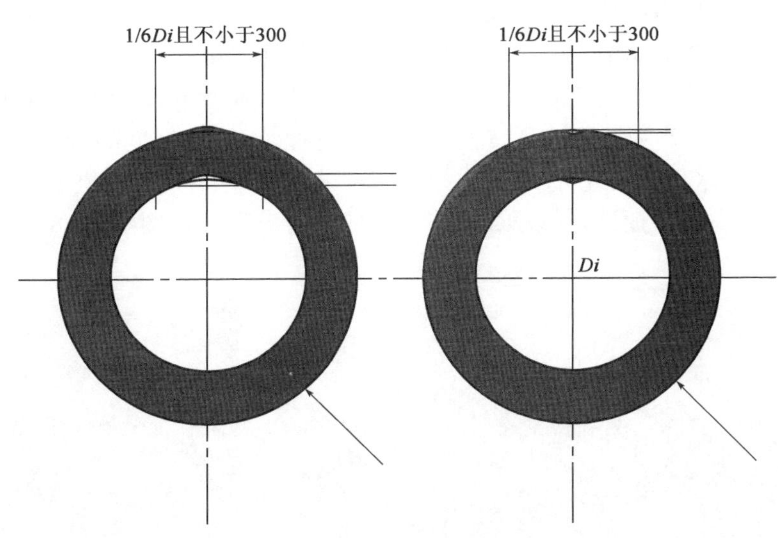

图6 管节纵缝处内、外棱角允许值

为防止棱角的产生，可根据坡口的形式设计防变形的方法（在预弯的弧度上进行控制）；可以在焊接时，先焊接收缩量大的焊缝；也可采用双数焊工对称施焊；还可以在保证设计强度的前提下，焊缝的熔焊金属及焊缝的坡口应尽可能取小进行控制棱角的产生。

2.3 钢板在卷制过程中容易出现的质量问题及处理措施

2.3.1 扭曲

造成扭曲的主要原因是板端线与轴辊不平行（即未找正），因此卷圆前一定对正钢板，卷制过程中应随时检查是否有偏移。出现扭曲时，手拉葫芦拽拉调正。

2.3.2 两端曲率不等

卷管圆筒一端板缝接触，一端缝隙很大，造成的原因是上轴辊两端调节量不一致造成两端曲率不等，因此在卷制过程中，应不断用弧形样板检查两端曲率是否相同，不同时应及时调节轴辊，直至两端曲率相等。已造成两端曲率不等时可在缝两边点焊耳板用螺栓拉紧的方法将缝隙缩小。

2.3.3 弯曲过大

造成钢板弯曲过大的原因是由于上轴辊向下调节量过大所致，因此在卷制时应循序渐进，不要急于求成。

2.3.4　中间鼓形

当上轴辊一次下调量过大，以及钢板较厚轴辊较细而刚性不足时，容易使管节中间鼓出。预防措施是上轴辊每次向下的调整量去小一些，让轴辊中部承受的弯曲应力减小，反复卷制几次即可避免或减小上述现象。已出现的鼓形，可通过在最大凸出部位设置拉杆螺栓拉紧，点焊后即可消除鼓形。

2.3.5　钢板表面压伤

造成的原因是钢板表面有硬的异物和氧化铁渣，必须扫除钢板上、下表面附着的杂物。

3　吊装节段制作工艺

标准节段长度2.5～3m，吊装节段长度10.6m，如何采取措施保证吊装节段总体质量，需要从拼装平台、焊接工艺、校正方法等方面进行控制，保证吊装节段质量满足设计的要求。

为保证吊装节段组装尺寸和焊接质量，经过多次论证选择吊装节段轨道式组装胎架进行组装，利用全回转焊接滚动架进行内外环缝的焊接，从而确保吊装节段组装的直线度和旁弯符合要求，通过旋转节段使节段对接环缝焊接位置始终处于平焊位置从而保证焊缝质量。

吊装节段制作工艺流程为：标准节段选配→标准节段逐节吊装上组装胎架→相邻管节调整→相邻管节定位焊接→吊装到回转滚动架→内部环缝焊接→外部环缝焊接。

管节组拼在轨道式组装胎架上完成，拼装场地坚实、地基承载力足够，两根轨道必须校直，水平平行设置并焊接牢固。控制轨面高程和轨道顺直度，这是保证拼装钢管顺直度的最重要措施。组拼过程中控制管端的缝隙均匀、整体节段顺直、管端错边量不超过设计要求，否则采取措施进行调整、具体根据竖向或横向差值采取倒链或千斤顶进行校准，合格后临时用马板焊接。图7、图8为轨道式组装胎架施工图。

图7　轨道上组装吊装节段

图8　轨道式组装胎架

拼装过程中对由于各种因素产生的弹性或塑性变形必须采用技术措施进行调整，使管节对接避免错位、不顺等缺陷。图9为现场采用5t倒链进行缝隙调整，利用30t千斤顶进行管端对接错边量的调整。同时调整过程中需要采取遮阳等措施避免日照温度影响。

图9　吊装节段拼装缝隙和错边量微调

临时连接完成的吊装节段利用厂内龙门进行起吊，移送到全回转滚动架上进行焊接工序施工。在全回轮焊接滚动架上进行内外双面埋弧焊焊接，如图10、图11所示。

焊接采用先内后外的方式进行，焊接过程中保持滚轮的旋转速度与焊接速度相匹配，内部焊机底部安装行走轮，使焊机在钢管旋转过程中始终保持在钢筒的最低位置，创造平焊条件，保证焊接质量，如图12所示。

图10 拼装焊接完成的吊装节段

图11 全回转焊接滚动架

钢管对接坡口采用X形式,细部如图13所示,施工中先行焊接管节内部的焊缝,施焊层数在13~15层范围,然后将焊机转至钢管外侧顶部进行外部环缝的焊接。

图12 内部焊机焊接

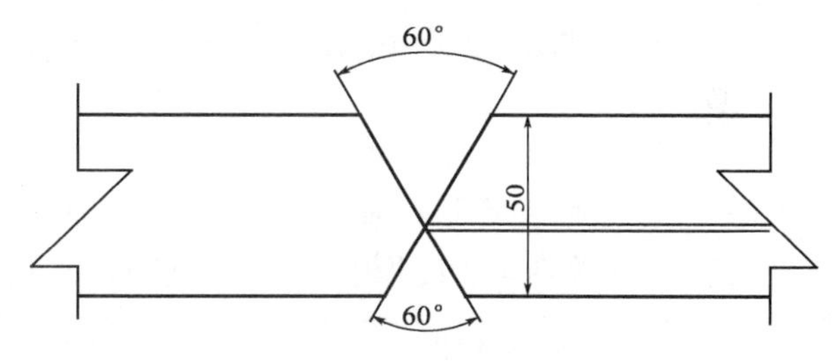

图13 钢管对接坡口形式(尺寸单位:mm)

4 焊接质量内部缺陷产生原因和防治措施

由于钢管的焊缝厚度大,焊缝质量控制也是施工中的关键控制环节,焊缝质量有表面质量和内部缺陷之分,内部缺陷由于隐蔽性强,不管采用超声波或X射线检测均有较大的判别难度,而且X射线检测的频率只有10%,因此需要从工艺方面进行严格保障来降低内部质量缺陷的发生概率。

施工中我们针对焊缝施工中容易产生的内部缺陷因素进行分析,制订了具体的预防措施,如表1所示。

钢管内部缺陷产生原因及预防措施 表1

内部缺陷	产生原因	预防措施
裂纹	(1)焊丝和焊剂匹配不当; (2)熔池金属急剧冷却,热影响区的硬化; (3)多层焊的第一层裂纹由于焊道无法抗拒收缩应力而造成; (4)不正确焊接施工,接头拘束大; (5)焊道形状不当,焊道高度比焊道宽度大(梨形焊道的收缩产生的裂纹); (6)冷却方法不当	(1)焊丝和焊剂正确匹配,母材含碳量高时要预热时要预热; (2)焊接电流增加,减少焊接速度,母材预热; (3)第一层焊道的数目要多; (4)注意施工顺序和方法; (5)焊道宽度和深度几乎相当,降低焊接电流,提高电压; (6)进行后热
气孔	(1)接头表面有污物; (2)焊剂的吸潮; (3)不干净焊剂(刷子毛的混入)	(1)接头的研磨、切削、火焰烤、清扫; (2)焊剂在150~300℃烘箱内1h烘干; (3)收集焊剂时用钢丝刷

续上表

内部缺陷	产生原因	预防措施
夹渣	(1)下坡焊时,焊剂流入; (2)多层焊时,在靠近坡口侧面添加焊丝; (3)引弧时产生夹渣(附加引弧板时易产生夹渣); (4)电流过小,对于多层堆焊,渣没有完全除去	(1)在焊接相反方向,母材水平放置; (2)坡口侧面和焊丝之间距离,至少要保证大于焊丝直径; (3)引弧板厚度及坡口形状,要与母材保持一样; (4)提高电流,保证焊渣充分熔化
未熔透 (熔化不良)	(1)电流过小(过大); (2)电压过大(过小); (3)焊接速度过大(过小); (4)坡口面高度不当; (5)焊丝直径和焊剂选择不当	(1)焊接条件(电流、电压、焊接速度)选适当; (2)确定合适的坡口高度和缝隙; (3)选定合适焊丝直径和焊剂的种类

在实施过程中,我们加强对焊接人员、施工机械、作业环境、作业规程等的严格管理,制订了工序验收程序标准,专人负责盯班作业,目前全部吊装节段加工完成,总体控制效果良好,全部焊缝X射线检测不合格率只有两次,从根本上保证了桥塔钢管的质量,避免了返工处理繁琐工序和损失。

5 结语

在刘家峡主塔钢管制作过程中,正是对标准管节卷制过程采取了如板端预弯、整管校圆等技术处理,在吊装节段拼装焊接过程中设置组装胎具、滚轮焊接技术,在焊接过程中对焊缝质量采取积极预防措施,使我们的钢管厂内制作工程得以圆满完成。并在实践中总结掌握了特型钢板卷制和质量控制关键技术,钢管制造工程质量控制达到预期的效果。

参 考 文 献

[1] 王晓雷. 承压类特种设备无损检测相关知识[M]. 北京:中国劳动社会保障出版社,2007.

[2] 全国锅炉压力容器无损检测人员资格考核委员会. 超声波探伤(试用本)[S]. 北京:中国锅炉压力容器安全杂志社.

[3] 中华人民共和国行业标准. 钢结构设计规范[S]. 北京:中国建筑工业出版社,2012.

[4] 中华人民共和国行业标准. JTG/T F50—2011 公路桥涵施工技术规范[S]. 北京:人民交通出版社,2011.

[5] 中华人民共和国行业标准. TB 10212—2009 铁路钢桥制作规范[S]. 北京:中国铁道出版社,2009.

[6] 中华人民共和国国家标准. GB 50205—2001 钢结构工程施工及验收规范[S]. 北京:中国计划出版社,2002.

[7] 中华人民共和国行业标准. JGJ 81—2002 建筑钢结构焊接技术规程[S]. 北京:中国建筑工业出版社,2003.

刘家峡大桥索塔钢管微膨胀混凝土施工技术

李鸿盛 阳华国

（中交一公局第一工程有限公司）

摘 要 以刘家峡黄河大桥钢管微膨胀混凝土施工为依托，介绍了索塔钢管微膨胀混凝土施工质量控制关键环节，通过现场试验确定微膨胀混凝土配合比参数和施工方案，制订并实施钢管混凝土在拌和、泵送、浇筑振捣、施工缝处置等过程中的控制要点。钢管微膨胀混凝土施工技术在刘家峡大桥的成功应用，标志着大直径钢管混凝土技术有了进一步的突破。

关键词 钢管微膨胀混凝土 配合比参数 施工技术 质量控制

1 工程概况

刘家峡大桥是主跨为536m的单跨双铰简支钢桁加劲梁式悬索桥，索塔采用门式钢管混凝土结构形式，直径3m。钢管利用50mm厚Q345D钢板卷制，塔高61.4m，采用工厂化制造，大节段运输、拼装，顶部设装饰性横梁，内部充填C40微膨胀混凝土。为保证主缆压力通过索鞍完全传递到索塔上，塔顶部设置钢格栅，格栅与索塔混凝土之间采用连接钢筋以及混凝土灌注连接方式，提高了格栅与索塔的连接强度。

2 使用钢管微膨胀混凝土的目的和意义

为了达到钢管混凝土索塔承载力高，塑性和韧性好，施工便捷的目的，充分发挥钢管与管内灌注的微膨胀混凝土的自身材料力学特性，在受力过程中形成组合、叠加作用，改善混凝土的塑性和韧性，避免钢管局部屈曲，提高索塔的抗震与防火性能，本项目使用钢管微膨胀混凝土。

钢管微膨胀混凝土由于有钢管环箍效应的存在，使得管内混凝土抗压强度极大提高；管内混凝土的密实程度提高；管内微膨胀混凝土的自应力对钢管施加的环向应力，能够保证钢管微膨胀混凝土结构在不同的温度影响情况下混凝土与管壁不会发生脱粘现象而提高桥塔钢管混凝土的整体承载能力。

3 钢管微膨胀混凝土的特点

微膨胀混凝土是通过膨胀剂在混凝土或砂浆中引起的膨胀，依靠膨胀剂本身的化学反应或与水泥其他成分反应，在水化期产生一定的限制膨胀，以补偿混凝土的收缩。水泥、粉煤灰、膨胀剂、减水剂的选择关系到混凝土膨胀率、强度、施工和易性、施工中混凝土泌水、离析、核心温度较高等问题，必须慎重加以试验选择。

3.1 水泥选择要求

水泥的强度与稳定性关系到混凝土的强度及稳定性，除加强对进场水泥的检测以及保证3d的存储时间外，要加强对水泥厂的监控与协调，避免水泥源头质量波动，对拟选用的不同厂家的水泥进行配合比试验，经技术分析后确定水泥品种。

3.2 粉煤灰选择

大体积微膨胀混凝土要控制内部绝热温升，应选择一级粉煤灰，重点控制原材料的细度和烧失量等技术指标，粉煤灰的掺量通过试配确定。粉煤灰的储存和输送需要采取与水泥相同的方式确保计量准确。

3.3 外加剂选择

采用双掺技术,高效聚羧酸减水剂能够保证添加数量的精确控制,同时也能够保证混凝土搅拌均匀。膨胀剂作为微膨胀混凝土的重要添加材料,要根据混凝土外加剂规范通过试配后确定。

3.4 膨胀率的确定

微膨胀混凝土的膨胀率指标是施工中的关键控制因素,必须通过室内标准试验(包括限制性膨胀率和非限制性膨胀率指标)测定,室外模拟试验微膨胀试验段自由膨胀应变和应力换算出实际膨胀率,据此确定施工配合比的膨胀率指标。

3.5 膨胀应力的控制

钢管微膨胀混凝土膨胀应力的大小关系到索塔钢管与管内微膨胀混凝土的共同受力效果,保证在充分膨胀后混凝土与钢管之间不发生脱离现象出现各自受力,也不会出现较大的膨胀应力使钢管自身承受的环向压力过大损坏钢管竖向焊缝质量。需要通过模拟试验,验证不同膨胀剂掺量的混凝土的膨胀应力大小和膨胀率的关系,最终确定膨胀应力指标。

4 钢管微膨胀混凝土质量控制要点

4.1 塔柱内微膨胀混凝土密实程度

钢管内微膨胀混凝土凝固后充填密实,气泡少,无空隙,混凝土充填度大于99%。

4.2 塔柱内微膨胀混凝土的膨胀应力

索塔采用大直径钢管混凝土结构实例不多,因此混凝土膨胀率的选择需要慎重,既要保证与钢塔在各种温度环境下密贴,又不能产生过大的自应力对索塔焊缝形成影响。

4.3 塔柱内混凝土与塔柱钢管黏结质量

微膨胀混凝土与钢管不发生脱空现象是本类结构的重要质量控制点,因此需要从配合比设计、膨胀率确定、振捣工艺、检测手段方面予以保证。

4.4 索塔构件的整体受力情况

在加载初期到混凝土出现裂纹前钢管不受压力作用,但随着压力的增加,混凝土变形增大,横向应力增加,钢管承受了混凝土传递来的环向应力,混凝土也受到钢管的套箍作用。而且混凝土在受压过程中由于钢管与混凝土之间的摩擦力和剪力钉的作用,使钢管受到竖向应力,因此理论上允许混凝土有变形,但是混凝土的变形以及加膨胀剂后的综合变形要考虑钢管本身的变形允许范围,这是索塔施工在选择混凝土膨胀率时着重考虑的因素。索塔塔顶格栅与钢管混凝土连接设计形式如图1所示。

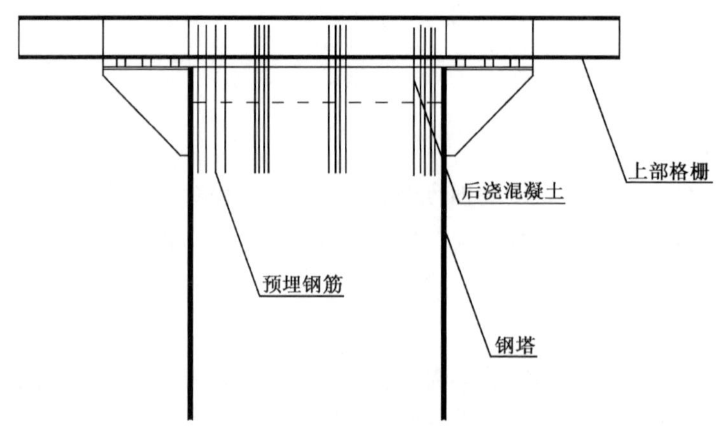

图1 索塔塔顶格栅、钢管混凝土连接示意图

5 钢管混凝土施工难点与要点

5.1 钢管混凝土模拟试验

大直径钢管混凝土索塔可借鉴的经验数据少,现场模拟试验方案的确定关系到微膨胀混凝土配合比的精确科学设计,刘家峡大桥在钢管微膨胀混凝土模拟试验中主要收集整理和分析了如下基础数据:

(1)空管状态下模拟现场极限温差梯度变化时钢管中产生的应变;

(2)空管状态下超声波检测钢管波形波速;

(3)10%、12%两种膨胀剂掺量混凝土浇筑后钢管外壁产生的应变;

(4)推算10%、12%两种膨胀剂掺量混凝土浇筑后钢管外壁产生的应力;

(5)超声波检测钢管内微膨胀混凝土的波形和波速;

(6)超声波检测混凝土强度形成过程中有无与钢管发生脱离;

(7)自由状态下不同膨胀剂掺量混凝土的膨胀率和干缩率;

(8)限制状态下不同膨胀剂掺量混凝土的膨胀率和干缩率;

(9)混凝土的弹性模量、混凝土强度。

5.1.1 现场模拟试验需要制作的试验载体

根据实体混凝土结构形式合理选择模拟试验模具,以使试验结果最大限度接近真实。需要利用同样的材质加工试验用钢管,并对钢管进行封口处理。

5.1.2 现场试验检测需要配置的仪器

主要有:干缩率试验仪,超声波检测仪,试验中应变检测仪器采用YH0200表面应变计、YH0100埋入式混凝土应变计,YH6406通用读数仪,DH3816静态应变测试系统,加热设备,应变片20个等。

5.2 微膨胀混凝土配合比确定

由于设计阶段只提出了膨胀混凝土的定性指标,而未明确膨胀率等定量指标,这给施工混凝土配合比设计带来相当大的难度。施工中首先需要确定微膨胀混凝土的膨胀率指标,然后确定膨胀剂的掺加比例,最后还需确定混凝土无损检测的指标,这些工作以模拟试验的方式进行。

选择两种不同掺量的微膨胀混凝土配比进行试验段施工(图2),对试验段的管壁应变、混凝土横向竖向应变进行检测、分析与计算,最终确定了施工配合比。试验段配合比数据如表1和表2所示。

图2 钢管微膨胀混凝土现场模拟试验

10%掺量C40微膨胀混凝土试验配合比 表1

材料用量(kg/m³) / 强度	水泥	粉煤灰	砂	石	拌和水	减水剂	膨胀剂
C40(微膨胀)	437	44	726	1044	154	8.74	43.7

12%掺量C40微膨胀混凝土试验配合比 表2

材料用量(kg/m³) / 强度	水泥	粉煤灰	砂	石	拌和水	减水剂	膨胀剂
C40(微膨胀)	437	44	726	1044	154	8.74	52.5

5.2.1　应力分析

浇筑混凝土后钢管的最大环向应变、应力与空钢管 43℃时(空钢管最高温度)温度下的环向应变、应力的对比如表 3 所示。

43℃时空钢管与浇筑混凝土的钢管最大应变、应力对比　　表 3

编号 / 数值	10%-1	10%-2	12%-1	12%-2	空 钢 管
环向平均应变($\times 10^{-6}$)	66	67	74	72	39
环向平均应力(MPa)	18.00	18.56	20.55	20.03	9.17

由表 3 可以看出,浇筑混凝土后钢管的最大环向应变、应力大于空钢管升温至 43℃时的环向应变、应力,而浇筑混凝土后钢管的最大环向应变、应力对应的钢管表面温度仅为 15℃左右,说明钢管微膨胀混凝土对钢管产生的影响要远远大于温度作用影响,也证明在各种环境温度下钢管与混凝土能够黏结良好。

5.2.2　膨胀混凝土的自应力分析

微膨胀混凝土不仅可以补偿混凝土的收缩,而且能产生一定的自应力(因混凝土膨胀而在混凝土中产生的预压应力和在钢管中产生的预拉应力)。由环向和轴向平衡条件,求得核心混凝土径向应力 q 和轴向应力 σ_z 的计算如下:

$$q = \frac{\delta}{r}\sigma_\theta$$

$$\sigma_{cz} = \frac{2\delta}{r}\sigma_z$$

式中:r——钢管内径;

δ——钢管壁厚;

σ_θ、σ_z——分别为钢管的环向和轴向应力。

经计算,索塔钢管混凝土膨胀后在径向和轴向方向产生的自应力如表 4 所示,与设计值相符。

混凝土自应力计算结果　　表 4

试验段编号 / 数值	10%-1	10%-2	12%-1	12%-2
径向力(MPa)	1.24	1.28	1.41	1.38
轴向力(MPa)	2.02	2.19	2.44	2.39

5.2.3　室内标准试验膨胀率

室内标准试验膨胀率见表 5。

室内试验膨胀率结果　　表 5

膨胀剂掺量	7d 限制膨胀率(%)	7d 非限制膨胀率(%)	膨胀剂掺量	7d 限制膨胀率(%)	7d 非限制膨胀率(%)
10%	0.00300	0.014	12%	0.00333	0.018

通过对微膨胀混凝土进行现场模拟试验,根据应力应变结果分析计算出两种掺量混凝土的膨胀率数据:

10%-1 混凝土膨胀率:纵向 0.0106%,径向 0.0077%;

10%-2 混凝土膨胀率:纵向 0.0105%,径向 0.0077%;

12%-1 混凝土膨胀率:纵向 0.0115%,径向 0.0099%;

12%-2 混凝土膨胀率:纵向 0.0110%,径向 0.0095%。

经过对比分析,最终选用 10% 掺量的混凝土作为施工配合比最终控制指标。将索塔钢管混凝土微膨胀率指标设定为 0.0106%。

5.3 钢管微膨胀混凝土无损检测指标确定

通过对试验管内凝固混凝土的超声检测，钢管混凝土波速均在4261 ~4973m/s之间，小于声波在钢管中的波速(约5400m/s)。初定以试验段检测4685.9m/s作为实体混凝土的无损检测标准。利用与试验段无损检测相同的仪器进行实体混凝土密实度检测，具体检测点位布置如图3所示。检测结果见表6。

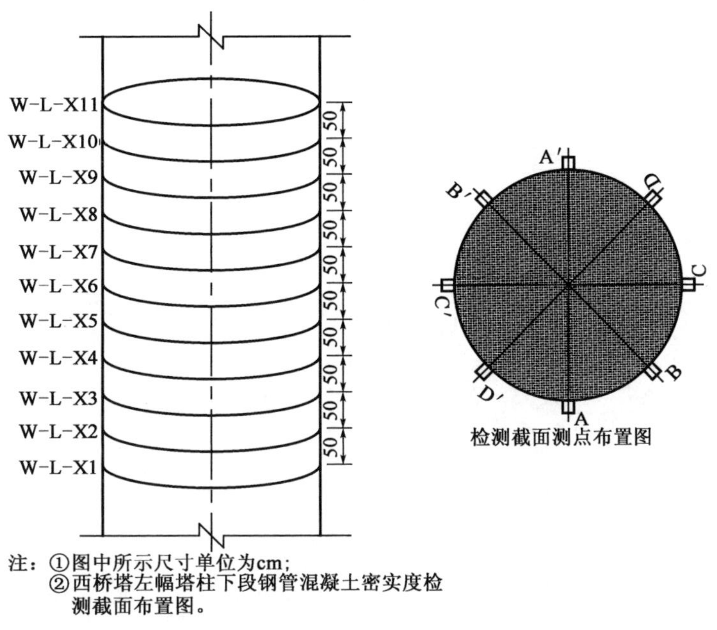

图3 塔柱钢管混凝土密实度检测测点布置图

刘家峡黄河大桥东索塔左幅塔柱(3#塔柱)钢管混凝土无损检测结果 表6

截面编号	测点编号	测距(cm)	声时(μs)	声幅(dB)	声速(m/s)	备注
E-L-X1	*AA'*	300	872.6	67.43	3438	
	BB'	300	875.9	62.75	3425	
	CC'	300	836	60.66	3589	
	DD'	300	872.6	60.66	3438	
E-L-X2	*AA'*	300	874.8	61.41	3429	
	BB'	300	873.7	53.81	3434	
	CC'	300	838	62.75	3580	
	DD'	300	872.6	58.91	3438	
E-L-X3	*AA'*	300	878.1	65.85	3416	
	BB'	300	877	65.85	3421	
	CC'	300	811	57.89	3699	
	DD'	300	889.1	57.89	3374	
E-L-X4	*AA'*	300	875.9	61.41	3425	
	BB'	300	893.5	62.75	3358	
	CC'	300	835.2	61.41	3592	
	DD'	300	872	62.75	3440	
E-L-X5	*AA'*	300	895.7	68.77	3349	
	BB'	300	901.2	66.68	3329	
	CC'	300	861.6	68.13	3482	

续上表

截面编号	测点编号	测距(cm)	声时(μs)	声幅(dB)	声速(m/s)	备　注
E-L-X5	*DD'*	300	898.4	63.35	3339	
E-L-X6	*AA'*	300	897.9	76.09	3341	
	BB'	300	873.7	61.41	3434	
	CC'	300	838.5	62.75	3578	
	DD'	300	867.6	69.37	3458	
E-L-X7	*AA'*	300	897.9	65.85	3341	
	BB'	300	879.2	52.89	3412	
	CC'	300	835.2	60.66	3592	
	DD'	300	897.3	63.91	3343	
E-L-X8	*AA'*	300	902.3	65.85	3325	
	BB'	300	878.1	64.93	3416	
	CC'	300	820.9	55.39	3655	
	DD'	300	884.1	57.89	3393	
E-L-X9	*AA'*	300	873.7	55.39	3434	
	BB'	300	886.9	59.83	3383	
	CC'	300	814.3	62.75	3684	
	DD'	300	872	62.11	3440	
E-L-X10	*AA'*	300	878.1	57.89	3416	
	BB'	300	866	55.39	3464	
	CC'	300	829.7	60.66	3616	
	DD'	300	875.3	61.41	3427	
E-L-X11	*AA'*	300	877	56.73	3421	
	BB'	300	874.8	57.89	3429	
	CC'	300	836.3	56.73	3587	
	DD'	300	870.1	58.91	3448	
异常值计算	极大值			76.09	3699	
	极小值			52.89	3325	
	平均值			61.68	3456.31	
	标准差			4.610	98.617	
	离差系数			0.0747	0.0285	
	判定值			52.46	3258.07	
	统计点数			44	44	
	异常点数			0	0	
检测结果说明	刘家峡黄河大桥东索塔左幅塔柱(3号塔柱)根部5m钢管混凝土密实度检测结果显示声速值、声幅值无异常值，依据《超声法检测混凝土缺陷技术规程》(CECS 21:2000)可以判定该段混凝土密实度较好					

索塔钢管混凝土超声波检测波速平均值为3456.31m/s，由于实体索塔中有加劲板、剪力钉等构件，因此超声波检测波速判定以实体检测波速3456.31m/s为标准。

5.4 钢管内混凝土密实程度控制

对混凝土的拌和质量必须采取有效的控制手段进行严格控制，由于集料含水率的不确定性，使得混凝土的坍落度和均匀性控制难度加大，因此不仅应对原材料进行精确计量，在开始拌和的一大段时间内,试验人员、技术人员和机械操作手还要在拌和站实时监控混凝土的拌和质量,必要时需对每一盘混凝土拌和的均匀性进行检测,以确保混凝土的坍落度控制在合适的范围内。这是保证混凝土的可泵性和水胶比符合设计配合比的重要手段。

泵送混凝土的高度最大达61m,水平距离为50m左右,选择合适的泵送能力以及合理设置弯道的数量是保证混凝土正常泵送的重要环节。泵管的湿润和清理环节要根据现场条件合理实施,注意不能把湿润砂浆放入塔柱内,避免影响混凝土的品质;其次混凝土浇筑完毕清理管道必须彻底,避免下一浇筑循环造成堵管影响工程质量和进度。

混凝土浇筑严格执行分层浇筑分层振捣的原则,重点控制上下层混凝土的贯穿振捣、管壁处混凝土的振捣质量、加劲板下混凝土的振捣工艺;特别注意施工缝处混凝土顶面距离加劲板下缘不小于100mm,防止后续混凝土浇筑时由于空间不足造成加劲板下的混凝土振捣不密实或产生空洞。

浇筑混凝土时在串筒上设置缓冲装置,防止混凝土离析。浇筑前对施工缝进行湿润处理,并将杂物清理干净;浇筑后注意表面处理,收浆抹面工序严格按要求执行,注意在混凝土终凝后蓄水养护,必要时采取加温水的方式降低混凝土的内表温差。

施工缝的处理有两个阶段,分别是混凝土浇筑前和浇筑后的处置。浇筑前进行凿毛处理,清理干净,多余的水排除;浇筑后3次抹面收浆、设置锚栓钢筋、采取蓄水保温措施等避免温度裂缝。

采用超声波检测,以波速和波形判断混凝土的密实效果,辅以小锤敲击,从振感判断是否密实。

5.5 防止脱空的措施

严格控制塔内混凝土的施工配合比,按照试验段施工工艺进行索塔内混凝土的浇筑,尤其是膨胀剂的掺量要经过精确的计量。振捣节段注意加劲板下混凝土的捣实程度,杜绝出现空洞现象。

选择合适的浇筑时间,宜在夜间进行,控制索塔钢管变形较小的情况下进行混凝土浇筑。

6 结语

通过钢管微膨胀混凝土施工技术的应用,刘家峡大桥索塔施工顺利完成,各项检测指标均符合验收规范与试验段拟定的检测标准要求,经检测索塔内混凝土强度指标均合格,无损检测超声波数据均匀、密实度、充填度良好,无脱粘现象发生。

直径3m钢管微膨胀混凝土施工技术属于国内创新。前期需要进行钢塔微膨胀混凝土模拟实验,以确定膨胀剂的掺量和钢塔与膨胀混凝土的黏结程度参数等。

由于3m钢管微膨胀混凝土检测属于国内首次,并且钢管内有剪力钉、加劲角钢、加劲钢箍、钢筋临时爬梯、钢筋网状施工平台等,因此超声波检测波形判别难度较大,波速在不同介质中传速不同,用以往混凝土无损检测指标难以判别。项目部根据钢管微膨胀混凝土索塔自身的结构特点,进行了研究探讨,并以模拟钢塔实验段检测数据和实体检测数据进行系统分析后,得出了钢管微膨胀混凝土超声波检测的真实判定检测指标,以此来检测和判断钢管混凝土索塔的密实度以及与钢管的黏结程度。

通过试验段数据收集分析整理,确定了施工质量控制指标,正确指导了施工,索塔混凝土与钢管黏结质量得到了有效的保证,经第四方进行检测,未发现异常。积累了超大直径钢管微膨胀混凝土施工质量控制相关经验。

参 考 文 献

[1] 交通部公路科学研究所.公路工程水泥及水泥混凝土试验规程[S].北京:人民交通出版社,2005.

[2] 中交第一公路工程局有限公司.JTG/T F50—2011 公路桥涵施工技术规范[S].北京:人民交通出版社,2011.

[3] 陈宝春.钢管混凝土拱桥[M].北京:人民交通出版社,2007.

[4] 中国建筑材料科学研究总院.混凝土外加剂[S].北京:中国标准出版社,2009.

刘家峡大桥钢塔施工监控测量

陈高成　闫瑞争

（中交一公局第一工程有限公司）

摘　要　通过对刘家峡大桥钢塔施工监控测量的探讨，确定了如何确保钢塔施工时的钢塔平面位置以及钢塔的垂直度满足设计规范要求。本文主要介绍了钢塔施工时监控测量的方法、监控方法的精度验证以及监控数据的处理，由此验证了钢塔安装施工监控方法的可行性。

关键词　钢塔　竖直度　平面位置　监控

1　引言

刘家峡大桥索塔采用钢管混凝土门式框架结构，为国内首例钢管混凝土塔，包括下塔基、上塔基、钢管（3000mm×50mm，钢管内灌注C40混凝土）和横梁组成。塔柱顶高程1839.581m，塔柱底中心高程1777.581m，刘家峡大桥桥塔单根塔柱全长61.4m，其中有5.9m段埋入塔基及承台部分，埋入混凝土部分钢管侧面焊接角钢剪力键加强连接。为减少工地焊接量并保证质量，桥塔钢管分为3大段，加上预埋段总共4段，分别为5.9m、19m、19m、17.5m，设置3个接头组件。单根塔柱钢管重227.0765t，全桥共重908.306t。刘家峡黄河特大桥索塔的特点是塔高、预埋件多、外形受环境影响，精度要求高，这些因素均增大了测量工作的难度。工作中我们采用先进仪器和最优方案，确保索塔按设计要求施工。

2　监控内容

（1）钢塔平面位置；

（2）钢塔的竖直度；

（3）钢塔12h内温度改变对钢塔顶平面位置及竖直度的影响。

3　索塔测量定位主要方法

索塔施工定位测量要求精度高，施工环境复杂，必须结合施工进展情况因地制宜采用不同方法，并且必须用不同方法对定位结果进行检核，确保万无一失。索塔施工定位的关键是平面定位，必须确保塔柱轴线在各高程面上的平面位置相对于桥轴线在纵横方向能满足精度要求，再将其为依据进行模板、钢筋和预埋预留件的施工定位，这是施工定位应该遵循的原则。这实际上是将塔柱在不同高程面上的轴线点作为加密控制点，这种做法可以减少误差传递环节和误差积累，是平面定位的关键。在施工定位中必须用另外的路线和方法对其定位准确性进行检测。索塔定位测量的主要方法是精密全站仪极坐标法、精密全站仪空间轴线投测法、精密全站仪交会法和精密全站仪自由设站法；而高程测量则以悬挂钢尺法水准测量和精密全站仪三角高程测量。

4　索塔安装流程

索塔安装流程如图1所示。

5　桥塔设计构造图

桥塔设计构造如图2所示。

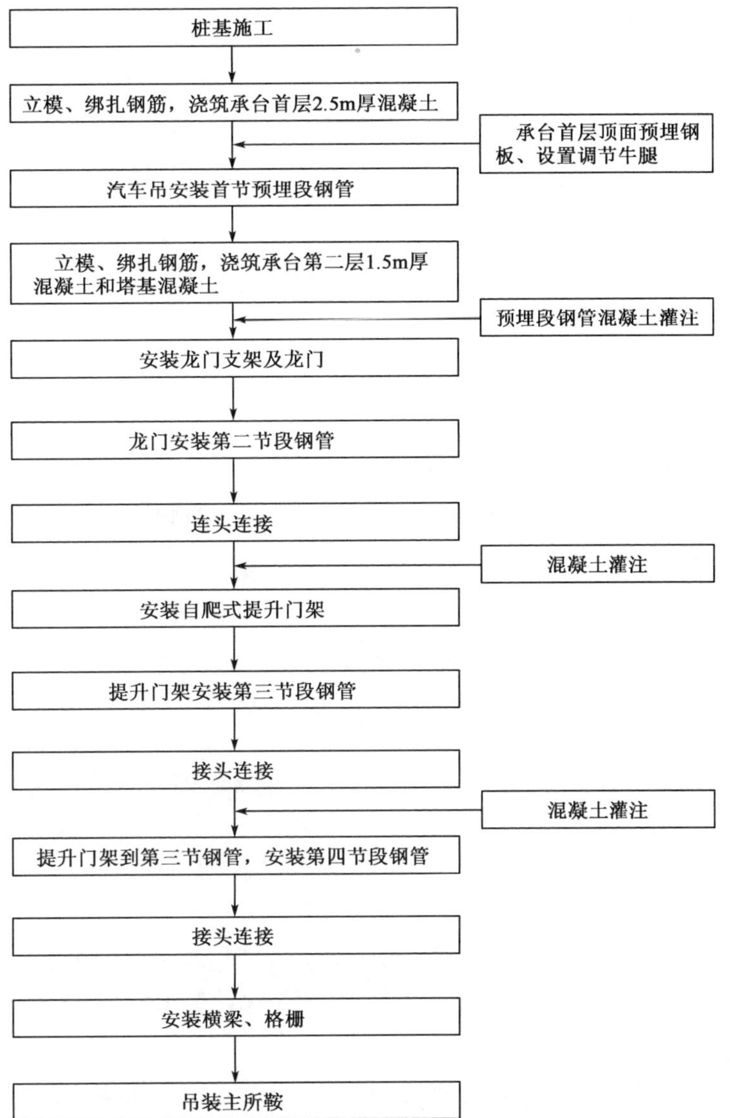

图1　索塔安装流程图

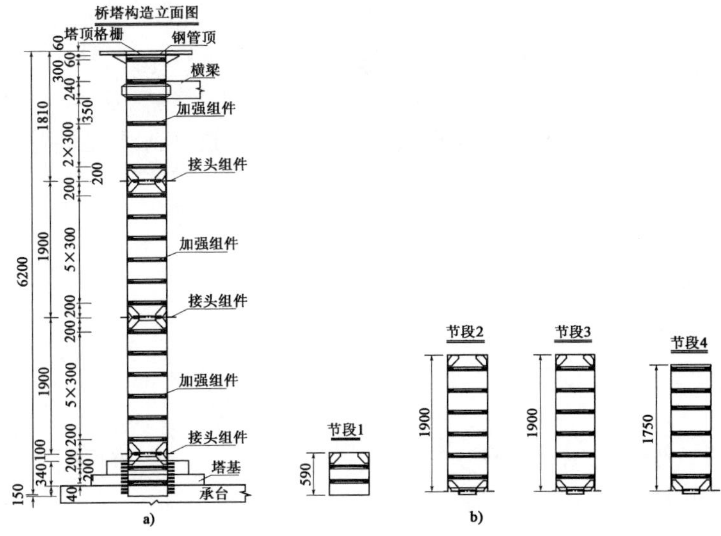

图2　索塔设计构造图(尺寸单位:cm)

6 监测方法精度的验证

在钢塔首节段施工过程之前，以钢塔轴中心为原点，建立坐标系，每个轴上设置两个点，布置点位考虑到地形限制，分别距离钢塔中心 15m 和 150m 设置两个控制点，每节钢塔就位测量时，仪器架到 150m 的点位上，后视 15m 点位，这样我们可以计算出仪器到钢塔外侧边缘的角度为 1°，那么每次进行测量时，照准 15m 点位后，仪器水平角度数置为 0°，然后仪器水平旋转到 1°（或者 359°），然后水平角重新置为 0°，旋转竖直角度，瞄准钢塔的竖直边缘，来进行钢塔竖直度的调整。钢塔平面位置的就位主要利用全站仪的极坐标放样功能，高程的控制主要才用三角高程分方法利用全站仪进行测设。极坐标放样以及全站仪三角高程法测设的方法的精度验证如下。

6.1 全站仪极坐标法

全站仪极坐标操作简便，只要在测站上架好仪器，输入测站点坐标并配置起始方位角后，即可开始测量，通过仪器测距测角，得到点位坐标。其测量精度计算如下：

全站仪极坐标法测量点位坐标，点位误差 m 主要来源是测角误差和测距误差，其影响分别为 $\sqrt{2}m_\alpha/\rho \cdot s$ 和 $a+b\cdot s$（a 为仪器测距的固定误差，b 为比例误差系数，s 为距离，$\rho=206265''$）。

进行简单精度估算：

$$m^2 = \left(\frac{\sqrt{2}m_\alpha \cdot s}{\sqrt{n}\cdot\rho}\right)^2 + \left(\frac{a+b\cdot s}{\sqrt{n}}\right)^2$$

式中，n 为测回数。

仪器距测量点距离按 $s=500\text{m}$，天宝 S8 全站仪测角精度 $m_\alpha=1''$，测距精度为 1mm + 1ppm，n 取 1，则有：

$$m^2 = (\sqrt{2}\times 0.''5/\rho''\times 500\times 1000)^2 + (1+1\times 0.5)^2$$

点位中误差：$m=\pm 2.28\text{mm}$

若顾及控制点（测站点和定向点）误差，则点位误差会有所增加，但增加测回数 n 可减少点位误差。这说明，用全站仪极坐标法进行主塔测量定位完全可以达到设计要求的精度。

6.2 差分三角高程法

大气折光影响是单向三角高程测量的主要误差来源，为削弱大气折光的影响，采用差分技术，在索塔承台、横梁布设高程控制点，精密测定这些高程控制点的高程，观测期间定时以索塔高程控制点作三角高程后视，实时求得待测点相对于后视点的高差。由于观测视线所通过的环境与后视基本相同，大气垂直折光误差可基本消除。

三角高程单向观测高差计算公式为：

$$h = S\cdot\sin\alpha + \frac{1-K}{2R}(S\cdot\cos\alpha)^2 + i - v$$

式中：S——斜距；

α——垂直角；

K——大气折光系数；

i——仪器高；

v——棱镜高。

$$h_{前} = S_{前}\cdot\sin\alpha_{前} + \frac{1-K}{2R}(S_{前}\cdot\cos\alpha_{前})^2 + i - v_{前}$$

$$h_{后} = S_{后}\cdot\sin\alpha_{后} + \frac{1-K}{2R}(S_{后}\cdot\cos\alpha_{后})^2 + i - v_{后}$$

$$\Delta h = h_{前} - h_{后}$$

$$H_{前} = H_{后} + \Delta h$$

因前视点与后视点基本在一个竖面上，可近似认为 K 与平距基本相同，仪器高完全相同，$h_{前}$ 和 $h_{后}$ 中第二项和第三项求差后为零，消除了大气折光的影响，如果采用定高的前、后视，高差中只剩下测距和测角误差的影响了。因全站仪测角和测距精度都很高，而本桥跨径只有 340m，控制点到塔柱的距离本岸不到 200m，对岸也只有 400m，用天宝 S8 仪器的精度（1″，1 + 1ppm）估算，理论上可达到优于 ±3mm 的精度。

采用本法测量时，应注意以下几点：

（1）后视高程控制点的高程应确保准确，可采用多种方法精密求得。

（2）后视高程控制点尽量随着塔柱的伸高而上移，以确保该线路上的大气折光系数基本一致。

（3）施测时应用两个已知后视点高程来推算，相互检核，在限差之内取平均值作为最后高程值，超限重测。

（4）如果塔柱沉降观测结果表明塔柱存在明显沉降，则报请设计院及监理审批，决定是否更改塔柱控制点高程，因改变高程后塔柱相对关系会发生变化。

那么在桥塔在进行第一阶段安装时要利用极坐标放样的方法对桥塔中心进行精确放样，精度要求为 ±10mm，第一节钢塔定位至关重要，它直接影响后期钢塔的平面位置的精度，在第一节钢塔安装时除要放出索塔中心点外，还要放出索塔轴线方向上和垂直桥塔轴线方向上距离索塔中心点 1.55m 的 4 个点，用于矫正验证索塔中心点及作为第一节钢塔安装四个定位钢纤维板的焊接位置，平面位置定位钢纤维板刚好顶紧钢管塔的外壁如图 3 所示。

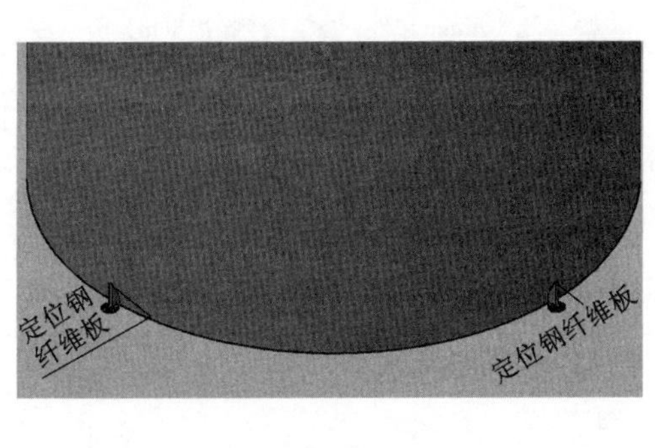

a)立面图

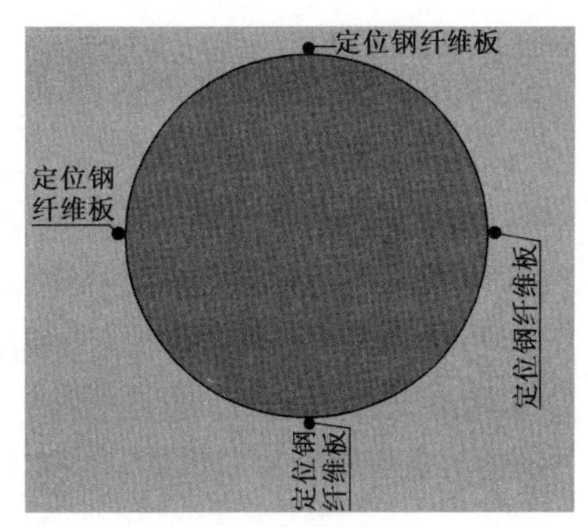

b)平面图

图 3　钢管塔的外壁

7　利用悬挂钢尺法验证全站仪三角高程

高程的传递采用几何水准测量配合钢尺传递的方法和全站仪 EDM 三角高程对向观测的方法相互校核，限差之内取平均值作为最终值。4 个高程点作为三角高程差分测量的基准。高程基准的传递须采用检定合格的钢尺进行传递，且同时设置两台水准仪、两根水准尺、一把钢尺。将钢尺悬挂在固定架上，零点端在下，下挂一与钢尺检定时同重的重锤。下水准仪 A 在起始水准点 H_1 的水准尺Ⅰ上读数为 a，在钢尺上读数为 b，水准仪 B 同时在钢尺上读数为 c，在待测定水准点 BM6 上的水准尺Ⅱ上的读数为 d，并同时测定温度，则待定点 BM6 的高程可用下式计算：

$$\mathrm{BM6} = \mathrm{H}_1 + a + (c - b) - d + \Delta l_t + \Delta l$$

式中：Δl_t——温度改正；

Δl——钢尺的检定改正数。

因钢尺一般水平悬空检定,在传递高程时钢尺垂挂,故此时除尺长改正 $\Delta l'$ 外,还需加入垂曲改正 Δl_1 和钢尺自重产生的伸长改正 Δl_2:

$$\Delta l = \Delta l' + \Delta l_1 + \Delta l_2 \qquad l_1 = Q_2/24/P_2 \qquad \Delta l_2 = R \times L_2/2E$$

式中:L——钢尺总长;

Q——钢尺总重;

P——检定时的拉力;

R——钢的比重;

E——钢的弹性模量。

为检核,后视尺Ⅰ应分别立于承台顶其他 4 个水准点,水准仪、钢尺均应变换 3 次高度,再取均值作为最后结果。

随着塔柱的施工,高度和自重加大,注意观测基础沉降量对高程采用值的影响,应与全站仪 EDM 三角高程测量结果基本一致,对误差应分析产生的原因、消除和减小误差的方法,以使测量精度更高。

8 钢塔精确就位时测量时间选择

钢管塔受温度及光照的影响比较大,所以在钢塔精确定位时要选择在日出之前及气温相对稳定的时间,表 1 是钢塔在 12 小时内随气温及日照的改变,连续做了 7d 的观测,我们选择具有代表性的一天来阐述钢塔顶平面位置及竖直度的变化情况。

钢塔顶平面位置及竖直度变化情况 表 1

钢塔随光照及温度影响观测记录表(南北)										
日期	时间	温度℃	左幅南侧(离 mm)		左幅北侧(切 mm)		右幅南侧(离 mm)		右幅北侧(切 mm)	
2012.9.21	8:00	11℃	9.7″	2.9	17.4″	5.2	16″	4.8	18″	5.3
2012.9.21	10:00	20℃	10.5″	3.1	26″	7.7	30″	8.9	32″	9.5
2012.9.21	12:00	25℃	22″	6.5	30″	8.9	40″	11.9	4.9″	14.5
2012.9.21	14:00	27℃	28″	8.3	42″	13	47″	14	52″	15.4
2012.9.21	16:00	25℃	16.4″	4.9	47″	14	40″	11.9	54″	16.4
2012.9.21	18:00	24℃	12.6″	3.8	43″	12.8	33″	9.8	47″	14
2012.9.21	20:00	18℃	11″	3.3	38″	11.3	27″	8	30	8.9″
钢塔随光照及温度影响观测记录表(东西)										
日期	时间	温度℃	左幅东侧(离 mm)		左幅西侧(切 mm)		右幅东侧(离 mm)		右幅西侧(切 mm)	
2012.9.21	8:00	11℃	12″	3.6	19″	5.7	14″	4.2	22″	6.5
2012.9.21	10:00	20℃	18″	5.4	30.5″	9.8	30.2″	9	26″	7.7
2012.9.21	12:00	25℃	26″	7.7	35″	10.4	41″	12.2	38″	11.3
2012.9.21	14:00	27℃	33″	9.8	49″	14.5	45″	13.4	52″	15.5
2012.9.21	16:00	25℃	29″	8.6	38″	11.3	46″	13.7	56″	16.6
2012.9.21	18:00	24℃	28″	8.3	35″	10.4	34″	10.1	41″	12.2
2012.9.21	20:00	18℃	20″	6	30″	8.9	28″	8.33	29″	8.6
钢塔总高 H=61.4m,竖直度偏差为 L,$L = H \times 1000 \times \tan(\alpha)$,设计规范为 $L = H/3000$										
备注:在 3 分之内 $\tan(\alpha) = \sin(\alpha)$										

9 结语

通过对刘家峡大桥钢塔施工的监控测量,总结如下:

(1)钢塔受日照和气温的影响,影响钢塔平面位置和竖直度的最大值为10mm。

(2)钢管混凝土塔受光照影响比较大且钢塔在受到光照影响时,钢塔的变化是沿着钢塔受光照相反的方向倾斜。

(3)钢塔受气温的影响比较大且随着气温的升高变化越大。

为保证刘家峡大桥钢塔精确安装必须采取监控测量,确定钢塔随温度及光照改变而变化的区间,通过对刘家峡锚碇钢塔就位安装实施全程监控测量,并且钢塔施工完工后,进行了全桥联测,确保了钢塔成型精度都在设计规范要求范围内,从而保证了钢塔的平面位置及竖直度在设计规范范围内,验证了监控方法的可行性。

参考文献

[1] 中华人民共和国行业标准. JTG/T F50—2011 公路桥涵施工技术规范[S]. 北京:人民交通出版社,2011.

[2] 中华人民共和国国家标准. GB 50026—2007 工程测量规范[S]. 北京:中国计划出版社,2008.

[3] 陈仁福. 大跨悬索桥理论[M]. 成都:西南交通大学出版社,1994.

[4] 钱冬生,陈仁福. 大跨悬索桥的设计与施工[M]. 成都:西南交通大学出版社,1992.

刘家峡大桥桥塔微膨胀混凝土施工质量影响因素及控制措施

赵鑫淼 殷建超

（中交一公局第一工程有限公司）

摘　要　刘家峡大桥钢管混凝土施工质量主要受振捣、温度、浇筑以及混凝土膨胀率等各方面的影响。施工前对浇筑塔柱所用的微膨胀混凝土进行了专门的设计，并在浇筑过程中需要对混凝土施工性能、振捣等方面进行全面的控制，从而保证了钢管桥塔混凝土的施工质量。

关键词　钢管桥塔　微膨胀混凝土　模拟试验　影响因素　控制措施

1　概况

1.1　工程概况

刘家峡大桥属于临夏折桥至兰州达川二级公路的重点工程，为跨越刘家峡水库黄河支流而设。刘家峡大桥结构形式为一跨 536m 单跨型钢桁加劲梁式悬索桥，主桥桥孔布置为 148m（西）+536m+113m（东），大桥全长为 797m。

1.2　施工概况

桥塔塔身为 Q345D 材质 3000mm×50mm×61400mm 的钢管柱，钢管内灌注 C40 微膨胀混凝土，混凝土采用拖泵泵送的形式施工。

2　施工过程控制重点及要点

微膨胀混凝土浇筑是刘家峡大桥桥塔施工的重点工作，施工中采取措施保证管内混凝土密实，同时保证钢管和混凝土之间黏结完好，共同承受上部结构传递的荷载，因此需要对塔内微膨胀混凝土的施工质量进行控制，采取有效控制措施，减少质量影响因素，具体措施及施工注意事项如下：

（1）配置钢管内 C40 微膨胀混凝土时，应根据混凝土强度等级以及泵送混凝土的要求确定配合比，严格控制水胶比和水泥用量，合理掺加减水剂和膨胀剂，并对施工配合比的设计进行专门的试验研究，尽可能对混凝土配合比进行优化设计，确定适宜的膨胀剂添加数量，保证混凝土膨胀率满足补偿收缩要求。

（2）由于钢塔混凝土的浇注质量受外界影响因素较大，因此在混凝土施工过程中需加强过程控制，做到浇筑时间合理、分层厚度适宜、振捣到位、浇筑措施合理、接缝处理到位以及养护方法得当，才能保证混凝土密实，并保证混凝土浇筑完成后钢管与混凝土很好黏结。

3　桥塔混凝土质量缺陷影响因素分析

3.1　钢塔混凝土与钢管黏结不密实

（1）微膨胀混凝土配合比设计不合理、膨胀剂数量添加偏少，造成混凝土膨胀量不能抵消混凝土自身收缩变形，导致混凝土和塔柱钢管间有空隙。

（2）钢塔内壁浮锈较多，浇筑混凝前没有进行清理，造成混凝土和钢管之间存在隔离层，导致混凝土与钢塔管壁脱离。

(3)浇筑混凝土时漏振、振捣时间偏短、分层偏厚,导致混凝土与管壁间气泡偏多。

(4)浇筑混凝土时气温较高,导致与钢塔接触的混凝土水分蒸发较大,造成混凝土与钢塔脱离,形成空隙。

3.2 混凝土施工质量较差、表面产生浮浆

(1)串筒安装高度距混凝土面较高,或串筒内没有设置减力设施,混凝土在下落过程中造成混凝土离析。

(2)混凝土物理指标不佳,离析、坍落度较大造成表面浮浆层较厚。

(3)振捣时间过长导致过振,造成混凝土表面浮浆较多。

3.3 混凝土内部存在空洞

(1)混凝土浇筑时没有对加强组件处加强振捣,造成加强组件下面空气没排出形成空洞。

(2)浇筑混凝土时没有没有控制好混凝土结束面与加强组件间的距离,造成距离较短,下次浇筑混凝土时,混凝土不能流入加强板下部。

3.4 混凝土表面产生裂缝

(1)混凝土浇筑完成后没有及时对混凝土表面进行压面收光处理,混凝土表面产生塑性收缩裂缝。

(2)混凝土终凝后没及时进行保水养生,混凝土表面产生干缩裂缝。

4 钢塔混凝土施工质量控制措施

由于钢塔受日照、温度、混凝土物理性质、施工过程控制等因素影响,在浇筑塔柱混凝土时,需要对浇筑时间、温度、振捣、混凝土物理性质等进行控制。经项目部监测钢塔在日照下垂直偏差较大,经监测钢塔空管时最大偏差达18mm,灌注混凝土后偏差达10mm,防止在混凝土浇筑后钢塔垂直度发生变化。混凝土浇筑尽量选在气温较低时段进行。

4.1 微膨胀混凝土配合比的选择

桥塔微膨胀混凝土的配合比设计是否合适,直接影响到钢管与混凝土的黏结质量,以及浇筑混凝土的密实度。项目部委托西安公路研究院公路工程试验检测中心进行配合比设计,共进行了3种配合比的试验检测,经工地试验室验证后,最终取配比为:水:水泥:砂子:碎石:粉煤灰=154:437:726:1044:44,膨胀剂添加量选用10%,通过现场模式试验确定,经监理单位试验验证可行。

(1)原材料选择

本次试验配合比根据强度、限制膨胀率、坍落度、外加剂性能等条件合理确定。

水泥:采用祁连山P.O42.5普通硅酸盐水泥。

粉煤灰:采用兰州云天Ⅰ级粉煤灰,质量应符合《用于水泥和混凝土中的粉煤灰》(GB/T 1596—2005)的规定。

砂:采用唐汪砂厂产的中砂,含泥量≤1.2%,细度模数2.6~2.9,属于2区级配区。

石子:采用乌龙沟碎石,石子为5~31.5mm连续级配,级配优良,来源稳定,含泥量≤1.0%。

减水剂:采用山西黄河新型化工有限公司的聚羧酸高效能减水剂,减水率为21%。

膨胀剂:采用山西黄河新型化工有限公司的HJUEA膨胀剂。

水:拌和水采用刘家峡水库的水,符合相关规定。

(2)配合比模拟试验方法

试验采用现场模拟试验,选取4个1.5m(高度)×3.0m(直径)×0.05m(壁厚)的钢管作为试验段(主塔钢管尺寸:61.4m×3m×0.05m),膨胀剂掺量通过计算选用10%和12%两种,内部模拟现场实际施工状况浇筑C40微膨胀混凝土。通过测定现场混凝土及钢管表面应变值,并结合现场温度状况和试验室养护混凝土膨胀率综合评价本次试验的微膨胀混凝土膨胀率是否满足设计要求,选择合适的膨胀率,确定膨胀剂添加数量,评价混凝土的膨胀和温度变化对钢管的影响;通过超声波检测钢管混凝土缺

陷及混凝土与钢管是否发生脱落。

①钢管试验段。选用同主塔柱相同材料、相同厂家、相同焊接工艺的钢管，试验前需核实相关材料并检查尺寸、焊接工艺等是否符合要求。同时在微膨胀混凝土浇筑前将试验段下部用钢板焊接封闭。如图1所示。

②应变及温度测点布置。试验应变测点分为埋入式混凝土应变计、表面应变计、表面应变片3种。试验段中间布置5个埋入式混凝土应变计(3个水平方向和2个竖直方向)，布置2个表面应变计，布置8~10个应变片；同时在钢管焊缝处布置应变片。具体布置位置如图2~图4所示。

图1　钢管试验

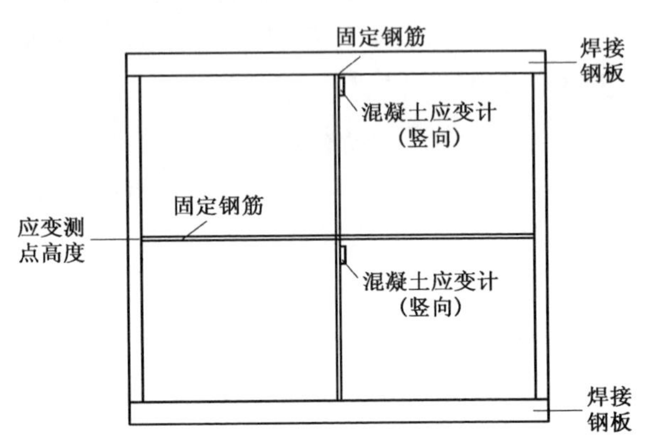

图2　试验立面图

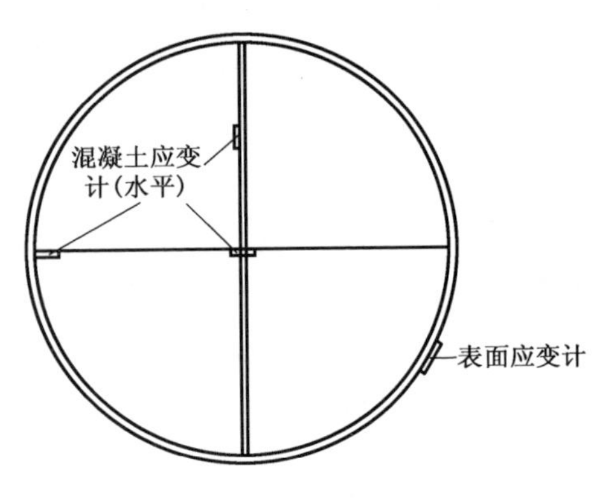

图3　试验平面图

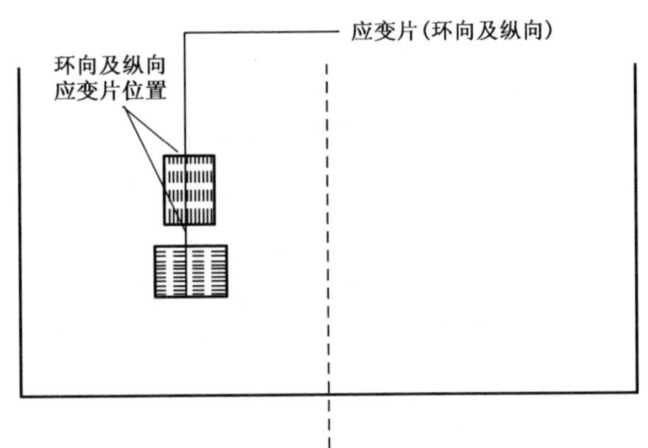

图4　试验应变片布置图

(3)结果分析

通过监测在两种膨胀剂掺量作用的钢管应变，以及监测微膨胀混凝土的应变，结合根据现场和试验室监测数据分析，监测不低于28d，可得出微膨胀混凝土的膨胀率，通过膨胀率的大小最终确定膨胀剂使用数量，最终选择膨胀剂掺量为10%。

4.2　钢塔施工前准备工作

(1)泵管从高压拖泵接出，沿塔身外布置，并用制作的管托将泵管固定在钢塔上，并固定牢固，防止泵送混凝土时泵管脱落。

(2)钢管混凝土浇筑前，对管壁上的浮锈进行清理，对钢塔内焊接件表面的焊渣进行敲落，用高压水清洗管内污物，润湿管壁，冲洗完成后将塔内污水及杂物清理干净。

(3)泵送混凝土前泵入适量与混凝土同等级的水泥浆湿润管道后再灌注混凝土，泵入水泥浆数量不宜过多，防止混凝土表面产生浮浆。

(4)钢管内进行焊接和混凝土浇筑时钢管内部温度较高，尤其是在焊接时一定要做好塔内空气流通措施，在钢塔内接入通风设备，保证内部空气流通，保证作业人员有良好的作业环境。

4.3 混凝土浇筑时注意事项

(1)混凝土灌注采用串筒灌注方法进行施工，串筒下料口距离混凝土面不超过2m，并在串筒内部设置消力装置。

(2)混凝土浇筑分层厚度为30cm，振捣时不能离钢塔壁太近，振捣采用快插慢拔的方式进行振捣。混凝土浇筑施工时，严格按照分层浇筑分层振捣的原则进行，并且定岗定人分区负责，防止漏振、过振，振捣间距按15cm控制，每次振捣时间不短于15s，保证混凝土的密实性，避免振捣棒直接接触钢塔，距钢塔10cm。为保证混凝土浇筑的连续性，浇筑混凝土配置3台振捣棒进行振捣。

(3)钢塔内加强组件、法兰盘处混凝土施工要作为重点，浇筑混凝土时很可能造成该处地面产生空洞，因此振捣时要进行二次振捣，待混凝土高于加强组件、法兰盘时再次进行振捣，保证下部没有空气。混凝土浇筑完成时，要对混凝土面的位置进行查看，保证混凝土结束面高或低于将强组件法兰盘至少30cm，防止间距较小时混凝土不能流入加强组件或法兰盘下边，造成空洞。

(4)混凝土灌注高度要避开焊接热影响区，要求混凝土灌注高度低于对接焊缝50cm。为防止焊接高温对已灌注混凝土的影响，混凝土灌注后不准在管壁上再进行焊接。

(5)施工缝位置设置连接钢筋，钢筋间距20cm呈梅花形布置，钢筋加工时两头呈90°弯钩。钢筋施工完成后对混凝土顶部进行3次压浆处理，确保表面无裂纹。当混凝土达到一定强度后对塔顶部分混凝土要进行凿毛处理，并将凿除的混凝土清除，确保在浇筑塔柱混凝土时有良好的连接面。

(6)浇筑混凝土时由于托泵产生的振动较大，浇筑混凝土时尽可能在下部混凝土初凝前结束混凝土浇筑工作。

(7)钢塔施工均为高空作业，施工中要充分做好安全措施，防止安全事故发生。

(8)混凝土终凝后，用土工布结合塑料薄膜包裹并保水养护，养生期不少于7d。

5 桥塔混凝土施工质量检测

(1)钢塔安装焊接完成后进行射线和超声波检测，检测合格后进行混凝土浇筑。

(2)钢管与混凝土的黏结性检测，采用人工敲击和超声波检测，对存在问题的部位进行打孔压浆处理。

(3)混凝土密实度再采用超声波检测的同时，采用埋设声测管的方法进行检测，可以有效地检测塔柱内混凝土的密实度。声测管在钢管中布置如图5所示。

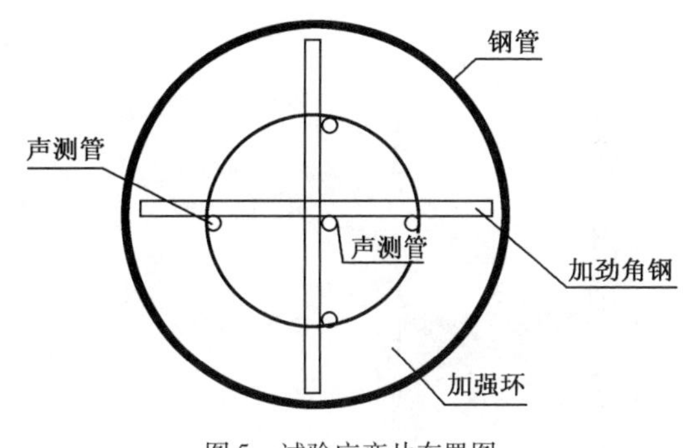

图5 试验应变片布置图

6 结语

通过对刘家峡钢管桥塔微膨胀混凝土的施工质量控制，保证了桥塔混凝土质量，第三方和相关专业检测单位检测时合格率达99.5%。

参考文献

[1] 中华人民共和国行业标准. JTG/T F50—2011 公路桥涵施工技术规范[S]. 北京:人民交通出版社,2011.

[2] 中华人民共和国国家标准. GB 50496—2009 大体积混凝土施工规范[S]. 北京:中国计划出版社,2009.

附着式自爬升门吊安装索塔钢结构新技术

光　明　李鸿盛　阳华国

（中交一公局第一工程有限公司）

摘　要　刘家峡大桥为跨径536m的钢桁加劲梁式悬索桥，桥塔采用双柱式钢管混凝土结构形式，是目前世界上直径最大、钢板厚度最大的钢管混凝土索塔。索塔采用工厂制造标准钢管节段，现场组拼吊装节段逐段吊装，分段灌注塔柱内微膨胀混凝土的施工工艺，塔柱最大高度61.5m。本文介绍一种索塔钢结构逐段安装、逐段灌注塔柱内微膨胀混凝土的新工法——附着在桥塔上的自爬升门吊安装桥塔大型钢构件的施工技术。对"附着在桥塔实体上逐节爬升安装设备"的设计、结构组成以及施工应用情况进行了详细介绍。

关键词　索塔钢结构　附着式　自爬升　门吊　安装　技术

钢结构或钢混凝土复合结构形式桥塔墩因其施工周期短，安装受气候条件影响小、结构耐久性好、质量易于控制等优点，在桥梁工程中得到越来越广泛的应用。但是由于设计结构形式的不同和施工环境的差异，造成了大型钢结构安装设备选择的局限性。现有的大型起重设备有落地龙门吊、履带吊、塔吊等，由于受到地形条件限制和构件自重以及设备自身安装高度的影响，有时并不能满足施工需求。因此需要根据实际情况选择既满足工程现场条件和结构要求的起重设备，又能减少施工成本，保证施工安全和质量要求的先进设备，促进桥梁施工技术进步。

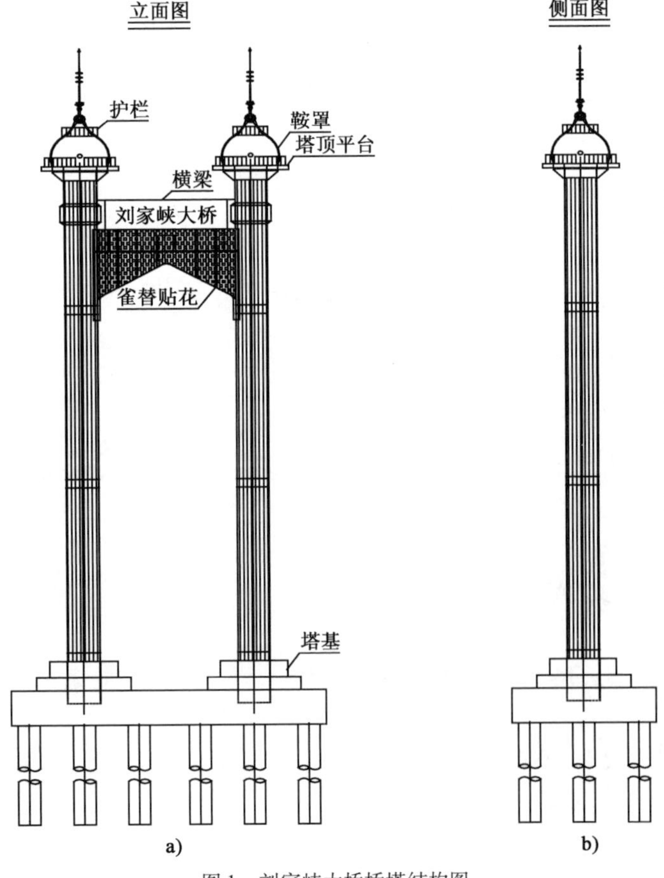

图1　刘家峡大桥桥塔结构图

1　附着式自爬升吊装门架思路来源

1.1　工程概况

刘家峡大桥索塔采用门式钢管混凝土结构形式，桥塔钢管直径3m，钢管采用壁厚为5cm的钢板卷制，考虑安装工艺和设备性能，钢管吊装节段分5.9m、19m、17.5m三种类型，最大单节重量为88t。采用工厂制造、大节段运输、现场选装走行式轨道拼装焊接、然后利用特殊吊装设备逐段安装就位，吊装设备需要满足起重高度、提升吨位、逐段吊装的要求。刘家峡大桥索塔结构如图1所示。

1.2　附着式自爬升门架安装桥塔钢管技术的提出

刘家峡大桥地处刘家峡水库库案，地形条件险峻，大型吊装设备无法进场组装，现场小气候复杂，对设备的抗风稳定性要求高，采用大型落地龙门吊安装自身结构高、安全稳定性差，结构自重大施工成本高；采用大吨位塔吊购置或租赁费用高；采用履带吊需要将吊装节段长度缩短才能实施。经过多方调查比选,最后项目部根据现场实际情况,结合桥塔自身特点和企业现有的施工设备,借鉴吸收风力发电装置施工技术,创新研制了一种较经济实用的“附着式自爬升门吊安装索塔钢结构新技术”进行刘家峡大桥索塔钢管节段安装。

2 附着式自爬升门吊的技术原理与特点

2.1 技术原理

自爬升起重门架的施工原理是将常规的落地龙门吊支腿结构进行改装,使其支撑托盘能够环向锚固在桥塔实体上,然后利用桁架梁顶起重小车进行长大节段钢构件的起吊安装,在构件内混凝土浇筑完毕后,利用独立加工的提升扁担梁与起重小车的卷扬机、钢丝绳、滑轮组形成门架提升系统,提升门架使其与桥塔的锚固装置脱离,继续提升门架到塔顶位置再次锚固。提升过程中托盘紧贴管壁的位置设置导向滚轮进行定位和导向以保证自爬升起重门架能沿着索塔管壁竖向垂直爬升。自爬升门架调整锚固后拆除提升系统,形成桥塔结构吊装系统,如图2所示。

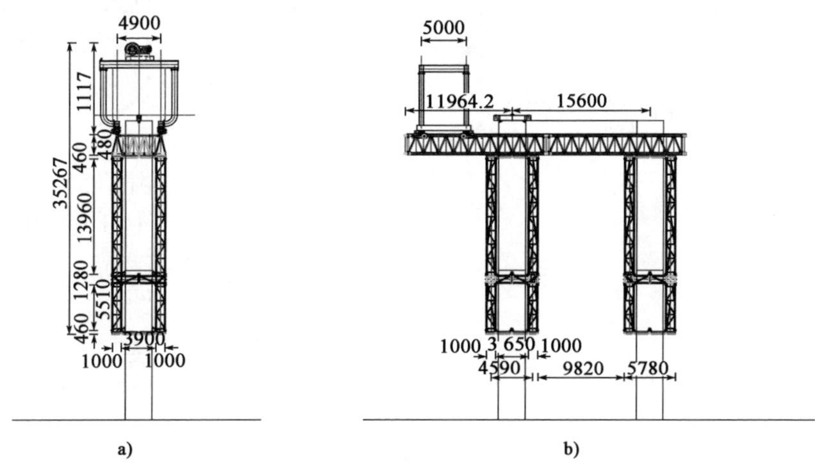

图2 附着式自爬升起重龙门总体构造(纵断面、横断面图)(尺寸单位:mm)

2.2 技术特点

(1)爬升门架在地面安装完毕后,即可利用它的起重系统完成相应高度索塔钢管的安装施工。而随着桥塔节段的逐段安装、能沿着立柱爬高或降落,它能够能适应不同高度桥塔的钢结构构件安装。

(2)门架的爬升动力来源于自身的起重卷扬机系统而不需要另行配置提升动力设备,在完成节段的安装后,拆除起重小车的吊钩,与独立设计的提升横梁、滑轮组组成门架提升系统,利用门架横梁下设置的小型电动卷扬机进行门架提升系统的安装。

(3)自爬升门架的工作锚固系统利用焊接在桥塔实体上的锚固耳板与托盘上的定位耳板用承重销轴插接固定后形成。

(4)全部桥塔施工完毕后,利用门架提升系统将爬升门架下放降落到地面,利用常规设备完成自爬升门架的拆除工作。

2.3 技术指标

附着在桥塔实体上的自爬升起重门架主要技术参数如表1所示。

附着在桥塔实体上的自爬升起重门架主要技术参数 表1

结 构	项 目	技术指标
爬升门架立柱	高度	16m
起重天车	起重能力	100t
	起重高度	100m

续上表

结　构	项　目	技术指标
提升系统	起重能力	100t
	提升高度	100m
锚固装置	承重能力	与起重量和门架自重有关

3　附着式自爬升门架吊装系统的组成

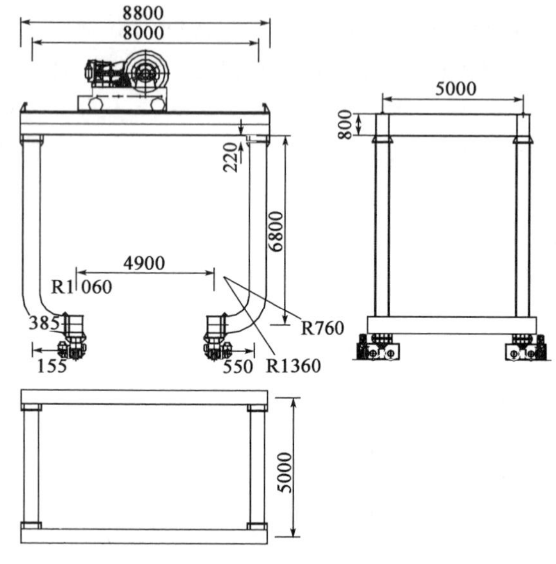

图 3　附着式自爬升起重龙门的起重天车框架系统(尺寸单位:mm)

刘家峡东岸钢塔爬升门架的设计灵感来自风力发电设备的安装,设备从上到下依次由起重天车、桁架梁、立柱支架、中托盘、底托盘等组成。待桥塔钢管混凝土浇筑完成后,开始安装自爬式门架的提升系统,利用提升系统来实现爬升龙门爬升的目的。门架提升系统包括卷扬机、提升分配梁、滑轮组、钢丝绳等。

3.1　起重天车装置

起重天车装置由两组 4 个异形竖向支撑立柱、位于竖向支撑立柱上端的两纵向钢梁、横向连接钢架、龙门吊车所构成。两横向支撑架上端设横向轨道,起重天车下端通过移动轨轮位于桁架梁顶的横移轨道上,起重天车顶部设有 2 台起重用大吨位卷扬机。如图 3、图 4 所示。

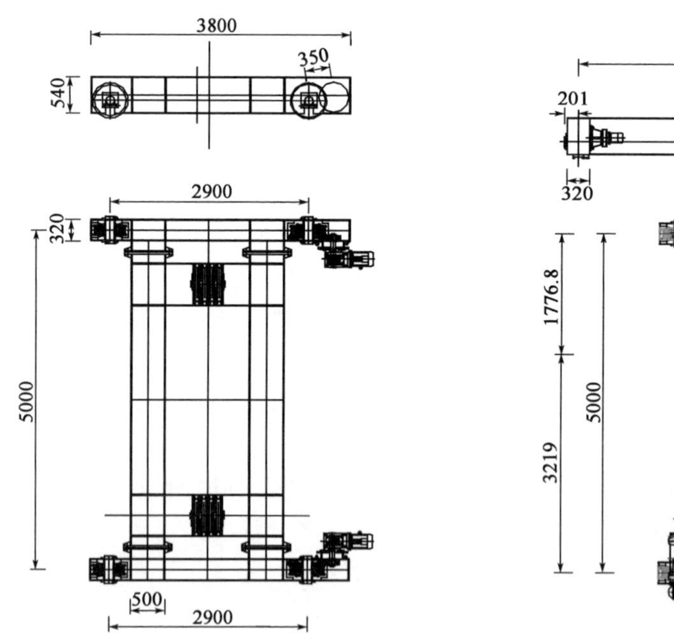

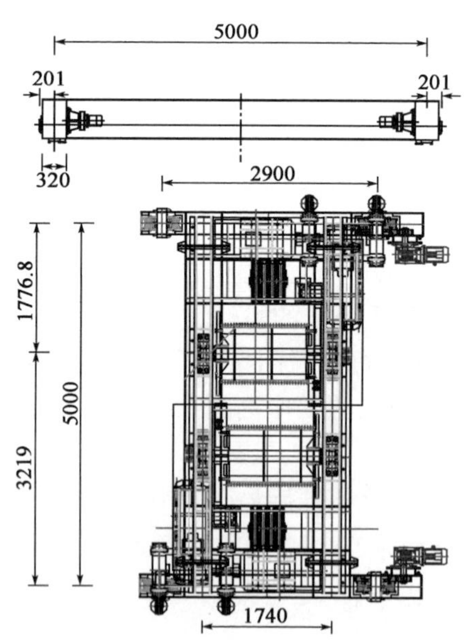

图 4　附着式自爬升起重龙门的起重天车(尺寸单位:mm)

3.2　桁架梁

桁架梁采用三角桁架结构形式,上、下弦杆采用热轧 H 型钢(宽 300mm,高 300mm,腹板厚 14mm)焊接而成,采用双拼 10 号槽钢做腹杆和下弦杆斜撑,桁架端头采用 28 号工字钢做横联,顶部设轨道。如图 5 所示。

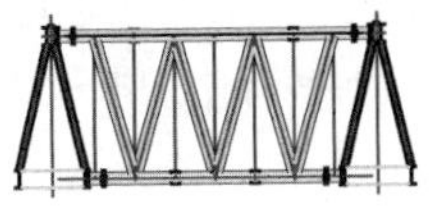

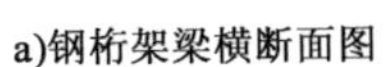

a)钢桁架梁横断面图

b)钢桁架梁纵断面图

图 5　附着式自爬升门架刚桁架梁

3.3　立柱

自爬升门架立柱由上下两部分组成，分别由 8 根钢桁架式立柱组成两个支撑体系，钢桁架立柱采用壁厚 8mm，120mm×120mm 矩形方钢管组焊而成，立柱斜撑及横撑采用 60mm×60mm 矩形方钢管，壁厚 5mm。如图 6 所示。

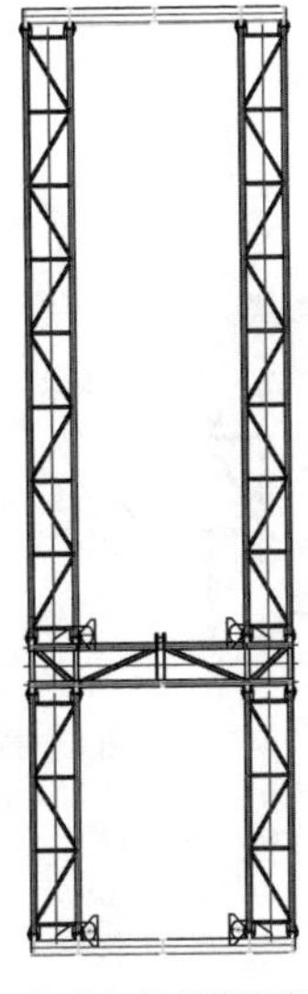

a)爬升门架横断面图

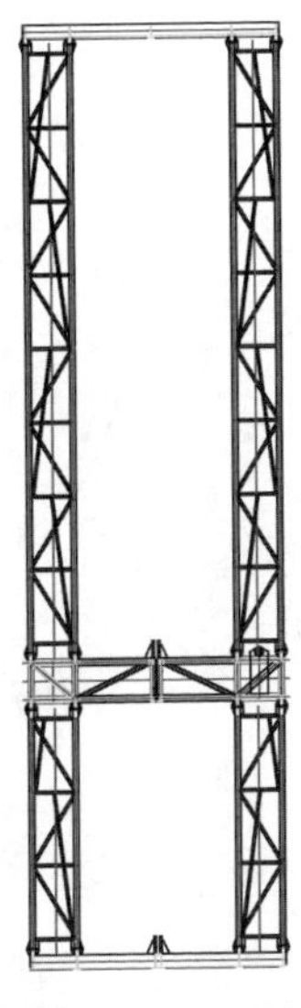

b)爬升门架纵断面图

图 6　附着式自爬升门架支撑立柱

3.4　固定托盘架

固定托盘分上下两个托盘系统，固定托盘横杆采用 H 型钢焊接而成，宽 150mm，高 150mm，腹板厚 7mm，上下板厚 10mm；托盘竖杆：H 型钢，宽 100mm，高 100mm，腹板厚 6mm，上下板厚 8mm。上下托盘采用钢桁架立柱连接成整体提高爬升门架整体性能。

固定托盘用于支撑龙门吊车装置和与桥塔柱筒插接销接，固定托盘架位于龙门吊车装置的 4 个竖向支撑架内下部，固定托盘架中部可供桥塔柱筒穿过，上下托盘架上设有与桥塔柱筒外壁面固设的锚固耳板插接的托盘固定板，上固定托盘架两侧设有提升滑轮架，提升滑轮架上轴设有提升滑轮组。如图 7 所示。

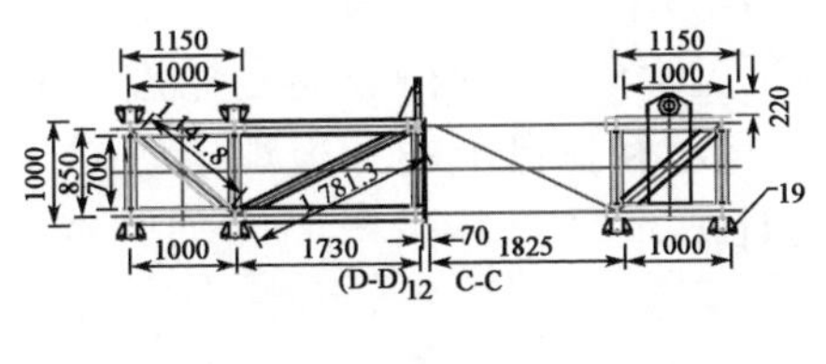

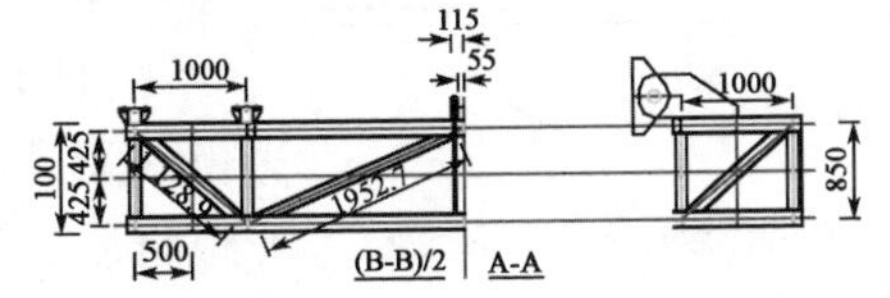

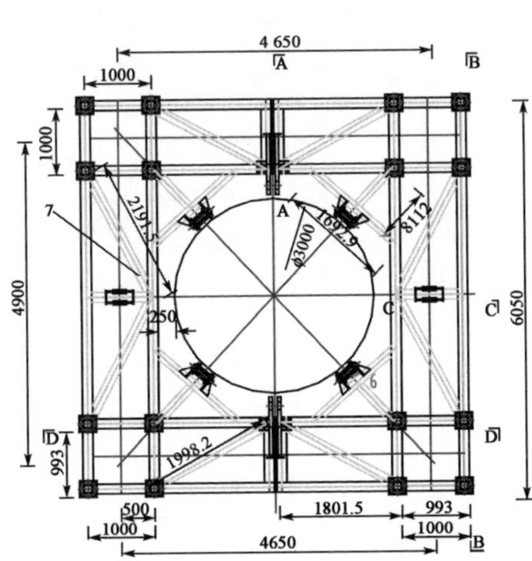

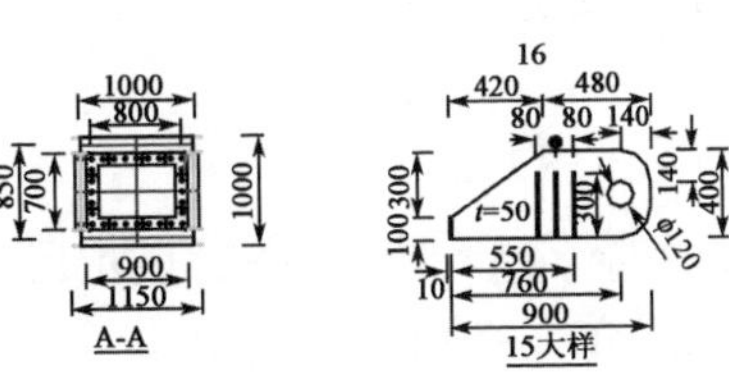

图 7　附着式自爬升起重门架附着用固定托盘(尺寸单位:mm)

3.5　提升横梁

用于作提升或下降龙门吊车装置的支撑横梁，升架横梁采用钢箱型梁结构形式，升架横梁两端设有滑轮组，滑轮组各滑轮轴设在轴杆上，轴杆两端与升架横梁固接，升降龙门吊车装置时的升架横梁位于顶端的该两桥塔柱筒上端面中部，升架横梁两端的滑轮组与对应端固定托盘架上的提升滑轮组之间缠绕钢丝绳，该钢丝绳一端位于固定托盘架上，另一端绕在该吊车装置的起重卷扬机上。

提升用的卷扬机钢丝绳按照规定进行重新穿绳；穿绳后，使用卷扬机收紧，解开提升门架与塔筒之间固结，然后使用两台卷扬机慢慢提升；提升到位后微调，调整后在中间托盘和底层托盘处与塔筒进行固结。如图 8 所示。

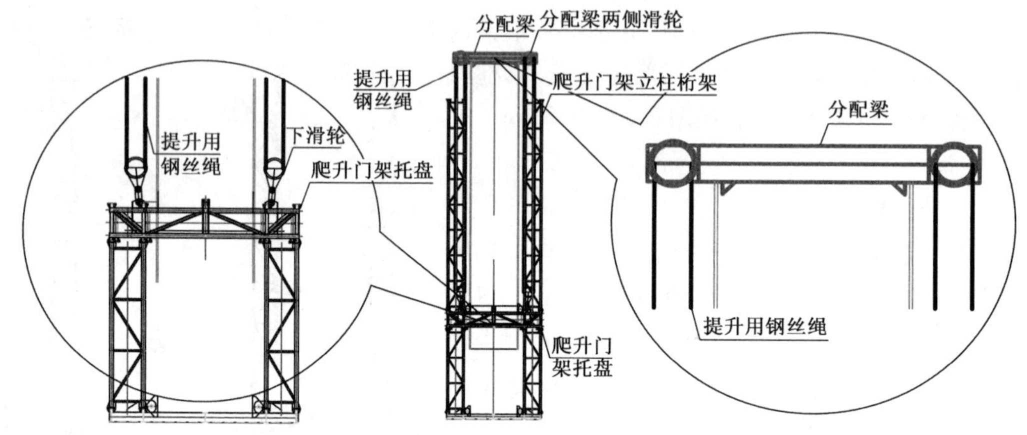

图 8　提升系统提升自爬式门架示意图

3.6　锚固系统

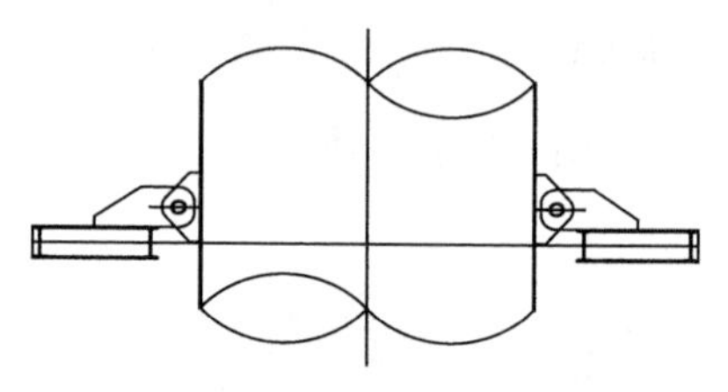

图 9　提升就位后自爬升门架托盘与塔筒附着用锚固装置

用于连接插固或分离固定托盘架于桥塔柱筒上，锚固耳板间隔距离固定在桥塔柱筒外壁同一水平面上，锚固耳板与固定托盘架上的托盘固定板对应设置，锚固耳板和托盘固定板上设有供锚固销插入固定两者的销孔。

自爬式门架施工过程中，全部荷载均由托盘与钢塔固定的耳板承受，因此钢塔上耳板和托盘上的耳板焊接质量、焊缝长度、耳板材质必须符合设计要求。爬升门架的固结装置要经过验算。如图 9 所示。

4　自爬升门架结构验算

4.1　模型和风荷载

采用 Midas 软件进行建模计算，塔筒最重段为 88t，天车重 14t，卷扬机重 10t，塔顶格栅重约 30t，索鞍重约 40t。考虑 100 年一遇风荷载作用。考虑最不利荷载组合为 88t 塔筒 +14t 天车 +10t 卷扬机。迈达斯计算模型如图 10 所示。

风荷载：

$$\omega_k = \beta_z \mu_s \mu_z \omega_0$$

式中：ω_k——风荷载标准值，kN/m^2；

β_z——z 处的风振系数；

μ_s——体型系数；

μ_z——风压高度变化系数；

ω_0——基本风压值，kN/m^2。

自振周期：$T_1 = 0.013N = 0.013 \times 65 = 0.845\text{s} > 0.25\text{s}$。

地面粗糙度类别为 A 类，查表得 $\mu_z = 2.16$。

查表得临夏市 100 年一遇基本风压值 $\omega_0 = 0.35\text{kN/m}^2$。

单榀桁架体型系数 $\mu_{st} = \phi\mu_s$，n 榀桁架的整体体型系数 $\mu_{stw} = \mu_{st}\dfrac{1-\eta^n}{1-\eta}$，查表可得 μ_s 取 1.3，ϕ 取 0.3，η 取 0.66，所以 $\mu_{st} = 0.3 \times 1.3 = 0.39$，则有：

$$\mu_s = \mu_{stw} = 0.39 \times \frac{1-0.66^2}{1-0.66} = 0.647$$

$$\omega_0 T_{12} = 1.38 \times 0.35 \times 0.8452 = 0.345$$

查表得：$\xi = 2.185$，$v = 0.89$，则可得：

$$\beta_z = 1 + \frac{\xi v \phi_z}{\mu_z} = 1 + \frac{2.185 \times 0.89 \times 1}{2.16} = 1.9$$

经计算风荷载为：$\omega_0 = 1.9 \times 0.647 \times 2.16 \times 0.35 \times 1.1 = 1.02\text{kN/m}$

4.2 塔筒吊装

4.2.1 模型及荷载

最不利荷载组合为 88t 塔筒 +14t 天车 +10t 卷扬机位于桁梁跨中吊装塔筒为受力最不利状态。并考虑 100 年一遇风荷载作用。受力模型如图 11 所示。

图 10　Midas 计算模型

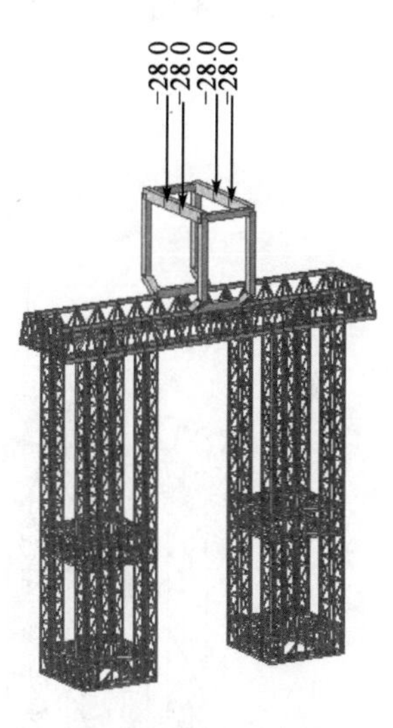

图 11　塔筒吊装受力模型

4.2.2 计算结果

(1)应力分布如图 12 所示。

最大应力为 $\sigma_{max} = 132.6 < [\sigma] = 215\text{MPa}$，满足强度要求。

(2)位移变形分布如图 13 所示。

最大位移变形 $\delta = 23.6\text{mm}$。

经计算，爬升龙门在最不利荷载条件下的变形和应力符合要求，故认为此爬升龙门可满足钢塔施工的要求。

5 附着式自爬升门架施工应用情况

5.1 刘家峡大桥钢塔采用爬升门架安装的施工流程

步骤一：利用汽车吊安装承台内的桥塔首节段钢管。

步骤二：承台上层锚固混凝土浇筑完成后，在承台顶部安装自爬式门架，并利用就地安装的自爬升门架安装第二节桥塔节段，如图 14 所示。

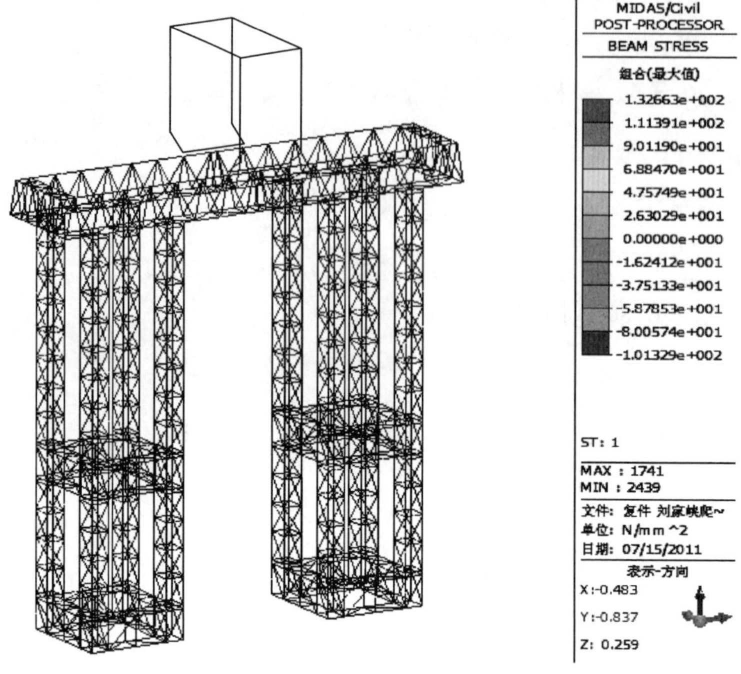

图 12 应力等值线图

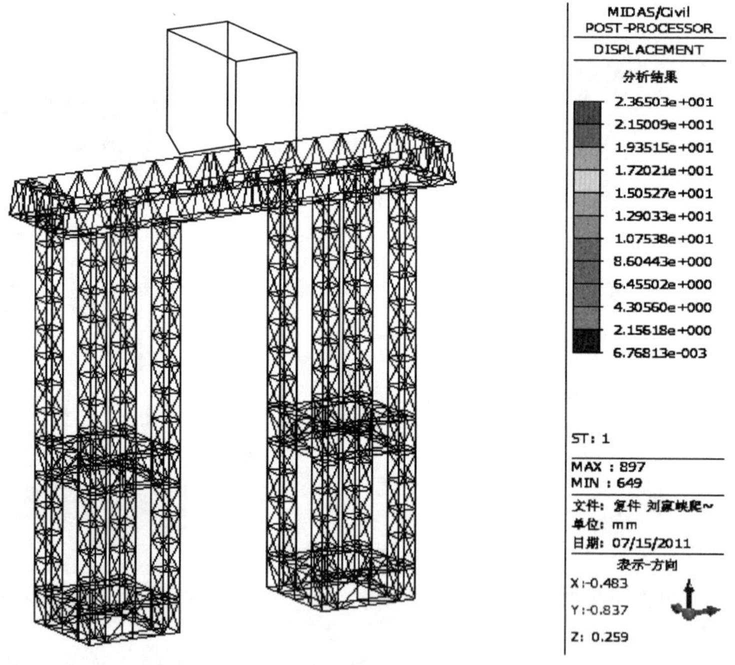

图 13 位移等值线图

步骤三:待第二节塔筒安装并灌注完混凝土后,即开始组拼门架提升系统,将自爬式门架提升就位,然后利用自爬式门架安装桥塔第三节段,如图 15 所示。

步骤四:第三节塔筒安装并灌注完混凝土后,安装门架提升系统,将自爬式门架提升到第三节塔筒上固定,开始安装桥塔第四节段,如图 16 所示。

步骤五:第四节塔筒安装完毕后,焊接横梁端段和格栅承托,再进行混凝土灌注,顶部预留一定高度设置格栅预埋件,进行二次混凝土浇筑。

步骤六:吊装格栅及索鞍、横梁等,完成全桥钢塔的安装。

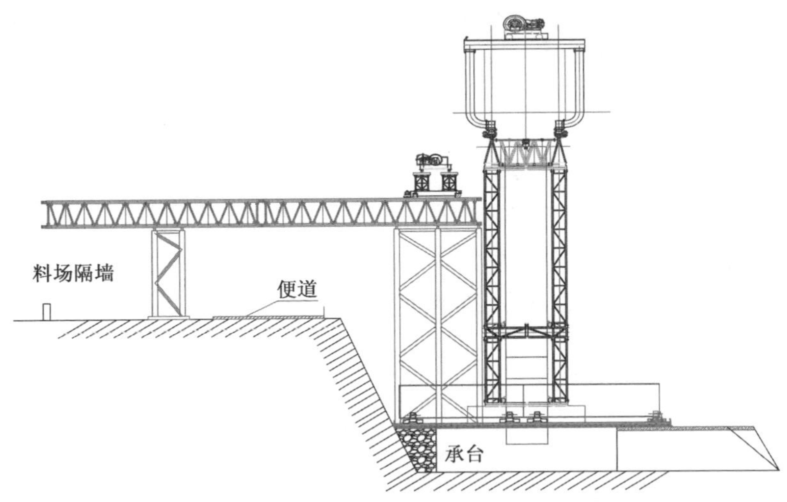

图 14　桥塔第二节段钢管安装施工图

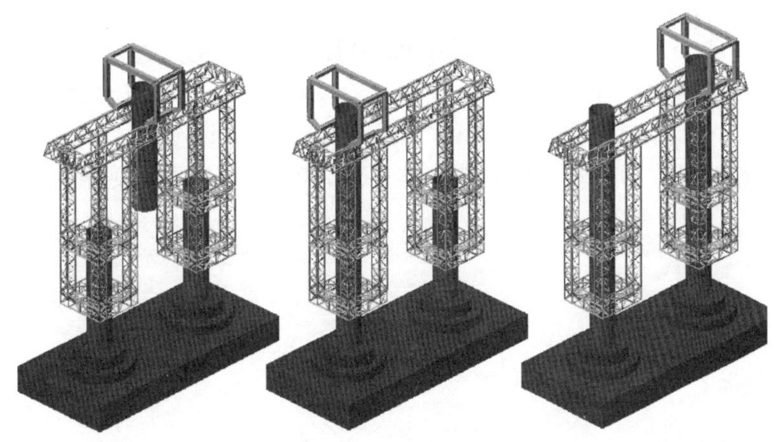

图 15　桥塔第三节段钢管安装施工图

5.2　应用效果

刘家峡大桥每座桥塔由 6 个大的吊装节段组成，从首节段开始到桥塔全部完成用时 4 个月，钢塔安装精度符合设计要求。且此设备具有施工成本低，安装速度快，材料用量少，抗风稳定性和安全性能较好的特征。此爬升门架设备还能重复利用，和其他方案相比，节约施工费用达 380 万，经济效益显著，如图 17 所示。

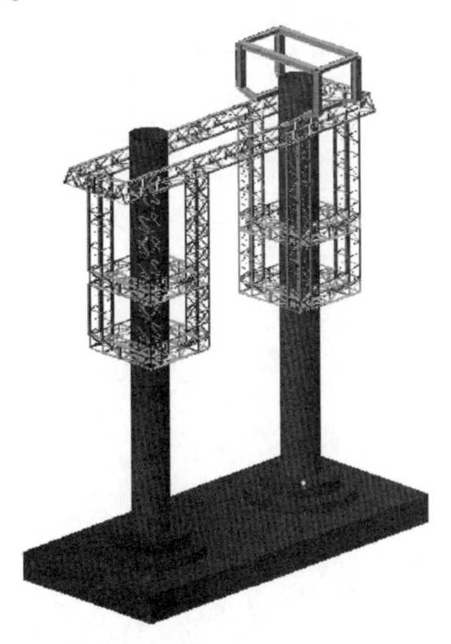

图 16　桥塔第四节段钢管安装施工图

图 17　刘家峡大桥桥塔施工完毕格栅安装

同时此关键技术经中国公路学会专家会评审鉴定，总体达到国际先进水平，自行设计的自爬升起重门架已申报国家发明专利，取得良好的社会效益。

6 结语

附着式爬升门架安装悬索桥索塔钢结构开创了一种新的施工方法，此系统有自爬升功能和起重功能，满足不同高度的桥塔钢结构安装工程和作为不同高度钢筋混凝土结构起重设备。它的支撑系统更换后还能满足场内起重施工要求。其在桥塔实体上的锚固装置根据不同的结构形式可以采用焊接或预埋钢构件的方式实施，如应用于桥梁的高墩、高塔工程施工中，符合节能降耗和环境保护的要求，推广应用前景广泛。

参考文献

[1] 中华人民共和国行业标准. JTG/T F50—2011 公路桥涵施工技术规范[S]. 北京：人民交通出版社,2011.

[2] 周水兴,何兆益,邹毅松,等. 路桥施工计算手册[M]. 北京：人民交通出版社,2006.

[3] 中华人民共和国行业标准. JTG/T D60-01—2004 公路桥梁抗风设计规范[S]. 北京：人民交通出版社,2004.

[4] 中华人民共和国行业标准. JT J025—86 公路桥涵钢结构及木结构设计规范[S]. 北京：人民交通出版社,1987.

钢管混凝土桥塔共同工作性能

王家玉

(中交一公局第一工程有限公司)

摘 要 钢管混凝土结构能够更有效地发挥钢材和混凝土两种材料各自的优点,同时克服了钢管结构容易发生局部屈曲的缺点。近年来,随着理论研究的深入和新施工工艺的产生,刘家峡大桥首次将大直径钢管混凝土桥塔应用于悬索桥。

关键词 圆钢管混凝土 悬索桥 缝隙 共同工作 核心混凝土 温度变化

1 工程概况

刘家峡大桥为主跨536m的单跨桁架式悬索桥,主缆分跨为148m+536m+113m。刘家峡大桥桥塔采用钢管混凝土门式框架结构,由桩基础、塔基、塔柱(ϕ3000mm×50mm的钢管,钢管内灌注C40微膨胀混凝土)和横梁组成。塔柱用制造的3.0m标准节段进行组焊,吊装节段长度分别为5.9m、10.4m、8.6m、10.4m、8.6m、7.5m和10m,节段间采用直接焊接对接钢管,焊缝处设有导向板和加劲板。为增加钢管径向刚度,沿塔柱高度每3~3.5m设置加强组件,并在横梁处增设。管壁内侧设置ϕ300mm×25mm焊钉,增加填充混凝土和桥塔钢管之间的黏接强度。横梁采用2000mm×2500mm的钢箱梁,雀替镂空部分做成"穹顶"形,内部采用球扁钢纵肋和横隔板加强。

2 结构特点

混凝土的抗压强度高,但抗弯能力很弱,而钢材抗弯能力强,具有良好的弹塑性,但在受压时容易失稳而丧失轴向抗压能力。而钢管混凝土在结构上能够将二者的优点结合在一起,可使混凝土处于侧向受压状态,其抗压强度成倍提高,同时由于混凝土的存在,提高了钢管的刚度,两者共同发挥作用,从而大大提高了承载能力。钢管混凝土主要以轴心受压和小偏心受压构件。

2.1 受约束的混凝土

钢管混凝土利用钢管和混凝土两种材料在受力过程中相互的组合作用,即钢管对其核心混凝土的约束作用,使混凝土处于复杂应力状态之下,从而使得混凝土的强度得以提高,核心混凝土处于三向应力状态。受力分为4个阶段,即空钢管工作阶段、弹性工作阶段、弹塑性阶段和破坏阶段。核心混凝土在纵向压力作用下,其横向变形系数加速增大,最终将超过钢材的泊松比,当钢管应力超过比例极限后,核心混凝土向外扩张的变形要大于外包钢管向外扩张的变形,这使得钢管箍住了混凝土,阻碍其扩张的趋势。这时钢管和混凝土之间产生相互作用的紧箍力,二者产生约束套箍作用。紧箍力的大小取决于竖向荷载的大小。圆钢管内紧箍力均匀分布。本桥采用C40微膨胀混凝土,膨胀剂掺量为10%,增加了钢管和混凝土之间的紧箍力。由于紧箍力的存在使得钢管混凝土的极限承载力比单纯的钢管极限承载力和混凝土极限承载力之和要高,钢管和混凝土之间的相互作用使钢管内部混凝土的破坏由脆性破坏转变为塑性破坏,构件的延性性能明显改善,耗能能力大大提高,具有优越的抗震性能。

2.2 施工方便,工期大大缩短

钢管混凝土结构施工时,钢管可以作为劲性骨架承担施工阶段的施工荷载和结构重量,施工不受混凝土养护时间的影响;由于钢管混凝土内部没有钢筋,便于混凝土的浇筑和捣实;钢管混凝土结构施工时,不需要模板,既节省了支模、拆模的材料和人工费用,也节省了时间。

2.3 耐腐蚀性能优于钢结构

钢管中浇筑混凝土使钢管的外露面积减少，受外界气体腐蚀面积比钢结构少得多，抗腐和防腐所需费用也比钢结构节省。钢管混凝土构件的截面形式对钢管混凝土结构的受力性能、施工难易程度、施工工期和工程造价都有很大的影响。

3 共同作用

3.1 钢管和混凝土共同工作的原因

(1)化学胶结力：由于混凝土在水泥水化作用过程中会产生毛细管现象，使得水泥凝胶体和钢管内表面发生化学反应，产生胶结力。

(2)机械咬合力：从微观上看，钢管内壁是凹凸不平的，从而与混凝土积压产生咬合力。

(3)机械摩擦力：钢管与核心混凝土发生相对位移后会产生摩擦力。

(4)构件发生变形后的挤压力和弯曲效应。

3.2 钢管与混凝土的共同作用

钢管混凝土作为悬索桥主塔的柱子是以连续贯通的整长杆件的形式，因此在节点处作用于钢管混凝土构件的节点力总是以剪力的形式首先作用于外包钢管上，再通过钢管和混凝土界面间的黏结力传递到核心混凝土上。由于钢管和混凝土之间的相互作用和协同工作依赖于二者之间的黏结作用，尤其是在节点部位，但随着管径的增大、混凝土强度的提高、振捣方式的影响等原因，使得钢管与混凝土之间的黏结强度相对减小，甚至出现混凝土脱空等两者之间出现缝隙造成黏结强度的丧失。本桥为了加强钢管与混凝土之间的黏结效果，在钢塔管壁内侧焊接 ϕ300mm × 25mm 焊钉，梅花形布置。塔顶以下 5m 范围内间距取 200mm，5 ~ 10m 范围取 300mm，其余取 400mm。增设剪力钉后，桥塔钢管与混凝土之间满足共同变形的条件。准备浇筑混凝土的塔柱内照片如图 1 所示。

图 1 准备浇筑混凝土的塔柱内照片

4 核心混凝土温度与应变监测

4.1 塔柱底部(0.5m 处)测点布置

考虑到第二层塔基施工对钢管表面应变计的影响，钢管表面应变计布置在高出二层塔基 0.5m 塔柱处，混凝土内部应变计布置在同一高度处。钢管表面对称布置纵向和环向应变计，每个测点布置 1 个纵向和 1 个环向应变计。塔柱内部共布置 4 个埋入式应变计，直径中点处布置 1 个横向，1 个竖向；直径 1/4 处布置 1 个横向，1 个竖向，如图 2 所示。

4.2 塔柱顶部(60m 处)测点布置

钢管外壁对称布置应变计 4 个，混凝土内部布置 5 个埋入式应变计，如图 3 所示。

现场数据监测有专人负责并客观、全面的记录。前 7 天每天监测 2 次，之后每天 1 次。各点处温度检测记录变化曲线如图 4 所示。

4.3 核心混凝土应变及应力

混凝土处于三向受压状态，$E = 32.5\text{GPa}$，$u = 0.2$，应力计算如下：

$$\text{由}\begin{cases} E\varepsilon_x = \sigma_x - \mu(\sigma_y + \sigma_z) \\ E\varepsilon_z = \sigma_z - \mu(\sigma_x + \sigma_y) \\ \sigma_x = \sigma_y \end{cases} \quad \text{可推出}\begin{cases} \sigma_x = \sigma_y = \dfrac{E(\varepsilon_x + \mu\varepsilon_z)}{1 - \mu - 2\mu_2} \\ \sigma_z = E\varepsilon_z + 2\mu\sigma_x \end{cases}$$

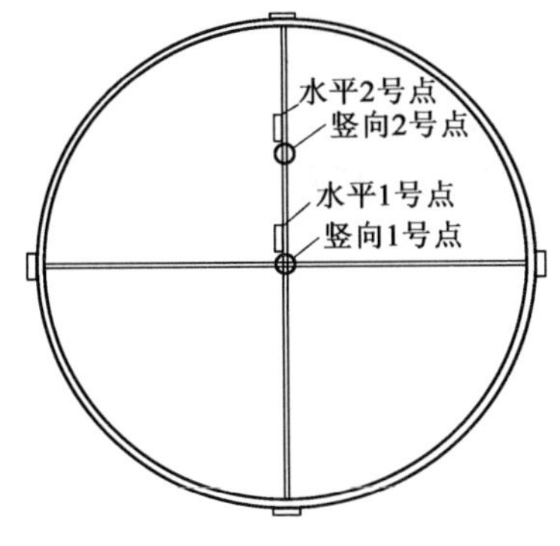

图2 塔柱底部应变计布置

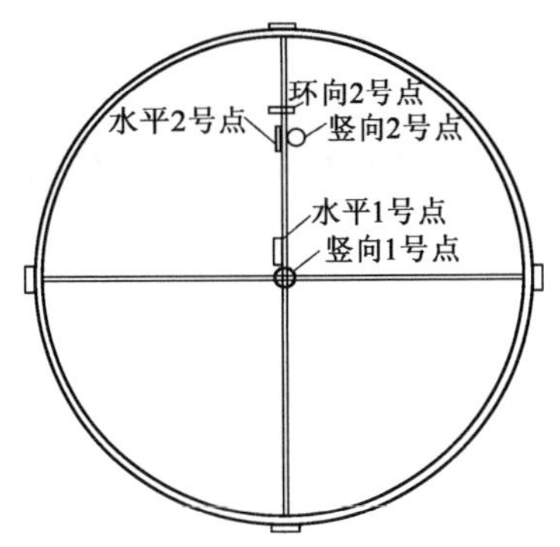

图3 塔柱顶部应变计布置

混凝土水化热在48h左右达到峰值72.3℃，随后逐渐减小，28d以后水化热趋于稳定。同一时间段1/2直径处水化热高于1/4直径处，最大温差6℃。28d后两点处的水化热温度趋于相同。核心区混凝土水化热与外界环境温差最大43℃，因此需要采取保温措施对混凝土外露部位进行保温处理，控制核心温度与表面温差在25°，以免出现裂纹。混凝土施工完毕后14d利用超声波监测混凝土与钢管是否出现空洞或裂纹。

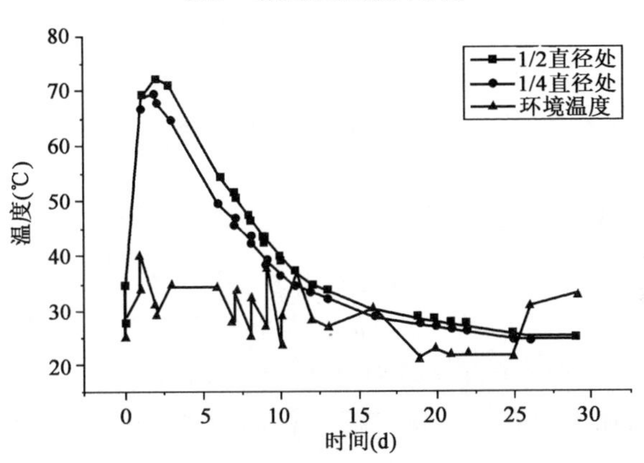

图4 混凝土温度变化

5 温度对钢管混凝土受压构件承载力的影响

钢管混凝土构件是钢材和混凝土的组合体，它在凝结过程中，由于混凝土的干缩，使钢管和混凝土之间产生了离析作用，这一离析作用的存在使混凝土承受压力时不能充分发挥出混凝土三向受压性能的优势。另外外界温度上升时，由于钢管与混凝土二者的热工作能（如比热、线膨胀系数和传热系数等）不同，钢管在外直接受热大，混凝土在内相对受热小，二者间存在着温度差，它们必将产生不同的温度应力和变形，使钢管不能有效地套箍管内混凝土，三向受力状态减弱，不能构成有效的钢管混凝土。本桥在混凝土中加入膨胀剂可以抵御部分混凝土干缩的影响，增设剪力钉有效的增加了钢管和混凝土的紧箍力。针对以往的研究结果表明对钢管进行预加热能更好的解决温度影响钢管混凝土的问题。

6 结语

大直径钢管微膨胀混凝土结构首次应用于悬索桥桥塔中，钢管与混凝土共同作用的原因及影响因素复杂，增设剪力钉和外掺膨胀剂能够增强钢管和混凝土的共同作用力。

参 考 文 献

[1] 中华人民共和国行业标准. JTG/T F50—2011 公路桥涵施工技术规范[S]. 北京：人民交通出版社，2011.

[2] 中华人民共和国行业标准. 钢管混凝土结构设计与施工规程[S]. 北京：中国计划出版社，1992.

[3] 韩林海. 钢管混凝土结构[M]. 北京：科学出版社，2007.

刘家峡大桥桥塔钢管现场对接环向焊接质量影响因素及控制方法

刘红宇　孟　孝

（中交一公局第一工程有限公司）

摘　要　刘家峡大桥桥塔钢管管壁厚、双面坡口、对接安装难度大、焊接质量要求高，如何保证钢管现场对接环向焊缝的质量，焊接过程中保证钢塔的垂直度、轴线偏位。通过理论分析及钢塔现场对接施工的实践，从中总结了现场焊接质量的控制方法。

关键词　钢管　对接　环向焊接　质量　控制方法

1　工程概况

刘家峡特大桥结构形式为一跨536m单跨型钢桁加劲梁式悬索桥，主桥桥孔布置为148m（西）+536m+113m（东），主桥桥梁全长为797m。桥塔采用门式钢管混凝土结构，桥塔塔身为Q345D材质3000mm×50mm×61400mm的钢管柱，钢管内灌注C40微膨胀混凝土。为保证现场对接环向焊接质量，在钢管卷制过程中减少了工地焊接量，在一定程度上提高了钢管现场对接环向焊接的质量。

2　影响现场对接环向焊接的因素

（1）工厂卷制钢管：钢管由50mm厚Q345D钢板卷制而成，在国内乃至世界均属首例，对其进行的研究较少。由于钢板厚度过大、卷制难度较大，在场内卷制的过程中容易出现钢管椭圆度和直径的偏差。

图1　钢管对接后调整错边

（2）现场对接钢管：钢管进场后对其进行现场检验，将钢管各项几何尺寸检验完毕后进行吊装对接，根据钢管在场内卷制容易出现的一些问题，对接后也可能会出现错边、对接间隙较大的问题。如图1所示。

（3）焊接设备：在焊接工作中电焊机是必备的设备，在电焊机工作的过程中焊机是否能正确地显示焊接电流。

（4）钢管焊接：钢管焊接采用CO_2气体保护焊进行焊接，其焊接方法应满足防风、防雨条件，CO_2气体纯度应不低于99.55%，温度在5℃以上，湿度在80%以下，外界条件复杂，在焊接过程中容易出现某一种条件不符，进而影响焊缝的质量。

（5）母材清理：钢管进场后一直存放在室外，在钢管对接的坡口处，容易出现锈迹。

（6）焊工职业健康：在施焊中多为高空作业和管内氧气稀薄作业，在不能保证良好的作业环境的情况下，焊工工作体力消耗过大，容易导致注意力不集中。

3　施工过程控制要点

（1）对接错边量：≤0.7mm；

（2）对接间隙：≤2.0mm；

（3）横向对接焊缝不允许有气孔；

（4）横向对接焊缝不允许有咬边；

(5)对接焊缝余高:$0 < h \leq 4$(mm);

(6)焊缝边缘直线度:$f \leq 3$mm;

(7)宽窄差:$f \leq 4$mm;

(8)凹凸量:$f \leq 2$mm;

(9)焊缝质量:X 射线 10%,超声波 100%。

4 焊接施工工艺

4.1 焊接工艺的确定

钢管壁厚 5cm 为全国首例桥塔钢管,钢管对接双面坡口,坡口较大,焊接质量要求较高,如何保证对接焊接质量以避免出现焊缝内部缺陷,需要在钢管对接焊接的过程中需对其进行严格的质量控制,经多方调查研究,最后决定在现场采用手工焊 CO_2 气体保护焊,焊接过程中双面焊接,内侧实芯焊丝 CO_2 气体保护焊,外侧碳弧气刨清根、实芯焊丝 CO_2 气体保护焊,选用焊缝金属少、变形量小的坡口形式,规定焊接顺序、焊接方向,综合控制焊接变形,通过这种焊接方法很好地保证了焊接质量和焊接效率。如图 2 所示。

图 2 焊工用 CO_2 气体保护焊焊接钢管

4.2 焊接施工关键控制环节

4.2.1 焊工持证上岗

所有参与施工的焊工必须经过培训考核取得相应资格的,在实际焊接中要确定焊工所施焊的工件是否与所持有的资格项目一致。

4.2.2 焊接设备

电焊机是必备的设备,在焊接工艺参数中电流是个极其重要的参数,因此电焊机必须要准确地显示焊接电流。

4.2.3 焊前母材的清理

施焊前必须彻底清理待焊区的铁锈、氧化铁皮、油污、水分等杂质。焊后必须清理熔渣及飞溅物,图纸要求打磨的焊缝必须打磨平顺。如图 3 所示。

图 3 工人对母材进行清理

4.2.4 施焊环境与条件

采用 CO_2 气体保护焊应满足防风、防雨条件,焊接温度在 5℃以上,湿度在 80% 以下,CO_2 气体纯度应不低于 99.5%。

4.2.5 焊缝间距

定位焊缝应距设计焊缝端部 30mm 以上,焊缝长度应为 50 ~ 100mm,间距应为 400 ~ 600mm,定位焊缝的焊脚小于 1/2 设计焊脚。定位焊不允许存在缺陷。

4.2.6 焊接采用引板

焊接时宜使用引板。板件的拼接焊缝与结构焊缝的间距应大于 100mm;采用焊接接长的板件,其接长不得小于 1000mm,宽不小于 200mm;T 型接头交叉焊缝间距不小于 200mm。

4.2.7 焊缝余高

对于横向对接焊缝,焊后要对其余高进行修磨,使其与母材平齐,平齐度为凸不高于 0.5mm,凹不低于 0.3mm。

5　钢管对接焊缝内部可能产生缺陷的主要原因和相应的预防措施

5.1　气孔

气孔是指焊接时，熔池中的气体未在金属凝固前逸出，残存于焊缝之中所形成的空穴。其气体可能是熔池从外界吸收的，也可能是焊接冶金过程中反应生成的。

5.1.1　气孔的形成机理

常温固态金属中气体的溶解度只有高温液态金属中气体溶解度的几十分之一至几百分之一，熔池金属在凝固过程中，有大量的气体要从金属中逸出来。当凝固速度大于气体逸出速度时，就形成气孔。

5.1.2　产生气孔的主要原因

母材或填充金属表面有锈、油污等，焊条及焊剂未烘干会增加气孔量，因为锈、油污及焊条药皮、焊剂中的水分在高温下分解为气体，增加了高温金属中气体的含量。焊接线能量过小，熔池冷却速度大，不利于气体逸出。焊缝金属脱氧不足也会增加氧气孔。

5.1.3　气孔的危害

气孔减少了焊缝的有效截面积，使焊缝疏松，从而降低了接头的强度，降低塑性，还会引起泄漏。气孔也是引起应力集中的因素。

5.1.4　防止气孔的措施

(1)清除焊丝，工作坡口及其附近表面的油污、铁锈、水分和杂物。

(2)采用碱性焊条、焊剂，并彻底烘干。

(3)采用直流反接并用短电弧施焊。

(4)焊前预热，减缓冷却速度。

5.2　夹渣

夹渣是指焊后溶渣残存在焊缝中的现象。

5.2.1　夹渣产生的原因

(1)坡口尺寸不合理；

(2)坡口有污物；

(3)多层焊时，层间清渣不彻底；

(4)焊接线能量小；

(5)焊缝散热太快，液态金属凝固过快；

(6)焊条药皮，焊剂化学成分不合理，熔点过高；

(7)手工焊时，焊条摆动不良，不利于熔渣上浮。

5.2.2　夹渣的危害

点状夹渣的危害与气孔相似，带有尖角的夹渣会产生尖端应力集中，尖端还会发展为裂纹源，危害较大。

5.2.3　防止夹渣的措施

(1)在对接过程中对对接坡口进行适当的尺寸处理，保证坡口尺寸符合相应规范；

(2)在符合尺寸的条件下，对坡口进行进一步的清根，保证坡口处清洁；

(3)在进入下层焊接的工序时，注意对焊接的该层进行彻底清根打磨处理；

(4)施焊过程中保证焊接设备良好；

(5)在焊接过程中适当的控制焊接温度及湿度，作挡风处理防止焊缝降温过快；

(6)焊条(剂)和焊丝使用正规厂家生产的材料；

(7)焊工在焊接时一定要精神集中，选用焊工一定要持证上岗。

5.3　裂纹

焊缝中原子结合遭到破坏，形成新的界面而产生的缝隙称为裂纹。

5.3.1 裂纹的分类

根据裂纹尺寸大小,分为三类:①宏观裂纹:肉眼可见的裂纹。②微观裂纹:在显微镜下才能发现。③超显微裂纹:在高倍数显微镜下才能发现,一般指晶间裂纹和晶内裂纹。

从产生温度上看,裂纹分为两类:①热裂纹:产生于 Ac3 线附近的裂纹。一般是焊接完毕即出现,又称结晶裂纹。这种二裂纹主要发生在晶界,裂纹面上有氧化色彩,失去金属光泽。②冷裂纹:指在焊毕冷至马氏体转变温度 M3 点以下产生的裂纹,一般是在焊后一段时间(几小时,几天甚至更长)才出现,故又称延迟裂纹。

按裂纹产生的原因,又可把裂纹分为:①再热裂纹:接头冷却后再加热至 500 ~ 700℃时产生的裂纹。再热裂纹产生于沉淀强化的材料(如含 Cr、Mo、V、Ti、Nb 的金属)的焊接热影响区内的粗晶区,一般从熔合线向热影响区的粗晶区发展,呈晶间开裂特征。②关于 Q345 钢的焊接裂纹主要是冷裂纹,所以在焊接过程中就以注意冷裂缝为主。

5.3.2 冷裂纹的特征、机理和防治措施

冷裂纹的特征:①产生于较低温度,且产生于焊后一段时间以后,故又称延迟裂纹。②主要产生于热影响区,也有发生在焊缝区的。③冷裂纹可能是沿晶开裂,穿晶开裂或两者混合出现。④冷裂纹引起的构件破坏是典型的脆断。

冷裂纹产生机理:①猝硬组织(马氏体)减小了金属的塑性储备。②接头的残余应力使焊缝受拉。③接头内有一定的含氢量。

防止冷裂纹的措施:①采用低氢型碱性焊条,严格烘干,在 100 ~ 150℃下保存,随取随用。②提高预热温度,采用后热措施,并保证层间温度不小于预热温度,选择合理的焊接规范,避免焊缝中出现洋硬组织。③选用合理的焊接顺序,减少焊接变形和焊接应力。④焊后及时进行消氢热处理。

5.4 未焊透

未焊透指母材金属未熔化,焊缝金属没有进入,接头根部的现象。

5.4.1 产生未焊透的原因

(1)焊接电流小,熔深浅。

(2)坡口和间隙尺寸不合理,钝边太大。

(3)磁偏吹影响。

(4)焊条偏芯度太大。

(5)层间及焊根清理不良。

5.4.2 未焊透的危害

未焊透的危害之一是减少了焊缝的有效截面积,使接头强度下降。其次,未焊透焊透引起的应力集中所造成的危害,比强度下降的危害大得多。未焊透严重降低焊缝的疲劳强度。未焊透可能成为裂纹源,是造成焊缝破坏的重要原因。未焊透引起的应力集中所造成的危害,比强度下降的危害大得多。未焊透严重降低焊缝的疲劳强度。未焊透可能成为裂纹源,是造成焊缝破坏的重要原因。

5.4.3 未焊透的防止

使用较大电流来焊接是防止未焊透的基本方法。另外,焊角焊缝时,用交流代替直流以防止磁偏吹,合理设计坡口并加强清理,用短弧焊等措施也可有效防止未焊透的产生。

5.5 未熔合

未熔合是指焊缝金属与母材金属,或焊缝金属之间未熔化结合在一起的缺陷。按其所在部位,未熔合可分为坡口未熔合、层间未熔合和根部未熔合三种。

5.5.1 产生未熔合缺陷的原因

(1)焊接电流过小;

(2)焊接速度过快;

(3)焊条角度不对;
(4)产生了弧偏吹现象;
(5)焊接处于下坡焊位置,母材未熔化时已被铁水覆盖;
(6)母材表面有污物或氧化物影响熔敷金属与母材间的熔化结合等。

5.5.2 未熔合的危害

未熔合是一种面积型缺陷,坡口未熔合和根部未熔合对承载截面积的减小都非常明显,应力集中也比较严重,其危害性仅次于裂纹。

5.5.3 未熔合的防止

采用较大的焊接电流,正确地进行施焊操作,注意坡口部位的清洁。

5.6 钢结构的检测

在施焊过程中,要求焊工做到全身心地投入工作,严格遵守焊接规范及工艺施工。在焊后检测过程中,通过焊缝外观检验标准检测外观质量,其焊缝外观质量均在对接焊缝外形尺寸允许偏差范围之内,在检测内部焊缝的时候,采用X射线和超声波检测,检测其每道焊缝也都符合焊缝无损探伤检测标准。

以上所提到的缺陷原因虽然多数为环境和材料的问题,但实际在焊接施工过程中,焊工的工作状态往往也决定着焊缝质量,焊工在本项目的工作多数为高空作业和管内氧气稀薄作业,施工条件差,焊工消耗体力多,注意力不集中也都可能导致焊缝有缺陷,所以在施工过程中工人健康问题也是值得关注的重点。

6 结语

在刘家峡大桥主塔钢管的环向焊接过程中,通过施工环境的把握、优质材料物资的提供、机械设备的可靠、人员的合理调配和专业人员的使用,才使我们能够高质量、高效率的完成钢管的对接焊接,在焊缝检测的报告中显示,从场内卷制、现场对接到现场焊接之类诸多对焊缝可能产生影响的环节上都达到了尽善尽美,保证了焊缝的外部和内部质量。

参考文献

[1] 王晓雷.承压类特种设备无损检测——相关知识[J].北京:中国劳动社会保障出版社,2007.

[2] 全国锅炉压力容器无损检测人员资格考核委员会.超声波探伤(试用本)[S].北京:中国锅炉压力容器安全杂志社.

[3] 中冶京诚工程技术有限公司.钢结构设计规范[S].北京:中国建筑工业出版社,2012.

[4] 中华人民共和国行业标准.TB 10212—2009 铁路钢桥制作规范[S].北京:中国铁道出版社,2009.

[5] 中华人民共和国国家标准.GB 50205—2001 钢结构工程施工及验收规范[S].北京:中国计划出版社,2002.

[6] 中华人民共和国行业标准.JGJ 81—2002 建筑钢结构焊接技术规程[S].北京:中国建筑工业出版社,2003.

刘家峡大桥大节段重型钢塔安装施工技术

路小科　卢界江

（中交一公局第一工程有限公司）

摘　要　刘家峡黄河大桥是国内首个采用大节段重型钢管混凝土结构作为主塔的悬索桥，目前尚没有成套的技术作为施工参考。本文通过刘家峡黄河大桥钢塔安装施工，以及为保证钢塔安装质量所采取的相应技术措施，为今后类似工程施工积累了宝贵的经验。

关键词　大节段重型钢塔　安装　施工技术

1　工程概况

刘家峡大桥为1-536m的单跨双铰简支钢桁梁悬索桥，刘家峡大桥索塔采用钢管混凝土门式框架结构，为国内首例钢管混凝土塔，包括桩基础、塔基、钢管（3000mm×50mm，钢管内灌注C40混凝土）和横梁组成，塔顶作装饰处理。刘家峡大桥桥塔单根塔柱全长61.4m，其中有5.9m埋入塔基及承台部分，埋入混凝土部分钢管侧面焊接角钢剪力键加强连接。单根桥塔钢管分为4个节段，分别为5.9m、19m、19m、17.5m，设置3个接头组件。最大节段钢管重约86t，单根塔柱钢管重227.0765t，全桥共重908.306t。

2　钢塔安装

2.1　设计要求及吊装设备选择

设计图纸要求节段之间采用内接法兰盘连接，然后再焊接节段钢管接头，不仅解决了临时连接减少了焊接量，也使接头连接强度不完全依赖于现场焊接质量；沿塔柱高度每3～3.5m设有加强环，并在横梁处增设，加强了钢管的径向刚度；在管壁内侧焊接ϕ300×25mm焊钉，塔顶以下5m范围内焊钉间距取200mm，5～10m范围内间距取300mm，其余部分焊钉间距取400mm，成梅花形布置，焊钉采用专用装置焊接，增加了填充混凝土与桥塔钢管之间的黏结。

在吊装设备选择方面，从进度、安全、经济、起吊吨位及现场场地条件等方面综合比选最终采用自爬升式龙门吊进行吊装。

2.2　钢塔安装步骤

主桥桩基基础施工完成后，浇筑第一层承台混凝土，混凝土顶高程不超过钢塔预埋段安装标高，浇筑混凝土前预埋钢塔调平钢板。待第一节预埋段在工厂制作完成，运输至现场后，利用100t汽车吊安装使其到位并调整以满足设计要求，浇筑第二层承台混凝土。在承台上搭设钢管支架，及卸车龙门，利用自爬式龙门安装塔筒的第二节段钢塔，第二节安装好后，开始在塔筒上安装提升门架，然后利用提升门架依次完成塔筒及横梁等的安装工作。

步骤一：利用一台100t汽车吊（ATF100—5）安装承台内的第一节预埋件，如图1所示。

步骤二：承台上层混凝土浇筑完成后，安装卸车龙门及自爬式门架，并利用落地爬升门架开始安装第二节塔筒段，如图2所示。

步骤三：待第二节塔筒安装并灌注完混凝土后，即开始安装自爬式门架提升系统将自爬式门架提升就位，然后利用自爬式门架安装第三节塔筒，如图3所示。

步骤四：第三节塔筒安装并灌注完混凝土后，通过提升系统，将自爬式门架提升到第三节塔筒上，并安装第四节塔筒，如图4所示。

图1　桥塔首节段钢管安装施工图

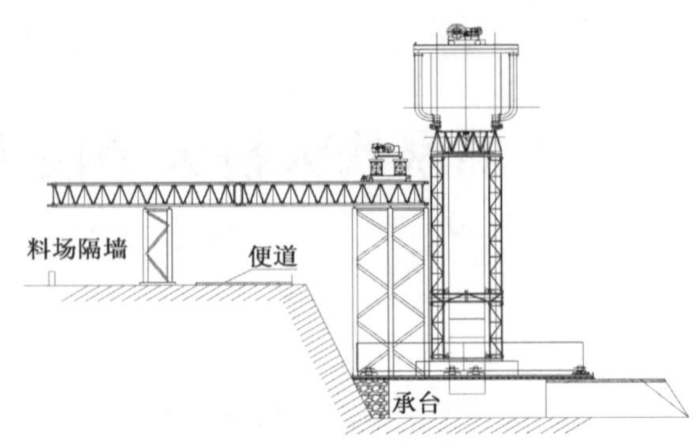

图2　桥塔第二节段钢管安装施工图

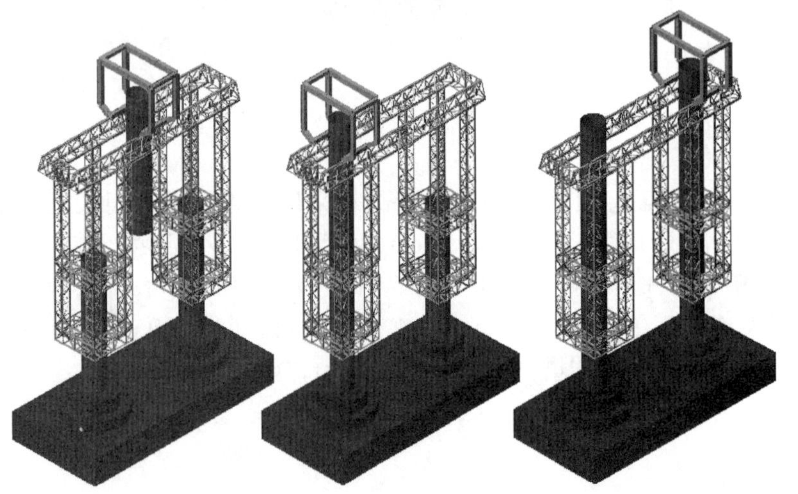

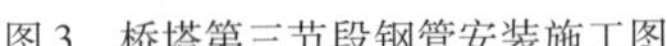

图3　桥塔第三节段钢管安装施工图

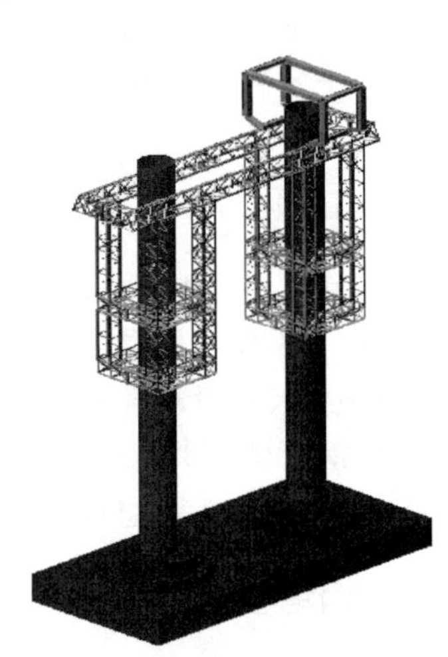

图4　桥塔第四节段钢管安装施工图

步骤五：第四节塔筒安装完毕后，焊接横梁端段和格栅承托，再进行混凝土灌注，顶部预留一定高度设置格栅预埋件，进行二次混凝土浇筑。

步骤六：吊装横梁、格栅及索鞍等，完成全桥钢塔的安装。

横梁安装：先吊装焊接横梁端段，再整体吊装中间段，与端段利用高强螺栓进行连接。

格栅安装：采用分块吊装塔上连接的方法，先将半个格栅单元吊装至塔顶，再吊装另外半块格栅，两个半块格栅就位后用螺栓连接成整体格栅。连接完成后安装上侧封孔板，进一步调整格栅整体位置精度至满足设计要求。吊装重量14.34t。桥塔格栅安装示意图如图5所示。

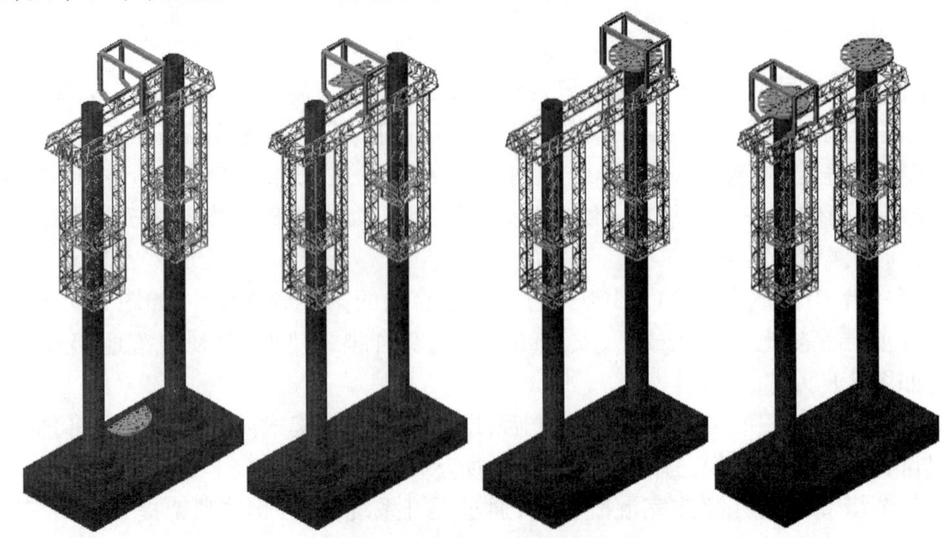

图5　桥塔格栅安装示意图

2.3 桥塔安装施工工艺

2.3.1 运输、卸车

钢管节段采用平板拖车进行运输进场，为避免钢管运输过程中出现变形，除采取必要的限位设施，钢管内部还加设了十字支撑。

根据构件重量、作用范围及现场场地条件，采用高低支腿结构形式的龙门吊进行卸车。卸车龙门支架采用钢管在现场拼装焊接，上部轨道纵梁为型钢桁架，顶部轨道横梁采用三排单层贝雷梁结构，上部安装起重天车。

运至现场的桥塔钢管节段利用卸车龙门起重小车提起，然后卸车龙门天车纵移将桥塔钢管运至承台上的拼接胎架上。

2.3.2 吊装节段现场组拼

由于运输条件限制，为控制钢塔安装质量，对运输节段现场组拼成吊装节段后再进行吊装。运输节段通过对接滚轮架进行拼接。

钢管对接滚轮架布置两条，一条用来拼接塔筒，另外一条用来存放已经拼接或者没有拼接的塔筒；管节组焊注意两管节纵缝位置不能重合应错开120°布置，对接焊缝采用双面坡口熔透焊，焊前坡口打磨至光滑平整，保障焊接质量。在胎架上将两段吊装段进行拼装，控制直线度和同轴度偏差，以便于安装时控制桥塔的竖直度。

现场焊接对焊接顺序及所采用的焊丝焊剂均与厂内加工时类同。焊前对焊接部位预热，焊接采用双面坡口焊缝，一侧焊接后背面碳弧气刨清根，再焊接。焊接顺序上，采用多人分段、对称施焊，防止焊接变形对塔身垂直度的影响。焊后24h进行超声波检测和X射线检测。检验合格后进行吊装。

2.3.3 钢塔节段吊装

钢塔节段现场拼接完成后，使用卸车龙门单机起吊，起吊至塔筒呈45°时，卸车龙门起重天车慢慢后移，尾端滚轮摆会慢慢跟着后移，待尾端快到爬升门架中心时候，爬升门架在尾端起吊，待双方吊钩水平时候卸车龙门吊钩下降，直至放完；在使用爬升门架单钩起吊至安装高度，爬升门架起重天车横移到塔筒横向位置，使用其中小车纵向移动调整位置就位。如图6所示。

2.3.4 桥塔钢管竖向拼接

桥塔吊装前在钢塔下节段以水平轴线4个点位作为全塔安装施工控制点，根据轴线位置直径，对应标记处标出安装节段的轴线点，确保直径误差在最小值，在控制点处安装导向匹配件，如图7所示。

对吊装节段的垂直度进行检测，控制在设计允许范围之内，再微调到位。将匹配件螺栓固定后，在气温稳定的时段对桥塔安装位置进行检测，确保轴线位置、垂直度合格，经检测合格后进行环向接缝焊接。焊接采用双面坡口焊缝，内侧焊接后外部碳弧气刨清根，再进行外部焊缝焊接。焊接顺序上，采用多人分段、对称施焊，防止焊接变形对塔身垂直度的影响。焊后24h进行超声波检测。检验合格后，钢管内浇注混凝土，钢管内混凝土灌注高度低于钢管上口50cm，便于焊工施焊和避开焊接热影响区。全桥塔筒各节段对接均按此办法进行。

2.3.5 自爬式门架提升

第二节桥塔钢管混凝土浇筑完成后，开始安装自爬式门架的提升系统，利用提升系统来实现爬升龙门爬升的目的。

门架提升系统包括卷扬机、提升分配梁、滑轮组、钢丝绳等。

提升用的卷扬机钢丝绳按照图8进行重新穿绳；穿绳后，使用卷扬机收紧，解开提升门架与塔筒之间固结，然后使用两台卷扬机慢慢提升；提升到位后微调，调整后在中间托盘和底层托盘处与塔筒进行固结（图9）。以此作为自爬式龙门的支撑点。

自爬式门架施工过程中，全部荷载均由托盘与钢塔固定的耳板承受，因此钢塔上耳板和托盘上的耳板焊接质量、焊缝长度、耳板材质必须符合设计要求。

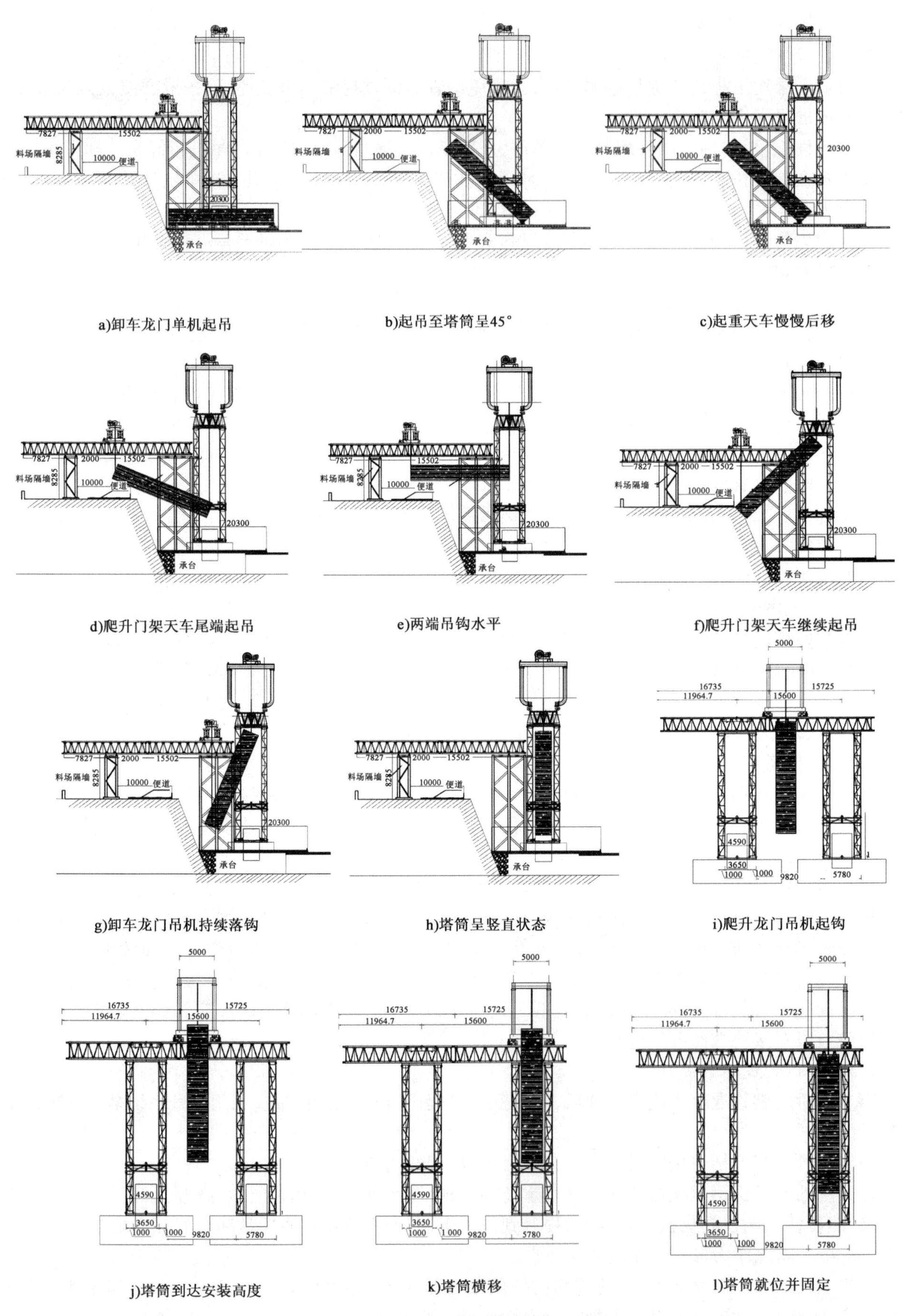

a)卸车龙门单机起吊
b)起吊至塔筒呈45°
c)起重天车慢慢后移
d)爬升门架天车尾端起吊
e)两端吊钩水平
f)爬升门架天车继续起吊
g)卸车龙门吊机持续落钩
h)塔筒呈竖直状态
i)爬升龙门吊机起钩
j)塔筒到达安装高度
k)塔筒横移
l)塔筒就位并固定

图6　吊装节段起吊就位(尺寸单位:mm)

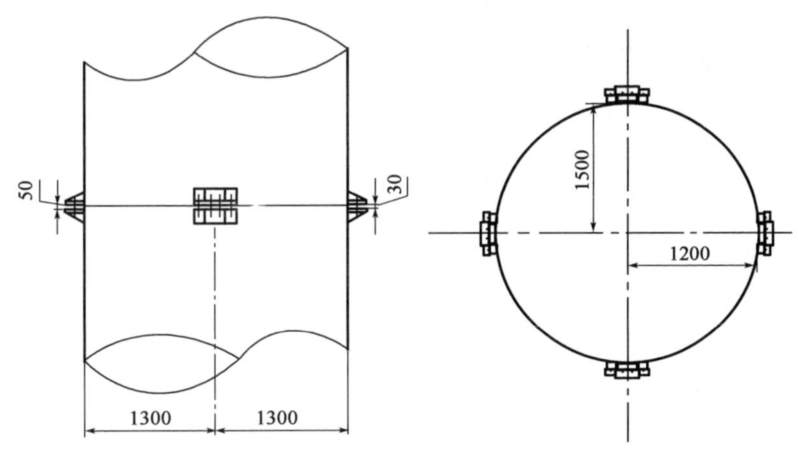

图7 塔筒对中示意图(尺寸单位:mm)

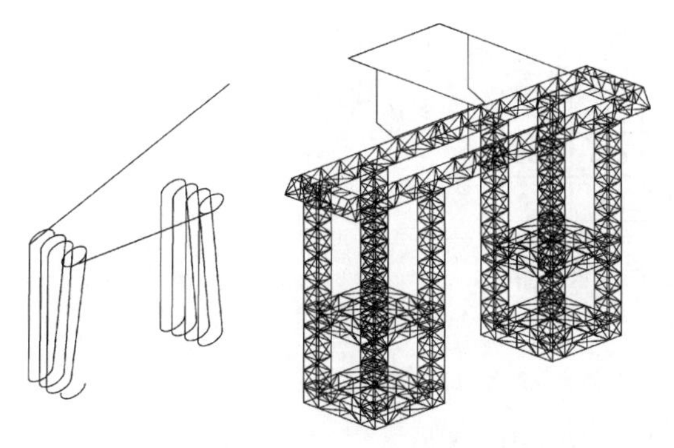

图8 支撑梁滑轮组钢丝绳绕线图

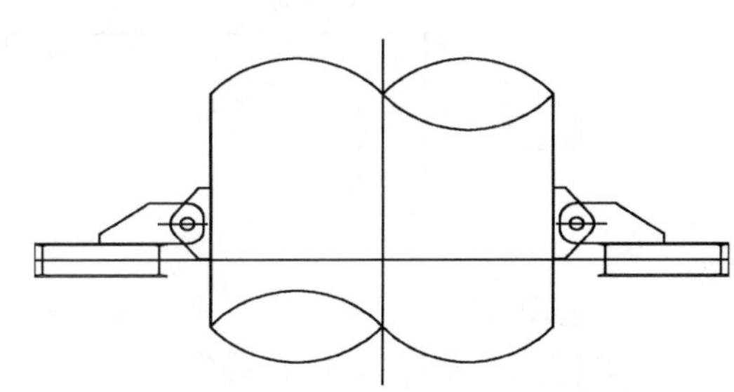

图9 提升就位后爬升门架托盘与塔筒固结示意图

待爬升门架就位后继续下个节段施工。

2.4 焊缝检测

2.4.1 外观检查

所有对接焊缝、筒体焊缝为全熔透焊缝,焊缝外形尺寸必须符合图纸和工艺要求,见表1、表2,焊缝与母材过渡圆滑。焊接接头的焊缝余高 h 应趋于零值。

另外,筒节环焊缝不允许有裂纹、夹渣、气孔、漏焊、烧焊、未熔合及深度 >0.5mm 的咬边等缺陷;筒体任意局部表面凸凹度符合图10所示要求。

对接焊缝外形尺寸(单位:mm) 表1

焊接方法	施焊形式	焊缝宽度 c	焊缝余高 h	焊缝边缘直线度 f①	宽窄差②	凸凹量③
埋弧焊	Ⅰ型焊缝	$b+(14\sim20)$	0~3	≤4	≤4	≤2
	非Ⅰ型焊缝	$g+(4\sim9)$				
手工电弧焊及气体保护焊	Ⅰ型焊缝	$b+(6\sim10)$	平焊0~3 其余0~4	≤3	≤4	≤2
	非Ⅰ型焊缝	$g+(4\sim8)$				

注:b:对接间隙;

g:坡口宽度;

①任意连续300mm长度内;

②低于50mm长度内;

③任意25mm长度内。

角 焊 缝 尺 寸 表2

母材厚度 T(mm)	角焊缝的最小尺寸(mm)	母材厚度 T(mm)	角焊缝的最小尺寸(mm)
$T \leqslant 6$	3	$12 < T \leqslant 20$	6
$6 < T \leqslant 12$	5	$20 < T$	8

注:①焊缝不允许有裂纹、夹渣、气孔(>0.5mm)、漏焊、烧穿、弧坑、未熔合及咬边(>0.5mm)。

②焊缝和热影响区表面不得有裂纹,气孔,夹渣,未熔合及低于焊缝高度的弧坑。

③熔渣,毛刺等应清除干净。

④焊缝外形尺寸超出规定值时,须进行修磨,允许局部补焊,返修后必须合格。

⑤对于无具体要求的,按 AWSD1.1 有关规定执行。

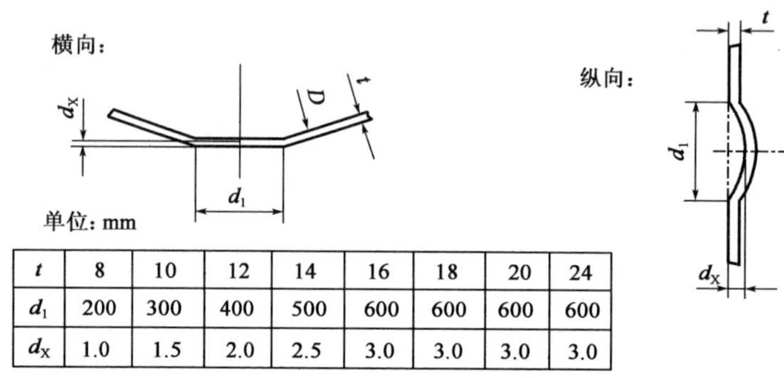

t	8	10	12	14	16	18	20	24
d_1	200	300	400	500	600	600	600	600
d_X	1.0	1.5	2.0	2.5	3.0	3.0	3.0	3.0

图10 筒体任意局部表面凸凹度示意图

2.4.2 无损检测

(1)无损检测须在焊缝外观检验合格后进行。

(2)焊缝无损检测均按压力容器无损检验标准 ISO 5817 B 级执行。

(3)各部件焊缝均采用无损探伤检验,如表3所示。

桥塔钢管焊缝无损探伤检测要求 表3

检测部位	合格级别	探伤方法、探伤比例	
		UT	MT/RT
法兰、门框钢板原材料	I级	100%	
筒体纵、环焊缝	I级	100%	
法兰与筒体焊缝	I级	100%	
纵向与横向交接点	I级	100%	
与塔体焊接的角焊缝	I级		10%

经UT检测的焊接接头,如有不允许的缺陷,须在缺陷清除后进行补焊,并对该部分采用原检测方法重新检查直至合格。进行局部探伤的焊接接头,发现有不允许的缺陷时,须在该缺陷两端的延伸部位增加检查长度,增加的长度为该焊接接头长度的10%,且不小于250mm。若仍有不允许的缺陷时,则对该焊接接头做100%检测。

2.4.3 焊缝返修

(1)当焊缝需要返修时,其返修工艺必须符合相应工序的焊接工艺要求。

(2)焊缝同一部位的返修次数不应超过两次,如超过两次,返修前须经塔筒安装技术总负责人批准,并将返修次数、返修部位和返修情况记入质量证明资料。返修后进行经检测合格方可转入下一工序。

2.5 桥塔施工测量控制

2.5.1 钢塔控制

采取跟踪测量的方法进行钢塔定位,全站仪直接架设在现场的导线控制点上,通过在钢塔上贴反光膜放样各个角点的坐标。

2.5.2 钢塔复测

钢塔在施焊前进行最后复测，平面位置及高程满足规范要求后进行钢塔的施焊，焊接前进行工序交接。上一道工序不满足要求严禁进行下一道工序施工。

2.5.3 桥塔检测项目(表4)

桥塔检测项目 表4

项 次	检 查 项 目	规定值或允许偏差	检查方法和频率	权 值
1	混凝土强度(MPa)	在合格标准内	按(JTG F80/1—2004)附录D检查	3
2	混凝土填充度	≥99%	用超声波为主和人工敲击法为辅(塔根、塔顶横梁处需钻孔检查)	3
3	塔柱底水平偏位(mm)	5	全站仪:纵横各检查2点	1
4	倾斜度(mm)	10	全站仪:纵横各检查2点	2
5	预埋件位置(mm)	2	尺量:每件检查	1
6	索鞍底板面高程(mm)	+5,-0	水准仪或全站仪:每索鞍1处	1

2.5.4 索塔基础的沉降观测

在塔身及主梁结构自重作用下索塔受到压缩基础可能产生沉降，所以在承台上设置沉降观测点，索塔顶考虑预抬高量。

为了索塔的施工安全及掌握索塔基础的稳定性，对索塔进行长期的沉降监测，监测以在钢塔安装过程中每日不少于4次、安装完成后每日不少于1次的频率进行观测，直到沉降基本稳定为止。在塔座承台边角上设置4个铜棒标志作为永久性沉降监测点，使用精密水准仪观测，精度为二等水准、采用闭合水准路线，每次沉降观测数据须进行平差计算，最终得出本次沉降量和累积沉降量。

2.5.5 索塔挠度的变形观测

由于索塔受风力、日照、塔吊作用等外界环境的影响，随着塔高的增加，变形幅度也急剧增大。只有准确掌握塔的摆动和扭转规律，才能有效指导施工和相应的测量工作。在施工阶段根据影响索塔受力的具体情况而定并设置预偏量。

在塔顶顺桥向和横桥向各设一个观测点，在顺桥向和横桥向上设站采用距离法观测，距离变化值就是塔偏位值，同时监测塔顶高程和塔顶横梁、塔底处的温度，定时进行观测，连续观测36h以上，最终得出塔的变化规律。为提高测量精度，用全站仪极坐标法观测时始终在同一控制点上，后视方向也始终为同一方向，这样各控制点的误差不会影响测量精度。同时，工作基点和照准点都采用强制对中装置。

在主塔的塔底及塔的中部布置应力应变计，在主塔内混凝土灌注过程中对应力应变计的截面进行观测，掌握应力状态及其变化规律，同时也了解主塔承台在施工过程中的沉降及变位情况，为后续主梁施工监控做好准备。

2.5.6 索塔施工测量的主要技术要求

(1)索塔施工测量的控制基准点要经常复测，防止点位移动。

(2)温度、日照和风力对索塔的挠度变形影响复杂，其对施工测量放样的影响值难以得知。所以对索塔各部位进行施工测量放样时，选择在上午7:00~8:00或下午6:00~7:00且风力小的时段进行。

3 结语

目前，刘家峡大桥钢塔安装已经全部结束，安装质量均达到规范要求，为今后类似工程施工积累了宝贵的经验。

参 考 文 献

[1] 中华人民共和国行业标准. JTG/T F50—2011 公路桥涵施工技术规范[S]. 北京:人民交通出版社,2011.
[2] 中华人民共和国行业标准. JTG F80/1—2004 公路工程质量检验评定标准[S]. 北京:人民交通出版社,2004.
[3] 中华人民共和国行业标准. JGJ 81—2002 建筑钢结构焊接技术规程[S]. 北京:中国建筑工业出版社,2003.

刘家峡大桥桥塔施工安全设计与应用

蔚立军　李鸿盛

（中交一公局第一工程有限公司）

摘　要　刘家峡大桥地处刘家峡水库本池沟，施工便道陡峻，桥位处地形狭窄，大吨位构件安装方案的优化，起重设备的选型以及现场组装施工安全管理难度大。综合多方面因素后选用自爬升门架进行桥塔节段安装。超高空作业、大型起重设备安全需要进行专门的研究设计，经实践检验安全效果显著。本文就桥塔安装时的安全设计及应用做简要介绍，希望安全管理工作更加注重从技术方面来提高问题的解决。

关键词　桥塔　施工　安全设计　应用

1　刘家峡大桥桥塔工程概况

刘家峡大桥桥塔为门式钢管混凝土结构，采用工厂卷制运输节段，在现场逐节安装，逐节灌注塔柱内混凝土的总体施工方案，其中桥塔钢管最大吊装节段重88t，吊装高度达61.4m，除需要对安装设备的安全性能进行严格检算外，其他辅助安全设施的安全性能也不容忽视，尤其是特殊桥梁工程施工。

2　桥塔施工方案简述

主塔承台第一层施工完毕后，安装钢塔预埋段，等浇筑完第二层承台及下塔基混凝土后，开始安装自爬升门架，已安装塔筒作为门架固结定位的重要承重构件。桥塔钢管利用门架逐节爬升后进行安装，现场桥塔节段之间的环缝焊接完毕，塔柱内混凝土浇筑完成强度形成后，解除门架与塔柱的锁定装置，利用塔顶扁担梁进行爬升门架的提升，在待安装位置进行自爬升门架的临时固结，继续提升安装其余节段，图1为自爬升门架安装塔柱钢管的流程图。

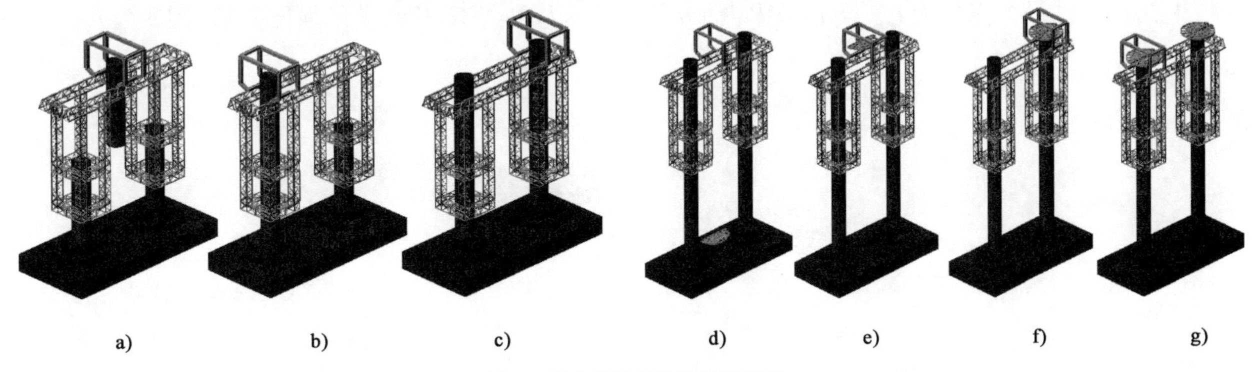

图1　爬升门架安装桥塔流程图

3　自爬升门架的设计及应用

3.1　爬升门架设计制作

爬升门架的设计起重量以满足现场安装最大重量为控制点，爬式门架包括托盘系统、钢桁架立柱系统、桁架平联、三角钢桁架横梁、起重天车、提升系统。技术人员对爬升门架的立柱、横梁等系统采用迈达斯软件、软件、人工手算等反复检算合格，并对不同工况进行强度、刚度稳定性验算确保安全后将施工方案上报公司、局技术部门审批后实施。

爬式门架构件厂内制造，分节运至施工现场，利用吊车在塔基顶部完成组装。爬升门架起重设备电力系统试运转正常后，邀请甘肃省临夏州技术监督部门以及相关起重专家进行桥塔施工安全风险评估会议，对桥塔爬升门架的施工安全可行性进行评审后形成专家意见，最后请甘肃省质量监督检验站进行起重设备的安全检查验收，合格后投入使用。

爬升门架纵横断面图如图2所示。

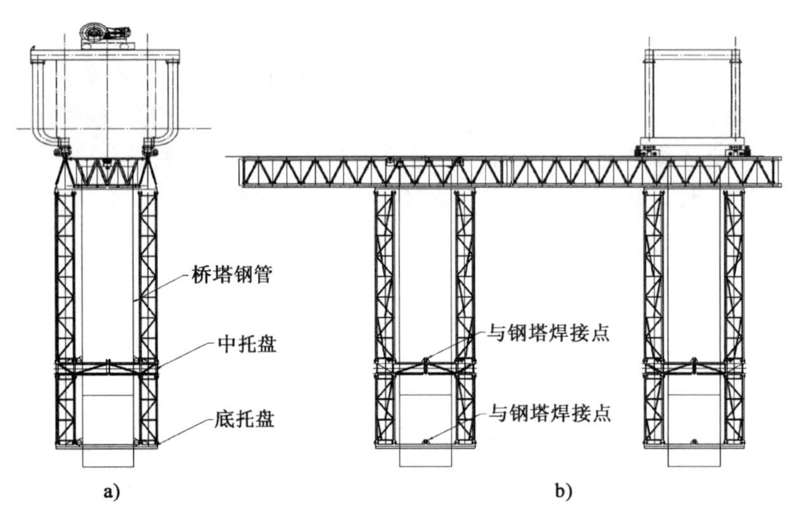

图2 爬升门架结构图

3.2 爬升门架关键构件设计

爬式门架设计验算阶段，要根据不同的工况和荷载组合对门架的主桁架、立柱系统进行检算，结果均满足动载安全使用要求，另外作为爬升门架与塔筒附着的管节构件，中、下托盘与钢塔固定的耳板起到关键作用，我们对这些构件也进行了检算。

设计和检算阶段采用midas软件对爬升门架进行建模计算，塔筒最重段为88t，天车重14t，卷扬机重10t，制动及启动横向荷载$0.2\times(88t+40t)=25.6t$。

3.2.1 中托盘应力

中托盘构件最大应力为$\sigma_{max}=164MPa<[\sigma]=140\times1.3=182MPa$，满足强度要求（图3）。

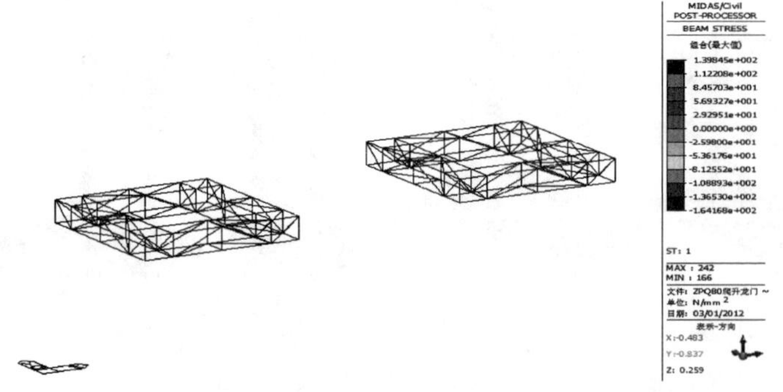

图3 中托盘应力

3.2.2 下托盘应力

最大应力为$\sigma_{max}=153.8MPa<[\sigma]=140\times1.3=182MPa$，满足强度要求（图4）。

经过对爬升门架的安全分析，吊装过程中利用设备安全性能良好，能满足吊装的需要。

3.3 爬升门架在塔柱上的临时固定装置设计

门架爬升后，需要进行门架与已安装塔体临时固结。临时固结耳板的设计及焊接安装质量关系到提升钢管的整体安全。耳板承受设备自重、吊装过程中塔筒的重量以及焊接人员和焊接设备的重量。耳板构造图如图5所示。

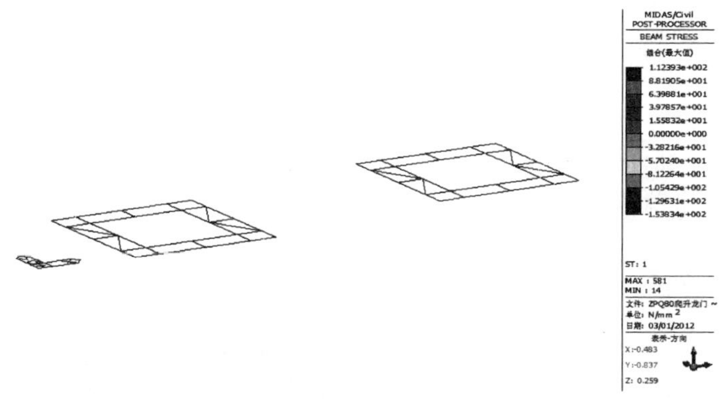

图4　下托盘应力

采用midas软件对固结装置进行受力计算，确保设备及操作人员的安全。爬升龙门固定耳板及相关组件的力学检算包括：销轴承载力验算，钢管上耳板及焊缝力学检算，托盘上上耳板及焊缝力学检算。

经计算爬升龙门固定耳板及相关组件的强度、刚度、稳定性等满足使用要求，并具有足够的安全系数。

3.4　爬升门架安全专项方案评审

爬升门架作为自行设计产品，施工各方非常重视，首先我部组织了专家对桥塔安全技术方案进行了评审，保证整体方案安全可行；然后针对爬升门架进行安全风险评估，在细节上进行了优化。最后取得了相关部门的安全生产许可。如图6所示。

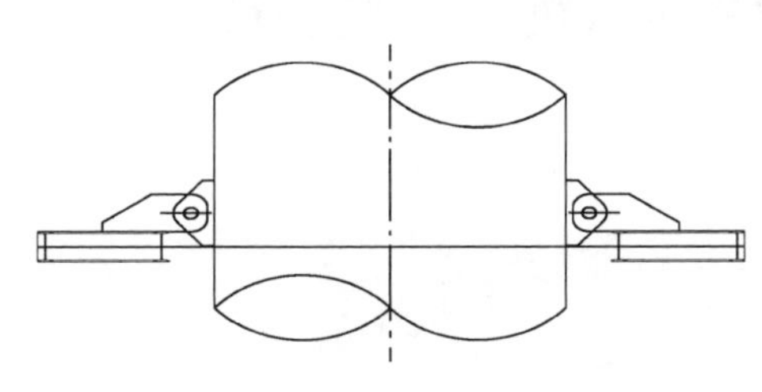

图5　爬升门架托盘与桥塔固结装置

图6　提升门架安全风险评估

4　垂直通道的设计与应用

桥塔高度达62m，常规采用电梯方式实施，但是考虑到爬升门架后期拆除的影响。只能设置爬梯方式。

结合桥塔结构形式，我们采用在钢塔附壁垂直爬梯的方式进行施工，爬梯与钢塔临时焊接，梯子宽度为70cm，外围采用护圈进行防护，并加设安全防护网。爬梯加工成3m一段标准节，便于搬运和高处拼接。拼接爬梯时每10m设置一道休息平台，以便人员上下时中途休息。桥塔安装完毕后拆除爬梯，同时可以将起重门架沿塔筒下放到承台顶面拆除。如图7、图8所示。

5　桥塔施工安全管理新措施

桥塔施工的安全管理以完善的检查制度及24h不间断视频监控为基础，再辅以有针对性的管控措施。桥塔施工中的安全管理包括日常巡查、专项检查、月度安全大检查等。安全人员每天对桥塔施工安全进行检查,包括安全操作规程、安全防护用品、施工操作平台的防护等。另外,在东、西两岸桥塔附近高点处安装可操控的远程监控视频,可对桥塔施工进行全天候远程视频监控,并保留了影像资料。视频监控主站设在项目部,相关人员可以随时登陆 IP 地址对桥塔施工安全情况进行了解和监督。如图 9 所示。

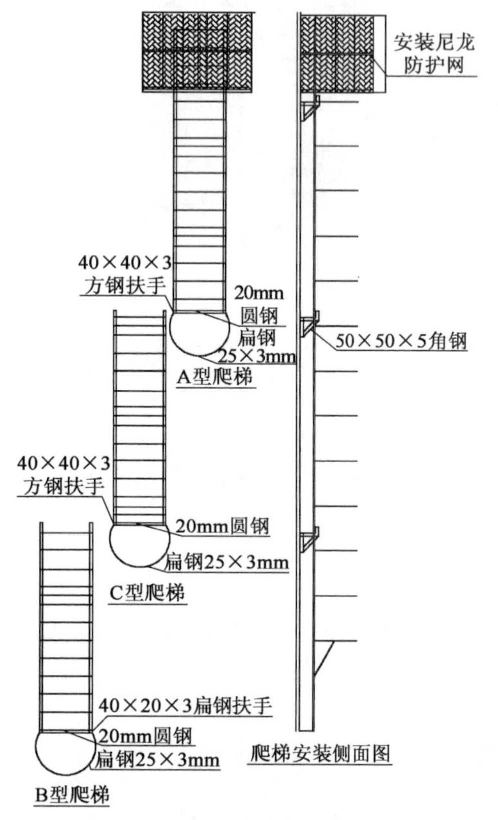

图 7　竖直爬梯设计图

图 8　桥塔上设置的爬梯

图 9　桥塔视频监控设施

针对桥塔施工的特点,项目实行登记上塔制度,进入桥塔高空作业施工人员上班前将写有自己名字的工作卡插入揭示牌,安全防护用品佩带齐全后方能上塔作业,便于安全管理人员了解现场施工人员情况,同时也是对施工人员的警示,使他们了解安全风险、避免违章作业。如图 10 所示。

对特种设备及特种作业人员管理是桥塔安全管理的关键。施工中注重对起重进行定期的检查,保证爬升门架的安全性能。图 11、图 12 为临夏州技术监督局人员对桥塔设备电器系统进行安全性能检测。

图 10 高空作业人员揭示牌

图 11 设备定期检测

图 12 特种作业人员培训

6 刘家峡大桥桥塔安装工程实施效果

正是有了施工初对桥塔安装施工安全风险的全面评估、对关系到施工安全的关键环节进行了科学设计与严格控制，刘家峡大桥全桥 12 个大型桥塔钢管吊装节段安全、顺利完成，证明了项目所选定的桥塔钢管安装方案的合理性与可行性；同时自爬升门架安装工艺在刘家峡大桥桥塔安装中的应用，也为类似工程施工提供了经典范例。

参 考 文 献

[1] 中国交通建设集团有限公司. Q/ZJGF ZH001—2009 交通基本建设工程施工安全防护设施量化标准[S]. 北京：人民交通出版社，2009.

[2] 广东省长大公路工程有限公司. 悬索桥施工安全技术[M]. 北京：人民交通出版社，2011.

4 猫道、缆索篇

刘家峡大桥三跨连续式猫道的设计与架设

李鸿盛　光　明

（中交一公局第一工程有限公司）

摘　要　猫道是悬索桥上部结构施工中最重要的高空作业通道和临时施工平台，其整体稳定性、与主缆的净距、制振措施等，直接影响到上部结构能否顺利安全施工，主要介绍了刘家峡大桥猫道的设计和架设。

关键词　悬索桥　猫道　设计　架设

1　工程概况

刘家峡大桥位于甘肃省刘家峡库区，是主跨为536m的单跨型钢桁加劲梁式悬索桥，跨径组成为148m+536m+113m（东），全长797m。全桥设两根主缆，每根主缆由44根127丝ϕ5.2mm镀锌高强钢丝索股组成，单根索股重量25t，主缆间距15.6m，矢跨比1∶11，成桥后跨中垂度48.7m。主索鞍采用全铸型可滑动结构，散索鞍为摆轴式铸焊结合的形式。吊索采用73-ϕ5.0mm镀锌高强平行钢丝束、热挤彩色PE护套。桥面系统采用钢桁加劲梁和正交异性钢桥面板组合结构，加劲梁最大安装重量100t。如图1所示。

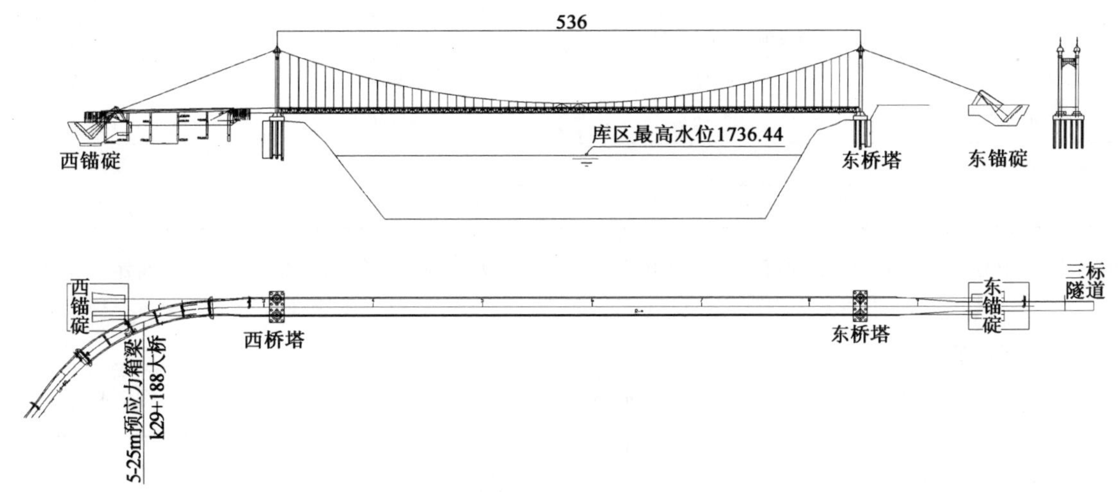

图1　刘家峡大桥桥型布置图（尺寸单位：mm）

2　猫道设计

猫道作为索股牵引、安装，索夹、吊索安装、主缆线型调整、紧缆缠丝的重要作业平台，其结构形式以及强度、刚度、稳定性等关系到施工的便捷与安全。遵循构造简洁、施工方便、安全可靠、经济合理的原则，本桥的猫道由承重索、扶手索、猫道面层、门架、门架支承索、横向通道等主要部件组成，并根据塔顶空间较为狭小的特点，将其设计为三跨连续结构，锚固和调整装置布置在锚碇前锚面处，在塔顶处设小型承重索转向鞍座，塔顶两侧设变位装置进行线形调整以使猫道线形与主缆空缆线形平行。

刘家峡大桥桥位处瞬时风力出现几率多，最大风力达25m/s；猫道索锚固点位多，在主缆施工过程中需要多次调整索的垂度，猫道索垂度不一致对索股受力不均程度的影响都向猫道的安全设计提出更高的要求。因此我们在设计阶段重点对猫道系统的安全性能进行了风险设计，通过在中跨和边跨设置横向连接通道，增加通道的结构自重提高猫道的抗风性能；通过设置猫道门架、改善猫道牵引系统的受力状况和抗风性能，提高施工安全系数；通过选择猫道承重索股的支撑点位和结构设计提高猫道承重索的承载能力和安全性能。这些都为保证猫道系统安全施工提供了重要保障。

2.1 猫道结构形式的比选

根据猫道承重索在塔顶的跨越方式，有“分离式”和“连续式”两种结构形式可供选择，其各自的特点为：

分离式结构在每跨锚固端设置锚固和垂度调节装置。猫道在锚碇处需设置较多预埋件，同时塔顶预埋件数量多，布置较为困难；施工中猫道线形放样时需多点调整，投入调整设备数量较多，调整过程复杂，工作面多，效率较低；猫道改吊后线形保持较差，猫道通行、人员操作均有不便。

连续式结构只需在锚碇锚面处设置猫道锚固和调整装置，在塔顶处设转索鞍及变位装置。猫道锚固区结构及垂度调整过程相对简单，预埋件数量少，线形调整方便；猫道改吊后线形保持良好，人员通行容易，施工操作方便。国内润扬大桥南汉悬索桥、江阴大桥、舟山西堠门大桥均采用连续式结构。

对猫道的两种结构形式，从使用是否方便、线形调整的难易、对构造影响等方面进行比较，如表1所示。

猫道结构的优缺点比较 表1

项　　目	三跨连续	三跨分离	优势构造
预埋件数量	较少	较多	三跨连续
塔顶结构对原有构造影响	较少	较大	三跨连续
调节装置长度	较长，费用较高制造难度大	短，费用较低制造容易	三跨分离
塔顶水平力差	较少	小	三跨分离
塔顶构造	需设变位、下拉、转索鞍	无	三跨分离
线形调节装置数量	两处	4处或4处以上	三跨连续
线形调整	方便	不方便	三跨连续
改吊后线形保持	好	较好	三跨连续
工作性能	和主缆基本保持等间距	和主缆间距变化较大	三跨连续

根据以往的施工经验，结合本桥现场环境风较多，且有时风速较大，经综合比较，确定本桥的猫道承重索采用三跨连续式结构。

2.2 总体布置

采用三跨连续式结构，承重索锚固于锚碇前锚面。猫道成形后承重索中心线低于主缆中心线1.5m，净宽为3.15m，上下游各设一条猫道。全桥共设26个猫道门架，为提高猫道的整体抗风稳定性和便于上、下游猫道间人员通行，设置5道横向通道。如图2所示。

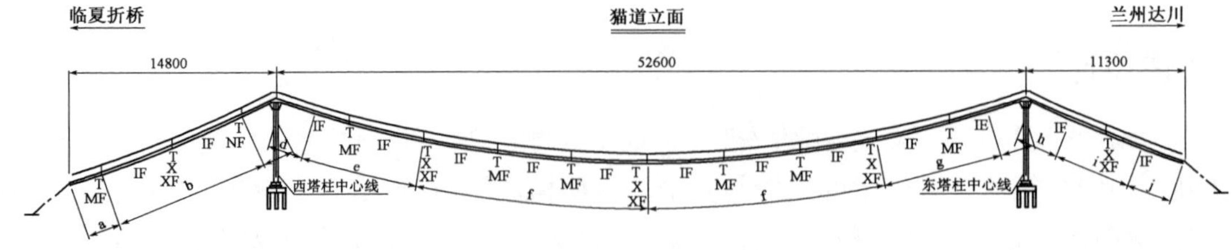

图2 猫道总体布置图(尺寸单位:mm)

猫道承重索采用6-ϕ40mm钢丝绳，公称抗拉强度1860MPa，单根钢丝绳最小破断拉力1116kN；扶手索采用2-ϕ20mm钢丝绳，单根钢丝绳最小破断拉力231kN；门架支承索采用2-ϕ28mm钢丝绳，单根钢丝绳最小破断拉力547kN。

猫道面层由粗、细两层镀锌钢丝网构成，底层承重网布满整幅猫道；上层步行网分布在猫道承重索上，其上每隔 50cm 绑扎一根 60mm × 30mm × 1050mm 防滑木条，并每隔 3m 设一道 60mm × 30mm × 3150mm 方木，以增加猫道的整体性。另每隔 54m（即 MF 和 XF 的位置）设置一个猫道门架，与猫道共同形成空间结构。如图 3 ~ 图 5 所示。

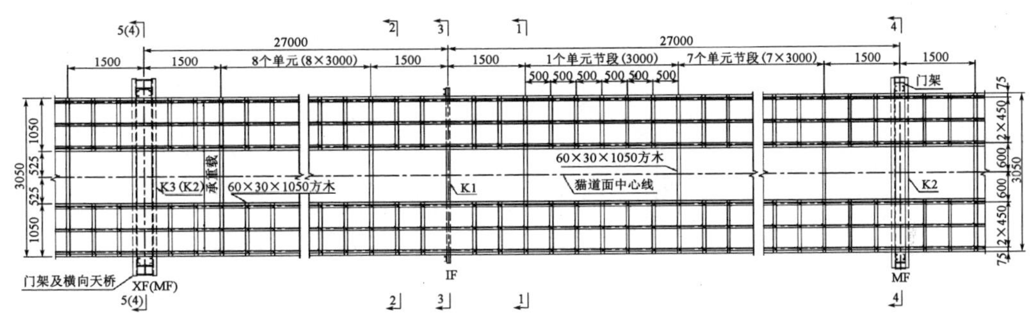

图 3　猫道面层结构图（单位：mm）

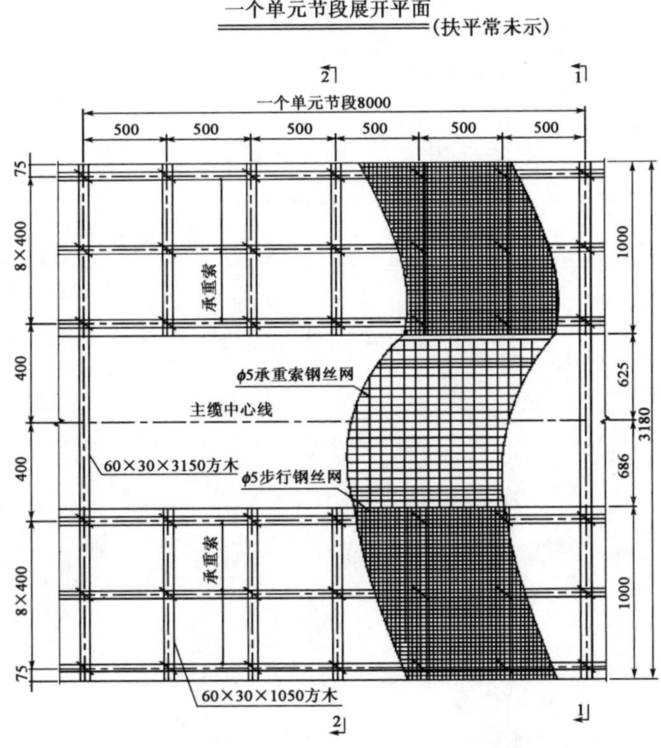

图 4　猫道面层细部构造图（尺寸单位：mm）

猫道共设置 5 道横向通道，中跨每隔 162m 设置一道，共 3 道，东西边跨各设置 1 道。横向通道通过与上下游猫道、猫道门架的连接，形成稳定的空间结构，除满足上下游猫道之间人员及小型机具的通行外，还可提高自身的整体稳定性，增强其抗风能力。

猫道的锚固体系是将承重索通过锚固系统锚固在锚碇基础前锚面的预埋件上，并设置猫道线形调节装置，通过精轧螺纹连接锚梁和锚箱来调整承重索的长短。

为保证猫道线形和承重索的间距，在锚碇边跨侧和塔顶两侧分别设置承重索下拉装置，塔顶两侧设置变位刚架，配合承重索锚固系统调节装置调节承重索与主缆的相对线形，在一定程度上对猫道线形也起到微调的作用。如图 6 ~ 图 8 所示。

2.3　材料与设备

猫道所需要的材料如表 2、表 3 所示，设备如表 4 所示。

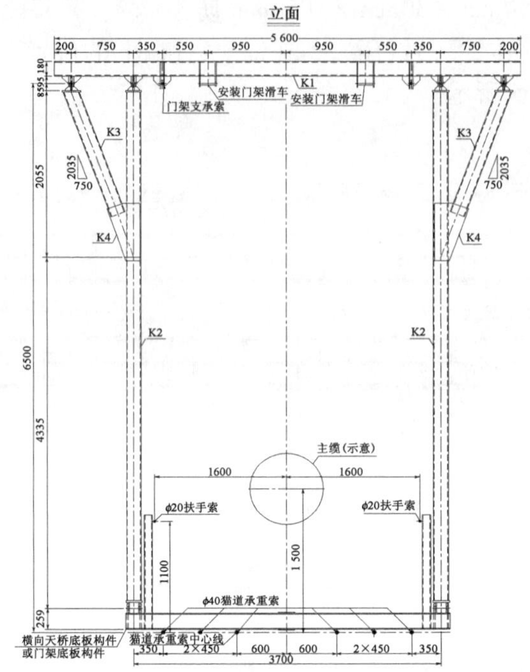

图5　猫道门架结构图(尺寸单位:mm)

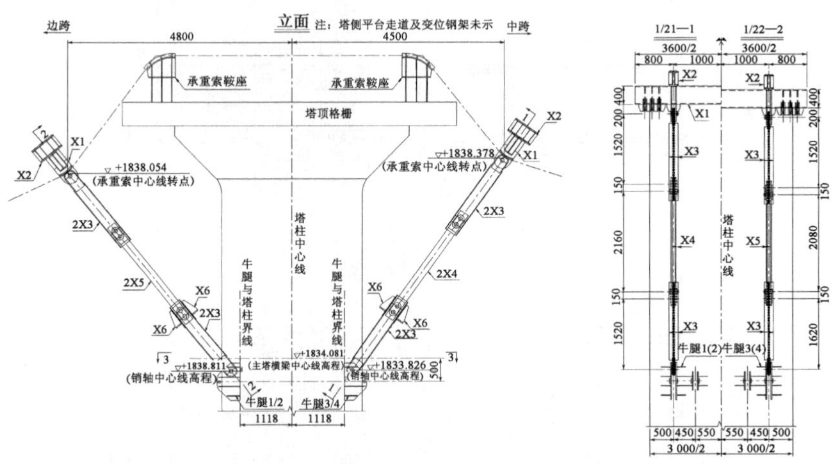

图6　塔顶承重索下拉装置布置图(尺寸单位:mm)

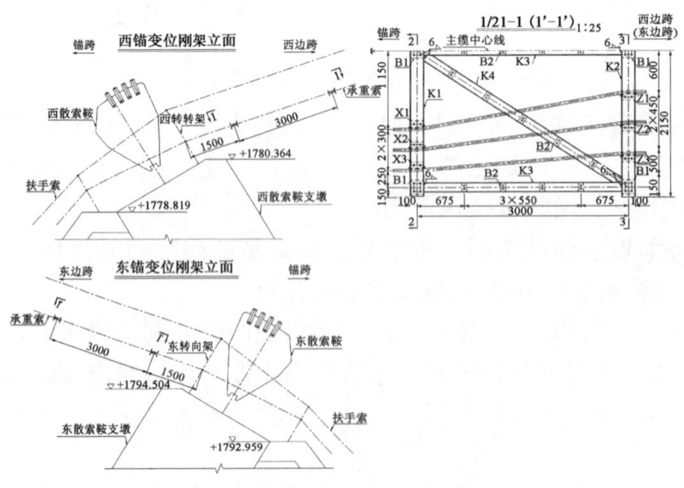

图7　锚碇变位刚架布置图(尺寸单位:mm)

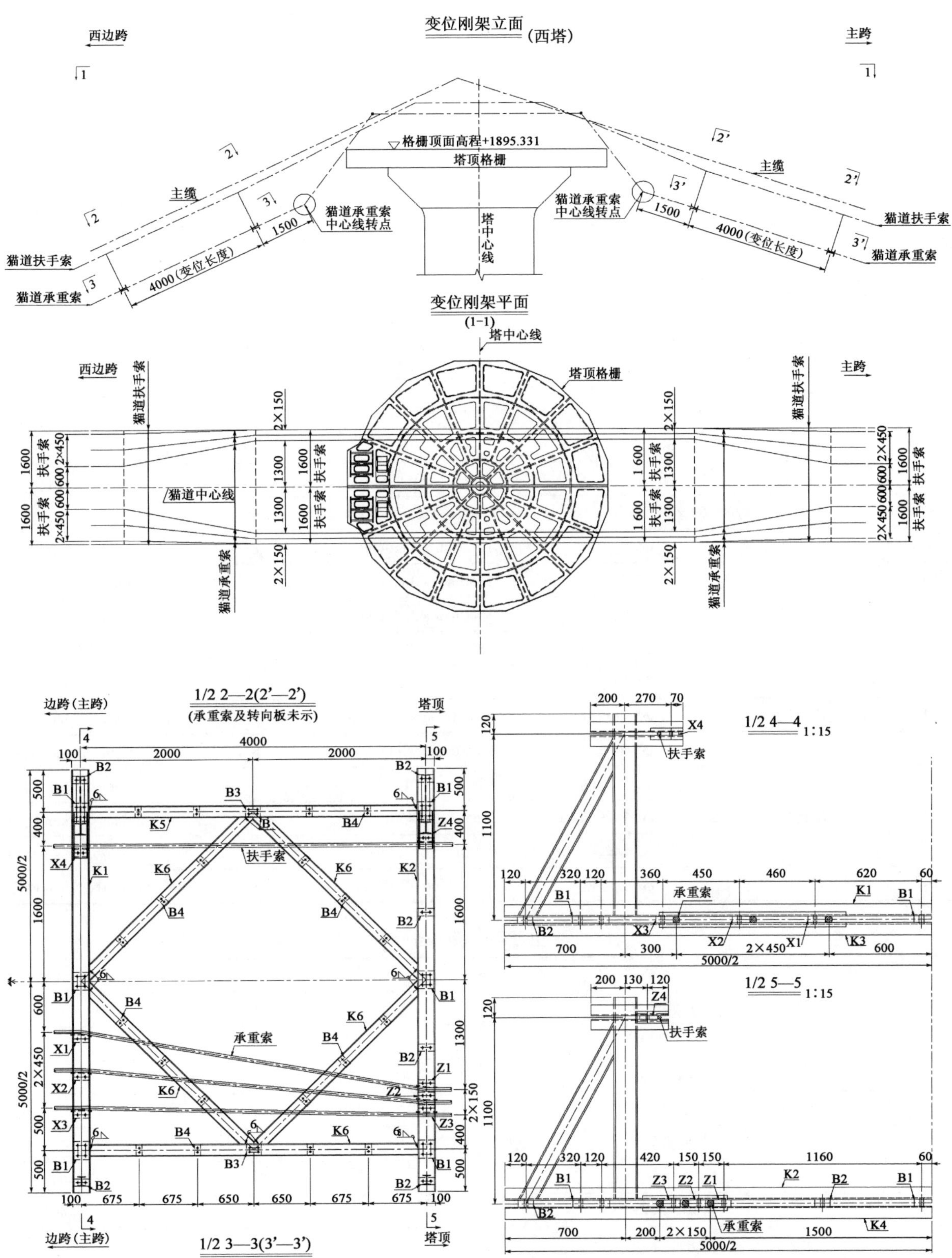

图8 塔顶变位刚架布置图(尺寸单位:mm)

主　要　材　料

表2

序　号	名　　称		规格或材质	数量(个)	单根长度(m)	总长(m)	备　　注
1	钢丝绳	猫道承重索	6×37S+IWR	12	867.11	10405.3	ϕ40
2		门架支承索	6×37S+IWR	4	816.62	3266.5	ϕ28
3		牵引索	6×37+FC	2	1908.00	3816.0	ϕ32
4		扶手索	6×37+FC	4	873.02	3492.1	ϕ20
5	主缆拖轮			256			尼龙轮

猫道面层主要材料

表3

序　号	名　　称		长度(mm)	数量(个/片)	备　　注
1	方木60×50		3650	4	
2	方木60×50		3350	8	
3	方木60×50		3150	524	
4	方木60×30		1050	5036	
5	方木60×30		945	40	
6	方木60×30		797	112	
7	方木60×30		750	24	
8	方木60×30		450	48	
9	承重网	ϕ5钢丝网	1650mm×3350mm	8	50mm×70mm网眼
10		ϕ5钢丝网	1650mm×3650mm	2	50mm×70mm网眼
11		ϕ5钢丝网	3300mm×3831mm	2	50mm×70mm网眼
12		ϕ5钢丝网	4300mm×3508mm	8	50mm×70mm网眼
13		ϕ5钢丝网	1496400mm×3150mm	1	50mm×70mm网眼
14	栏杆网	ϕ5钢丝网	3107800mm×1100mm	1	100mm×70mm网眼
15	步行网	ϕ2钢丝网	1650mm×750mm	8	25mm×25mm网眼
16		ϕ2钢丝网	3215mm×1150mm	8	25mm×25mm网眼
17		ϕ2钢丝网	1650mm×450mm	16	25mm×25mm网眼
18		ϕ2钢丝网	4273mm×1155mm	16	25mm×25mm网眼
19		ϕ2钢丝网	3104000mm×1050mm	1	25mm×25mm网眼

主　要　设　备

表4

序　　号	设备名称	单　位	数　　量	备　　注
1	15t卷扬机	套	1	
2	10t卷扬机	套	3	
3	5t卷扬机	套	14	
4	拽拉器	套	2	
5	放索架	套	2	
6	5t滑车	套	10	导向
7	10t滑车	套	4	导向
8	25t滑车组	套	24	
9	3t手拉葫芦	套	12	
10	5t手拉葫芦	套	12	
11	扳手	个	若干	

3 猫道承重索设计计算

3.1 基本荷载

(1)猫道面层荷载:$q_1 = 41.8\text{kg/m}$

(2)猫道面栏杆荷载:$q_2 = 11.1\text{kg/m}$

(3)猫道承重索 $\phi 40$:$q_3 = 6 \times 6.69 = 40.14\text{kg/m}$

(4)门架支承索 $\phi 28$:$q_4 = 2 \times 3.28 = 6.56\text{kg/m}$

(5)PPWS 导向轮及支架:$q_5 = 6\text{kg/m}$

(6)电缆及灯具:$q_6 = 2\text{kg/m}$

(7)门架:$q_7 = 19.14\text{kg/m}$

(8)牵引索 $\phi 32$:$q_8 = 2 \times 3.45 = 6.9\text{kg/m}$

(9)扶手索 $\phi 20$:$q_9 = 2 \times 1.35 = 2.7\text{kg/m}$

(10)单根索股:$q_{10} = 22\text{kg/m}$

(11)横向天桥集中荷载为:$P = 1125\text{kg}$

3.2 承重索安全系数计算

3.2.1 基本参数

承重索采用 6 - ϕ40mm(6×37S+IWR)钢丝绳,弹性模量 $E = 130000\text{MPa}$,钢丝绳公称抗拉强度 $R_0 = 1960\text{MPa}$,单根钢丝绳最小破断拉力 $F_0 = 1116\text{kN}$,钢丝绳自重 $q_0 = 6.69\text{kg/m}$,单根承重索金属面积 $A_i = 0.000731\text{m}^2$,20℃时的热膨胀系数 $\alpha = 10.87 \times 10^{-6}/℃$。

计算跨度及垂度:中跨:$L_1 = 527\text{m}$;垂度 $f_1 = 42.5\text{m}$;

西边跨:$L_2 = 141.32\text{m}$;垂度 $f_2 = 2.53\text{m}$;

东边跨:$L_3 = 106.44\text{m}$;垂度 $f_3 = 1.4\text{m}$。

计算荷载:横向天桥集中荷载为:$P = 1125\text{kg}$,全桥共 5 道横向天桥,其中中跨 3 道,两边跨各一道。

3.2.2 计算安全系数

(1)工况 1:荷载由 6 根承重索平均承受

承重索所受荷载除横向天桥为集中荷载外,其余均为均布线荷载,猫道承重索线形为分段悬链线,其中中跨为 4 段,西边跨和东边跨分别为两段。

承重索荷载总计:$q = q_1 + q_2 + q_3 + q_4 + q_5 + q_6 + q_7 + q_8 + q_9 = 136.34\text{kg/m}$

各跨悬链线方程为 $yq(x) := K \times \cosh\left(\dfrac{x-a}{K}\right) + b$,承重索水平索力为 $H_q = q \times K$,各跨悬链线方程中参数 K,索水平张力 H_q 及最大索力 T,分别为:

	中跨	西边跨	东边跨
K	869.6	1180.9	1249.5
H_q	118.6	161.0	170.4
T	124.6	178.2	187.1

中跨的索力安全系数 $n = 111.6 \times 6/124.6 = 5.4$

西边跨的索力安全系数 $n = 111.6 \times 6/178.2 = 3.8$

东边跨的索力安全系数 $n = 111.6 \times 6/187.1 = 3.6$

(2)工况 2:单根索股横移前索股自重由三根承重索承受

则单根承重索所受荷载为:$q = q_1/6 + q_3/6 + q_5/6 + q_6/6 + q_7/6 + q_{10}/3 = 25.5\text{kg/m}$。

各跨悬链线方程为:$yq(x) = K + \cosh\left(\dfrac{x-a}{K}\right) + b$,承重索水平索力为 $H_q = q \times K$,各跨悬链线方程中

参数 K,索水平张力 H_q 及最大索力 T,分别为:

	中跨	西边跨	东边跨
K	869.6	1180.9	1249.5
H_q	222.2	30.1	31.9
T	23.3	33.3	34.9

中跨的索力安全系数 $n=111.6/23.3=4.8$

西边跨的索力安全系数 $n=111.6/33.3=3.4$

东边跨的索力安全系数 $n=111.6/34.9=3.2$

3.2.3　计算结果

猫道承重索中跨、西边跨及东边跨的最大索力均满足安全系数大于 3 的要求,$\phi40$ 猫道承重索安全可靠。

4　猫道架设的技术特点与难点分析

(1)猫道是悬索桥施工中的重要临时设施,施工工艺复杂,其线形、结构安全、抗风稳定性将影响到整个上部结构施工各个主要分项工序的质量、进度和施工安全。

(2)桥址处的风特性及风速资料不完备,无法准确确定猫道在施工过程中受到风荷载作用下的稳定性。

(3)先导索和承重索的架设方法有多种,选择合理、安全、经济的猫道设计和架设方案,对节约施工成本和保证施工安全、质量和进度有重要意义。

(4)猫道中跨跨径 536m,由于主缆空缆垂度较大,以致猫道设计垂度较大。

(5)为避免主塔因不对称受力产生过大的变形,猫道架设必须以基本对称的原则进行。

(6)猫道承重索垂度及线形的调整需设计专门的调节装置,并能方便地进行承重索线形的调节。

5　架设施工工艺流程及要点

5.1 施工工艺流程　(图 9)

5.2　牵引系统形成

5.2.1　施工准备

由于本桥跨越黄河支沟,水面较窄,且两岸山势较陡,因此采取大桥两岸同时释放绳索至河岸。桥位下无船舶通行,西岸直接选用 $\phi32$ 钢丝绳作为导索。利用驳船将东岸 $\phi20$ 导索牵引至西岸岸坡将两根绳连接。

(1)首先安装塔顶、支墩顶门架及导向轮、东锚处 10t 卷扬机、西锚 15t 卷扬机。

(2)塔顶及支墩顶门架,根据制造、运输的分片,利用塔吊分片吊装至塔顶,利用 25t 汽车吊安装至散索鞍支墩顶,再进行组拼安装。

(3)安装西岸 $\phi32$ 牵引索,绳头的一端过西塔顶下垂到主跨侧地面,预留一定长度,并在塔顶临时打梢固定,另一端绕入西锚 15t 卷扬机。

(4)将东岸 $\phi20$ 导索按图 10 示意经东塔顶到东塔河侧,绳头的一端进入东锚 10t 卷扬机,另一端与拖船打梢固定;准备 $\phi20$ 导索渡河,对桥位处刘家峡水库封航。

5.2.2　先导索过河

(1)拖船由东岸开往西岸。拖轮行驶速度与卷扬机放索速度保持一致,导索接近水面快要落入水中时,减慢放索,整个渡河过程实行统一指挥。

(2)拖轮到达西岸,东岸卷扬机停止放索。导索与西岸引索用绳夹快速连接,两接头间距约 30m,以便于跨过东塔导轮组。如图 11 所示。

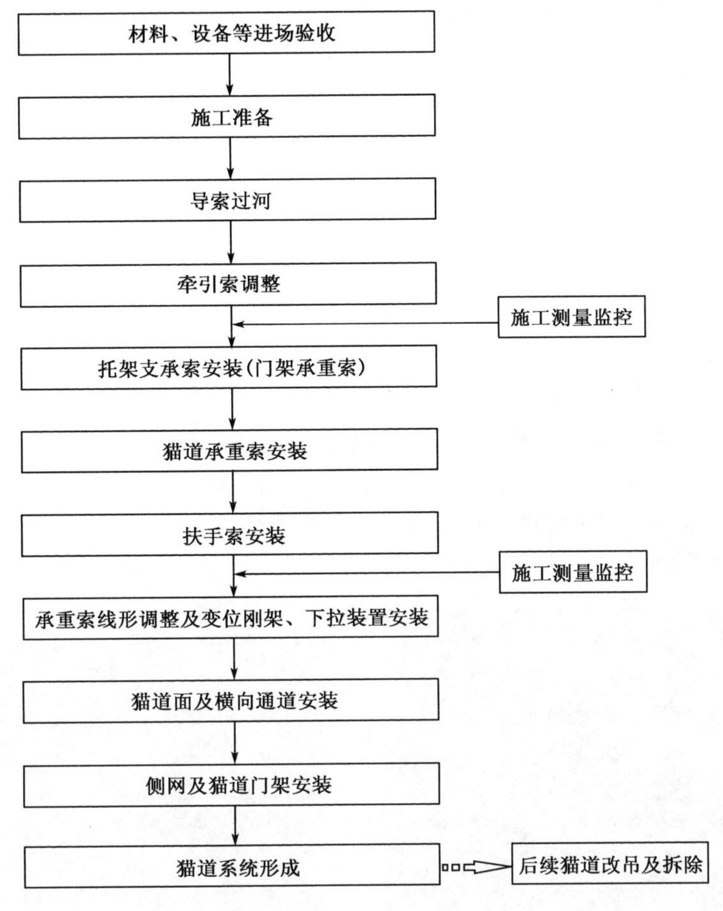

图9 猫道施工工艺流程图

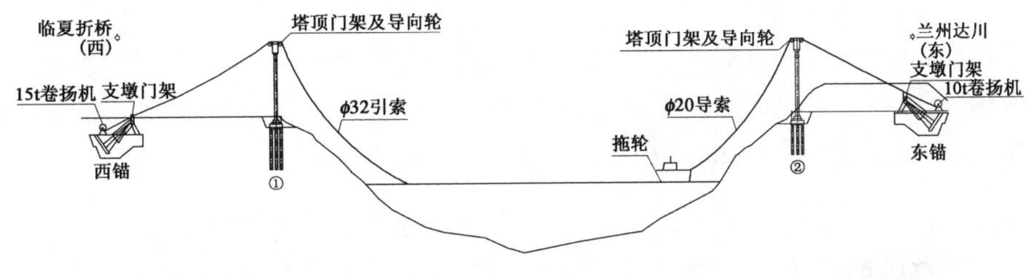

图10 导索安装施工准备

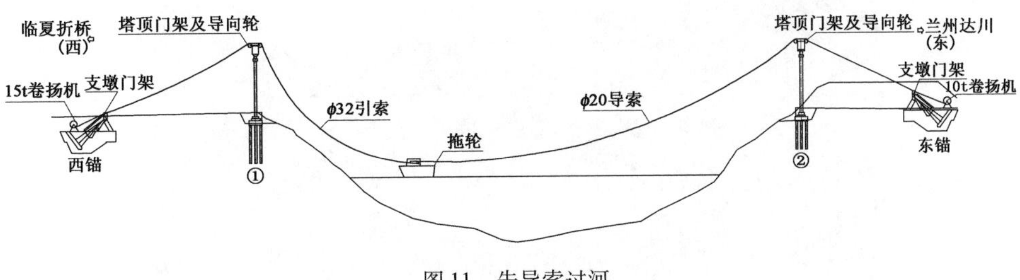

图11 先导索过河

5.2.3 牵引系统形成

(1)驱动东锚10t卷扬机,将西锚ϕ32钢丝绳牵引至东岸。

(2)将ϕ32钢丝绳牵至东岸10t卷扬机时预留卷入卷扬机约10m钢丝绳,临时打梢。

(3)吐出东岸10t卷扬机内的ϕ20钢丝绳,将ϕ32钢丝绳卷入卷扬机,解除临时梢绳。

(4)调整ϕ32钢丝绳在东西岸两卷扬机内长度,在东锚碇转向轮前将ϕ32钢丝绳临时打梢,安装拽拉器，形成猫道架设牵引系统。

5.3 猫道架设施工

5.3.1 托架支承索架设

托架支撑索采用滑钩法施工，直接采用门架支撑索作为托架支撑索使用（猫道承重绳、扶手索架设完成后对托架支撑索安装位置进行改变，安装到门架承重绳的位置）；以东、西岸两台大容量卷扬机往返式牵引 ϕ32 钢丝绳来架设托架支承索。如图 12 所示。

5.3.2 猫道承重索安装

承重索的安装采用托架法施工，较采用滑钩法施工方便，且大大缩短了施工工期。利用门架支撑索 ϕ28 钢丝绳作为托架支撑索。

（1）在现场焊接临时托梁，托梁固定在主索鞍上。

（2）将两根支撑索临时固定在托梁上，索中心间距 1m，通过测量调整支撑索的线形，整体线形高于猫道承重绳线形 1m。

（3）承重绳架设托架采用 16 槽钢焊接形成，用卡环将托架扣在 ϕ28 支撑索上，托架下端采用 ϕ22 钢丝绳串为整体，间距 50m 左右。如图 13 所示。

图 12　托架支撑索安装

图 13　托梁安装

（4）用拽拉器牵引 ϕ40 猫道承重索，保持钢丝绳行走在托架上，以西锚及东锚处两台卷扬机往返式驱动牵引索牵引猫道索以托架法架设；承重索放索盘置于东岸散索鞍支墩前地面，钢丝绳锚头用汽车吊提升与拽拉器连接，由东向西牵引。如图 14 所示。

图 14　承重绳牵引

（5）承重索拖到西锚后，东锚处承重绳预留一定长度，两处将承重索与散索鞍支墩门架上卷扬机引绳相接进行临时打梢，启动卷扬机，对钢丝绳提起，后将承重索锚头放入锚箱内锚固。

（6）每根承重索在塔顶最终将被移入各自的鞍槽，因此在完成一根索的空中牵引后，首先需要横向就位，然后用同样的方法安装完 6 根承重索。

5.4 承重索线形调整及变位刚架、下拉装置安装

在安装变位刚架之前，根据设计垂度对承重索的高程进行测量和调整。在边跨上某一固定点设置测站，通过全站仪观测各索跨中的切线与水平面间的夹角，利用该夹角和测站的位置、塔顶的实测纵向偏移值及塔顶和塔底的温度平均值即可计算出各索的调整长度，据此在东、西锚碇处承重索锚固调节装置上进行调整，至承重索空索线形。由于要安装变位刚架，而6根承重索的长度是不一样的，因此在测量和调整承重索时有3组高程。

承重索线形调整完毕后，即在塔侧进行变位刚架和下拉装置的安装。变位刚架采用上、下片分片安装，下拉装置在地面组拼整体吊装，其在塔柱钢管上的耳板、牛腿等构件在现场定位焊接，以保证焊接质量。随后进行测量复核，控制承重索标高绝对误差和相对误差均在20mm以内。

承重索的线形调整必须注意温度的影响，根据不同温度调整设计垂度值，以保证变位钢架安装后的全部索股均匀受力、线形一致。

5.5 猫道面层及横向通道安装

承重索架设及垂度初调完毕后，即开始进行猫道面层铺设和横向通道安装，猫道面层采用下滑铺设法，安装时从桥塔塔顶开始同时向跨中和锚碇方向对称、平衡的进行架设安装。

5.6 猫道门架安装

猫道门架由塔吊提升至塔顶，置于猫道门架承重索上，安装夹紧装置，夹紧螺栓不能拧得太紧，以利于门架下滑。之后塔顶卷扬机反拉门架逐步下滑到位，与门架底板组件销接，同时紧固与门架承重索夹紧装置的螺栓。

至此，整个猫道系统就已形成主缆架设等上部结构施工提供稳固的作业平台。如图15所示。

图15 架设完成的施工猫道

6 结语

刘家峡大桥猫道施工通过专项设计、专家评审、现场优化、精心组织，采取项目部组织加工各类构件加工制造，专业队伍进场组装的方式进行施工，仅用45天的时间就完成了猫道的架设任务。在此过程中有效的安全风险控制系统运转也保证了猫道的顺利完成。通过此过程我们总结了猫道施工的经验，同时也再次证明必须依靠科技，才能够快速、安全、经济的完成我们的施工任务。猫道的如期贯通，为早日拉开主缆索股安装序幕铺平了道路。

施工猫道作为临时结构工程，猫道系统的设计理念、承重索架设安装精度、抗风稳定性研究等工作的精细化程度，对后期施工的安全、质量、进度有至关重要的影响。尤其是猫道承重索的线形控制，它在设计阶段必须考虑主缆施工温度、主缆不同温度的空缆线形设计值，以此作为猫道承重索线形控制的依据，同时由于变位钢架的存在，使得每根猫道承重索安装阶段的垂度值不同，必须精确计算变位前的猫道索线形，精确测量控制调整安装就位，以免变位钢架安装后猫道总体线形不一致。本项目猫道施工在冬季气温较低时进行，气温回升后猫道线形变化与主缆不同步造成跨中猫道与主缆不平行，不得不对猫

道线形进行再次调整,影响到工程进度。因此必须重视施工猫道结构设计、安装质量,以永久性工程标准从细化设计、全过程控制、严格质量检查方面予以保证。

参考文献

[1] 中华人民共和国行业标准. JTG/T F50—2011 公路桥涵施工技术规范[S]. 北京:人民交通出版社,2011.

[2] 周昌栋. 悬索桥上部结构施工[M]. 北京:人民交通出版社,2004.

[3] 钢结构设计手册[M]. 北京:中国建筑工业出版社,2004.

[4] 广东省长大公路工程有限公司. 悬索桥施工安全技术[M]. 北京:人民交通出版社,2011.

刘家峡大桥猫道拆除

卢界江　富宝慧
（中交一公局第一工程有限公司）

摘　要　本文主要介绍猫道的拆除工作控制措施。猫道作为缆索系统施工的作业平台，在缆索系统施工完毕后即可进行猫道的拆除工作，猫道拆除工作全部在高空作业，所以科学的现场施工组织、有效的施工控制措施对猫道系统的拆除安全工作至关重要，同时也为及早进行桥面附属工程施工提供基础。

关键词　猫道　拆除　施工

1　工程概况

刘家峡大桥猫道结构采用三跨连续式结构，桥塔和散索鞍支墩附近利用猫道变位钢架和下拉装置对猫道进行线形调整，锚碇部位采用精轧钢筋进行锚固调节。猫道距主缆中心线1.5m，设计宽度3.0m。其主要由猫道承重索、扶手索、猫道面层、横向通道、锚固调节体系等组成。猫道总体布置图如图1所示。

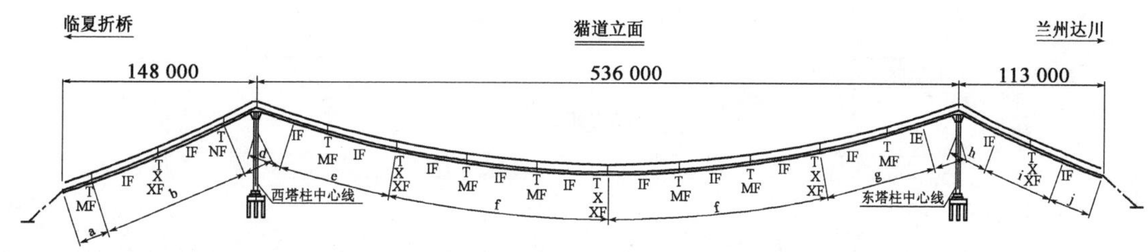

图1　猫道总体布置图（尺寸单位：mm）

主缆缠丝防护、索夹螺杆最后一次紧固等工作完成后及早进行猫道的拆除工作。猫道拆除施工的主要内容是：拆除猫道改吊绳、侧网、扶手绳、猫道面网、大小横梁、猫道承重索、门架承重绳、锚固预埋件、猫道工作平台及其预埋件等。猫道的拆除作业的关键控制指标是安全和进度，需要制定合理的拆除方案和安全管理措施提高猫道拆解的安全性。

2　猫道拆除施工工艺

2.1　拆除顺序

根据刘家峡大桥施工进度情况，主缆牵引安装完毕后拆除猫道门架，索夹、吊索安装完成后加劲梁安装前拆除猫道横向通道，最后在缆索系统防腐涂装工程施工完毕后进行猫道面网和承重索的拆除。刘家峡大桥猫道面拆除总体顺序为猫道面工具器具清理→猫道改吊绳拆除→中跨猫道面网及侧网拆除→东、西边跨猫道面网及侧网拆除→中、边跨下拉装置、变位钢架拆除→猫道门架承重绳、扶手索和承重索拆除→猫道预埋件拆除→猫道构件入库。

2.2　猫道门架拆除

在主缆牵引系统和索股托架滚轮拆除后，逐个解除猫道门架与猫道门架底横梁的连接销轴，然后通过塔顶卷扬机将猫道门架沿门架承重索向塔顶(或锚碇)方向牵引(或下放),牵引至塔顶处的猫道门架利用塔吊向下吊放,锚碇处的猫道门架利用汽车吊直接吊放。

为保证门架顺利拖拽至塔顶部位,门架顶设置轨道轮与门架承重绳进行连接,降低摩擦系数和避免磨损门架承重绳。

2.3 横向通道拆除

猫道改挂结束后,拆除横向通道。横向通道可以通过设置在门架承重索上的小型缆索吊进行拆除,小缆索吊吊具下放与横向通道相连。对于中跨部分的横向通道,先解除其与两侧猫道的连接,使横向通道脱离猫道一段距离,再通过塔顶门架卷扬机和天顶小车形成牵引机构,启动卷扬机,缓慢向上牵引横向通道,牵引过程中注意横向通道两端的平衡,将横向通道牵引至塔顶处,由塔吊吊放至地面。边跨横向通道,利用塔顶卷扬机反拉,依靠其自重缓慢下滑至锚碇处的空地上,汽车吊配合拆除。猫道横向通道拆除见图2示意。

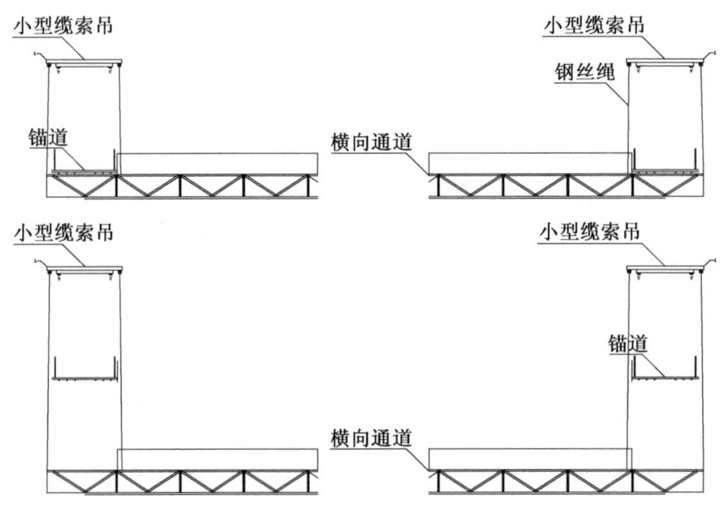

图2 猫道横向通道拆除示意

猫道横向通道的拆除还可以利用加劲梁吊装设备整体吊装纵向运输至桥塔处下放到转运平台上再拆解后用塔吊吊运至周转材料存放区。

2.4 猫道拆除

主缆缠丝、涂装和检修道安装完成后,开始拆除猫道。此时的施工猫道悬挂在主缆上,两侧锚固系统处的约束已放松。猫道拆除的关键是如何安全地把猫道悬挂绳从主缆上解下来。

2.4.1 准备工作

清理猫道面顶的工器具和构件,塔顶和散索鞍支墩顶的猫道锁定装置拆除,锚碇部位的承重索锚固装置放松。

猫道拆除人员根据施工进度需要进行安排,空中作业一般按照四个作业面进行布置,每个作业面安排9人,地面回收作业设两个班组每个班组4~6人。

2.4.2 解除猫道悬挂绳

从跨中开始逐个拆除猫道改吊绳,在猫道悬挂绳附近用手拉葫芦慢慢提起猫道。待猫道悬挂绳的拉力转换到葫芦后,解除猫道的悬挂钢丝绳。慢慢放松葫芦,等到葫芦不受力后,解除葫芦。

2.4.3 猫道面层拆除

中跨猫道面层拆除时,采用多点开工、同时进行。除了从东、西塔顶向跨中进行外,还从跨中分出100m的一段,在这一段也是由两端向中间拆除。以每两悬挂横梁或悬挂横梁与底板组件间的12m猫道作为一个拆除节段,在此拆除段内先拆除侧网,并解除猫道面网型钢与承重索之间的连接,人工把侧网、防滑木条、型钢、立柱栏杆转运到高度适合汽车吊吊运处的猫道面上吊至桥面,全部转运完后再收卷这一段猫道面网，并将其捆好，由汽车吊转运至桥面上。

边跨猫道面层采用同样的方法，分段拆除后运至高度适合汽车吊吊运处的猫道面上堆放，捆绑后由汽车吊转运至运输车上，回收入库。

2.4.4 猫道承重索拆除

连续式猫道承重索的重量约6吨，只能采用两侧向中跨逐根放松下放的方式拆除。预先在东、西锚碇顶布置放索卷扬机和滑轮组，用来下放猫道承重索，塔顶5吨卷扬机用来下放边跨放松过来的承重索尾段。承重索的拆除顺序是：先拆除主缆内侧承重索，后拆除主缆外侧承重索，上下游对称施工。

(1)内侧承重索拆除

将内侧承重索与东、西锚碇用于放索的滑车组钢丝绳连接好，然后收紧卷扬机，提起边跨猫道承重索，将其从锚固端从锚固系统锚梁中提出，同时拆除塔顶承重索索鞍处的锁定装置并将承重索提升到放索滑轮上，东西卷扬机慢慢放松钢丝绳，将猫道承重索下放到桥面，放索过程中要匀速下放，猫道绳下其他人员撤离落绳区域，直至边跨的猫道承重索全部放松到塔顶处，然后塔吊将猫道索尾部提起，解除猫道索与卷扬机的连接，利用塔顶卷扬机将猫道索尾段全部放在桥面上，最后利用钢丝绳缆调速收放一体装置将钢丝绳回收至蓄绳筒上。过程中在桥面铺装层顶部铺设木板、铁丝网等防护装置保护桥面铺装结构层不被污损。

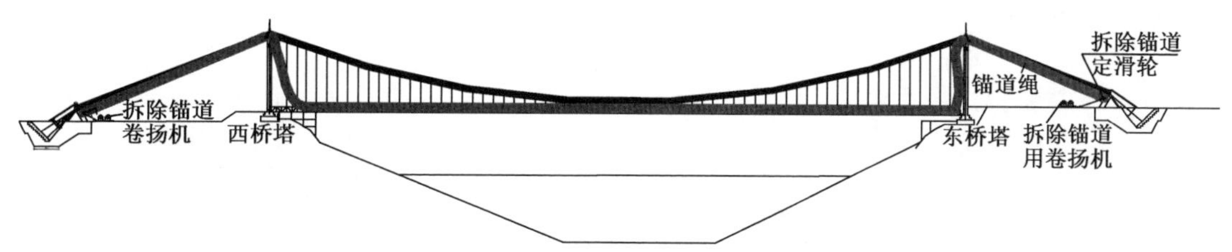

图3 主缆内侧的猫道钢丝绳直接下放到桥面然后在通过卷扬机单侧回收

(2)外侧承重索拆除

用相同的方法使承重索从锚固系统锚梁中解出，慢慢放松卷扬机，将其下放到桥梁边线投影线外岸坡上，后然后利用东、西锚碇的滑车组将承重索辅助牵引过河，调速收放一体机回收入库。

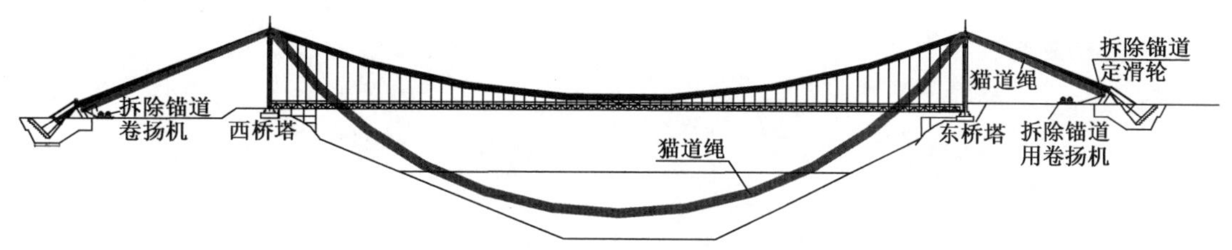

图4 主缆外侧的猫道钢丝绳直接下放到水面然后在通过卷扬机单侧回收

3 安全技术措施

(1)猫道拆除前按要求严格进行详细的三级安全技术交底，确保作业人员熟悉拆除工艺和顺序，掌握操作要领；

(2)猫道拆除工作属于超高空作业，在施工过程中尤其注意高空作业的安全保护工作；

(3)制定详细的拆除操作细则，并传达给每位施工者，使其明白施工操作规范，自觉进行安全防护；

(4)检查牵引、起重设备的安全性能，在关键点设置滑轮组以减少钢丝绳回收的摩阻力和避免磨损桥梁永久构件或桥面系；

(5)成立拆除安全监控小组，负责猫道拆除期间各个工作面安全监督检查；

(6)成立猫道拆除施工水上救援小组，负责施工期间水上救援工作；

(7)在危险地段设置安全警示标牌，在容易引起高空坠落事故的作业场所周围设置安全护栏、安全网等安全防护设施；

(8)钢丝绳放松过程中注意牵引系统作业的协调，均匀收放，加强看管，避免对拉、防止快速松绳造成人员伤害；

(9)根据施工操作内容，配置相应的安全防护设置，如水中操作穿救生衣，高空作业系挂安全带等；

(10)加强气象监控，大风时禁止高空作业并做好各种施工机具设备的安全防护工作。

4 结语

猫道绳的拆除工作安全风险大，需要制定可行的施工方案并进行论证，确认安全后进行技术交底，加强过程安全管理，规范拆除作业流程，项目通过合理安排，只用了20天时间就完成了12根猫道索的拆除工作，期间未发生人员伤亡和设备损坏事故，回收的周转材料无损伤。

参考文献

[1] 孟凡超.悬索桥[M].北京:人民交通出版社,2011.

悬索桥 PPWS 法主缆索股制造工艺研究

姚占军

（中交一公局第一工程有限公司）

摘 要 本文以刘家峡黄河大桥主缆索股制造为依托，通过对丝股制造、锚具制造、索股锚头制造等工艺过程的介绍，较详细地阐述了悬索桥 PPWS 法主缆索股制造工艺。文中对关键工序作了较全面的例证说明，对工艺中的关键技术作了较为深入的阐述，对技术改进作了可行的设想，对工艺管控技术手段提出了质疑。

关键词 索股 锚具 标准丝 成圈 浇铸锚头 反顶 回缩量

1 PPWS 法简介

随着我国悬索桥建设技术的不断创新，空中纺丝（AS）法已较少采用，取而代之的是 PPWS 法，PPWS 是英文 prefabricated parallel wire strand 的缩写。它是将含有标准丝和着色丝的不同数量的高强平行钢丝，通过配列成型板，集束成正六边形排列，再经过集丝器、压密成型机、绕包机后持续牵引成型，最后浇铸传力锚具。这种方法与 AS 法相比，能更可靠地保证钢丝平行、最大限度地控制索股扭转，并且无交叉又排列紧密，从而减小主缆的截面积。另外，PPWS 法制造索股在架设时受气候条件影响较小，可缩短架设工期。同时不受施工现场场地限制，工厂化生产管理，便于控制。

但索股制造作为专业化程度很高的产品，需要通过驻厂监造方式进行全过程质量控制，从工艺过程、标准丝长度、锚头灌注、试验索检验等方面进行跟踪监控，保证成品索股制造质量。

2 PPWS 法索股制造工艺

PPWS 法索股制造工艺主要可归纳为三部分：一是平行丝股制造工艺，二是锚具制造工艺，三是平行丝股与锚具浇铸成索股的锚头制造工艺。

2.1 平行丝股制造工艺

2.1.1 单元索股下料长度的确定方法

悬索桥主缆的无应力长度（主缆在自由悬挂状态下的长度），为单元索股的下料长度。索股下料长度的确定是悬索桥施工控制中一项复杂的系统工程，它跟一、二期恒载取值、相关材料特性、控制点坐标以及环境温度等诸多因素有着密切联系，需要清楚认识这些参数对主缆无应力下料长度的影响，才能精确计算索股下料长度。刘家峡黄河大桥利用大型有限元软件 Midas/Civil 建立悬索桥的分析模型，通过成桥状态主缆线形分析求解，得出悬索桥的主缆无应力长度。

2.1.2 标准丝的制作及注意事项

标准丝制作前，应详细计算各索股 5℃ ~30℃时各下料长度，供各索股标准丝制作时根据当时厂内温度选择。长度计算按下式进行：

$$L = L_0 \times \left[1 + \frac{P}{E \times F} + \alpha(T - 15)\right]$$

式中：L——测量长度；

L_0——15℃时钢丝无应力设计长度；

P——张拉力；

E——钢丝弹性模量；

F——钢丝截面积；

α——钢丝线膨胀系数；

T——索股制造时环境温度。

标准丝的制作有磁化法和分段法两种。刘家峡黄河大桥的标准丝制作采用分段法在工作平台上进行。平台设在厂区侧墙边，全长200余米，由角钢焊接而成。由于自重原因且所处位置安全，适于长期用来制作标准丝。标准丝制作的基本思路是：对于千余米长度的索股采用测定零点点位、200m点位、若干200m整倍数加上小于200m长度的特征点的非整米数的厘米级（辅助）点位来实现。对于设计中（或计算、修正得出）的毫米级精确长度点位的处理方法是：全部放样点测设在可移动的钢板上，最重要的是此钢板上固定有两把分辨率为毫米的对拼钢尺，放样时全站仪的棱镜杆立于两拼尺的相接处，根据设计文件中索股上各设计标记点长度，做出若干厘米级（辅助）点位距离，前后移动钢板，至厘米级辅助点位确定后将此钢板焊接于平台上，之后务必进行复测（表1）。如点位不准，应立即调整并重测。最后在钢板上用毛笔注明大桥名称及相应点位名称。放样采用测距1km中误差为1mm的全站仪进行。测设前，应准确测量厂内气温并记录。因测点位置事关重大，测设单位及测设人员应具备相应测设资质。

刘家峡黄河大桥标准丝制造标记点位置数据表（长度单位：mm） 表1

<table>
<tr><td>标记点</td><td>M0</td><td>M0′</td><td>M1</td><td>M2</td><td>M3</td><td>M4</td><td>M5</td></tr>
<tr><td rowspan="2">数据</td><td rowspan="2">0</td><td rowspan="2">1410</td><td rowspan="2">21550</td><td rowspan="2">99040</td><td rowspan="2">179760</td><td>53170</td><td>126570</td></tr>
<tr><td>453170</td><td>726570</td></tr>
<tr><td>标记点</td><td>M6</td><td>M7</td><td>M8</td><td>L（总长）</td><td colspan="3">200 终点</td></tr>
<tr><td rowspan="2">数据</td><td>188360</td><td>47150</td><td>67290</td><td>68800</td><td rowspan="2" colspan="3">200000</td></tr>
<tr><td>788360</td><td>847150</td><td>867290</td><td>868800</td></tr>
</table>

注：长度为15℃、拉力为200kN状态下的长度。

通过上述说明及表格数据的例证，我们能够明了分段法制作标准丝的整个过程。但还需另外说明四点：

第一，标准丝在平台上的标记点位一旦确定，则意味着标准丝在不同阶段或东西或南北方向已经确定，进而索股两端被牵引卷上卷筒的先后顺序就已经确定，这直接关系到大桥工地放索盘设置在河哪一岸的问题。因此在厂内平台测设放点前务必联系大桥施工现场，根据架设方案中放索盘设置在江、河、海的哪一岸来确定厂内平台上点的空间顺序，确保先上卷筒的索端在放索盘所在岸的放索场，后上卷筒的索端在大桥工地现场被拉往放索盘的对岸，千万不可搞反。否则，数十吨重的索股一旦成圈，再想倒盘，那是非常难于做到的。

第二，悬索桥锚跨是离散的空间索股，加之实际工程中，主缆塔顶IP点和散索鞍IP点之间的索股无应力长度并非下料时的参考值，因此需要在工地标记墩对尺修正。

第三，在制作过程中，要严格控制标准丝的张拉力，严格控制长度进行温度修正后定位标记点位置。

第四，设计中的基准索股（一般为1号索股）是调整主缆线形最重要的标准，其制造必须高标准、严要求，所以最好先制造数根一般索股，待工人熟练程度提高及其他情况一切正常后再制造基准索股。

2.1.3 标志丝的制作

鉴别扭转程度的标志丝制作是将钢丝引入镀漆槽，引出烘干后卷上卷筒，之后脱卸卷筒，将镀有红色油漆的钢丝卷放于放丝盘上。整个过程相对简单。

2.1.4 丝股制作

（1）放丝。首先，根据主缆索股钢丝长度和余量确定每盘钢丝的备尺数及总长度，避免因一根钢丝长度不足造成整根索股全部返工的情况。之后，根据每根索股设计的钢丝总根数及钢丝左右旋设置放丝盘。标准丝盘、标记丝盘位于所有钢丝盘的最前端，靠近成型设备放置。放丝时，应由专人记录所使用钢丝的盘号，并根据记录统计出钢丝的平均线径和弹性模量。根据制造索股长度的不同，可以选择单层放丝盘，或双层放丝盘，或三层放丝盘（图1）。

(2)集丝及牵引。由放丝盘放出的钢丝经导轮进入竖向过线架、集丝板，再进入集丝器、牵引机。集丝器的上下模具轮所组成的正六边形尺寸是设计索股的几何尺寸。但操作时模具轮丝杠不能下调太紧，以免划伤钢丝镀锌层(图2)。牵引中会偶尔发现索股在成圈前就有轻微的扭转现象，这主要是因为某几盘钢丝成拱作用明显(虽然直线性检验合格)，这是钢丝应力释放的表现。对此现象目前的解决的办法有两种：一是用橡皮锤在集丝器前对钢丝进行敲打。另一种办法是沿钢丝找到该钢丝所在放丝盘，采用减小转速来提高该盘钢丝的后张力。

图1 放丝、集丝

图2 集丝后成型与压密

(3)绕包。集束装置后面为绕包装置，可以对索股进行绕包定型。规范要求定型绕包带每隔1.5m设置1道，每道绕包6~10层(在锚跨长度范围内因锚头灌铸、索股张拉等因素，适当增加绕包层数)，使钢丝束保持正六边形的截面。绕包带在钢丝索股长度方向应交错设置。制造时，生产人员应集中注意力，不能错过索股标记点喷涂位置并精确喷涂红蓝油漆，使两漆界线为设计标记点位置。另外为便于索股架设时控制索股扭转，在标记点附近用钢制定型钢片上下卡紧。因此种钢片无校紧螺栓，故其外仍需缠绕包带6~10层(图3、图4)。

图3 继续压密与牵引

图4 丝股自动绕包

(4)成圈。成形后的索股进行收卷成圈。丝股按水平方向卷绕，竖直排线，这样做的目的，是避免工地放索时产生“呼啦圈”现象。丝股收卷结束后连同底盘从卷筒脱下，形成圈状(小跨度索股可只脱下索股，不连同底盘)。丝股成圈时，收卷操作人员及操控台应位于丝股与卷筒相切的一侧(操控台轻小，便于移动)，以保证操控人员及时操控提升装置，使丝股排列规则紧密，且内外松紧情况一致，避免压股、断带、鼓丝、跳丝等现象。如出现以上现象，应及时在收卷成圈过程中利用提升设备梳理整形，保证运到工地现场后放索顺利。这种水平成圈的工艺是在以往悬索桥建设的工程实践经验和教训中摸索总结出来的，比以往的竖直卷绕、水平排线，体现出更多的优势。

(5)标记切断。主缆丝股应以标准丝为准进行切断，切片砂轮厚度应小于3mm，并在切断后将端部用数个标准几何尺寸的钨钢制夹具夹紧(制作开始的端部已用数个同种夹具夹紧)。整索牵引成圈后必须用紧固带三点栓紧。之后用起吊桁车脱卸卷筒，移至锚头浇铸区域，进行锚头浇铸。

(6)索股制作注意事项及检查方法：

①杜绝同束钢丝出现长度差超出允许范围。索股内杜绝出现任何形式的接头，包括电接接头。

②钢丝排列顺序正确，用标准夹具固定的索股应呈规则正六边形。

③对水平牵引时的索股，标志丝应始终在一个位置，不得发生扭转。检测方法是：索股入牵引机前用细标记笔在索股上画整圈标记，出牵引机后复测标记线不得发生倾斜。

④用卡尺测量捆扎点对角及对边长度，量值应符合设计要求。用盒尺测量两捆扎点间距，要求为1.5m，且索股之间位置不同。

⑤切口平整度用专用平整度尺测量。

2.1.5 对丝股制造工艺改进的设想

经过从索股制造到索股架设的工程实践，笔者认为目前的索股制造工艺已彻底解决了厂内成圈时“呼啦圈”及工地放索“呼啦圈”的问题。但鼓丝、扭转等现象在厂内和工地架设期间都会时有发生，并影响了工程进度。对此，笔者从约束索股钢丝应力释放、预防应变积累、消除索股钢丝间的松弛、提高索股的紧密度的目的出发，设想了以下三种解决方法：

第一种方法是，减小绕包带间距和改进原胶带生产工艺，大幅度提高胶带的黏结性能。

第二种方法是，改进当前主流的绕包机绕包宽度，从纤维带生产厂家订制原胶带宽度10倍以上的胶带进行绕包，以形成对索股钢丝强有力的套箍和约束。

第三种方法是，索股生产厂家需借鉴胶带生产厂家的胶剂制造技术，将同种纤维胶剂(或其他不腐蚀钢丝的胶剂)置于与钢丝根数目等同的镀胶槽内，使用于制造索股的每一根钢丝都附着一定厚度纤维胶剂或胶液，这样索股在集丝、成形、压密牵引成圈后便不会产生鼓丝、扭转等现象，因此，可少缠或不缠绕包带。当然镀胶厚度要进行严格控制，否则会影响索股的截面尺寸。另外，这种方法在提高索股紧密度的同时，索股整体柔性会随之减小，整体刚度随之增大，因此成圈电机亦应改换大功率电机，以提高索股的上盘力。

2.2 锚具的制造

悬索桥索股锚具多为锚具组件，其与平行丝股的结合形式多为热铸锚头。悬索桥索股最常用的热铸锚头为拉杆型热铸锚具组件，这种传力形式在张拉力计算、线形调整方面，业内已积累了一定的经验。由于悬索桥索股锚具组件为主缆传力的重要部件，故业内传统的做法都是交由有一定资质和经验的专业精密铸造单位来完成。索股制造单位只是进行质检。之后，监理、业主和第三方进行100% UT和MT无损检测，如质量不符合规范要求，则退厂返修或判废重铸。

2.3 锚头制作(索与股结合)工艺

锚头是索股的重要组成部分。锚头制作包括分丝清洗、灌铸合金和反顶检验三个部分，每一部分工艺对索股的力学性能都非常关键。

2.3.1 分丝与清洗

灌铸前要对索股端部钢丝定位和均匀分丝，并对钢丝和锚具内腔进行清洁处理，使钢丝和锚具内表面清洁，不含杂质、无污染。必要时可以在表面加涂有助黏合的助剂。在定位分丝前，一定要检查已拽出锚头的索股部分是否存在扭转现象，否则应纠正后再进行定位分丝。对分散钢丝，目前应用较多的是用分丝板，这样，钢丝间隔可调控，使钢丝均匀分开形成锥形。分丝板不能太薄，太薄则受力及遇高温易变形；也不宜太厚，只要能满足分丝受力即可。分丝板结构和孔径要考虑留出足够的空间，便于排出空气，减少分丝板下的空洞等不密实现象。分丝时，不能对局部钢丝进行弯折，否则会产生应力集中，对索股长期受力不利。分丝后，酸洗和中和的长度要进行控制：酸洗长度不超过热铸长度，中和及清洗长度不应小于酸洗长度。穿入锚杯后，六边形索最外层各钢丝作镦头处理，且各钢丝不得相互绞合重叠，以保证钢丝与合金之间产生最大的握裹力。分散开的钢丝亦不能与锚杯内锥面接触，以保证合金与锚杯的良好热铸。另外,钢丝穿入锚杯的长度要严格按图纸进行控制,以免影响索股制造精度。工人施工时,技术人员应以细部图纸的形式并附注文字说明予以明示。

2.3.2 浇铸锚头

浇铸前一定要再次检查锚头的索股部分是否存在扭转现象,否则要纠正后再进行浇铸。浇铸锚头需专用工装对索体和锚具定位,保证索股与锚头垂直度和对中。索股与锚头之间相对垂直度应为90°±0.5°,否则会影响锚头传递拉力。浇铸前,应将锚杯和索股在浇铸台上垂直固定,锚杯口向上,锚杯下索股垂直长度不应小于30倍索股外接圆直径,弯曲半径应大于25倍的索股外接圆直径。锚头下口应充分用石棉或耐火泥等密封。浇铸所需合金用量,应以注水实测锚腔体积推算为准。对锚具要进行整体预热,预热不宜用明火,以均匀加热为宜。通过预热可以提高锌铜合金在锚具内的流动性,使合金最大限度渗入钢丝的间隙中,把分丝空隙填实填满。延迟灌铸合金在锚具内的固化时间,可提高灌铸量,改善灌铸效果。对合金的热熔温度、灌铸温度和灌铸速度都要严格控制。合金灌铸温度过高,对钢丝氧化厉害,也容易夹入杂质。灌铸温度太低,其流动性差,不易密实。灌铸时要防止杂质和其他金属混入。合金应慢慢不间断地浇进锚杯内,浇铸过程中用勺把氧化表皮杂质拦住,并及时去除。灌铸完成后要及时补偿中心收缩。冷却应在自然条件下进行,不应采用水冷等骤冷方法冷却(图5)。

2.3.3 反顶压实

反顶压实应按设计图纸给定的力值和步骤在专用工装上进行(图6)。反顶顶出量应计入该根索股长度。之所以要对索股的热铸锚具进行反顶压实,是基于以下原因:

(1)锌铜合金在承受荷载后产生残余变形;

(2)合金和锚具材料热膨胀系数不同,凝固收缩率也有差别;

(3)铸体内部气泡、杂质引起不密实。

图5 索股锚头浇铸

图6 锚杯反顶

反顶压实不但可以预先消除合金铸体受力残余变形,而且可以消除合金与锚具内表面收缩不同步产生的气泡等不密实情况,巩固了铸体的密实程度。相同条件下,如出现超出设计顶出量(一般为5mm),就可能是灌铸不实,此时应返工重铸。返工时,只要锚具未因清除合金而影响使用性能,就可以考虑重新使用,但合金不能重复使用。反顶压实后,要用钝器将顶出的合金材料去掉,并用永不干缩的硅胶等材料将凹处抹平,以便锚杯很好地安装于锚板的止口圈内。

3 PPWS的试验与验证

3.1 原辅材料检验

索股制造前要根据设计图纸及专用检验评定标准等相关文件及相应规范拟定详细的钢丝、绕包带、锌铜合金等原辅材料质量控制标准及检测方法,特别要制定锚杯、锚板从原材料到成品的质量控制标准及检测方法。制造过程中要跟踪进行原辅材料的试验和检验。

3.2 成品索股的静载试验验证 PPWS 法索股制造工艺的可靠性和可行性

试验的目的是验证主缆丝股与锚具锚固的可靠性，同时检测主缆索股铸体回缩值、弹性模量、破断试验及极限延伸率。下面笔者以刘家峡黄河大桥索股静载试验为例进行说明。

依据设计图纸和相关文件，索股制造厂用同批钢丝、以相同的制造工艺制造 3 根试验索股，具体尺寸如图 7 所示。

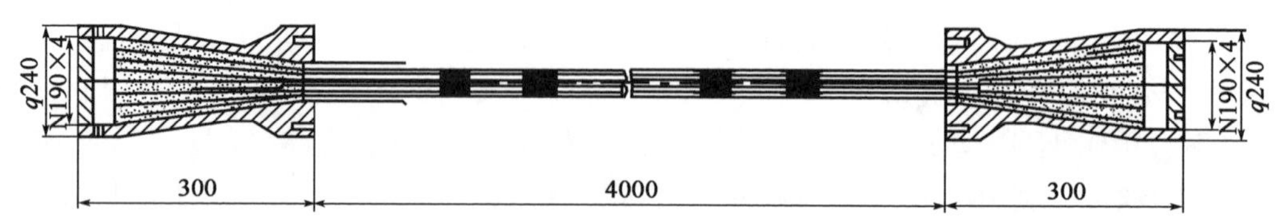

图 7 刘家峡黄河大桥索股静载试验索股尺寸图（尺寸单位：mm）

结构为 $\phi5.20\text{mm}\times127\text{mm}$，两侧为热铸锚锚固连接，钢丝强度等级为 1670MPa，主缆索股公称截面积为 2697mm^2，其 95% 的理论破断荷载为 4279kN，索股净长为 4000mm。试验在 20MN 拉力试验机上进行。

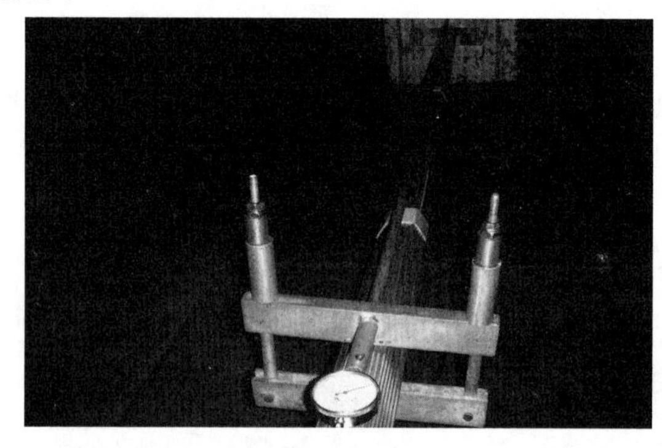

图 8 索股弹性模量试验

3.2.1 索股弹性模量的确定

首先将主缆索股加载至 900kN（$0.2P_b$），在索体上装卡引伸仪，读取引伸仪原始标距（图 8），然后分 6 级加载至 2252kN（$0.5P_b$），每级 225kN（$0.05P_b$），并在每一级读取主缆索股标距的伸长量 ΔL，并做好记录（表 2）。

依据公式

$$E=\frac{\frac{P_2-P_1}{A}}{\frac{\Delta L}{L_0}}$$

式中：P_2——终了力值，N；

P_1——起始力值，N；

A——$\phi5.20\text{mm}\times127\text{mm}$ 规格主缆索股公称截面积，mm^2；

ΔL——标距伸长量，mm；

L_0——原始标距，mm。

原始标距 1 号索 $L_0=1988\text{mm}$；2 号索 $L_0=1990\text{mm}$；3 号索 $L_0=1991\text{mm}$。

试验记录表 表 2

载荷（kN）		$0.2P_b$	$0.25P_b$	$0.3P_b$	$0.35P_b$	$0.4P_b$	$0.45P_b$	$0.5P_b$
		900	1125	1350	1575	1800	2025	2252
伸长（mm）	1 号索	0	0.92	0.89	0.85	0.83	0.84	0.86
	2 号索	0	0.91	0.88	0.86	0.83	0.85	0.85
	3 号索	0	0.86	0.89	0.85	0.86	0.83	0.85

经平均计算得主缆索股弹性模量为：

1 号索 $E=1.93\times10^5\text{MPa}$；

2 号索 $E=1.93\times10^5\text{MPa}$；

3 号索 $E=1.94\times10^5\text{MPa}$。

3.2.2 静载试验及极限延伸率的测定

主缆索股由 450kN 开始均匀加载，每级 450kN（$0.1P_b$），持荷 5min，拉伸速度不大于 100MPa/min，加载至 3603kN(0.8P_b)时,持荷 10min 后按每级 225kN(0.05P_b)继续加载,并持荷 5min,直到 4279kN(0.95P_b),观察索股断丝情况,记录最终索长变化值 ΔL,然后均匀卸载至 0,试验结束(表 3)。

静载试验记录表 表 3

索 号	最大试验荷载(kN)	断丝情况	索股净长(mm)	极限延伸量(mm)	极限延伸率(%)
1 号索	4285.7	无断丝	3985	85	2.13
2 号索	4283.3	无断丝	4010	93	2.32
3 号索	4281.1	无断丝	3990	89	2.23

3.2.3 试验结果

(1)拉力达 95% 的破断强度时,均无断丝、抽丝情况。

(2)三根索股的弹性模量分别为:193GPa、193GPa、194GPa,平均值为 193GPa;按规范要求频率抽取钢丝的弹性模量的平均值为 194GPa,因此索股弹性模量与钢丝弹性模量接近,但数值偏小。

(3)三根索股的极限延伸率分别为 2.13%、2.32%、2.23%,均满足设计文件要求的不小于 2% 的要求。

(4)锚头切生检查情况:钢丝分丝均匀、合金灌铸密实(图 9)。

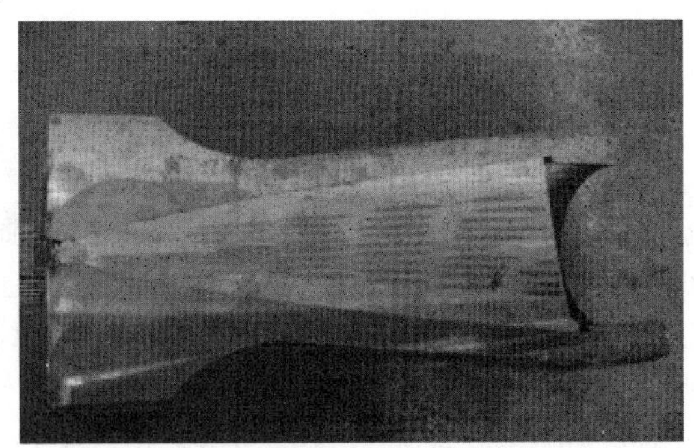

图 9 试验索股锚杯切片

4 结语

结合笔者的工程实践,本文对悬索桥 PPWS 法主缆索股制造工艺中主要工艺进行了阐述。文中不妥之处,敬请批评指正。

参 考 文 献

[1] 中华人民共和国国家标准. GB/T 17101—2008 桥梁缆索用热镀锌钢丝[S]. 2008.

[2] 中华人民共和国行业标准. JT/T 395—1999 悬索桥预制主缆丝股技术条件[S]. 1999.

[3] 王福敏. PPWS 法主缆索股制作与架设中的关键技术[J]. 公路交通科技,2003(6).

[4] 叶觉明,陈婉霞. 缆索用热铸锚锚具和灌铸[J]. 中铁大桥局集团武汉桥梁科学研究院有限公司杂志社,2004(1).

[5] 周世忠,等. 江阴大桥主缆索股制作及质量控制[C]. 中国公路学会桥梁和结构工程学会一九九九年桥梁学术讨论会论文集. 北京:人民交通出版社,1999.

刘家峡悬索桥主缆垂度控制

陈高成　吴　辉

（中交一公局第一工程有限公司）

摘　要　本文介绍了刘家峡黄河特大桥主缆线形调整的方法以及影响主缆垂度的几个关键因素。

关键词　悬索桥　主缆　线形　温度　垂度

1　引言

悬索桥主缆在不同的阶段垂度呈动态变化，主缆的空缆线形安装质量决定了各跨主缆成桥线形，主缆的空缆线形又由基准索股的垂度控制精度密切相关，因此悬索桥主缆线形的调整和控制是施工控制的关键环节。但是由于施工环境、结构特点、作业人员熟练程度、调整方法的差异会对主缆垂度控制造成很大影响，必须有科学的理论支撑和正确的方法来保证。刘家峡大桥采用双塔三跨结构，边跨不等距布置，施工恰逢冬季气温较低时段，为了保证悬索桥主缆垂度控制的精确程度以及保证后期空缆线形与成桥线形吻合，施工中需要进行大量的数值分析计算和现场实测数据对比以确定合理的控制方案。

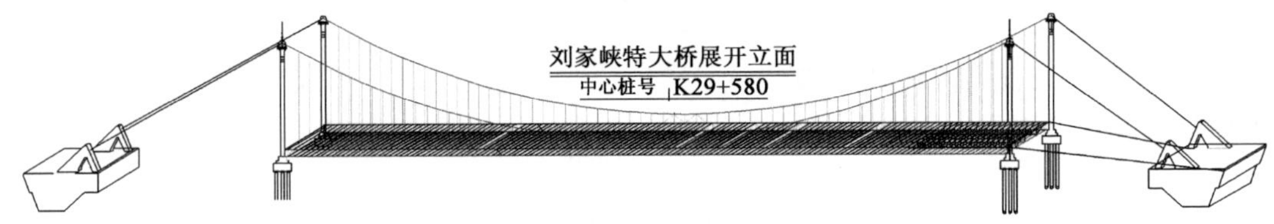

图1　缆索系统空间结构图

2　主缆空缆线性实测项目的精度要求

空缆实测项目和精度要求如表1所示。

精 度 要 求　　表1

项　目			允 许 偏 差
索股高程（mm）	基准	中跨跨中	±L/20000 或符合设计要求
		边跨跨中	±L/10000 或符合设计要求
		上、下游高差（mm）	10
	一般	相对于基准索股（mm）	0，+5

3　主缆线形监测理论

3.1　理论的确立

索是理想柔性的，而材料又符合胡克定律，所以索的应力和应变呈线性变化，那么我们借助悬链线理论可以模拟悬索桥主缆的线形。

3.2　自重力作用下的悬链线理论

当作用在索上的力只有自重力 q_1 作用时（图2），可以得到关于索张力的水平分量 H 的方程：

$$H\frac{d^2y}{dx^2}+q_1\sqrt{1+\left(\frac{dy}{dx}\right)^2}=0 \tag{1}$$

对式(1)进行积分可得：

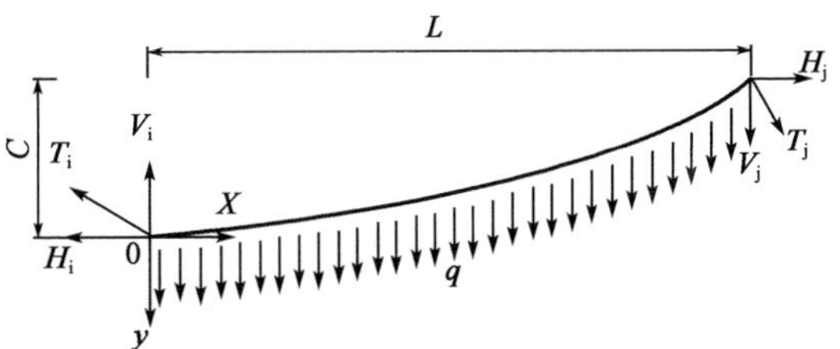

图2　悬链线计算图

$$y=-\frac{H}{q_1}\text{ch}\left(\frac{q_1x}{H}-\alpha\right)+\alpha_1$$

$$\partial_1=\frac{H}{q_1}\text{ch}\alpha$$

$$\alpha=\text{sh}^{-1}\left(\frac{\beta C/L}{\text{sh}\beta}\right)+\beta$$

$$\beta=\frac{q_1L}{2H} \tag{2}$$

因为两塔柱等高，所以 $C=\alpha=\beta=q_1L/2H$，故悬链线可变为：

$$y=\frac{H}{q_1}\left[\left(\text{ch}\alpha-\text{ch}\left(\frac{q_1x}{H}-\alpha\right)\right]\right. \tag{3}$$

对于跨中 $x=L/2$，$y=f$，则：

$$f=\frac{H}{q_1}(\text{ch}\alpha-1) \tag{4}$$

则索长度 S 和无应力索长度 S_0：

$$S=\frac{H}{q_1}\text{sh}\left(\frac{q_1L}{H}-\alpha\right)+\text{sh}\alpha$$

$$S_0=S-\Delta S=S-\frac{H}{EAq_1}\left[\frac{1}{2}q_1L+\frac{1}{8}H\left(e^{-2(\alpha-2\beta)}-e^{2(\alpha-2\beta)}-e^{-2\alpha}+e^{2\alpha}\right)\right] \tag{5}$$

3.3　刘家峡大桥主缆材料数据的采集

由生产厂家实验得出索股的弹性模量 $E=1.933\times10^8$Pa，线膨胀系数 $\alpha=1.15\times10^{-5}$，线密度为27.17kg/m，中跨垂度与索长的变化关系为 $H=2.325L$，那么我们可以计算出刘家峡大桥主缆线形每变化一度中跨垂度变化为0.0155mm。刘家峡大桥主缆施工时气温在-15℃～0℃范围，变高变化如表2所示。

刘家峡大桥主缆基准索股温度与垂度关系表　　表2

	西边跨			东边跨			中跨		
温度(℃)	垂度(m)	基准索股下缘高程	主缆中心高程	垂度(m)	基准索股下缘高程	主缆中心高程	垂度(m)	基准索股下缘高程	主缆中心高程
0	-32.7417	1808.5835	1808.8393	-24.4106	1816.9148	1817.1704	-43.6061	1797.7380	1797.9749
-1	-32.7297	1808.5955	1808.8513	-24.3996	1816.9258	1817.1814	-43.5906	1797.7535	1797.9904
-2	-32.7177	1808.6075	1808.8633	-24.3886	1816.9368	1817.1924	-43.5751	1797.7690	1798.0059
-3	-32.7057	1808.6195	1808.8753	-24.3776	1816.9478	1817.2034	-43.5596	1797.7845	1798.0214
-4	-32.6937	1808.6315	1808.8873	-24.3666	1816.9588	1817.2144	-43.5441	1797.8000	1798.0369
-5	-32.6817	1808.6435	1808.8993	-24.3556	1816.9698	1817.2254	-43.5286	1797.8155	1798.0524

续上表

	西边跨			东边跨			中跨		
温度（℃）	垂度（m）	基准索股下缘高程	主缆中心高程	垂度（m）	基准索股下缘高程	主缆中心高程	垂度（m）	基准索股下缘高程	主缆中心高程
-6	-32.6697	1808.6555	1808.9113	-24.3446	1816.9808	1817.2364	-43.5131	1797.8310	1798.0679
-7	-32.6577	1808.6675	1808.9233	-24.3336	1816.9918	1817.2474	-43.4976	1797.8465	1798.0834
-8	-32.6457	1808.6795	1808.9353	-24.3226	1817.0028	1817.2584	-43.4821	1797.8620	1798.0989
-9	-32.6337	1808.6915	1808.9473	-24.3116	1817.0138	1817.2694	-43.4666	1797.8775	1798.1144
-10	-32.6217	1808.7035	1808.9593	-24.3006	1817.0248	1817.2804	-43.4511	1797.8930	1798.1299
-11	-32.6097	1808.7155	1808.9713	-24.2896	1817.0358	1817.2914	-43.4356	1797.9085	1798.1454
-12	-32.5977	1808.7275	1808.9833	-24.2786	1817.0468	1817.3024	-43.4201	1797.9240	1798.1609
-13	-32.5857	1808.7395	1808.9953	-24.2676	1817.0578	1817.3134	-43.4046	1797.9395	1798.1764
-14	-32.5737	1808.7515	1809.0073	-24.2566	1817.0688	1817.3244	-43.3891	1797.9550	1798.1919
-15	-32.5617	1808.7635	1809.0193	-24.2456	1817.0798	1817.3354	-43.3736	1797.9705	1798.2074

4 线形测控

4.1 索股调整时间的选择

在悬索桥主缆线性调整控制中，以基准索的测量控制最为重要，而索股线形变化受光照及气温的影响极为严重，所以索股基准索线形调整应选择在无光照影响和气温稳定的夜间进行。

4.2 测控的方法

待基准索入鞍之后，选择风小气温恒定的夜晚对基准索线形进行第一次调控，所用仪器为精度0.5s的徕卡 TS30 测量机器人，利用索长与垂度的变化关系：$H = 2.325\Delta L$，进行索股线形的调整。直至中边跨的垂度值达到对应温度值得出高程值。然后在中边跨主缆上安装棱镜，以提高测控效率，如图 3 所示。

a）徕卡TS30

b）测控棱镜布设

图 3 测量仪器

4.3 测控成果

刘家峡大桥主缆基准索线形在无风及气温稳定的夜间做了连续四天观测，观测成果如表 3 所列和图 4 ~ 图 6 所示。

观 测 记 录

日期： 根据 2013.3.7 22:00 ~ 2013.3.8 02:00 表 3

序号	温度测量时间	索股实测温度数据(℃)			平均值(℃)	索股纵向温度差(℃)	实测基准索股跨中点高程(m)					
		东	中	西			东右侧	东左侧	中右侧	中左侧	西右侧	西左侧
1	22:00:00	11.25	11.58	10.2	11.0	-1.1	1816.794	1816.787	1797.561	1797.564	1808.449	1808.446
2	23:00:00	9.8	10.18	9.4	9.8	-0.4	1816.806	1816.811	1797.594	1797.586	1808.467	1808.462
3	0:00:00	8.8	9.15	8.8	8.9	-0.4	1816.819	1816.811	1797.592	1797.6	1808.469	1808.477
4	1:00:00	7.5	7.56	6.3	7.1	-1.3	1816.833	1816.834	1797.628	1797.626	1808.502	1808.495
5	2:00:00	6.2	6.72	5.5	6.1	-0.7	1816.849	1816.846	1797.647	1797.643	1808.511	1808.505
6												
对应温度设计垂度值(m)				对应设计的调整高程值(m)			与项目部计算垂度的差值(cm)					
温度	东	中	西	东	中	西	东右侧	东左侧	中右侧	中左侧	西右侧	西左侧
11.0	-24.7873	-44.014	-33.12962	1816.794	1797.567	1808.451	0.1	-0.7	-0.6	-0.4	-0.3	-0.6
9.8	-24.7739	-43.995	-33.11502	1816.807	1797.586	1808.466	-0.1	0.4	0.8	-0.1	0.1	-0.4
8.9	-24.7643	-43.981	-33.1045	1816.817	1797.6	1808.477	0.3	-0.6	-0.8	0.0	-0.7	0.1
7.1	-24.7445	-43.953	-33.08294	1816.836	1797.628	1808.498	-0.3	-0.3	0.1	-0.1	0.4	-0.3
6.1	-24.7337	-43.938	-33.07118	1816.847	1797.643	1808.51	0.1	-0.1	0.4	0.0	0.1	-0.5

注：表列为基准索股的温度变化系数修正后的调索数据。

通过上表测设成果我们可看出实测线形和所模拟线形基本相符，满足验算规律，可进行一般索股的施工。

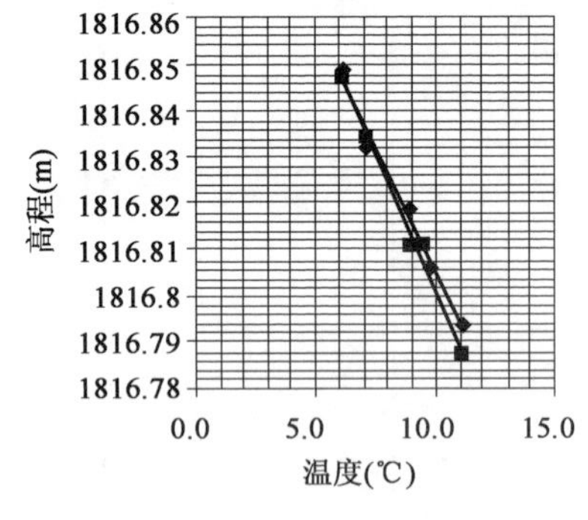

图4　西边跨线性变化图

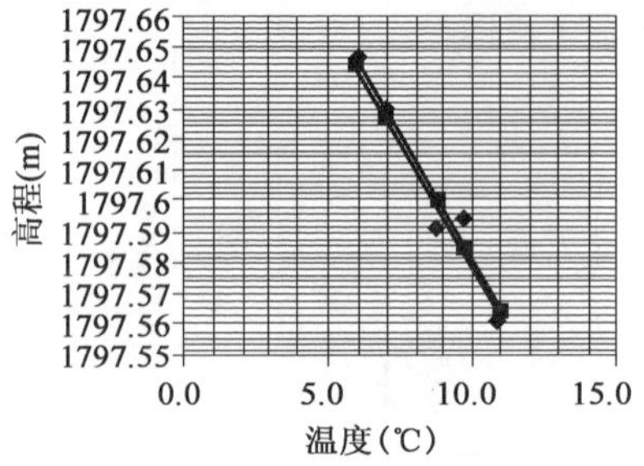

图5　中跨线性变化图

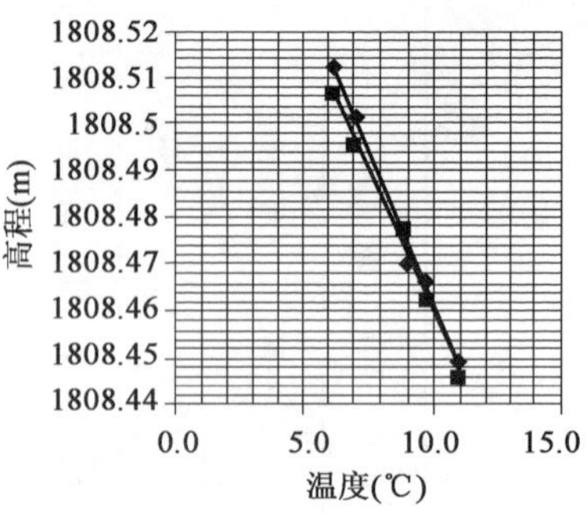

图6　东边跨线性变化图

5　一般索股的测控

(1)一般索股的垂度测量采用相对高差法，即使用钢板尺量测一般索股与基准索股的高差，重复测量3次取平均值作为最后的测量值，并以基准索股调整一般索股。

(2)索股架设期间，应对基准索股高程、塔顶位移和散索鞍倾角进行定期和不定期的监测，掌握施工过程中的变化状态。

(3)成缆后，应进行主缆线形测量。主要测量主缆锚固点、边跨跨中、中跨1/2、1/4和3/4处等坐标，与设计状态进行比对。

6　影响主缆线形因素的探究

6.1　温度对垂度的影响

温度是影响主缆线形的主要因素之一，刘家峡大桥主缆基准索的连续观测结果与理论计算相吻合，温度对主缆线形的影响总结如表4所示。

温度对主缆线形的影响　　表4

温　度 Δt(℃)	西　边　跨		中　　跨		东　边　跨	
	Δh(m)	Δh/Δt	Δh(m)	Δh/Δt	Δh(m)	Δh/Δt
15.0000	-0.1830	-0.0122	-0.234	-0.0156	-0.162	-0.0108
10.0000	-0.1270	-0.0127	-0.153	-0.0153	-0.114	-0.0114
5.0000	-0.0560	-0.0112	-0.079	-0.0158	-0.055	-0.0110
-5.0000	0.0600	-0.0120	0.075	-0.0151	0.053	-0.0105
-10.0000	0.1200	-0.0120	0.158	-0.0158	0.110	-0.0110
-15.0000	0.1800	-0.0120	0.235	-0.0156	0.168	-0.0112
均值	0.0120		0.0155		0.0110	

从表4中我们得出如下结论：刘家峡大桥主缆线形受温度变化影响较大，西边跨每变化1℃，垂度变化12mm，中跨每变化1℃，垂度变化15.5mm，东边跨每变化1℃，垂度变化11mm，这些数据的获得为一般索股的施工打下了坚实的基础。

6.2　索长对垂度的影响

刘家峡大桥基准索架设过程中我们采取一端IP点固定，另一端调节的方法对索长和垂度的影响进行了验证,以中跨为例,结果总结如表5所示。

索长对主缆线形的影响　　表5

ΔL(mm)	Δh(mm)	Δh/ΔL
20	46.49	2.3245
40	92.856	2.3214
60	139.518	2.3253
80	186.08	2.326
100	232.3	2.323
均值	2.32404	

从表5中我们总结出中跨索长每变化1mm,垂度变化为2.32404mm,模拟验算出的垂度变化为2.325mm,相吻合,这个数据的得出为一般索股的架设调控省了大量的工作时间。

7 结语

通过对刘家峡大桥主缆线形施工的总结,得出以下结论:

(1)主缆线形调控要在无风温度恒定的夜间进行考虑索股纵向温差,精测时段安排在夜间23:00至凌晨7:00为宜。

(2)温度对主缆线形影响较大,在主缆架设过程中要充分考虑温度对主缆线形的影响,必要时应进行温度索长变化规律实地测量。

(3)索长对主缆线形存在较大的影响,通过比例关系,能对一般索股进行较快的调整,提高工作效率。

(4)在架设主缆之前,最需要关注的是桥址所处环境的温度场和主缆的局部温度场,这样才能使主缆线形得到较为精确、有效的控制。

参考文献

[1] 陈仁福.大跨悬索桥理论[M].成都:西南交通大学出版社,1994.

[2] 钱冬生,陈仁福.大跨悬索桥的设计与施工[M].成都:西南交通大学出版社,1992.

[3] 中华人民共和国行业标准.JTG/T F50—2011 公路桥涵施工技术规范[S].北京:人民交通出版社,2011.

[4] 中华人民共和国国家标准.GB 50026—2007 工程测量规范[S].北京:中国计划出版社,2008.

[5] 冯兆祥,钟建驰,岳建平.现代特大型桥梁施工测量技术[M].北京:人民交通出版社,2011.

刘家峡大桥主缆施工成套工装介绍

卢界江　薛文明

（中交一公局第一工程有限公司）

摘　要　本文介绍了刘家峡大桥PPWS法架设主缆索股过程中的放索、牵引、整形、提升、锚跨张力施加等全部工序所用的成套施工工具，主要适用于悬索桥索股架设牵引、安装工程施工。工装具有结构合理、加工方便、价格低廉、操作灵活、组装简便、适用性高等特点。

关键词　悬索桥主缆　安装　成套工装

1　工程概况

悬索桥主缆施工专业化程度高，施工中需要用到各种专业设备，以往国内外每座悬索桥施工中均有不同的工装设备投入使用，但由于无统一的标准和形式，给工装的合理选择和使用带来了不少问题。本桥施工中进行了一系列的研发和创新，形成了一套标准化程度高，加工制造简单、能保证质量和安全的悬索桥主缆安装施工设施，并取得了良好的效果。主缆和主缆索股构造图见图1。

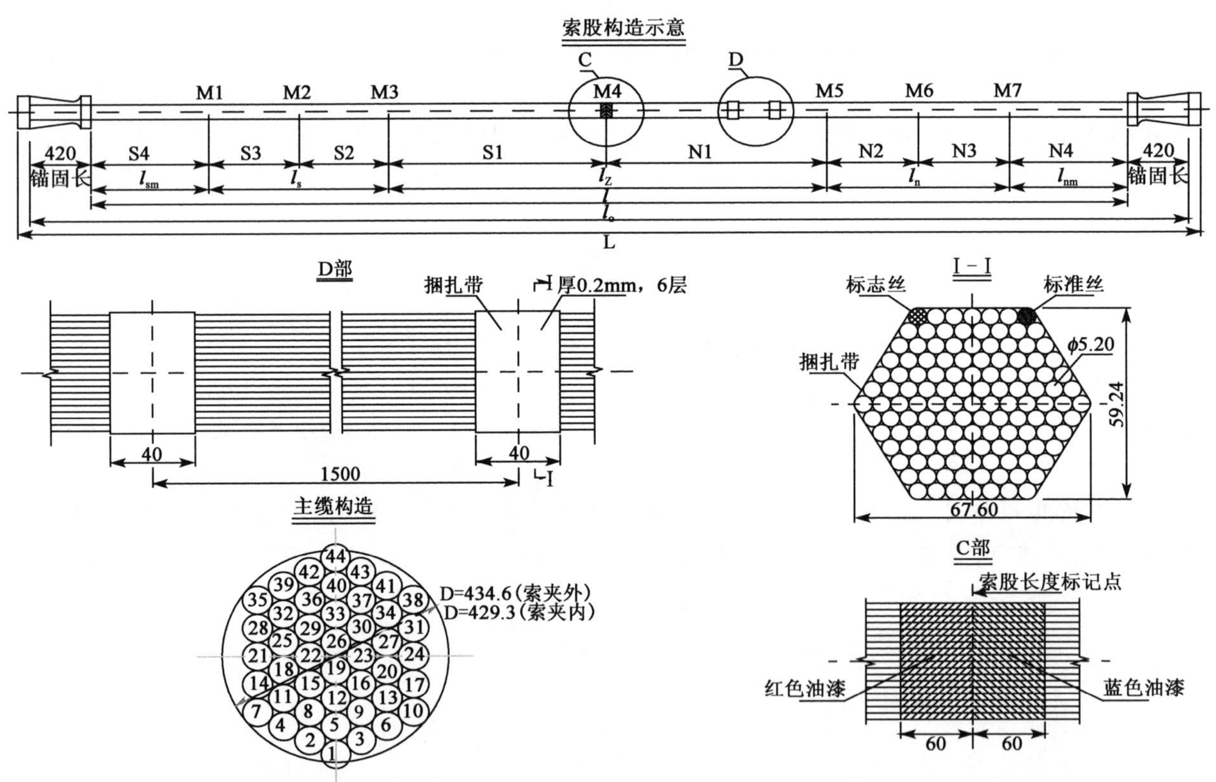

图1　主缆和主缆索股构造图(尺寸单位:mm)

本桥主缆索股架设牵引系统采用往复式牵引系统，上下游独立设置。考虑运输便利及场地情况，放索盘放置在东岸，通过两岸的大吨位牵引卷扬机、牵引索、导轮组等形成牵引系统。牵引系统上下游可以同时进行牵引工作。考虑到西岸的场地限制，所有的索股均从东岸向西岸牵引，牵引系统总体布置如图2。

索股牵引架设过程中需要用到拽拉器、索股牵引过塔顶导轮组、猫道门架导轮组、索股放索盘、猫道面顶托滚轮、四边形索股整形器、六边形索股保持器、六边形索股握索器、索股提升滑车组装置和锚跨张力调整时的螺母施拧装置。这些设备均无定型的产品，施工中需要根据实际情况和作业人员的经验进行选择设计和加工，好的工装能够起到操作简便、安全、质量有保障的效果，重复使用率高，经济性好。

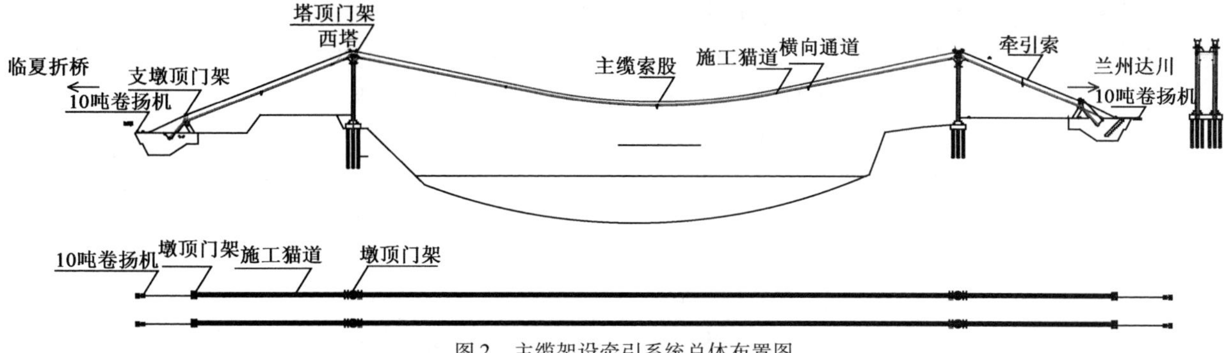

图2 主缆架设牵引系统总体布置图

2 工装选择要求与难点

(1)主缆架设施工工艺复杂，包括索股牵引架设、整形入鞍、线型调整、紧缆等，并需要设计加工多种专用工具或设备如放索架、导轮组、拽拉器、鱼雷夹、握索器等。

(2)牵引系统的选择既要保证索股牵引所需拉力满足要求，还要保证牵引力合适、牵引速度适中。

(3)牵引系统滑轮组要考虑重量轻，结构合理，又能保证牵引索和拽拉器能够顺利通过并不致产生较大振动和阻力。

(4)拽拉器设计制作结构轻巧、有足够的刚度强度和负载空载自平衡性。

(5)握索器要保证既能有将索股提升的摩擦力，还要避免边缘对索股的损坏。

(6)塔顶提升系统既要保证索股提升的牵引力，还要保证操作简单、滑轮组重量轻、能对称提升待入鞍索股并进行垂度的细微调整。

(7)放索盘的结构要轻盈、有调速能力，不对牵引系统施加额外的阻力。

(8)锚跨张力施有合适的支撑胎架，即便于搬运，又能有足够的强度和刚度。

3 索股牵引架设施工流程以及涉及的工装(图3)

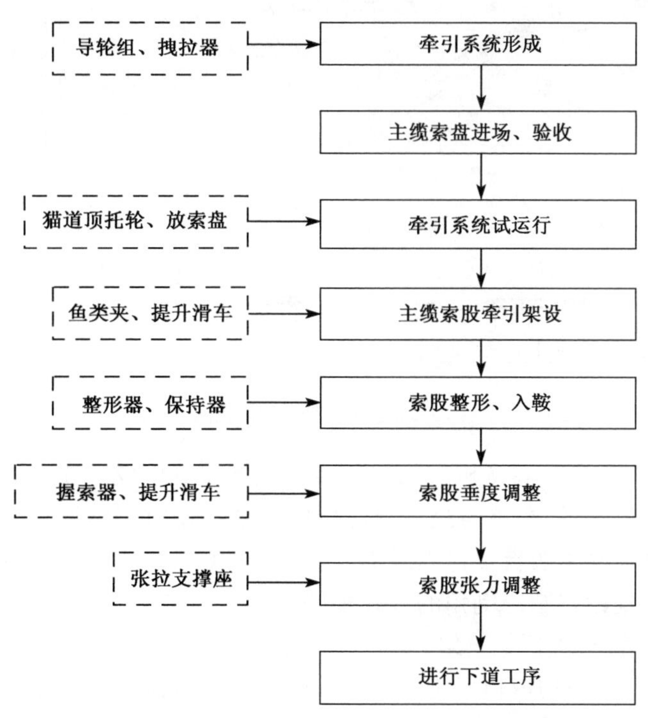

图3 主缆架设施工流程图及各工序所用工作

4 主缆施工成套工装的设计与选用

(1)放索盘。为避免主缆索股在放索过程中因牵引速度、牵引力与放索速度不匹配,牵引与放索产生时间差、放索盘的转动惯性、主缆平行预制索股上盘力与牵引系统牵引力等因素,使索股在索盘上松弛,从而出现呼啦圈、散丝、断带、鼓丝等不良现象,放索机构需要慎重选择。

本桥放索机构由索盘承重架、转动轴、刹车装置、锚固装置组成;承重架上配有限位装置用来固定索股包装盘,索股牵引过程中承重架随牵引速度旋转放索,为保证放索盘放索速度与牵引速度匹配,利用刹车手柄控制索盘旋转速度,锚固装置将放索盘与地面进行连接防止放索盘移动(图4)。

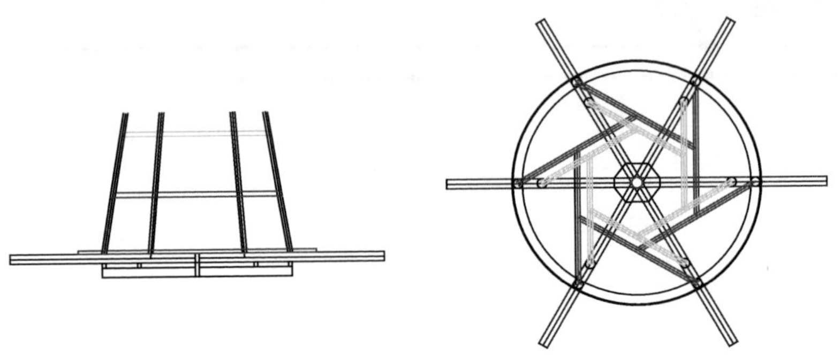

图4 放索盘结构示意图

(2)拽拉器。拽拉器包括牵引索连接装置、固定索股锚头装置和配重系统以及铰接桁架组成,是为保证牵引系统顺利通过各种门架导轮组的重要装备,对架空牵引系统还有简易拽拉器可供选择。

牵引索为直径32mm钢丝绳,采取往复式牵引系统,由于只向一个方向拖拽索股,拽拉器连接装置不考虑方向扭转,总体要与导轮组配套进行设计、加工,并考虑空载和重载阶段的配重问题(图5)。

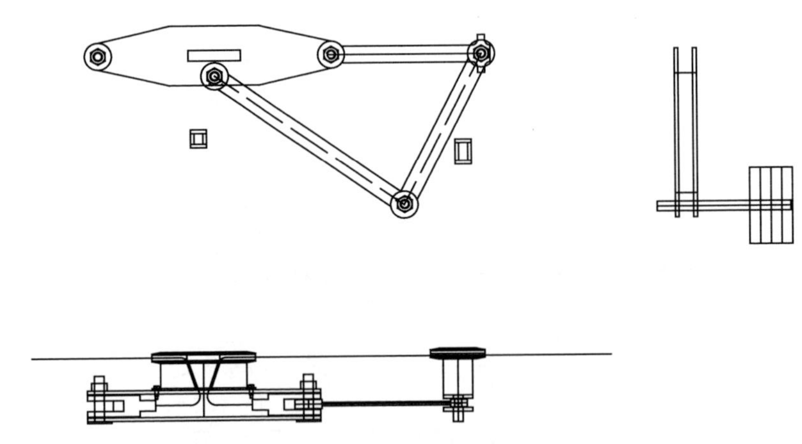

图5 索股拽拉器结构示意图

(3)握索器。提升装置由塔顶卷扬机、提升滑车组、握索器等组成。在距离索鞍15m左右位置将握索器与待提升索股连接,然后将滑车组与握索器连接后启动卷扬机将索股整体提离猫道托滚轮。握索器除了提供足够的摩阻力克服索股自重将索股提升,还要避免安装或提升过程中握索器的扭转对索股的损坏。我们采取对边缘处设置圆形倒角的方式很好的解决了这个问题(图6)。

(4)导轮组(门架顶、塔顶、墩顶导轮组)如图7~图9所示。

(5)猫道面顶支撑托滚轮。猫道顶可折叠支撑滚轮装置在主缆索股牵引架设过程中按照一定间距设置在猫道顶部,起到支撑索股、减少索股牵引摩擦力、避免索股扭转、拆除后可折叠存放的施工工具,

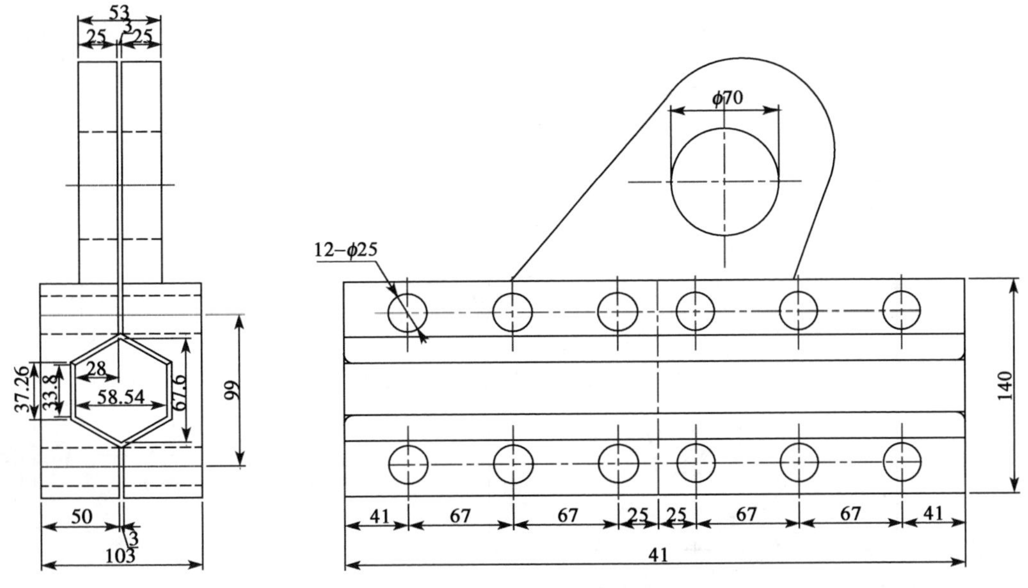

图6　索股握索器示意图(尺寸单位:mm)

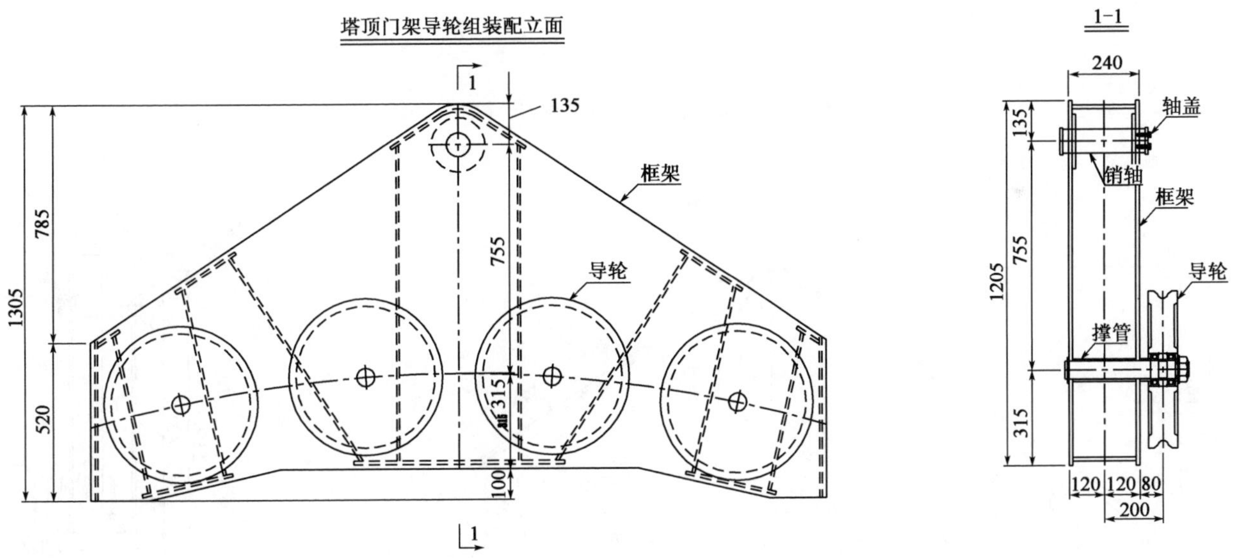

图7　塔顶门架导轮组立面示意图(尺寸单位:mm)

包括有滚轮装置、支撑装置、栓接装置、固定装置(图10)。

(6)整形装置。索股牵引架设过程中的整形装置由索股六边形保持器和四边形整形器组成。是在索股提升入鞍之前在距离鞍槽端部50cm左右位置先用六边形保持器将索股固定,然后人工将两个保持器之间的钢丝梳理形成四边形,然后用四边形整形器将索股固定后将索股放入索鞍矩形鞍槽内固定(图11、图12)。

(7)索股连接器张拉调节用支撑座。锚跨张力调整装置是锚跨连接器张拉前将支撑架安装在连接器锚垫板与千斤顶之间,用作锚跨张力调整过程中人工便捷的在支撑架下的有限空间内利用扳手将拉杆连接器的螺母施拧来完成索股安装(图13)。

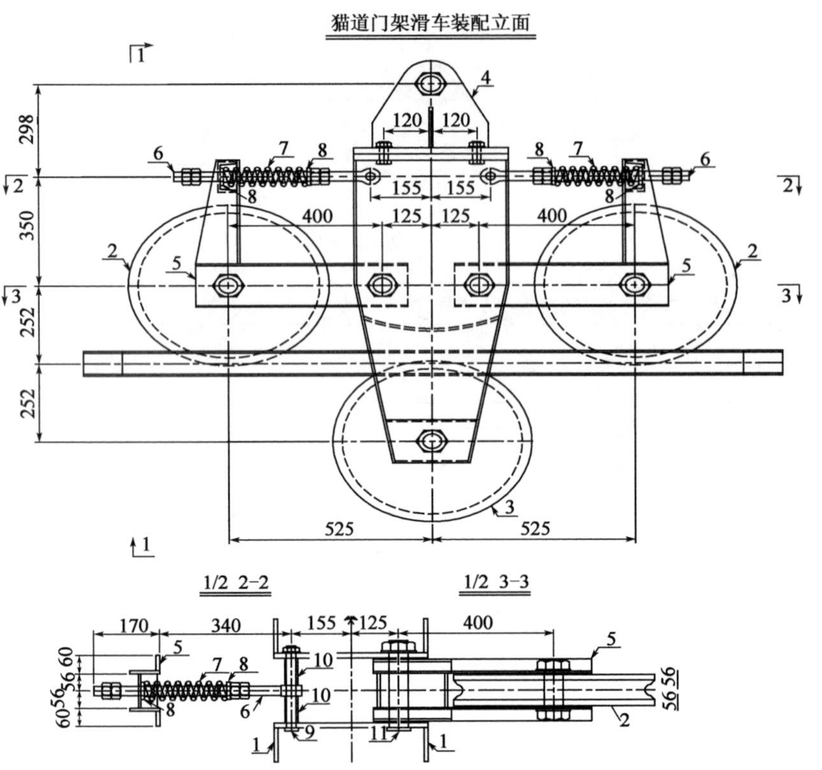

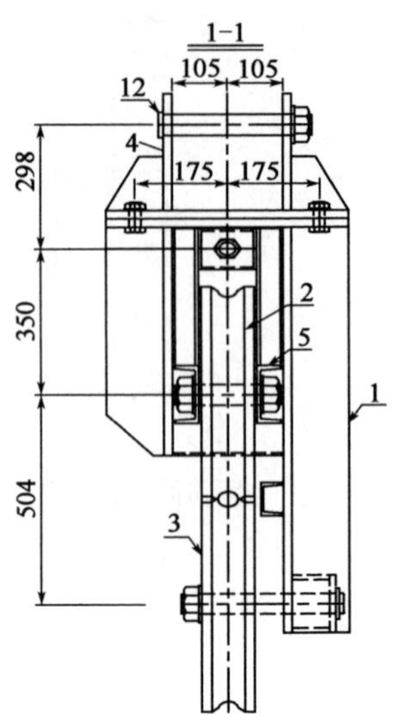

图 8　猫道门架导轮组立面示意图(尺寸单位:mm)

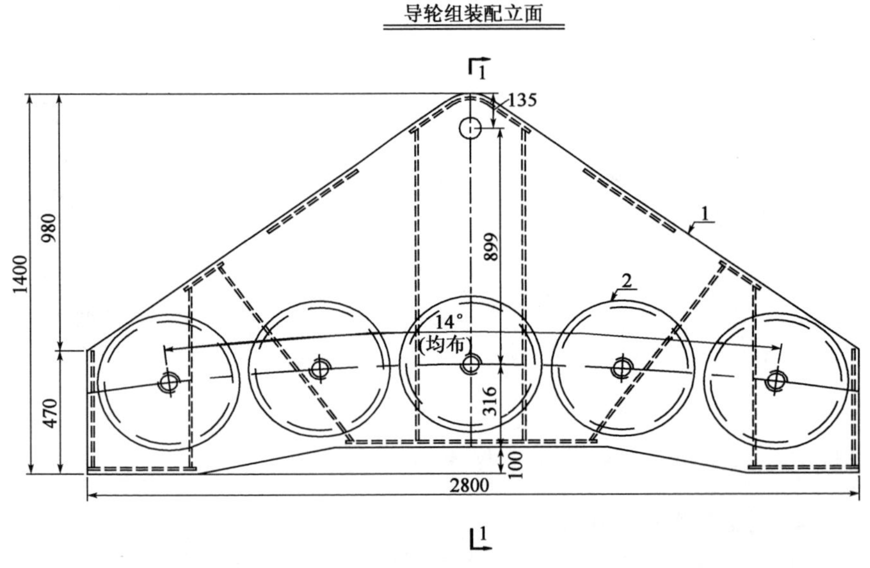

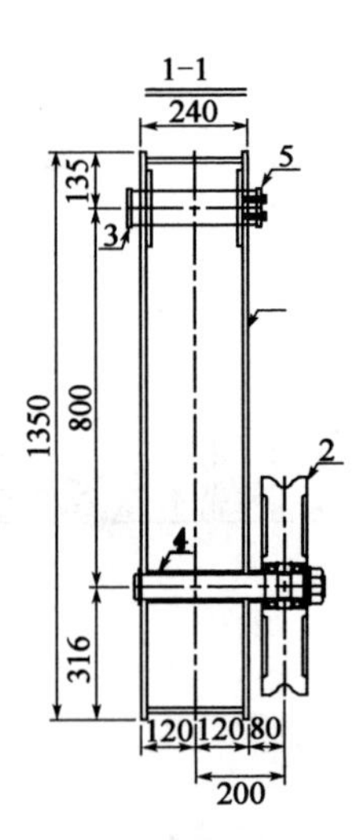

图 9　散索鞍支墩门架导轮组立面示意图(尺寸单位:mm)

5　主缆索股架设成套工装应用

5.1　索股牵引

首先架设基准索股,索股牵引由东锚向西锚方向进行,具体步骤如下:

(1)基准索股索盘运至放索区内,利用 50t 轮胎吊将其安装在放索盘上,拉出索股前端锚头,吊车提

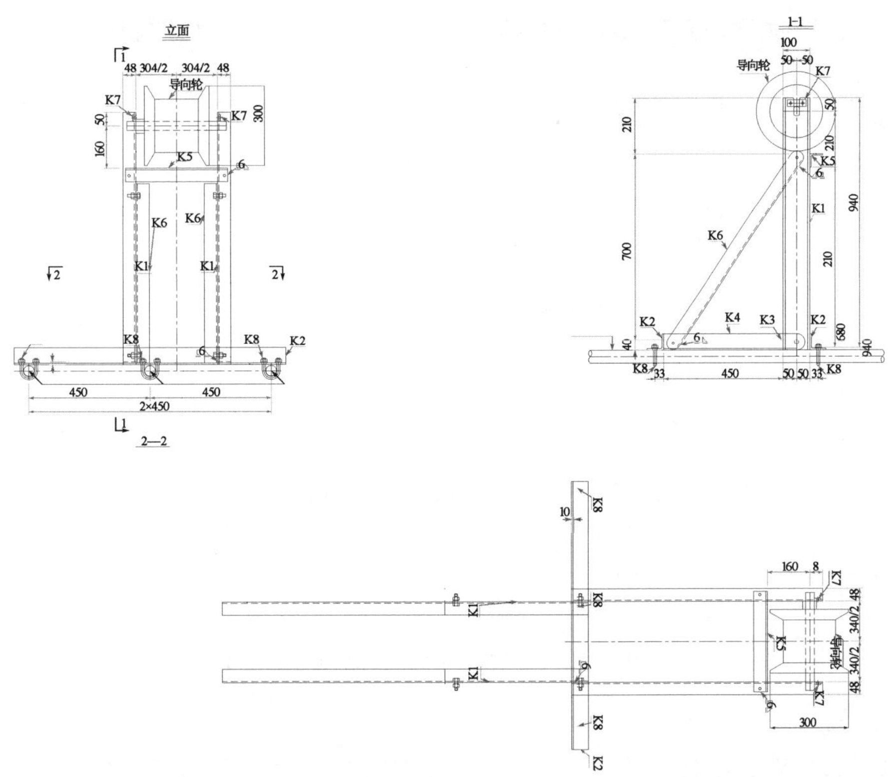

图 10　猫道面顶索股滚轮支架示意图(尺寸单位:mm)

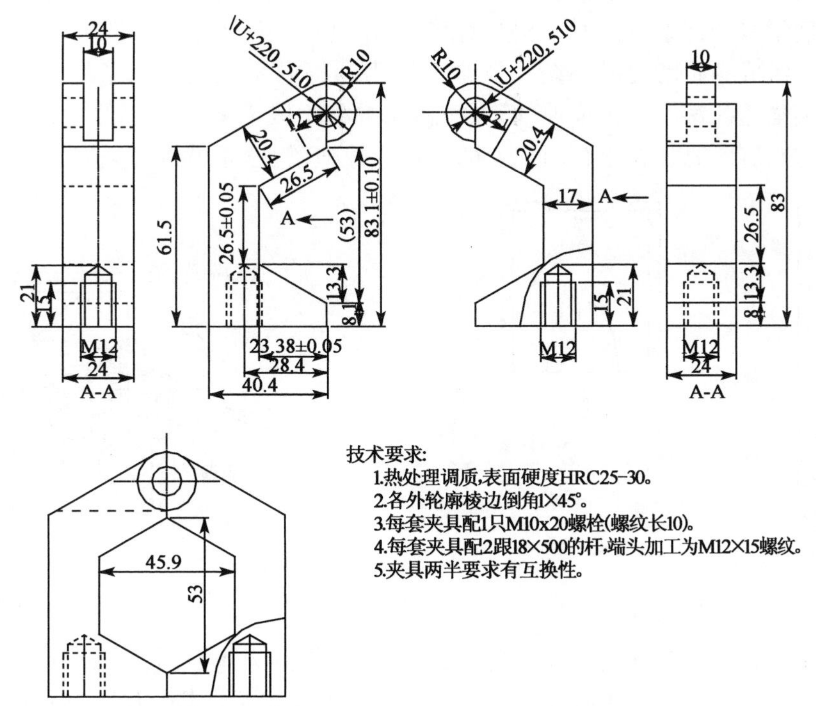

图 11　索股整形用六边形保持器示意图(尺寸单位:mm)

升索股锚头与拽拉器连接后启动卷扬机、放索盘同步放索,拽拉索股在猫道拖滚轮上前进,直至前锚头越过东散索鞍、塔顶、西散索鞍导轮组进入待安装位置。

(2)当索股两端锚头均放入前锚室后,待各主、散索鞍处的索股完成横移、整形、入鞍后,利用索股入锚卷扬机和拉杆处转向滑车配合，将索股两端锚头通过拉杆与对应位置的锚固系统临时相连锚固。

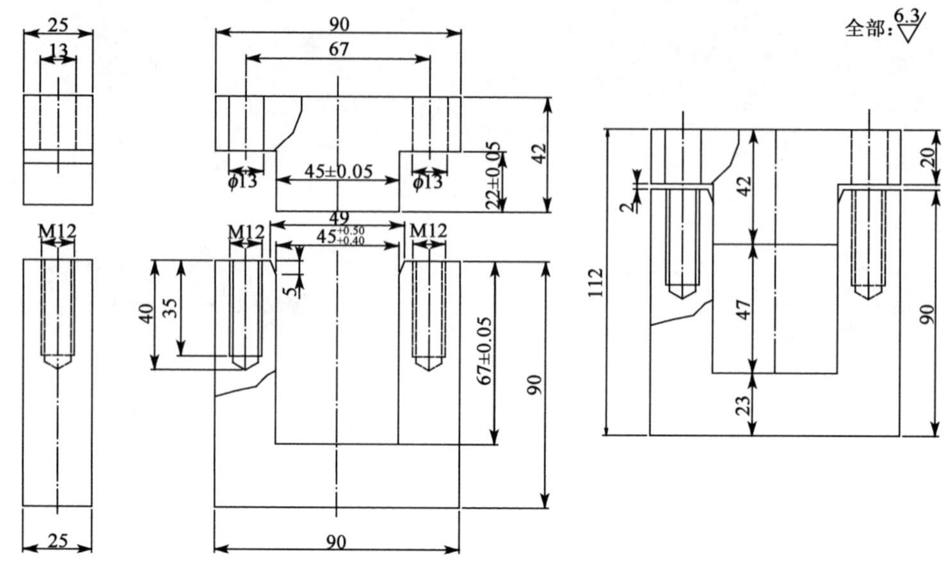

图12　索股整形用四边形整形器示意图（尺寸单位：mm）

5.2　索股横移

牵引完的索股放在猫道托滚上，利用散索鞍门架和塔顶门架上的5t卷扬机组成的滑车组提升装置与紧固在索股上的六边形握索器连接后进行索股的上提、横移和整形入鞍作业。

在距离主索鞍前后各20m、散索鞍前20m左右位置处，将特制握索器安装在索股上，分次拧紧握索器上的紧固螺栓，使索股与握索器不发生相对滑移。将塔顶门架、散索鞍门架上的卷扬机经过滑车组绕线后与握索器相连，组成各自的提升系统。待全部握索器提升系统安装完毕后，同时启动各提升卷扬机，将整根索股提离猫道托滚。再由锚顶、塔顶横移装置将索股横移到设定位置（图14）。横移装置由设置在门架上的手拉葫芦、悬挂在索鞍门架上的一根支撑横梁、尼龙吊带等组成。

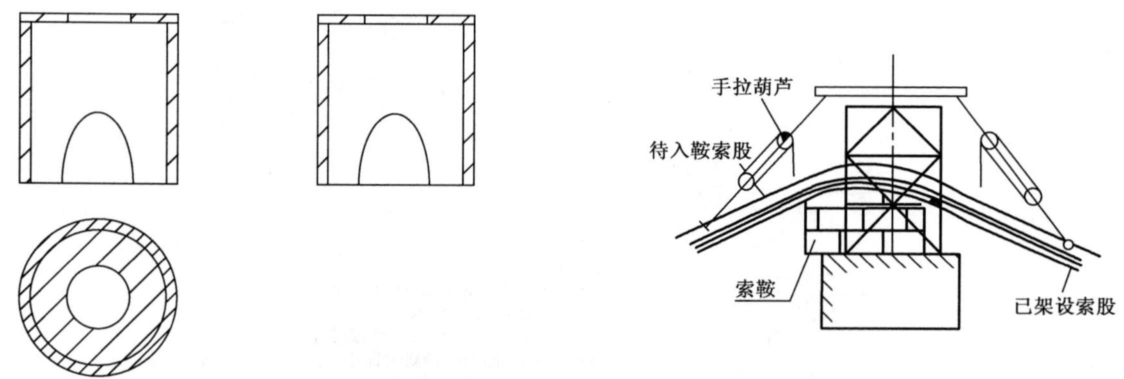

图13　索股连接器张拉调整用支撑座结构图

图14　索股横移示意图

提升前，确认全桥各跨索股均离开猫道托滚，提升装置提升力不宜过大，否则会导致握索器发生滑移产生危险。按握索器设计，提升力控制在18t以内。索股提升后，禁止人员进入提高的索股下，以防意外。

5.3　索股整形

整根索股提离猫道托滚轮，此时主、散索鞍前后两握索器之间的索股呈无应力状态，在此状态下进行整形。因索鞍鞍槽内竖向隔板间宽度为58mm，而索股断面为正六边形。入鞍前必须将该部分索股断面整理为57.2mm×55.43mm的矩形，再放入鞍座内的设定位置。整形按主索鞍处从边跨向中跨方向、散索鞍处由锚跨向边跨方向进行。

整形前，确定着色丝位置，如有扭转及时矫正。整形时，在距离索鞍前后约3m的地方，分别安装上六边形夹具将索股夹紧，解除两夹具间索股缠包带，开始整形。用钢片梳进行索股断面整理，按一定顺序使其断面由六边形变成四边形，再用专用四边形夹具夹紧，缠上包带，整形过程中人工用木锤敲打索股。钢片梳继续延伸整理索股断面成四边形。每隔1m左右缠上包带(图15、图16)。

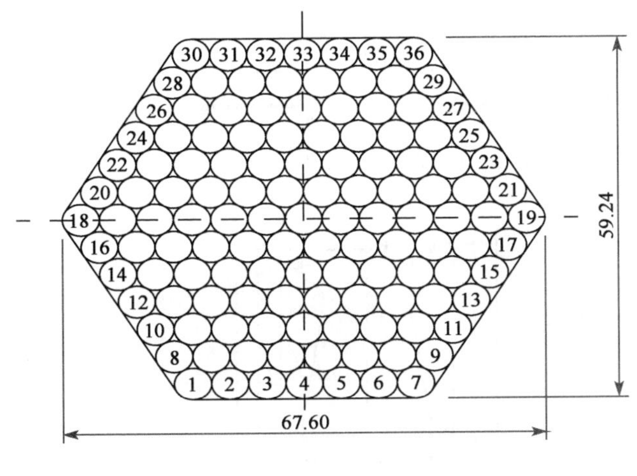

a)整形前断面

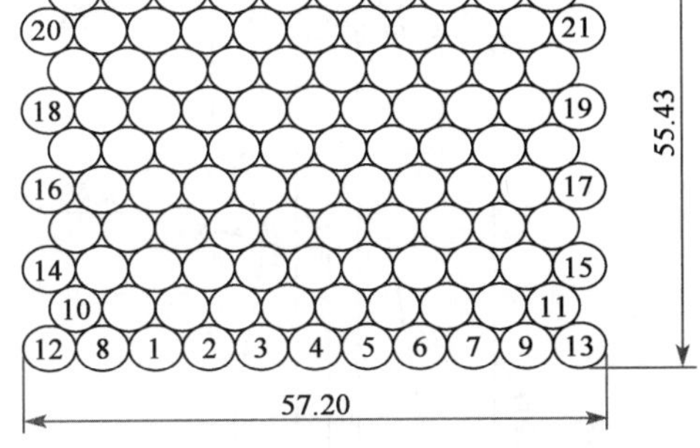

b)整形后断面

图15 索股整形示意图(尺寸单位:mm)

5.4 索股入鞍

待主、散索鞍处索股全部整形完成后，将索股置入相应的鞍槽内。索股入鞍的顺序为:先主索鞍，后散索鞍。索股入鞍时，将索股在塔顶主索鞍、锚碇散索鞍处的标记对准，取掉四边形夹具，填塞木楔，以保持索股形状，同时注意索股着色丝在鞍槽中的位置，以确认索股无扭转。为防止已入鞍索股挤压鞍槽隔板而造成隔板变形，在其他鞍槽内填塞矩形木块。索股入鞍后，调整索股上的标记点与设计位置吻合，并适当抬高中边跨跨中索股垂度，便于调索。索股入鞍完成后，将索股两端锚头与该索股相应位置的锚固系统通过拉杆相连，将拉力通过锚头传至拉杆上，同时在锚头安装调整装置(千斤顶、支撑架、螺母与垫板)，将索股临时固定。为防止上层索股挤压下层索股，索股入鞍时，将中跨跨中垂度预抬高20cm，边跨跨中垂度预抬高10~20cm。

图16 索股整形、入鞍

5.5 索股锚跨张力调整

索股架设完成垂度调整好后，需进行锚跨张力调整。锚跨张力调整采用千斤顶通过反力架顶推锚头上的螺母，通过松紧拉杆螺母使锚跨索股张力达到设计要求。锚跨张力与设计值的误差控制在±10kN范围内。调整完成后，作上标记，以便后续索股架设时检查有无滑移。

根据主缆索股单根拉杆锚固张力和拉杆直径，特制穿心式千斤顶，用千斤顶、张拉支撑架根据设计张拉力张拉连接拉杆，然后用专用扳手在支撑座内旋紧锚板上的螺母，放松千斤顶后利用专用测力装置测量索股张拉力，不一致时继续进行张拉调整直至张拉力符合设计要求，具体张拉调整方式如图17。

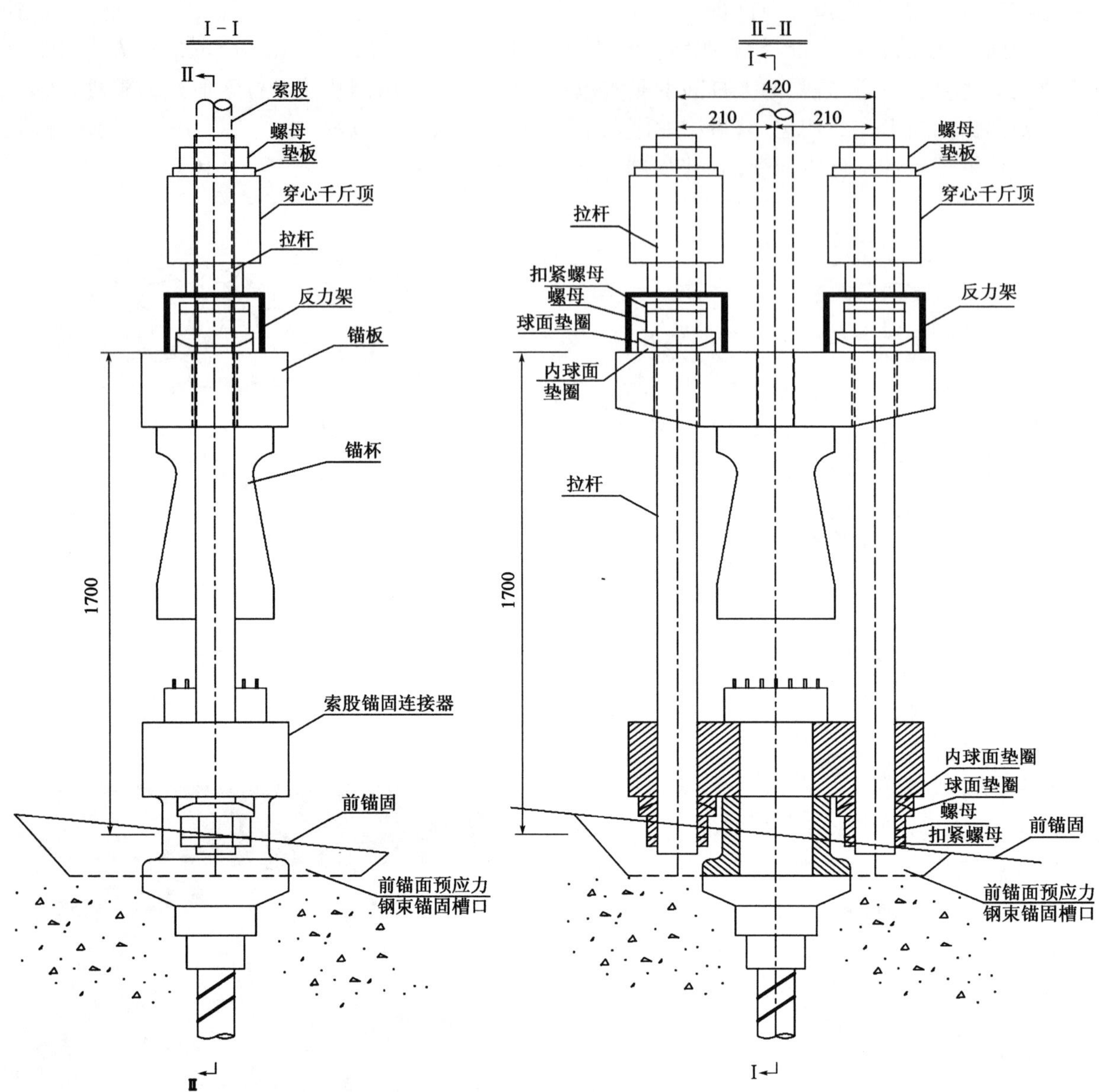

图17 锚跨索股张力调整示意图(尺寸单位:mm)

6 结语

本成套工装结合刘家峡大桥主缆架设安装施工特点经不断优化而成,顺利完成了刘家峡大桥88根索股牵引架设,历时45天,适应于悬索桥主缆索股PPWS法架设施工工艺,能够达到满足索股牵引架设作业要求,且具有结构合理、加工方便、价格低廉、操作灵活、组装简便、适用性高等优点,具有很好的推广应用价值。

参考文献

[1] 周孟波. 悬索桥手册[M]. 北京:人民交通出版社,2003.

[2] 周昌栋. 悬索桥上部结构施工[M]. 北京:人民交通出版社,2004.

[3] 中华人民共和国行业标准. JTG F80/1—2004 公路工程质量检验评定标准[S]. 北京:人民交通出版社,2004.

一种轻型紧缆机在刘家峡大桥主缆紧缆施工中的应用

路小科　樊兆卫

（中交一公局第一工程有限公司）

摘　要　本文主要介绍刘家峡大桥主缆紧缆施工中所设计的一种轻型紧缆机的结构形式、工作原理和主要技术指标，概括了该设备在一定缆径范围内的工程实践效果。

关键词　悬索桥　紧缆机　设计　应用

1　引言

悬索桥主缆架设完成后，为顺利进行后续索夹安装及缠丝作业，应将索股整理、挤紧并捆扎成圆形，使主缆空隙率达到设计及规范要求，为此需使用专用设备对主缆进行紧缆。目前悬索桥主缆紧缆施工中使用的紧缆设备，成本高且组装复杂，出现故障维修费工费时。结合刘家峡大桥结构特点，项目作业人员设计出一种适用于主缆直径300～700mm、能满足大、中型跨径悬索桥紧缆质量控制要求，且具有轻巧灵活、组装快捷、操作简单、经济性高等优点的紧缆设备并在刘家峡大桥主缆施工中成功应用，此项设备及技术已成功申报发明和实用新型专利，有较好的推广应用前景。

2　紧缆机结构形式

紧缆机主要由液压系统、紧固装置和移动装置组成，总体布置如图1所示。

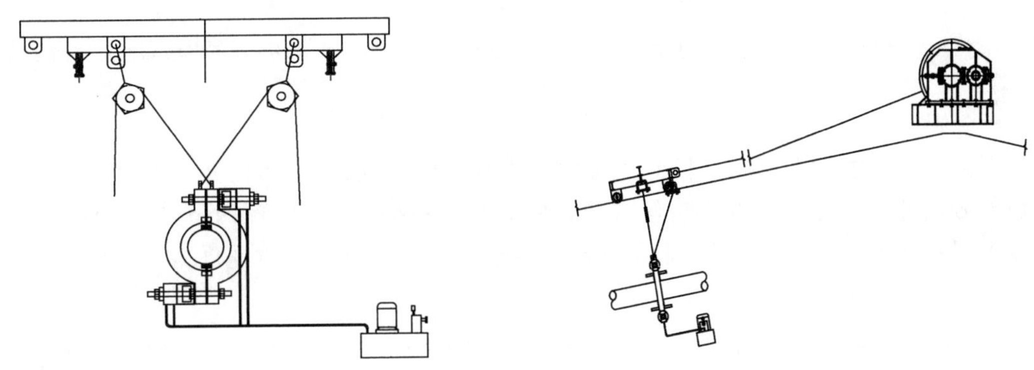

图1　紧缆机侧面和立面图

2.1　液压系统

液压系统由高低压液压油泵、穿心式千斤顶、高强度钢拉杆、衬脚及螺母组成。油泵通过配套的液压油表显示提供压力的大小，再通过穿心式千斤顶、拉杆、衬脚及螺母，在送油行程中压力作用于紧固装置以挤密主缆，在回油行程中通过螺母带动紧固装置分离。

在设计中对液压系统进行了简化，通过一套高低压液压油泵采用“一分二”带动两台YCW-200穿心式千斤顶完成对紧缆机的动力提供。在实际操作中可同时、同步实现送压和卸压。

液压系统的主要参数如表1所示。

2.2　紧固装置

紧固装置由两块锻钢经车床精密加工而成的半圆形构件组成，每个构件可进行选择或拆装调整直径大小以适应所调主缆缆径。

液压系统主要参数　　表1

序号	项目	单位	参数
1	液压系统工作压力(高压)	MPa	60
	液压系统工作压力(低压)	MPa	10
2	紧固能力	kN	2×1000
3	油压千斤顶起重量	t	100
4	油压千斤顶工作行程	mm	50
5	油压千斤顶活塞直径	mm	150
6	油压千斤顶油缸外径	mm	260

由于在紧固过程中千斤顶施加于两个端头的应力通过半圆形部位传递到主缆上，所以半圆形钢构件必须具有足够的强度和刚度。锻钢的材质选用高强度低合金结构钢，其抗拉强度 $S_b > 1200$MPa。

半圆形煅钢构件共有5种型号，每种型号中有一个标准组件和调整组件，标准件与5种型号中的调整组件互相通用，使用前可根据具体缆径进行选择或拆卸以调整直径大小，如图2所示。

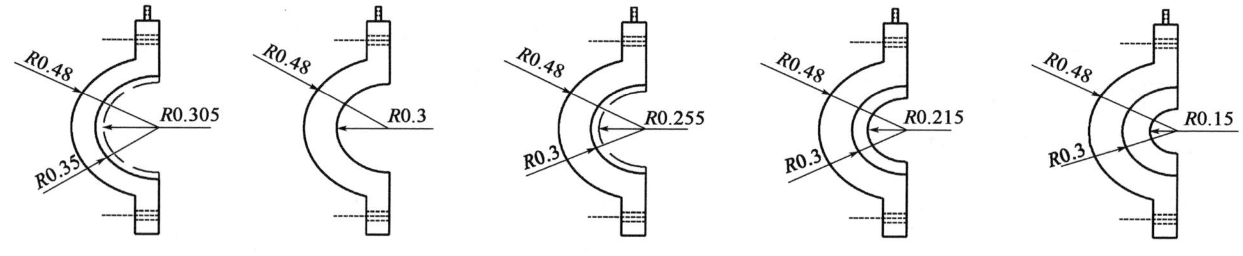

图2　紧固装置紧固件5种规格组装图

半圆形构件内附有尼龙块，以防止主缆钢丝镀锌层的磨损；半圆形构件一侧上下设置可闭合的齿状钢板，可有效防止紧缆过程中发生挤丝现象；半圆形构件两侧对称设置钢条，并与半圆形构件形成90°角，在紧缆过程中起参照作用，安装中通过量尺调整以使紧缆机与主缆垂直。

2.3　移动装置

移动装置由一台5t卷扬机、附于猫道门架承重绳上的天车及2个5t导链组成。5t卷扬机固定在塔顶门架上，通过钢丝绳控制天车沿主缆布设方向前后移位；天车和导链起升降、移动和固定紧固装置作用。

3　工作原理和主要技术指标参数

3.1　工作原理

通过塔顶设置的卷扬机提供牵引力实现紧缆机的移动，通过天车和导链升降和限制紧缆机，然后由液压系统提供压力通过紧固装置施加于主缆上，当主缆挤密满足要求、前后绑箍缠包钢带后再由移动装置进行移位，直至主缆全部挤圆挤密。

3.2　主要技术指标参数

(1)适用主缆直径 ϕ300～700mm；

(2)紧固力 $T = 2\times1000$kN；

(3)紧密后主缆空隙率 $K \leqslant 18\%$；

(4)液压系统工作压力:低压 2.5MPa,高压 40MPa;

(5)千斤顶工作行程:100mm;

(6)千斤顶活塞直径:200mm;

(7)设备尺寸(长×宽×高):150cm×60cm×160cm;

(8)整机重量:0.6t。

4 实际工程应用

紧缆机使用前在厂内对紧缆机的性能进行模拟试验,包括对紧缆机的紧固效果和紧固件的强度、刚度试验。试验证明紧缆机在特定范围内紧缆效果满足相关要求,紧固件的屈服强度和抗拉强度均满足紧固件在最大直径时的施加应力要求。

主缆紧缆的施工工艺流程如图 3 所示。

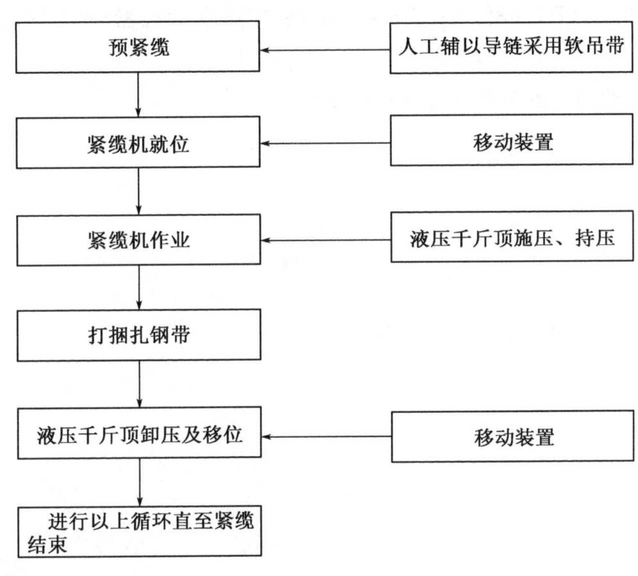

图 3 主缆紧缆的施工工艺流程

刘家峡大桥主缆紧缆机能够满足常规跨径的悬索桥主缆的紧缆要求,从结构和选型不同以往,更加偏重设备的便捷性、灵活性和经济性,可靠性和通用性上也有所突破。主要特点如下:

(1)适用主缆直径范围在 300~700mm,具有轻巧灵活、组装简便、操作简单、经济性高等优点,确保了刘家峡大桥主缆紧缆安全顺利进行。

(2)紧缆机液压系统可独立为常规油泵和千斤顶,在实际使用中可配备多套,发生故障可快速更换,提高了工效;液压泵站由高、低压泵组合而成,系统压力为低压时(10MPa),流量加大(13.4L/min),液压油缸高速推进;高压时(70MPa),系统流量减小(2.2L/min),液压油缸低速推进,提高了工作效率;"一分二"的设置在实际操作中可同时、同步实现送压和卸压。

(3)紧固件分为 5 种尺寸规格,在使用中可根据需要选用适合主缆直径的紧固件,使加工工艺大为简化,并且大大减轻了机体自重,提高了设备的便捷性和灵活性。使用高强度低合金结构钢,保证了结构的强度和刚度,安全性得以保证;紧固件在制作时以主缆空隙率为 18% 时的主缆直径为基准确定其曲率半径,保证了紧缆效果;紧固件内设置的尼龙块能够有效保护主缆,避免了主缆钢丝的损伤,尼龙块宽度与紧固件同宽布置。紧固件一侧上下设置可闭合的齿状钢板,可有效防止紧缆过程中发生挤丝现象。

(4)为减轻紧缆机自重,对称设置钢条,并与半圆形构件形成 90°角,在紧缆过程中起参照作用,安装中通过量尺调整以使紧缆机与主缆垂直。

(5)移动直接利用塔顶卷扬机进行牵引,紧缆机从跨中对称布置,减小了牵引距离,提高了安全性。

5 结语

通过刘家峡大桥的施工实践,全桥上下游共配置4台紧缆机平行作业,800多米的主缆紧缆工作只用了9天便告结束,主要质量控制指标全部符合相关要求,设备组装简便、操作简单、故障率低,有较好的推广应用前景。

参考文献

[1] 闻邦椿.机械设计手册[M].北京:机械工业出版社,2011.

[2] 机械工程手册,电机工程手册编辑委员会.机械工程手册[M].北京:机械工业出版社,2010.

[3] 中华人民共和国行业标准.JTG F80/1—2004 公路工程质量检验评定标准[S].北京:人民交通出版社,2004.

[4] 刘鸿文.材料力学[M].北京:高等教育出版社,2012.

悬索桥索夹位置的精确计算和放样

陈俊杰

(中交一公局第一工程有限公司)

摘　要　悬索桥索夹是通过吊杆将桥梁荷载传递给主缆的受力结构。其安装定位的准确与否是决定成桥后吊杆是否处于正确位置及主缆是否按照设计受力的关键。为满足受力要求,除应在施工中使主缆线形与设计线形一致,而且必须精确地计算索夹在主缆上的位置,并正确、仔细地做好测量放样。

关键词　控制网　索夹角度和坐标计算　索夹放样

1　引言

刘家峡大桥索夹材料采用牌号为ZG275—485H的低合金钢铸件。全桥索夹分三类,即连接主缆与吊索的吊索索夹,连接主缆定型的紧固索夹,主索鞍及出口处防护密封的封闭索夹。吊索索夹由于吊索拉力以及主缆的倾角不同,所需夹紧力不同,索夹长度和螺杆数量也不同,相同长度的索夹共六类分类制造。索夹壁厚采用35mm铸钢制造,上下对合型,两半索夹用螺杆连接夹紧,接缝处嵌填橡胶防水条防水。

大桥中跨为536m,西边跨148m(无吊索),东边跨为113m(无吊索),在设计成桥状态下,跨中理论垂度为48.7m,垂跨比为1:11,主缆中心间距为15.6m,吊索标准间距为8m。吊索作为悬索桥的重要结构构件,将加劲梁上恒载自重还有活载作用传递到主缆上,因此在施工尤其是成桥过程中要保证吊索处于正确的合理的位置,这就需要对索夹安装位置进行精确计算,使得成桥状态下吊索处于竖直状态,吊杆的间距等于设计吊杆的间距。

在施工过程吊点位置也是不断变化的。吊杆的内力尤其是索夹安装位置及施工过程中间距变化是尤其重要的一项。由于主缆各点施工过程中不断变化。因此,吊杆空缆时就需要准确安装完毕,随之才能进行加劲梁的安装。为了达到成桥的设计要求,只需要在空缆时预先考虑偏移量,这样不管施工过程中其怎样变化都会在成桥阶段达到设计要求。加劲梁的安装也就顺利进行。成桥加劲梁的线形和内力能够精确符合。

2　索夹位置计算需要确定的关键数据

有吊索处索夹的坐标计算要求非常严格,但是设计阶段只是给出了成桥阶段吊杆处索夹中心的纵向里程桩号和空间高程。施工节段需要转换成索夹的三维坐标,因此我们还需要根据主缆空缆线形、索夹安装温度等对空缆状态下的索夹位置进行分析和计算。

2.1　确定实测跨径

实测跨径的准确测量和界定是确定空缆状态下的索夹安装位置的重要步骤,根据中跨实测跨径与设计跨径的差值对吊索的设计间距(安装间距)进行调整,然后才能确定索夹坐标与索夹在空缆状态下的安装位置进行确定,根据主、散索鞍IP点的实际偏位以及偏角情况确定中跨主缆空缆实际跨径。

2.2　确定吊索安装里程

根据吊索设计安装里程、设计跨径、实测跨径对实际空缆状态下索夹的安装里程进行计算。

以锚碇散索鞍IP点为坐标原点,路线前进方向为X的方向,Z方向为竖向,空缆状态与成桥状态索夹安装位置与设计数据对比(以吊杆间距对比分析)如表1所示。

空缆状态下的、成桥状态下的索夹安装位置　　表1

跨　度	分点号	X向坐标(m)		Z向坐标(m)		差值(m)	
		空　缆	成　桥	空　缆	成　桥	△X	△Z
中跨(部分)	1	153.43	154.00	57.14	56.97	0.57	-0.16
	2	159.48	160.00	55.20	54.85	0.52	-0.36
	3	167.54	168.00	52.70	52.10	0.46	-0.60
	4	175.60	176.00	50.28	49.45	0.40	-0.84
	5	183.65	184.00	47.95	46.88	0.35	-1.07
	6	191.70	192.00	45.70	44.40	0.30	-1.30
	7	199.75	200.00	43.53	42.01	0.25	-1.52
	8	207.79	208.00	41.44	39.70	0.21	-1.74
	9	215.83	216.00	39.43	37.49	0.17	-1.95
	10	223.86	224.00	37.51	35.36	0.14	-2.15
	11	231.90	232.00	35.67	33.31	0.11	-2.35
	12	239.92	240.00	33.90	31.36	0.08	-2.55
	13	247.95	248.00	32.22	29.49	0.05	-2.73
	14	255.97	256.00	30.62	27.71	0.03	-2.91
	15	263.99	264.00	29.10	26.02	0.01	-3.08
	16	272.00	272.00	27.65	24.41	0.00	-3.24
	17	280.01	280.00	26.29	22.89	-0.01	-3.40
	18	288.02	288.00	25.01	21.46	-0.02	-3.55
	19	296.03	296.00	23.80	20.12	-0.03	-3.68
	20	304.03	304.00	22.68	18.86	-0.03	-3.82
	21	312.04	312.00	21.63	17.69	-0.04	-3.94
	22	320.04	320.00	20.66	16.61	-0.04	-4.05
	23	328.03	328.00	19.77	15.61	-0.03	-4.16
	24	336.03	336.00	18.96	14.70	-0.03	-4.26
	25	344.02	344.00	18.22	13.88	-0.02	-4.34
	26	352.01	352.00	17.56	13.14	-0.01	-4.42
	27	360.00	360.00	16.98	12.49	0.00	-4.49
	28	367.99	368.00	16.48	11.93	0.01	-4.55
	29	375.98	376.00	16.06	11.45	0.02	-4.60
	30	383.97	384.00	15.71	11.06	0.03	-4.64
	31	391.95	392.00	15.44	10.76	0.05	-4.68
	32	399.94	400.00	15.25	10.55	0.06	-4.70
	33	407.92	408.00	15.13	10.42	0.08	-4.71
	34	415.91	416.00	15.09	10.37	0.09	-4.72

以上数据是计算索夹中心点坐标的基础,施工中以此 X 值为依据展开索夹中心点坐标的换算然后进行索夹测量放样工作。

2.3　确定空缆索长

主缆空缆状态悬链线方程:

$$y = c \times \mathrm{ch}(x/c) - c$$

图1是主缆空缆状态悬链线。

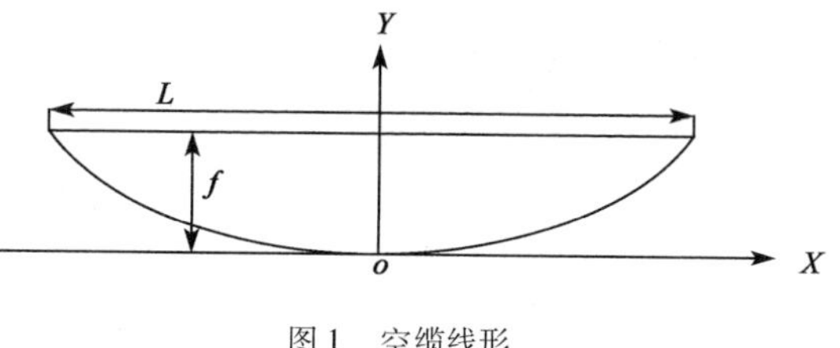

图1　空缆线形

式中：c是悬链线参数。当$x = \pm L/2$时，$y = f$，则$f = c \times [\mathrm{ch}(L/2c) - 1]$。

设$z = L/2c$，则$f = c \times (\mathrm{ch}z - 1)$。用迭代法计算出$z$值，从而计算出悬链线参数$c$。然后能确定空缆的线形并计算无应力索长。

2.4　确定空缆自重伸长量

主缆内任意点内力：

$$T = g \times c \times \mathrm{ch}(x/c)$$

式中：g——当地重力加速度。

空缆自重引起的弹性伸长量：$\Delta S = T[L + c \times \mathrm{sh}(L/c)]/(2EA)$

这样得到空缆自重引起的弹性伸长量，再由空缆自重下索夹中心间的索长等于索夹中心间的无应力索长加各段因主缆自重产生的弹性伸长，可确定索夹中心之间的主缆曲线长度，这是校核索夹放样位置的重要参数。

2.5　确定索夹竖向高程

加劲梁安装过程中索夹的竖向高程的变化非常复杂，而且该变化相对水平距离的变化尤为明显，同时随着气温的变化，主缆的垂度不断变化，因此在实际施工阶段不考虑竖向高程的值，仅仅作为校核的依据利用。

2.6　确定索夹倾角

索夹的倾角在不同的安装位置是不同的，设计阶段也给出了索夹的安装倾角，但是由于空缆线形的动态变化，索夹的倾角也是不断变化的，而且设计阶段已经将吊索的受力轴线与索夹的中心进行了拟合，因此施工中采集索夹中心点顶面高程和向桥塔方向沿主缆中心线后退30cm处的主缆顶面高程，计算该处主缆的实际倾角，作为确定索夹边缘线的计算数据。

2.7　确定索夹边缘线距离

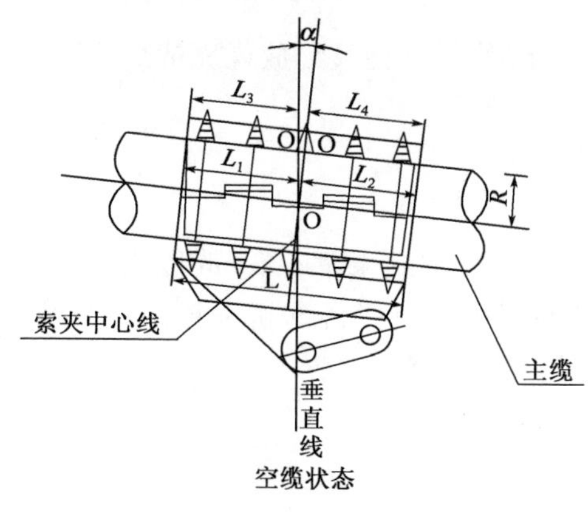

图2　索夹边缘线计算示意图

按照索夹中心点坐标在主缆顶面放样时，由于主缆的曲线形式和主缆直径的影响，实际的点位不是索夹上内壁的中心点，还需要根据索夹的实测倾角、主缆半径值进行索夹上下边缘线距离的计算。具体计算示意图如图2。

L：索夹长度值；

L_1：索夹上半段长度值；

L_2：索夹下半段长度值；

L_3：索夹上半段边缘至索夹中心放样点距离值；

L_4：索夹下半段边缘至索夹中心放样点距离值；

α：索夹倾角值。

确定索夹的纵向位置后还要考虑到索夹测量定位和安装是在空缆自重的条件（与现场环境密切相关）下进行，所以必须准确计算在此种条件下索夹在主缆上的位置。

利用索夹空缆位置的里程和高程，换算成平面坐标系以便测量放样。考虑到温度对空缆高程的影响，施工中仅按照平面坐标系在主缆定进行索夹中心点测量放样。部分索夹中心计算坐标见表2。

表2

索夹编号	监放样号	下游		上游	
		X	Y	X	Y
12	1	3969109.0215	613977.70952	3969093.4425	613978.51946
13	2	3969109.3356	613983.75135	3969093.7567	613984.5613
14	3	3969109.7541	613991.80048	3969094.1752	613992.61043
15	4	3969110.1726	613999.84961	3969094.5937	614000.65956
16	5	3969110.5906	614007.88875	3969095.0116	614008.6987
17	6	3969111.0086	614015.92789	3969095.4296	614016.73784
18	7	3969111.4266	614023.96703	3969095.8476	614024.77698
19	8	3969111.844	614031.99619	3969096.2651	614032.80613
20	9	3969112.2615	614040.02534	3969096.6825	614040.83529
21	10	3969112.6784	614048.04451	3969097.0995	614048.85446
22	11	3969113.0959	614056.07367	3969097.5169	614056.88361

3 索夹放样定位

索夹放样是非常重要的一环，由于索夹安装要求精度较高，加之温度、风向、光照及周围环境等对主缆的影响较大，所以索夹放样应选择在夜间无风、气温稳定的时候放样。根据索夹坐标，用两台全站仪，先把中跨1/2处、1/4处、1/8处（根据中跨长度选择先要放的重要的几个点位）等，然后两台全站仪相互检测是否准确。

具体做法是：在夜间（凌晨1:00～6:00）温度较稳定的时段，采用全站仪统一在主缆上放样出O点，如果一次放不完，可以采用由疏到密的方式进行放样，最好一次放完。

考虑大主缆顶部放样的安全性，同时避免日出后索股的整体扭转对索夹放样精度的影响，索夹边缘线的测量工作安排在日出之前完成，利用索夹中心点位和测量倾角的临时点位进行索夹方向的确定，然后利用最好利用O点用直尺和水平尺把L_3，L_4在主缆两侧的位置标出作为索夹两端安装边线的控制值，同时在索夹两端标记外10cm的地方注上参考标记。

索夹测量放样时尽可能一次将全跨放样完成，并进行总体误差调整。索夹最终放样完成后，还要根据相邻索夹之间的计算索长值对每一个索夹放样点进行校核避免差错。

4 结语

刘家峡黄河大桥索夹设计安装精度要求为纵向10mm，横向3mm，复测结果都在3mm以内，满足设计要求，加劲梁安装完毕后吊索的垂直度和间距均符合验收规范的要求。所以说本桥采用的计算方法和放样方法是可行的并取得良好的控制结果，对同类工程有一定的参考价值。

参考文献

[1] 冯兆祥，钟建驰，岳建平. 现代特大型桥梁施工测量技术[M]. 北京：人民交通出版社，2010.

[2] 杨文渊，徐犇. 桥梁施工工程师手册[M]. 2版. 北京：人民交通出版社，2006.

刘家峡大桥索夹施工关键技术

郑春雨 宋金玉

摘 要 近年来悬索桥技术飞速发展,大跨度桥梁建设中悬索桥已越来越受到重视,悬索桥结构中主要受力部位为主缆,主缆与桥面的连接通过索夹及吊索完成,因此,索夹及吊索的安装是悬索桥施工的重要部分。索夹高强螺栓的张拉是重中之重。本文借刘家峡大桥施工实况,对悬索桥索夹吊索的安装以及高强螺栓的张拉进行重点介绍。

关键词 悬索桥 索夹 施工 技术

1 概况

刘家峡大桥索夹材料采用ZG275—485H低合金钢铸件。全桥索夹分三类共174个,即连接主缆与吊索的有吊索索夹,主缆定型的紧固索夹,索鞍出口处防护密封的封闭索夹。索夹分类制造。吊索索夹由于吊索拉力以及主缆的倾角不同,所需夹紧力不同,索夹长度和螺杆数量也不同。索夹壁采用上下对合型,两半索夹用螺杆连接夹紧,接缝处嵌填橡胶防水条防水。索夹侧面中央设置主缆检修道立柱安装槽口。

索夹作为悬索桥主缆与吊索间的重要传力构件,需要对索夹的安装位置、拉杆张力、横向扭转进行严格控制,确保整桥荷载合理转换。

2 总体方案选择

2.1 施工布局

主缆紧缆完成后,利用猫道门架支承索及天顶小车改装成小型缆索吊进行索夹的吊装。改吊后的猫道作为索夹安装的施工平台。

2.2 工序安排

索夹安装工序安排如图1所示。

3 关键技术研究

3.1 索夹位置的精确放样

3.1.1 数据计算

索夹放样之前,必须进行换算计算,为测量放样准备数据。主要包括三部分内容:一是吊索中心线与主缆的中心线交点在空缆状态下的坐标计算;二是吊索中心线与主缆的天顶线交点的坐标计算;三是该天顶线交点到索夹两端的距离。对于第一部分,需根据实测的主缆空缆线形计算得出,本文着重探讨在实际施工中的数据计算问题,第一部分数据由监控单位提供。天顶线交点到索夹两端的距离,不同位置的索夹数值不同,且同型号的索夹其数值也有差别,如图2所示。

计算公式:

$$L_3 = L_1 + R\tan\alpha \qquad L_4 = L_2 - R\tan\alpha$$

式中:L_1、L_2——吊索中心线与主缆的中心线交点到索夹两端的距离;

α——空缆状态下索夹位置的水平倾角;

R——空缆半径；

L_3、L_4——天顶线交点到索夹两端的距离。

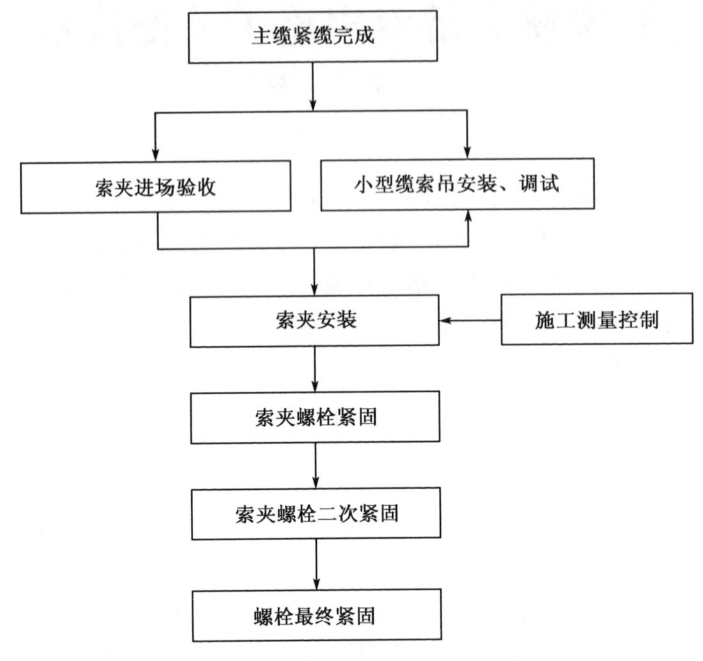

图1　索夹安装

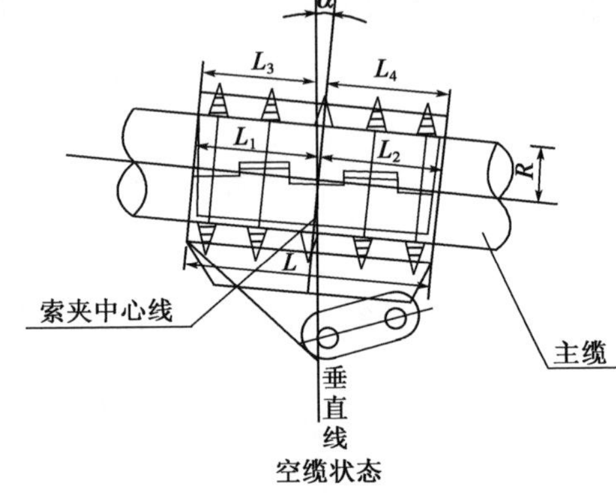

图2　主缆与索夹示意图

3.1.2　精度分析

索夹放样采用 trimble S6 全站仪进行，其测距标称精度为 6mm + 1ppm。由于索夹放样沿主缆纵轴线方向，所以索夹放样误差即为其距离放样误差。根据全站仪的标称精度直接计算放样误差，具体计算公式为

$$m_S^2 = 1^2 + (1 \times 0.3)^2 \qquad m = \pm 1.04$$

根据经验，全站仪安置中误差可取 $m_1 = \pm 2$mm，棱镜安置中误差可取 $m_2 = \pm 3$mm。综合上述三项误差，按误差传播定律可得

$$m_{总}^2 = m_1^2 + m_2^2 + m_3^2 \qquad m_{总} = \pm 3.75\text{mm}$$

取2倍中误差作为极限误差，则：$\Delta \leqslant 7.5$mm

由此可见，采用距离法进行索夹放样，其放样精度可控制在10mm之内，满足施工要求。

3.1.3　数据修正

索夹放样时，首先放出天顶线，而天顶线随温度和光照的变化而变化，故索夹放样应选择夜间气温相对稳定的时段进行。通过对大桥主缆进行一昼夜的温度观测得到，一般在凌晨1~6时温度变化相当稳定，故放样时间选择在这一时段。另外，索夹中心里程是根据特定的结构状态计算出来的，在实际操作时，结构的实际状态与计算采用的状态存在一定差别，因此在放样时，必须对吊索中心里程进行修正。

首先，在放样开始对相应的跨径进行测量得到一个数值 $L_{测}$，再利用计算所采用的跨径 $L_{计}$ 就得到一个修正系数：

$$n = \frac{L_{测} - L_{计}}{L_{计}}$$

$$S_{修} = S_{计}(n + 1)$$

式中：$S_{计}$——计算的里程值；

$S_{修}$——修正后的里程值。

3.1.4 现场放样及复核

放样时，先在索夹位置放出主缆的天顶线，再采用测距法确定出吊索中心线与主缆的天顶线交点位置，同时采用量距的方法确定出索夹两边缘的位置，此外，为了便于索夹安装，在边缘线外10cm的地方做上参考标志。

在索夹放样完成后，应采用距离法，对所放点位进行检查。所谓距离法，就是检验相邻两索夹的吊索中心线与天顶线的交点之间的距离是否与计算值相符。

3.2 索夹安装

3.2.1 索夹搬运

利用塔吊将索夹及索夹螺杆等构件吊至塔顶，靠近桥塔处（距离在塔吊作用半径以内）由塔吊直接吊装，远离桥塔处（距离在塔吊作用半径以外）由小型缆索吊将其转运至安装位置。

3.2.2 索夹安装和紧固

从塔吊或小型缆索吊上放下索夹，在主缆上进行安装。安装时，在索夹的结合部位需注意不让钢丝发生弯曲。先吊运上半索夹至安装位置，用两个U形卡通过索夹上最外侧两个螺栓孔临时固定于主缆上；然后吊运下半索夹至安装位置主缆下部，穿入索夹上中间位置的螺杆，拧紧螺母，适时拆除临时固定用U形卡，并穿入螺杆。

索夹螺杆使用穿心式液压千斤顶进行张拉，轴力导入过程中注意防止主缆索股钢丝夹进索夹两侧的企口缝内。本桥索夹紧固力设计值为225kN，根据千斤顶油表标定报告给出的公式计算出在设计紧固力下油表读数，以油表读数间接控制高强螺栓紧固力，并锁紧螺母。

所有螺杆紧固必须按照规定的顺序，由中间向两边对称进行。紧固时每个索夹采用两个千斤顶横向同时张拉，且纵向由中间向索夹两端对称进行。如此重复3次张拉，减小同一索夹上高强螺栓力误差，保证同一索夹各螺栓力相同。

3.2.3 索夹螺栓轴力控制

索夹螺栓施拧后，随着时间的推移，紧固力会降低，其主要原因有以下几类：主缆镀锌层的蠕动，使主缆截面变化；螺栓材料时效松弛；主缆受力变细；索夹变形；荷载变化使主缆内钢丝排列变化；索夹和主缆的温差等。

施工过程中，对螺杆轴力进行实时监控、检查，发现螺杆轴力小于安装夹紧力的70%时，及时补充螺杆紧固力。

为保证主缆与索夹间有足够的摩擦力，保证索夹螺杆紧固力达到设计要求，索夹螺杆需分次进行预紧。本桥对索夹螺杆进行三次紧固：

（1）索夹安装时第一次紧固，所有螺栓拧至225kN；

（2）加劲梁吊装前第二次紧固，所有螺栓轴力恢复到225kN；

（3）成桥，全桥恒载加载完成后第三次紧固，此时所有螺栓轴力拧紧至248kN（+10%）。

4 结语

（1）在施工中发现，与左右对合型索夹相比，吊索对上下对合型索夹内压应力分布影响较大，间接地对索夹紧固力要求更高，在现有的施工条件下有必要对索夹结构进行更深入的研究以更好地选择。

（2）索夹位置的精确定位在索夹安装过程中是至关重要的一环，距离法放样精度完全满足施工要求。

（3）索夹高强螺杆对称反复紧固是保证索夹各螺杆紧固力相同的最基本施工原则，且此方法的运用在刘家峡大桥施工中取得了良好的效果。

参 考 文 献

[1] 中华人民共和国行业标准. JTG/T F50—2011 公路桥涵施工技术规范[S]. 北京:人民交通出版社,2011.
[2] 周孟波. 悬索桥手册[M]. 北京:人民交通出版社,2003.
[3] 钟孝顺. 测量学[M]. 北京:人民交通出版社,2004.
[4] 胡旭伟. 大跨径悬索桥施工测量方法与精度分析[J]. 测绘技术装备,2003(2).

刘家峡大桥主缆防腐施工控制

卢界江　王家玉

（中交一公局第一工程有限公司）

摘　要　悬索桥主缆是悬索桥的主要承重结构，长期处于日晒雨淋的自然环境中，其防腐性能的好坏直接影响到悬索桥的寿命。如何控制主缆防腐的施工质量是施工过程中不可麻痹的问题。一般来说，主缆不能更换，即使是局部受损，要进行修复也是极为困难的。因此进行主缆的防腐施工控制尤为重要。

关键词　主缆　防腐　缠丝　控制

1　引言

悬索桥主缆的防护主要是通过外层密封包裹的方法来防止水分侵入其内部以达到防止锈蚀的目的。主缆防护大致分为主缆缠丝段防护，主缆非缠丝段防护，主缆散索股的防护，索夹夹缝的防护，缆套内外表面的防护，索夹内表面的防护，吊索插耳处防护及主缆索股锚杯的防护。除了从设计方面予以细化提高防腐性能外，还要在材料检测、分层涂布、质量检验、工序衔接方面予以控制。主缆设计的防腐结构图如图1～图3所示。

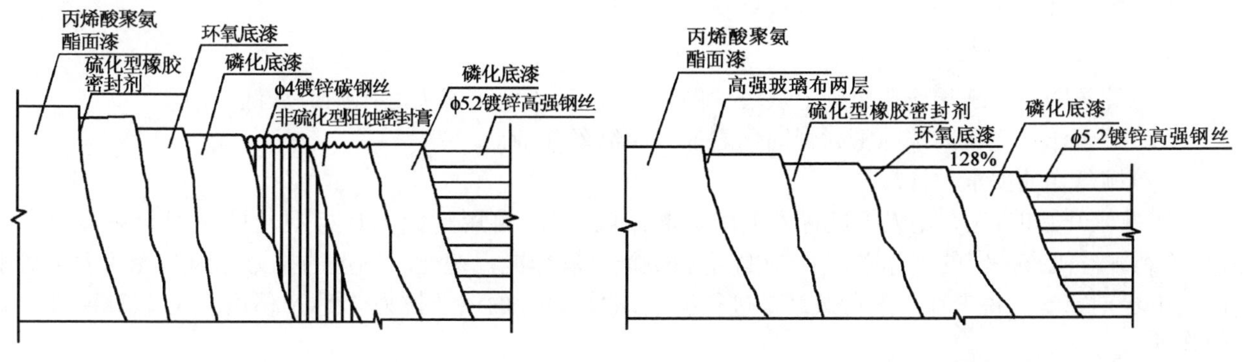

图1　主缆缠丝段防护结构图

图2　主缆非缠丝段防护结构图

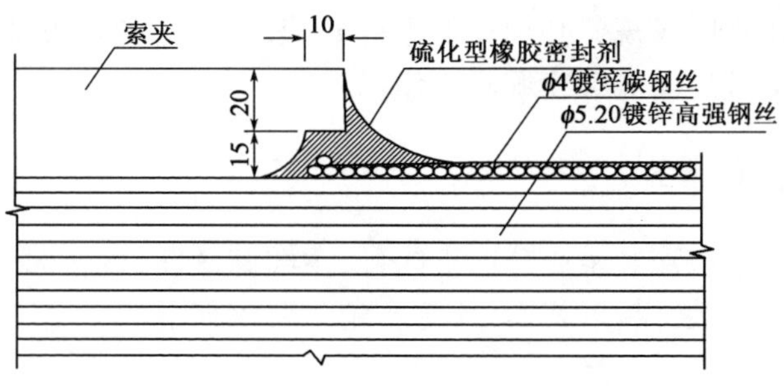

图3　索夹与主缆交接环缝防护结构图

2　主缆缠丝施工

主缆缠丝原则上从塔顶开始向中跨跨中和边跨锚洞方向由高向低进行。主缆缠丝原则上是桥面二期荷载结束后开始，但如果工期紧张，也可以先进行缠丝后进行桥面铺装施工，但在缠丝时适当加大缠丝拉力，刘家峡大桥设计缠丝拉力为2.5kN，建议采用2.7kN。先缠丝后桥面铺装施工工艺在国内沧海大桥、宜昌长江公路大桥施工中得到了成功应用。刘家峡大桥我们也采用了先缠丝后桥面铺装施工的施工方法。

2.1 缠丝工序

索夹前后端缠丝、索夹间缠丝、缠丝机行走、焊丝并焊、对接焊和手动缠丝等操作，见图4。

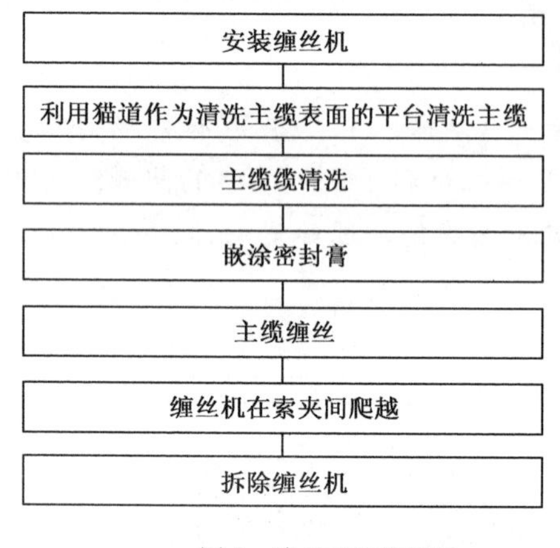

图4　缠丝工艺流程图

2.2 主缆表面清洗

(1)缠丝前在涂装完毕的主缆表面应无任何异物存在。

(2)拆除挤紧捆扎带和剥落外露的纤维带，要清除残留在主缆缝隙里的残留物。

(3)用清洁布蘸丙酮或120号汽油沿主缆同一方向擦拭表面，直至清洁布上无明显污迹为止。

2.3 9501B非硫化型橡胶密封膏嵌涂

(1)在主缆表面清洗干净具备涂装条件时，用刮刀将密封膏填满主缆表面各丝间缝隙。沿着同一方向刮涂，避免残留气泡、孔洞，并压实。

(2)在索夹两端的环形凹槽内也要刮涂密封膏。

(3)密封膏涂抹后应注意保护，并应尽快进行缠丝作业，以免已涂抹的密封膏上被污染。最好是缠丝与涂抹密封膏同时交叉作业。

(4)密封膏的涂抹厚度均匀，通过试缠丝后确定。

2.4 缠丝作业注意事项

(1)缠丝顺序。缠丝作业原则上从塔顶向跨中进行，而两个索夹之间则应从低向高。

(2)缠丝作业应在涂抹的密封膏固化之前开始缠丝作业。

(3)缠丝作业要求

①缠丝开始前，先利用人工进行索夹附近起始段缠丝，再用特制工具将钢丝推入到索夹槽隙中就位，等到缠丝机有一定的工作空间后，才能进行机械缠丝作业。缠丝时钢丝的拉力也因跨径的大小而不同。由于刘家峡大桥未在二期荷载结束进行缠丝，故将设计的缠丝拉力2.5kN稍增大至2.7kN进行缠丝作业。

②在钢丝缠绕中要始终保持缠绕拉力，缠绕要密集均匀，缠丝机电源要稳定。

③在缠绕过程中每隔一段距离要进行主缆直径的测量，如发现异常要马上停止并进行处理。

④缠丝作业过程中如出现断丝现象必须马上进行处理，一般的处理方法是用对焊机进行焊接。换盘时要将钢丝与新钢丝头对接后才能继续缠丝工作。

3 主缆系统防护涂装施工

缠丝工序完成后主缆的防腐涂装主要分以下四种，主缆缠丝段、索夹部位、鞍槽内、锚跨散索段。按照设计要求采取不同的防腐涂装结构形式，具体防腐施工要求如下。

3.1 主缆缠丝段(包括防滑层)

3.1.1 表面清洗

用清洁布或脱脂棉纱蘸溶剂沿同一方向擦拭涂装面，不允许清洗溶剂在涂装面自然风干、最后确认在清洗干净1小时内进行涂装。为避免洒漏进入库区，要求在猫道面顶作业面上铺彩条布予以防护。表面清洗的要求如表1。

缠丝后的表面清洗主要技术参数 表1

序 号	性能项目	技术指标
1	外观	浅黄色均质膏状物
2	密度(g/cm^3)	不大于1.3
3	不挥发分含量(%)	按重量计:不小于85
4	锥入度(0.1mm)	260~340/10(25℃下)
5	耐热性	试样经90℃耐热试验后,不流淌,不结皮
6	耐低温性	耐-40℃低温试验后,弯曲180°不开裂
7	黏附率(%)	不小于90
8	耐盐雾性(7d)	经中性盐雾试验后,被密封膏包覆的表面应无腐蚀缺陷
9	常温剪切强度(MPa)	—
10	耐水性	—
11	储存期(-5℃~20℃)	储存期为1年

3.1.2 刷涂XF06-2磷化底漆10μm

现场按技术要求称量两组分混合均匀,确定涂料干燥时间和施工黏度,经过确认和调整后的涂料,在有效的使用时间内用毛刷进行涂装。

3.1.3 刷涂881-D02环氧云铁防锈底漆80μm

在现场按技术要求称量两组份,混合后用搅拌器充分搅拌混合均匀,经过确认和调整后的涂料,在有效的使用时间内使用完毕,在XF06-2磷化底漆涂装后,在4~24小时内,使用毛刷进行第一道环氧云铁防锈底漆的涂装,二道环氧云铁防锈底漆的涂装间隔不超过24小时。

3.1.4 刮涂HM106密封剂2500μm

在现场按技术要求称量两组份分,用三辊研磨机充分混合均匀,涂覆及整形操作,应在其活性期内完成,在涂完第二道环氧云铁防锈底漆4小时至7小时内刮涂HM106密封剂,底漆涂层表面涂抹BC-1表面处理剂,用专用刮刀将HM106密封剂刮涂到主缆缠丝表面,每道间隔应在8小时以上,最后整形,形成均匀光滑表面。HM106密封剂主要技术参数见表2。

HM106密封剂主要技术参数 表2

序号	性能项目		技术指标	试验方法
1	外观		基膏为白色黏稠体,硫化膏为黑色膏状物,混合后为驼灰色	目视法
2	密度(g/cm^3)		不大于1.65	GB/T 533
3	不挥发分含量(%)		不小于97	HB 6743
4	活性期(h)		3.3	手挑法
5	不黏期(表干时间)(h)		8~24	HB 5242
6	流淌性(mm)		5	HB 5243
7	拉伸性能	拉伸强度(MPa)	≥2.5	HB 5246 GB/T 528
		扯断伸长率(%)	≥250	
8	热空气老化性能 120℃×7d	拉伸强度(MPa)	≥2.0	HB 5246 HB 5247
		扯断伸长率(%)	≥150	

续上表

序号	性能项目		技术指标	试验方法
9	黏结性能	与磷化底漆和环氧底漆(kN/m)	不小于4	HB 5249
		与镀锌钢板(kN/m)		
		与丙烯酸聚氨酯或氟碳面漆(kN/m)		
10	耐腐蚀性		将铝、钢、钛等金属及双金属试样全浸入3%氯化钠盐水中60℃ ×20d,金属表面不腐蚀,硫化型橡胶密封剂不变质	HB 5273

3.1.5　刷涂881-Y01聚氨酯面漆及顶部防滑走道120μm、防滑沙宽30cm

在刮涂最后一道HM106密封剂完全硫化后,刷涂聚氨酯面漆,若间隔时间过长,必须用细砂纸轻微打磨表面,并用清洁布蘸溶剂擦洗干净后,方可涂装第一道面漆,用搅拌器充分搅拌聚氨酯面漆各组分至均匀,按规定的比例将固化剂配入组分一中,并用搅拌器搅拌混合均匀,并制作随炉件,均匀刷涂聚氨酯面漆,使每道的干膜厚度达到40μm,涂二道聚氨酯面漆,每道面漆涂装间隔时间为4小时~7天,若超过此规定时间,必须在涂装下道面漆前,将上道面漆用细砂纸轻微打磨,并用清洁布蘸溶剂擦洗干净后,方可涂装下道面漆,在涂装完顶面部位的第二道聚氨酯面漆后,即时在30CM幅宽范围内立即均匀撒石英砂(40~60目),用量以沙粒不重叠并均匀密布为佳,在撒完石英砂后8~24小时内涂一道聚氨酯面漆40μm,涂装前应清扫表面残留浮砂。

注:为了排除主缆内部的残存水分,在中跨和边跨最低索夹下部安装若干排水管,排水管渗出长度距离索夹2~3cm。

4　材料性能要求

4.1　XF06-2磷化底漆

主要性能:对金属表面进行磷化处理,优秀的磷化性能,是使金属表面形成致密的磷化层,具有良好的力学性能和耐冲击性。

4.2　9501B不干性密封膏

9501B密封膏是以聚异丁烯合成橡胶为基,并添加高效防腐剂和其他添加剂配制而成的不干性阻蚀型密封膏。由于其分子结构中饱和度高,对光、热、臭氧等具有极高的惰性,可长期保持柔软性状态,不硬化、不干裂、不霉变,是目前国际上最新一代不干性密封材料,在密封空间内使用寿命可达80~100年。

4.3　HM106密封剂

HM106密封聚硫型高强防水硫化橡胶密封剂是采用液态聚硫橡胶为基配制而成的双组分温室硫化型硫化型橡胶密封剂。由于其分子结构中含有特殊的补强剂和憎水助剂,因而具有极高的黏结稳定性能,优异的耐水、耐油和耐大气老化性能。

4.4　881-D02环氧云铁底漆

由环氧树脂、鳞片状云母氧化铁、化学防腐颜料、改性固化剂组成的双组分环氧底漆。具有良好的抗透性能和防锈性能。良好的力学性能,漆膜坚韧,良好的耐冲击性。优秀的耐汽油、柴油性能。

4.5　881-Y01面漆

以脂肪族异氰酸酯和含羟基的丙烯酸树脂为基料,并配以耐候性颜料、助剂等组成的双组分聚氨酯面漆。

5 结语

主缆防腐成败关系到整个悬索系统的耐久性,必须高度关注。在防腐时间段的选择方面可以根据施工进度合理安排:主缆缠丝工序可以安排在加劲梁和桥面板安装完毕后进行,为抵消后期荷载造成主缆直径变化,采取提高缠丝拉力20%的方式进行处理。桥面铺装施工过程中的交叉作业要避免对钢桥面或铺装层的污染。同时化工原料要禁止污染水源和桥面铺装层。施工顺序方面也是采取从高到低的方式进行主缆表面的封闭,避免雨水进入主缆钢丝间隙内存留,最低部分主缆底部涂装最后进行烘干封闭处理。采取了如上施工控制措施,大桥的主缆防腐施工与桥面铺装同步完成,完工后的主缆涂装层符合验收规范要求。

参 考 文 献

[1] 中华人民共和国行业标准. JT/T 694—2007 悬索桥主缆系统防腐涂装技术条件[S];北京:人民交通出版社,2007

[2] 国家行业标准. JTG F80/1—2004 公路工程质量检验评定标准[S]. 北京:人民交通出版社,2004

[3] 全国安全生产标准化技术委员会涂装作业分技术委员会. GB 7692—2012 涂装作业安全规程涂装前处理工艺安全[S]. 北京:中国标准出版社,2013.

5　钢桁架梁、桥面铺装篇

刘家峡大桥钢桁加劲梁吊装关键技术

李鸿盛　光　明

（中交一公局第一工程有限公司）

摘　要　刘家峡大桥桥面系统采用钢桁加劲梁和正交异性钢桥面板叠合结构节段吊装重量大、现场施工条件限制多。本文介绍本桥加劲梁和桥面板吊装作业涉及的关键技术。

关键词　钢桁加劲梁　正交异性钢桥面板　缆索吊　安装　合龙　技术

1　工程概况

刘家峡大桥桥面系统采用吊索悬挂钢桁加劲梁和正交异性钢桥面板的叠合结构，吊索横桥向中心间距15.6m，纵向间距为8m，加劲梁吊装标准节段长度为16m，宽16.1m，高4.5m，节段最大重量为105t，采用厂内制作节段杆件，经试拼装合格后运至施工现场组拼吊装节段，然后利用大型吊装设备进行逐节安装。桥面板吊装标准节段为16m，宽15m，高80cm，节段重量87t，也采用厂内制作窄板单元试拼装合格后分片运至施工现场组焊成吊装节段对称安装。钢桁梁安装施工需要解决场地组拼、现场转运、起吊设备、控制对接、合龙控制等关键技术问题，以确保钢桁梁快速、准确、安全进行合龙，并使安装线形、吊杆索力符合相关规范和要求。

2　施工部署

2.1　拼装场地设计

钢桁加劲梁现场组装需要采用联拼工艺以提高节段空间对接的精度和高强螺栓连接要求，常规施工需要设置至少三个拼装胎架才能实现联拼作业和不间断吊装。如果与桥面板共用一个转运轨道，则还要设置单独的横移轨道来完成不同构件的移动作业。

本桥根据现场纵向距离短，横向猫道、缆索吊承重索影响，在设计拼装场地时将加劲梁和桥面板施工场地进行统筹规划，根据运输便利情况将场地布置为加劲梁拼装区、桁片组拼区、桥面板拼装焊接区、杆件堆放区、转运区、吊装区。

大桥塔前岸坡陡峭的场地条件和桥塔净宽只有11m的结构设计特征，使拼装场地的布置需要从纵向、横向、竖向进行综合考虑，精心设计才能满足施工要求。

加劲梁组拼场在东西桥塔后方设置，由于西塔附近场地狭小，综合考虑经济性后将一个桥面板拼装场设置在东岸，如图1所示。

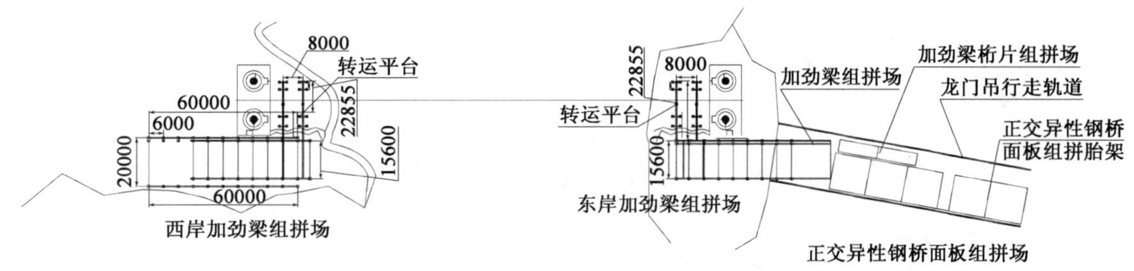

图1　加劲梁和正交异性钢桥面板组拼场地布置图(尺寸单位:mm)

2.2 吊装设备

2.2.1 起重设备选择

钢桁加劲梁和钢桥面板由于本身的设计安装要求、结构尺寸、场地条件、运输条件的不同有三种吊装方案。缆载吊机、桥面吊机、缆索吊机是安装加劲梁的基本设备,需要从经济、可行、合理的角度进行考量后确定采取何种方式。刘家峡大桥加劲梁和桥面板要求采用节段法安装,起重能力不足的桥面吊机排除在外,在缆载吊机和缆索吊两种安装方案之间进行比选。缆载吊机的作业条件是加劲梁从桥下垂直起吊,而且目前的缆载吊机负载移动能力不足,加劲梁垂直起吊后安装就位,正交异性钢桥面板就需要垂直起吊后再纵移进入安装位置,功效极低,而且需要设置水上拼装平台并用拖船进行吊装节段的运输。本桥的库岸环境不具备设置大型拼装场地的条件,采用缆索吊机能够解决场地问题。在桥塔后面设置拼装场地,搭设横移轨道将节段横移进入缆索吊机下进行吊装。加劲梁和钢桥面板能够交叉起吊,而且能够纵向吊运至安装点完成加劲梁和桥面板的安装工程。

2.2.2 确定合理的起吊点位

加劲梁的主弦杆水平中心间距为15.6m,桥面板的净宽为15m,吊杆间距为15.6m,缆索吊吊点选择要考虑结构尺寸,吊装要求,既要完成加劲梁的吊装要求,又能完成桥面板的纵向运输吊装,如果设置在主缆中心线外侧,虽然能够进行加劲梁穿越已经安装的加劲梁进行纵向运输吊装,但要完成桥面板的吊装,则只能采取同时吊装一段加劲梁和一段桥面板的方案。此方案需要对缆索吊的起重量成倍提高,缆索系统的造价要提高很多。而采用吊点设置在主缆中心线之内的方案,则加劲梁只能对称拼装对称起吊,桥面板则能够在桥梁全长范围内运输与安装。因此考虑经济和工期影响,采用吊点在主缆内侧的缆索吊施工方案。吊装加劲梁吊点横桥向布置如图2所示。

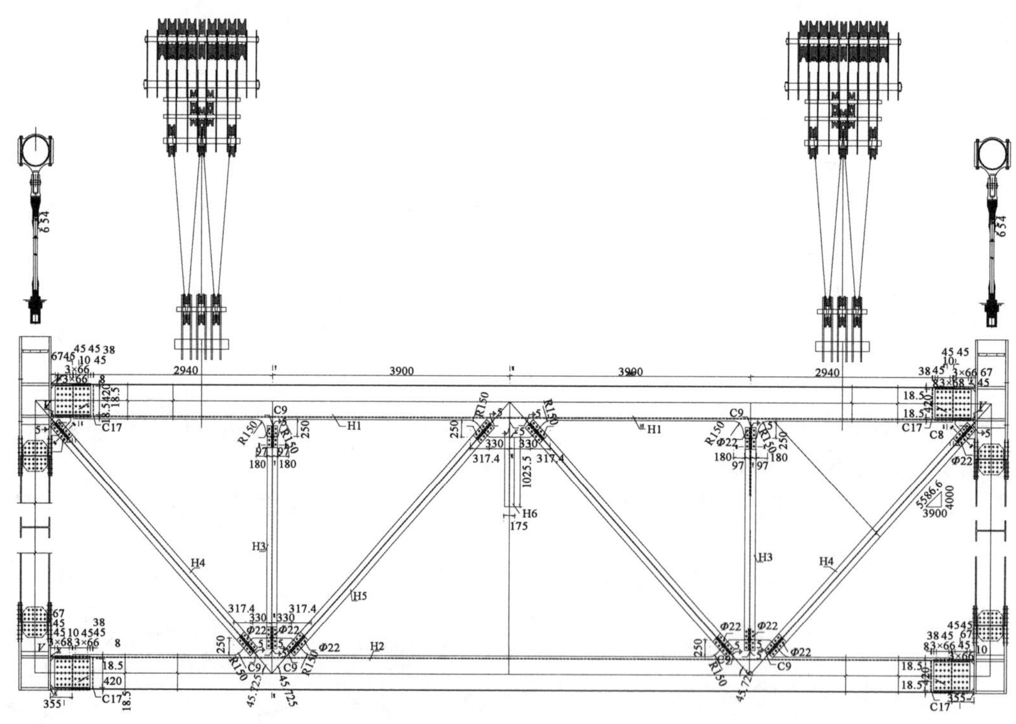

图2 缆索吊横桥向吊点设置图(尺寸单位:mm)

2.2.3 缆索吊的总体布置

缆索吊装系统由索塔、锚碇、承重索、起重索、牵引索、索鞍、行走天车、吊具、起重及牵引卷扬机、自动化控制等主要系统组成。本项目缆索吊装系统选用双塔三跨方案,跨径组合为113m+536m+148m,设计最大起吊重量120t。缆索系统布置如图3所示。

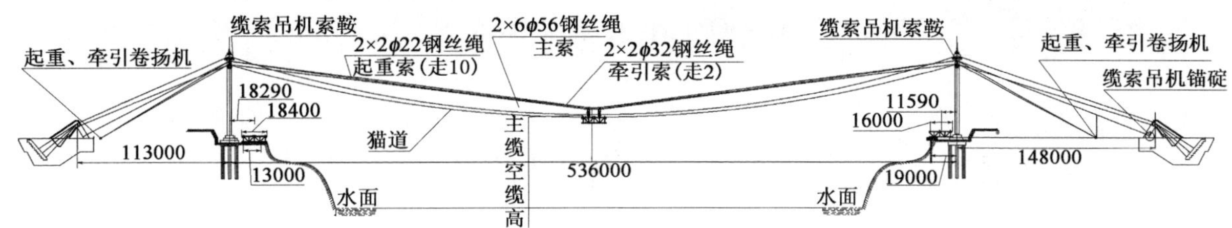

图3　缆索吊设备总体布置图(尺寸单位:mm)

3　缆索吊设计与施工

在充分考虑索塔钢结构横梁的结构形式、横梁与桥塔的连接方式、自身设计强度和刚度基础上,我们对缆索吊索鞍部位的横梁进行了增设肋板加强的方式进行处理。根据索塔钢管混凝土结构不能大量焊接的特点,我们采取在横梁顶部设置分配梁予以过渡,缆索吊索塔利用悬索桥桥塔结构,索鞍置于钢索塔顶部钢横梁上,索鞍分配梁部分与索塔焊接,索塔与横梁整体参与受力。索塔顶索鞍布置图见图4。

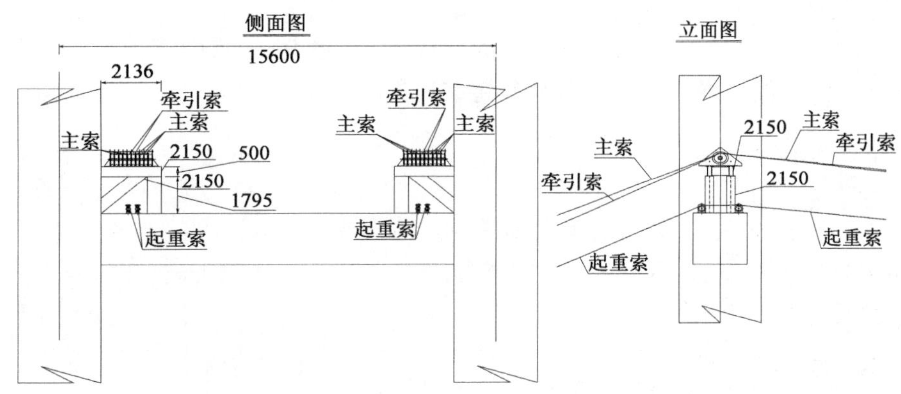

图4　塔顶缆索吊专用索鞍布置图(尺寸单位:mm)

3.1　锚碇设计

两组承重索锚碇分别布置于索塔后方113m及148m处的悬索主缆锚碇上,主索通过钢锚梁与锚碇散索鞍支墩相连,主索与地锚连接千斤绳分别和滑车组相连,滑车组通过调节钢丝绳连接,钢锚梁通过预埋钢绞线张拉后固定在散索鞍支墩上,具体连接方式见图5。

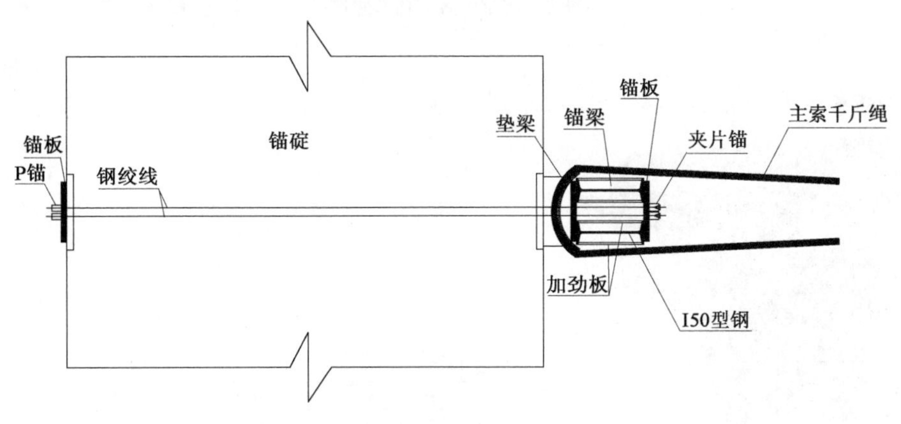

图5　锚梁与锚碇锚固构造图

3.2　各承重索股的选择

承重索采用2×6ϕ56mm(6×37+IWR)钢绳;起重索采用2×2ϕ22mm(6×37+FC)钢绳,走“10”

线布置;牵引索采用 $2\times2\phi32$mm($6\times37+FC$)钢绳,走“2”线布置。缆索吊的钢丝绳安全系数均应大于3。

3.3 索鞍构造

索鞍由索鞍轮、底板、侧板、轴棒等部件组成布置如图6所示。

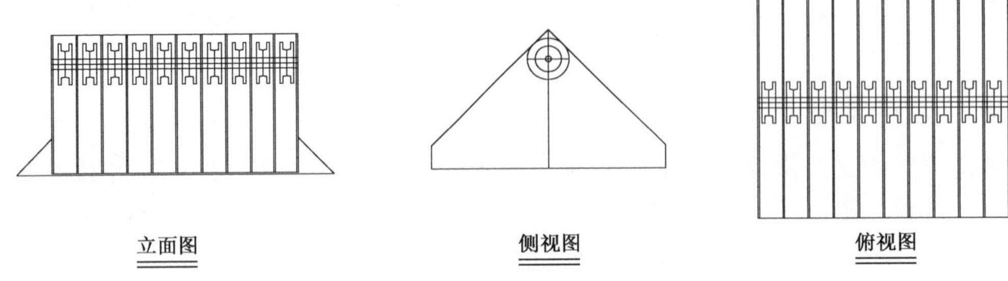

图6 塔侧索鞍构造图

3.4 起重装置设置

起重装置由行走天车、上吊具、下吊具三部分组成(图7~图9)。其中行走天车与上吊具组装成一体;下吊具与配重块组装成一体。全桥共需两套起重装置(2×60t)。

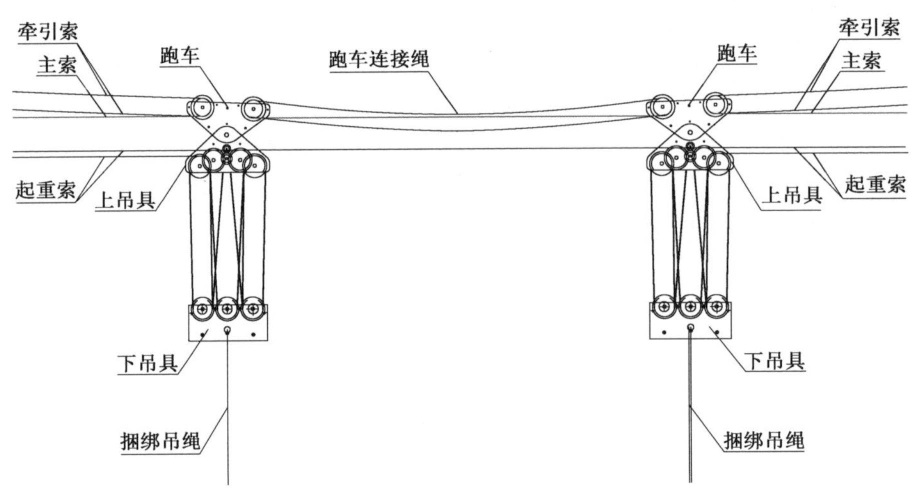

图7 起重装置整体布置图

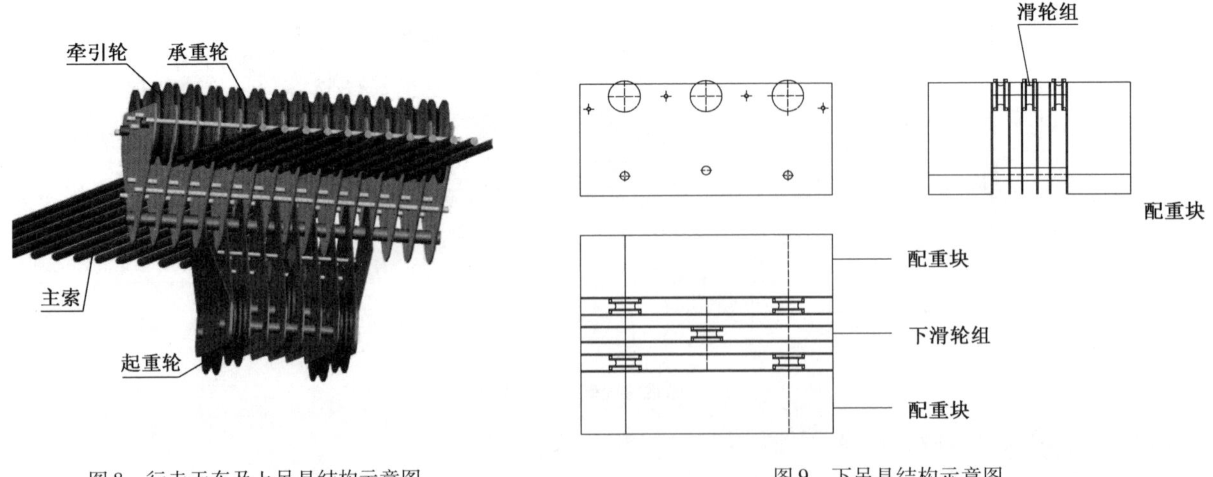

图8 行走天车及上吊具结构示意图

图9 下吊具结构示意图

3.5　卷扬机配置

卷扬机由牵引卷扬机、起重卷扬机、临时安装卷扬机三部分组成。卷扬机及转向滑轮均布置于锚碇前方，单侧天车各布置2台20t牵引卷扬机、2台10t起重卷扬机及若干转向滑轮。临时安装卷扬机采用3台5t中速卷扬机，起重吨位满足安全使用要求。

4　加劲梁和桥面板安装关键技术

4.1　安装工艺流程

加劲梁和桥面板安装工艺流程如图10所示。

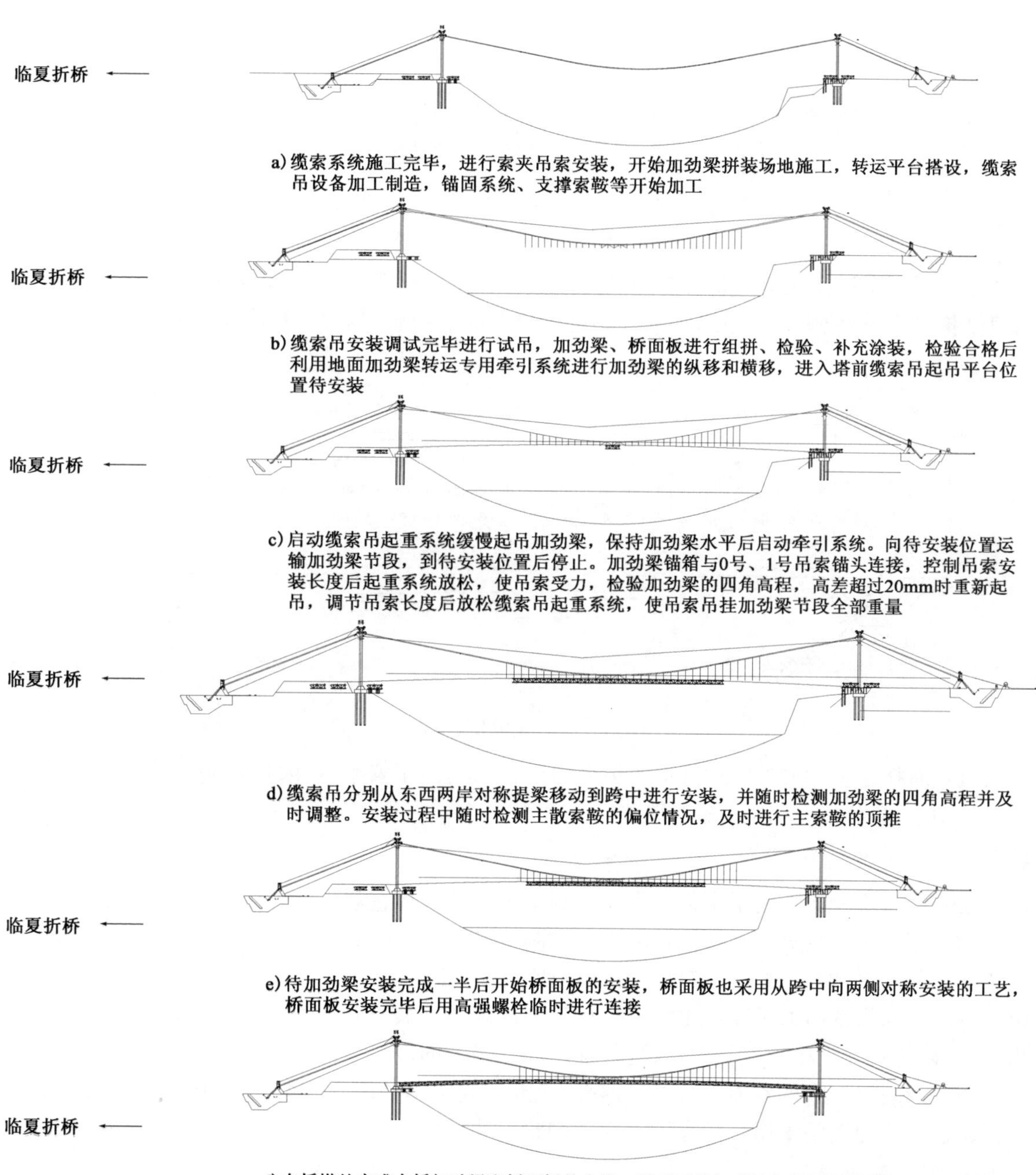

图10　加劲梁桥面板安装流程图

4.2 组拼工艺

桁架对接点由于采用螺栓连接，每个主弦杆节点处有12块大型连接板，每次连接需要约1000多个螺栓，加劲梁的手孔长度只有80cm，宽度为8cm，连接钢板的长度为152.6cm，最宽的为39cm，如果采用后安装工艺，则无法完成箱室内连接板的安装，因此必须提前将内部连接钢板安装在弦杆箱室内(图11)。

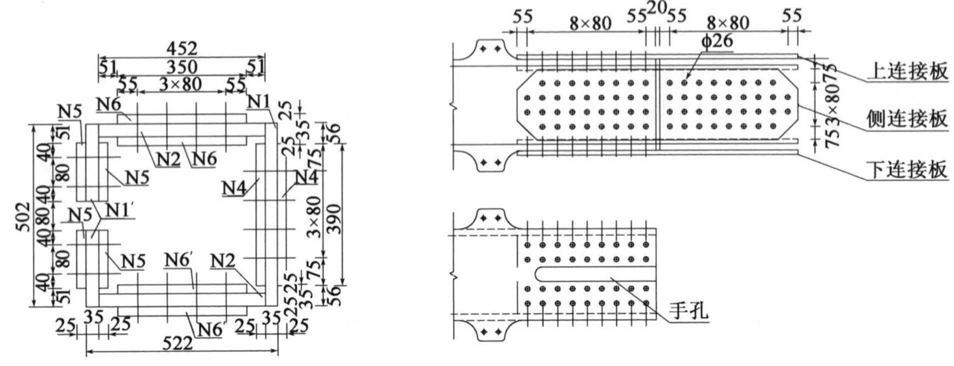

图11 加劲梁连接板构造图(尺寸单位:mm)

施工中为了保证后安装节段弦杆能顺利与已安节段弦杆对接，将连接板悬出部分采取支垫方式形成喇叭口结构，便于作业中缆索吊悬挂加劲梁进行弦杆的空间顺利对接，具体如图12所示。

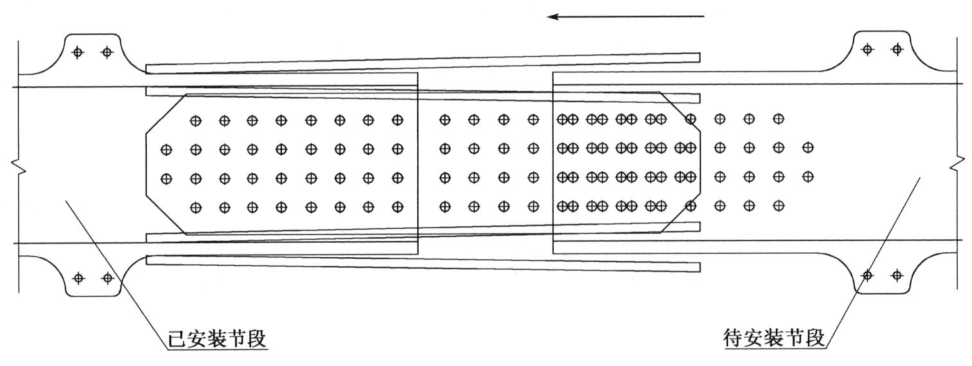

图12 加劲梁空中对接构造图

喇叭口式对接工艺的成功应用降低了劳动力消耗和提高了安全性能，同时连接板的限制作用也起到临时铰的功效，避免了专门加工铰接装置。

4.3 吊索控制

加劲梁安装阶段是将加劲梁全部重力转移到主缆上的过程，也是吊索逐步发挥支撑作用的过程，施工中的关键控制指标是按吊索无应力长度进行控制，按照计算吊索长度和主缆成形后线形进行加劲梁高程的测算，反算出吊索下锚头支撑点高程进行加劲梁固定。

施工中需要对根据吊索长度和主缆线形计算的加劲梁安装高程进行复测，检验加劲梁上下游高程和四角高程，确定在允许误差范围内后，进行加劲梁与吊索的最终锚固。

施工中要及时对吊索的索力进行测量监控，掌握加劲梁和桥面板安装过程中索力变化情况并及时进行索力调整。索力调整采用自行设计制作的调整工装完成。

4.4 钢梁合龙

钢桁加劲梁合龙根据不同的安装工艺和要求采取在中跨合龙、1/4跨合龙以及桥台处合龙三种方式或类似的合龙工艺。刘家峡大桥经综合比选后采用桥塔处合龙方案。

受日照温度影响，钢桁加劲梁安装完毕后整体侧弯明显，早晨和中午加劲梁端部轴线偏位约80mm，因此施工中采用先安装竖向支座，对支座顶高程进行固定后采用临时支撑装置对加劲梁上下弦杆进行定位，然后在气温较低的早晨进行侧面抗风支座的安装，安装前对加劲梁的轴线位置进行校核，无误后进行支座的安装和焊接定位。

5　加劲梁和桥面板安装质量管理重点

5.1　组拼质量管理重点

杆件制作质量控制是整个钢桁加劲梁拼装质量的根本，要在焊接变形控制、场内堆放、长途运输、卸车摆放各个环节加以保护，避免杆件变形、磕碰，尤其是高强螺栓连接部位大的变形会影响到组拼的顺利进行和结构的整体受力。

拼装胎架控制是组拼质量管理的基础，要控制组拼胎架的平整度，四角高程差不大于2mm，确保运输轨道支撑牢固变形小、转运台车牵引力均匀同步，避免在转运过程中加劲梁出现大的扭转变形。

为加快施工进度，要先进行主弦杆、横梁桁片组拼，小型组拼胎架要控制胎架的稳定性、平整度、四角高程等。对桁片的组拼间距、对角线长度、垫板安装位置等进行严格控制，提高空间桁架的组拼质量。

空间桁架组拼是场内组拼的重要控制环节，除了控制组拼胎架、桁片拼装质量外，要按照既定顺序进行上游主弦杆桁片、横梁、下、游主弦杆桁片、平联、附属结构的拼装，施工中利用全站仪对组拼桁片的垂直度、端头对其、弦杆高程、间距、轴线位置等技术指标进行控制，提高加劲梁的整体拼装质量。

桥上节段组拼的质量控制主要是调整加劲梁的纵断高程，控制四角高程差不大于2mm，控制吊索的受力均匀，要考虑吊索持荷后的弹性和非弹性伸长，因此在施工中要快速进行加劲梁高程的测量和高程调整，快速锁定加劲梁。

5.2　高强螺栓施拧

高强螺栓施拧质量关系到钢桁加劲梁的整体性和结构受力，施工中质量控制的关键部分有螺栓规格的正确选择，保证螺栓直径、长度、施拧后的螺栓露出长度均匀。螺栓安装要采取先安装冲钉，然后进行高强螺栓的穿入。不得用锤敲击螺栓插入，避免损坏螺栓丝口。施拧要采用对称的方式分级进行。整个节间的螺栓统一安装完毕经检测结构几何尺寸符合要求后进行螺栓的施拧，初拧和终拧过程中要注意对已拧完毕的螺栓的标识，避免漏拧。

5.3　焊接

桥面板采用工厂预制小型板块，运输至施工现场后组拼焊接成整体吊装节段。吊装节段上桥后桥面板还需要进行焊接连接，施工环境、设备、人员操作等都会对正交异性钢桥面板的质量造成影响，因此除采取措施对组拼板块进行固定、对称施焊、严格按焊接工艺评定要求进行顺序焊接外，还要对焊接环境进行控制，如采取防风、防雨、防潮措施，加强对陶瓷衬垫的烘烤，保证焊缝质量一次探伤合格率。

5.4　关键构件的应力应变监控

加劲梁上桥后是独立的自由桁架结构，在对加劲梁进行连接过程中，由于后续吊装的影响，加劲梁的线形在动态变化，因此先行连接的杆件会造成桁架内力不均匀分布，部分节点出现超应力状况，因此除非采取后连接工艺，过程中连接时要对已连杆件进行应力监控，避免出现应力超标情况。

5.5　线形控制

加劲梁和桥面板安装过程中，桥梁的线形动态变化，需要进行全程监控，具体监控流程如图13所示。

本文列出比较有特色的三种工况的桥梁线形图（图14～图17）。工况1为加劲梁吊装26片，桥面板吊装11片，全桥处于不对称状态；工况2为加劲梁吊装31片，桥面板吊装22片，全桥处于基本对称状态；工况3为加劲梁吊装33片，桥面板吊装33片，全桥处于对称状态。

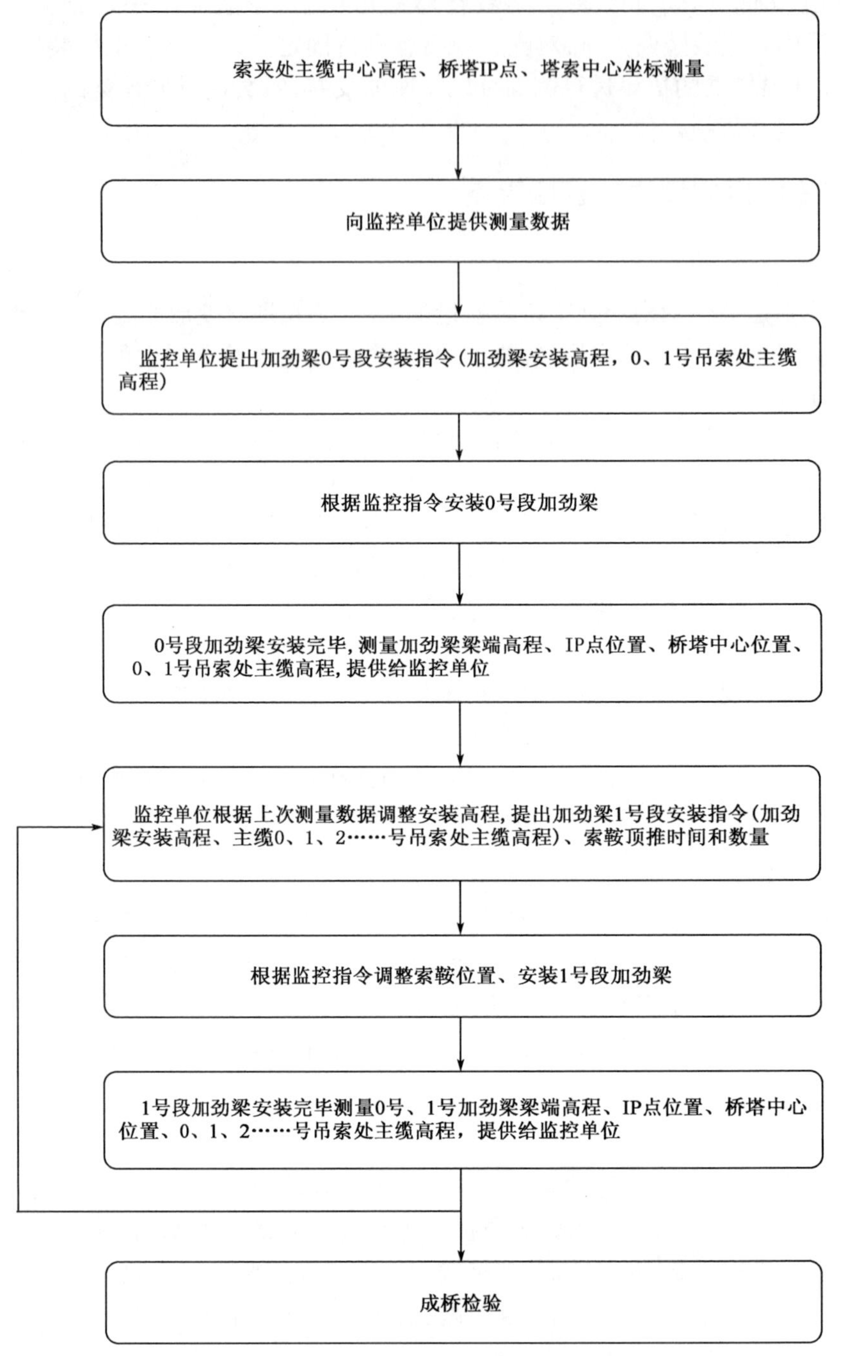

图 13　桥梁线形变化监控流程

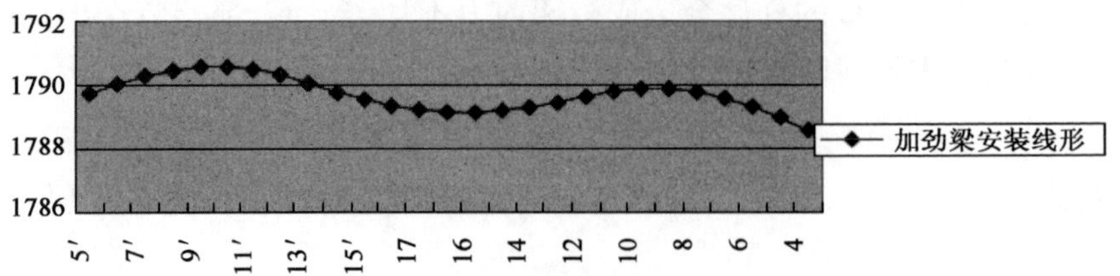

图 14　工况 1 加劲梁安装线形图

图15 工况1加劲梁安装实体图

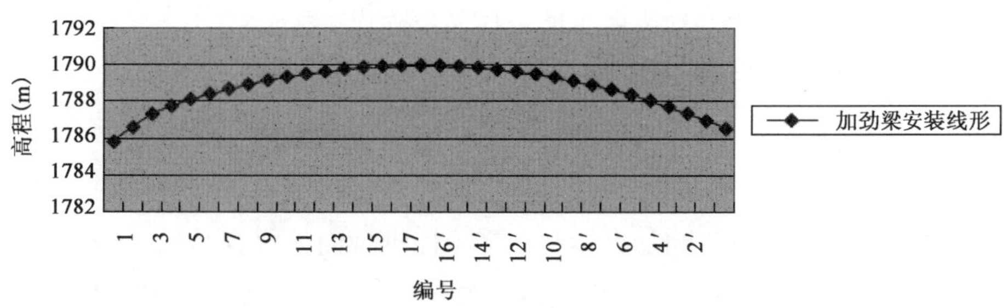

图16 工况2加劲梁安装线形图

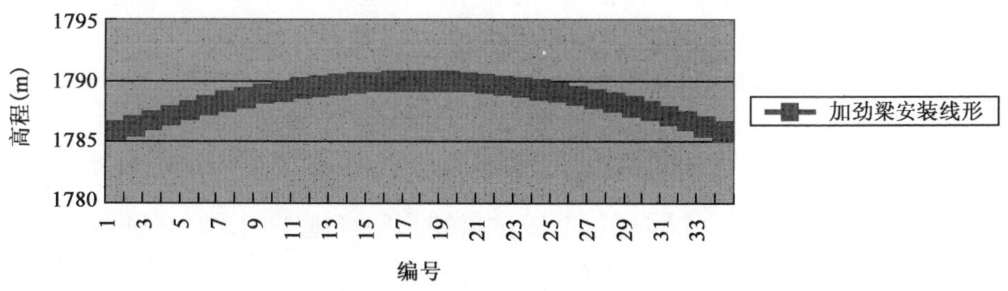

图17 工况3加劲梁安装线形图

从上述3个工况的桥梁线形图可以知道,刘家峡大桥的钢桁加劲梁安装过程中桥梁线形变化均匀,吊装完毕后的线形与设计线形高度吻合,施工中需要根据加劲梁的线形与成桥线形基本一致时作为高强螺栓的连接时机。

6 结语

刘家峡大桥钢桁加劲梁施工过程中,根据现场条件和构件特征选择的场地布置和加劲梁吊装设备,顺利完成了大桥66节加劲梁和桥面板的安装,加劲梁线形控制符合设计要求。采取了传统的先简支后连续的合龙工艺,加劲梁弦杆无不利受力状况,10万多条高强螺栓顺利安装完毕,无改连接板或加劲梁弦杆孔情况发生,桥面焊缝质量经超声波和射线检测均达的I类焊缝。

参考文献

[1] 中华人民共和国行业标准. JTG/T F50—2011 公路桥涵施工技术规范[S]. 北京:人民交通出版社,2011.

[2] 周水兴,何兆益,邹毅松,等. 路桥施工计算手册[M]. 北京:人民交通出版社,2006.

[3] 陈开御. 大鸣门桥加劲梁架设工程[J]. 国外桥梁,1994.

刘家峡大桥钢桁加劲梁拼装技术

李鸿盛[1]　郝铁宝[2]

(1.中交一公局第一工程有限公司;2.中交第一公路工程局有限公司)

摘　要　刘家峡大桥主桥采用钢桁加劲梁和正交异性钢桥面板叠合结构采用工厂制造杆件,运至施工现场组拼的施工方案,本桥的节段吊装重量大以及现场施工条件差增加了钢桁加劲梁拼装控制难度。本文介绍了该桥加劲梁组拼连接技术和质量控制措施。

关键词　钢桁加劲梁　试拼装　组装　高强螺栓

1　工程概况

刘家峡大桥主桥采用吊索悬挂钢桁加劲梁和正交异性钢桥面板叠合结构,全桥共有33段加劲梁,共有3种节段形式,2个边段(15.6m)、一个中间段(18.4m)和30个一般段(16m)。加劲梁宽16.1m,高4.5m,节段最大吊装重量为105t,每段加劲梁包括2个主桁片、4~5个横连桁片及上下平联桁片。钢桁梁从制造到吊装需要经过厂内试拼装、现场正式组装检验两个组拼工序,施工中需要解决场地组拼、现场转运、对接控制、高强螺栓施工等关键技术问题,以确保钢桁梁快速、准确、安全进行组拼,为顺利进行钢桁梁的吊装提供基本条件。

2　工厂拼装工艺及要求

钢桁加劲梁杆件部分制造完成后,需通过节段试拼装来验证施工图设计的正确性、检验制造工艺的合理性、工艺装备的精确性、杆件制造质量的可控性;通过试拼装检验杆件的匹配情况、检查构件拼接处有无相互抵触情况,有无螺栓相碰、不便施拧之处。试拼装发现的各种问题,要在厂内及时处理,确保后续杆件制作质量和全桥钢桁梁的顺利拼装。

2.1　试拼装思路

刘家峡大桥钢桁加劲梁杆件数量多、杆件类型复杂,弦杆在制造过程中的下料、钻孔及焊接过程中的变形等都会对桁架的组拼质量造成致命影响,必须通过试拼来验证制造工艺和焊接工艺的合理性。但是,如果将全部杆件都试拼则有可能造成厂内资源的浪费和进度的制约,如果不全试拼则有后期拼装困难的隐患,在通过多次论证后决定采取如下措施来提高杆件的制造加工质量以消除桁架的拼装缺陷。

(1)对主弦杆钻孔工艺进行优化,采取标准钻孔模板进行杆件孔眼加工,提高杆件钻孔的统一性,其次对连接板的钻孔采用同样的钻孔板进行集中成孔,保证连接板和主弦杆的孔眼间距、直径、垂直度等均匀一致。

(2)加强对弦杆板材下料尺寸控制,反复检算下料长度,采用数控切割设备进行下料,坚持过程检测,保证单元件的加工质量。

(3)制作标准单元件焊接加工胎具,提高单元件焊接过程中抗变形能力和构件的尺寸统一性。

通过以上措施对弦杆单元件的加工质量控制后,实际拼装过程中仅对前三个吊装段A1~A12节点12个节间(一个边段和两个标准段)进行立体试拼装,此三个吊装段基本代表了全桥的结构特点。其他节段采用抽查法试拼装,即选择能代表桥梁结构特点的主桁、上、下平联,横联等单片平放试拼装,减少厂内多次倒运杆件可能造成的杆件变形。

2.2 节段试拼装准备

(1)绘制试拼装图,编制详细的钢桁加劲梁构件试拼装工艺。

(2)参加试拼装的杆件必须是经单件验收合格的产品,并在涂装之前进行试拼装。

(3)试拼装场地应有足够的面积,能满足三个吊装段的试拼装要求(图1、图2)。

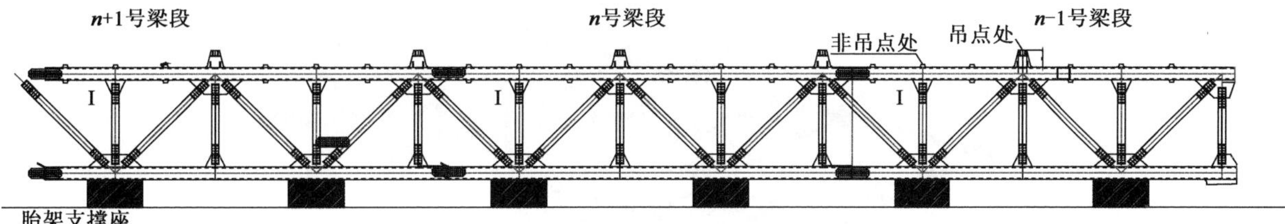

图1 加劲梁厂内试拼装三段连拼纵断面图

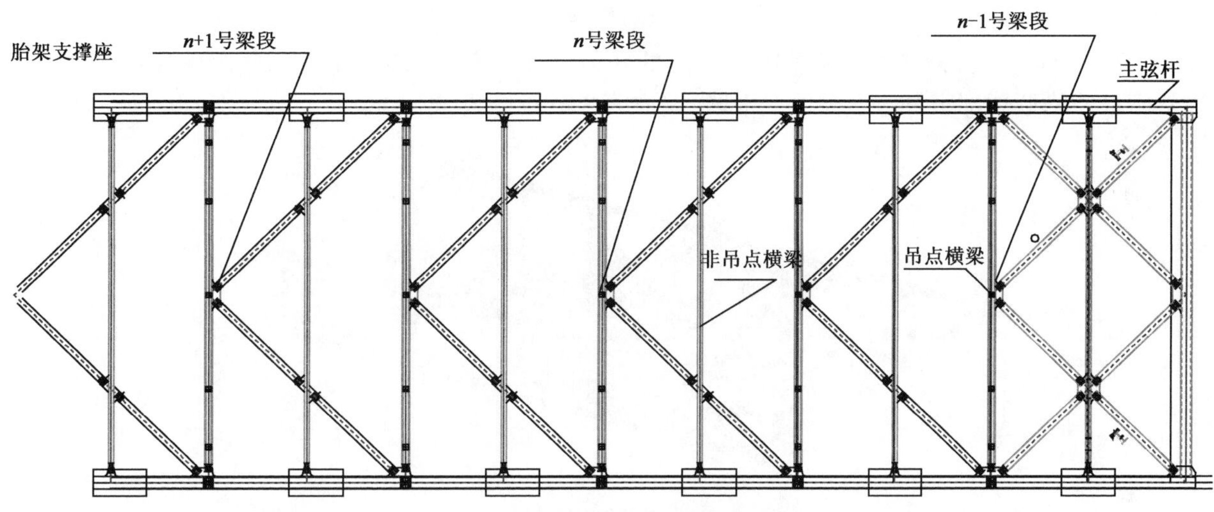

图2 加劲梁厂内试拼装三段连拼平面图

2.3 试拼装支架

试拼装支墩采用厂内钢材下脚料进行组拼焊接标准节段并在坚实的混凝土地面进行固定后实施。设计、制作和安装应满足下列要求:

在加劲梁节点部位或拼接口处均设支点,用水准仪检测各支点高程。各支点高程相对差不大于1.0mm。

支墩基础应有足够的承载力,以保证试拼装过程中不发生位移。

支墩要有足够的刚度,避免在使用过程中变形。

支墩安装前对混凝土地面进行测量,然后根据统一的高程进行调整施工。

2.4 试拼装作业

立体试拼装利用小型龙门吊在拼装场地支撑台座上进行,试拼装过程如下:

(1)下平面拼装:按照定位下弦杆→下横梁→下平联的顺序依次拼装(图3);

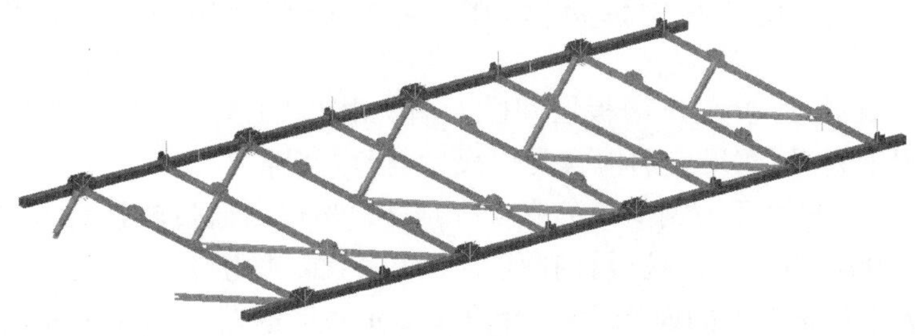

图3 下平面拼装

(2)第一节段拼试装:单节段按照主桁腹杆→上弦杆→横联边斜腹杆→横联中部腹杆→上横梁上平联的顺序依次拼装(图4);

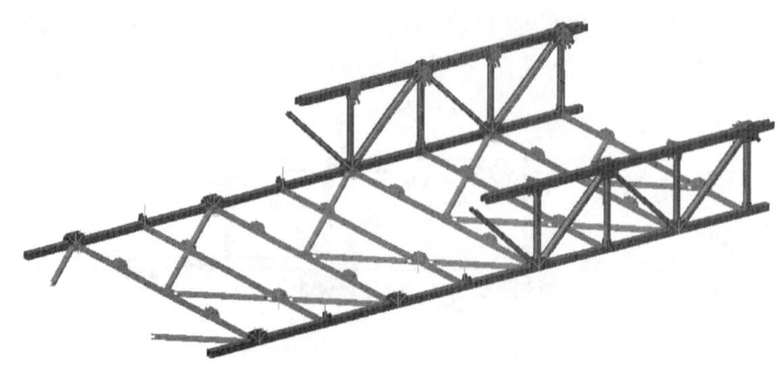

图4 第一节段拼试装

(3)第二节段拼装:检测查并调整第一节段的几何尺寸。安装第二节段的主桁腹杆→上弦杆→横联边斜腹杆→横联中部腹杆→上横梁上平联,完成第二节段拼装(图5)。

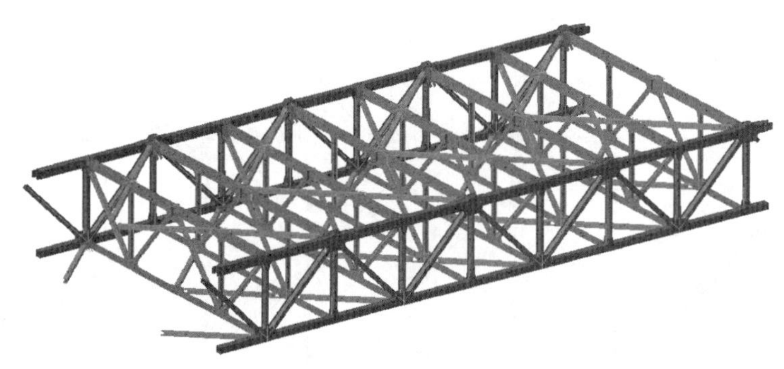

图5 第二节段拼试装

(4)第三节段拼装:检查并调整第二节段的几何尺寸。安装第三节段的主桁腹杆→上弦杆→横联边斜腹杆→横联中部腹杆→上横梁上平联,完成第三节段拼装。

2.5 节段试拼装控制

(1)几何尺寸及线形控制。试拼装要在经测量的支墩上进行,杆件处于自由状态,按试拼装图所给拱度线形设置支墩高度。

(2)试拼装要循序进行,每拼装完一个单元进行检测和调整,合格后,再继续拼装下一单元。

(3)栓孔重合率控制。试拼装前,将孔边飞刺、板层间铁屑、电焊熔渣及飞溅等清除干净,使板层密贴。组装用冲钉不得少于螺栓孔总数的10%,组装螺栓不得少于螺栓孔总数的20%,冲钉打入顺序,应以节点中心开始向周围均匀分布。

2.6 试拼装检查

(1)钢桁梁线形检查:根据测量坐标系统,用全站仪测量主桁试拼装拱度线形、平联中心线旁弯。

(2)检查几何尺寸、栓孔通过率、连接板层间隙及有无相抵触情况和螺栓不易施拧处,当发现有问题应及时进行矫正。用钢卷尺、塞尺分别检查几何尺寸、板层间隙。

(3)用试孔器检查所有螺栓孔。钢桁架的螺栓孔应100%自由通过较设计孔径小0.75 mm的试孔器,联结系的螺栓孔应100%自由通过较设计孔径小1.0 mm的试孔器。

(4)磨光顶紧处应有75%以上的面积密贴,用0.2 mm塞尺检查,其塞入面积不得超过25%。拼装从端节间依次安装,并调整好节间几何尺寸。

(5)测量用的钢尺在使用前应与被检测工件同条件存放，使两者温度一致，并定期送计量检测部门检定。

3 现场吊装节段组拼工艺及要求

加劲梁的现场吊装节段组拼与吊装方案有直接关系，常用的钢桁加劲梁整节段吊装设备有缆载吊机和缆索吊机两种，对应的有码头拼装和桥塔附近拼装两种拼装方法，在综合吊装设备、场地布置和总体经济性后最终采用在东西桥塔处均设置拼装场地，采取横移的方式喂梁进入桥塔前面缆索吊下进行安装的施工方案。

3.1 现场吊装节段拼装场地设计

常规施工钢桁加劲梁现场组装需要采用多段联拼工艺以提高节段空间对接的精度和高强螺栓连接要求，因此必须至少三个拼装胎架才能实现联拼作业和不间断吊装。本桥根据现场场地狭小，横向猫道、缆索吊承重索影响，在设计拼装场地时将加劲梁和桥面板施工场地进行统筹规划，场地分为加劲梁拼装区、桁片组拼区、桥面板拼装焊接区、杆件堆放区、转运区、检测区、吊装区。

大桥塔前岸坡陡峭的场地条件和桥塔净宽只有12.6m结构设计特征确定了拼装场地的布置需要从纵向横向竖向进行综合考虑精心设计才能满足施工要求。

3.2 东岸现场吊装节段拼装场地布设

东岸塔前岸坡陡峭、无法直接设置横向转运平台，经比选后采用在库岸上施工挖孔桩基础，上面采用钢管桩和贝雷梁、型钢支架搭设转运和起吊平台，在塔的南侧搭设梁段纵移平台与后场联系起来，后场设2台75t龙门，龙门轨道与转运轨道平行布置(图6、图7)。

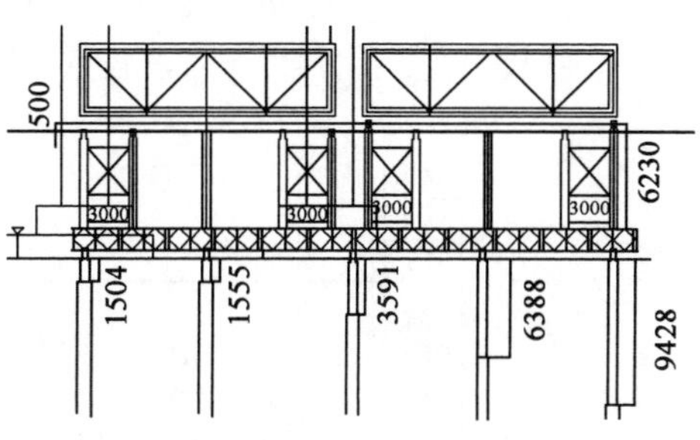

图6 东岸现场拼装支架布置横断面图(尺寸单位:mm)

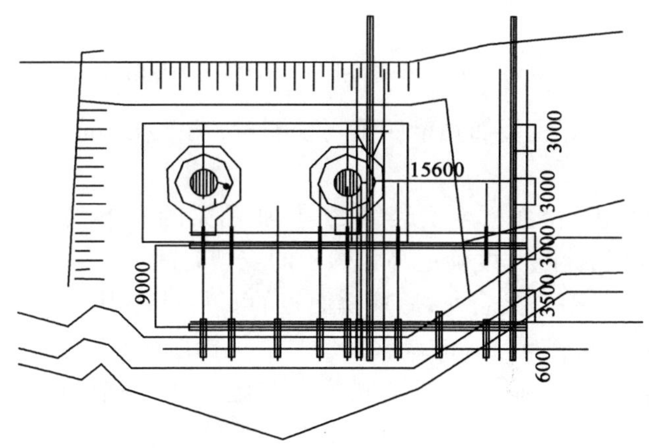

图7 东岸现场拼装场地布置平面布置图

3.3 西岸现场吊装节段拼装场地设计

西岸塔前场地较大，直接搭设起吊平台，安装75t龙门一台。横向搭设横移轨道，在南侧搭设四个梁段长的拼装平台，并铺设运梁滑移器行走轨道，横向搭设横移轨道通向起吊平台。组拼好的梁段运至前端，利用龙门或千斤顶抬起梁段，将运梁滑移器放至横向行走梁上。使用卷扬机牵引、滑移器搬运梁段行走。

3.4 现场吊装节段组拼要求

为提高功效，现场组拼采用桁片式组拼工艺即先将杆件用汽车吊组拼成主弦杆桁片、横联桁片，然

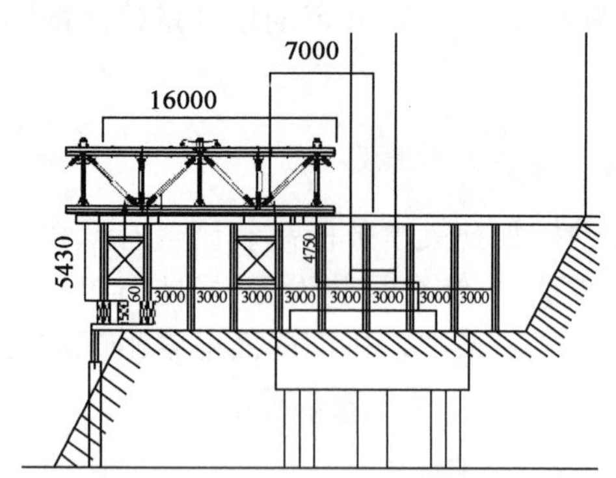

图8　东岸现场拼装支架布置侧面图(尺寸单位:mm)

后利用75t龙门吊按照左主桁片、横联、右主弦杆、上下平联、右主桁片的顺序逐段组拼成加劲梁节段。组拼过程中要严格控制各个杆件的空间位置,组拼完成后利用全站仪进行节段空间位置检测,合格后方能进行高强螺栓紧固(图8)。

安装过程中注意对杆件的防腐涂层的保护,避免碰撞。采用柔性吊具进行桁片的吊装。全部高强螺栓施拧完毕并经检查合格后进行破损防腐层修复及表面防腐涂层的施作。

4　桥上钢桁加劲梁连续组拼

吊装到桥上的钢桁加劲梁成桥阶段需要对节段之间采用连接板和高强螺栓连接副最终锁定,每个主弦杆节点处有10块大型连接板,每个节段间的连接需要约1500个螺栓。刘家峡大桥加劲梁之间的连接在所有加劲梁吊装完毕桥面板吊装一部分后开始进行,整个桥梁线形还没有成型,不能逐个连接,只能采用两两连接的工艺对基本符合桥梁成桥线形的节段进行高强螺栓连接,随着桥面板的吊装,最后进行剩余节段的最终合拢连接(图9)。各种影响因素较多,需要从以下几个方面予以控制以提高连接质量和成桥线形。

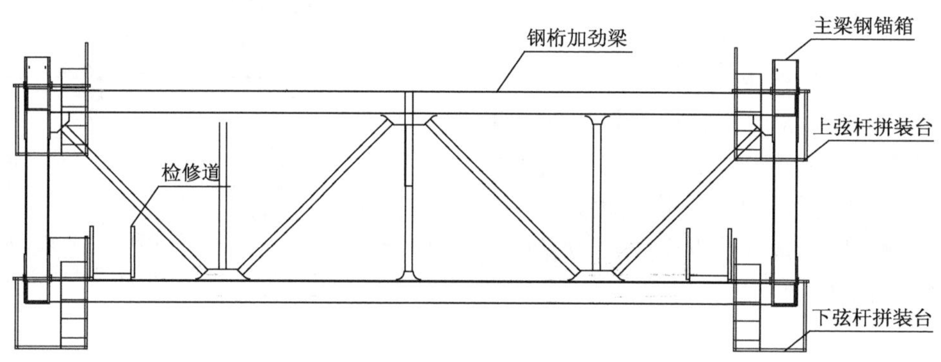

图9　加劲梁桥上拼装作业平台布置图

(1)连续组拼之前进行相邻钢桁加劲梁四角高程测量,偏差在2mm以内的开始高强螺栓的安装和初拧。

(2)加劲梁位于竖曲线上,桥面板未安装完之前,加劲梁的上下弦杆接头之间的间距是动态变化的,因此可以根据接头之间的缝隙宽度确定高强螺栓的安装时间。

(3)随着桥面板的安装向桥塔处合龙,后期桥面板的安装对跨中加劲梁接头的缝隙影响逐渐减弱,因此需要采取端头施压的方式进行接缝的调整以便高强螺栓能顺利安装。

(4)高强螺栓安装需要搭设脚手架以便人员安装和施拧,脚手架的搭设还要考虑高强螺栓的检测完毕后才能拆除,因此,两两相连工艺能够避免全桥搭设脚手架。

(5)日照对加劲梁的横向变形影响较大,随着加劲梁的螺栓连接成整体,端部杆件早晨和中午日照影响的横向偏差能达到80mm,因此高强螺栓的安装安排在上午10点之前完成。同时在端部予以支顶,避免大的侧弯。

(6)加劲梁的手孔长度为80cm,连接钢板的长度为130cm,因此必须提前将内部连接钢板预先放置于弦杆箱室内。

5　加劲梁组拼高强螺栓连接

5.1　高强螺栓的储存

(1)运到拼装工地的高强度螺栓、螺母和垫圈应符合相关规范规定并有出厂合格证,螺栓运到拼装工地后应从各批螺栓中抽样检验,检验结果应符合《钢结构用高强度大六角头螺栓、大六角螺母、垫圈技术条件》(GB/T 1231—1991)的规定。

(2)高强度螺栓分批号、分规格保管存放,并配套使用,运至现场的螺栓要专人负责看管,避免遗失。

(3)高强度螺栓储存应做好防潮、防尘工作,防止锈蚀和表面状况改变,不允许露天存放。

(4)高强度螺栓的必须严格按图纸标准的规格、数量使用,不得以短代长或以长带短。

5.2 高强螺栓连接

(1)高强度螺栓连接副在施工前按出厂批复验扭矩系数,每批复验5套,5套扭矩系数平均值应在0.110~0.150范围之内,其标准差应小于或等于0.010。复验数据应作为施拧的主要参数。

(2)钢构件安装前,清除构件上的附着物,连接面应保持干燥、整洁,不得在雨中进行施拧作业。

(3)高强度螺栓的设计预拉力、施加预拉力应符合表1的规定。

高强度螺栓的施工预拉力 表1

螺栓规格	M16	M20	M22	M24	M27	M30
设计预拉力 P(kN)	100	155	190	225	270	355
施加预拉力 P_c(kN)	110	170	210	250	300	390

(4)施拧高强度螺栓应按一定顺序,从螺栓群中间向外侧顺序进行拧紧,并在当天终拧完毕。施拧时,不得采用冲击拧紧和间断拧紧。

(5)高强度螺栓施拧按照《铁路钢桥高强度螺栓连接施工规定》(TBJ 214—92)的规定执行。扭矩扳手,在每班作业前均应进行校正,其扭矩误差不得大于使用扭矩值的±5%。

5.3 高强螺栓连接质量控制

(1)为避免漏拧,高强螺栓施拧班组要采用标记作业法,即完成一个,标记一个,直至全部施拧完毕后进入下一节点作业。

(2)考虑温度影响,螺栓检测也要对应与施拧的温度进行。并根据高强螺栓施拧数量及时进行检测扳手的检验。

(3)扭矩检测不合格的螺栓要重新更换安装,更换后的螺栓不得重复使用。

(4)考虑钢桁梁的空间高度,必须设计加工合理的作业平台进行螺栓的检测以保证施工安全和检测的准确性。

6 施工体会

钢桁加劲梁的加工精度必须100%达到技术质量标准才能保证现场拼装的顺利进行和安装质量,高精度加工质量能够提高现场组装质量并可减少厂内试拼装的工程量。加劲梁的桥上连接采用两两相连的工艺提高了安装的速度和质量,为加快施工进度提供了技术保障。刘家峡大桥33段加劲梁采用了合理的组拼工艺和质量控制技术,桥上对接螺栓孔全部重合,无错孔和扩孔现象,取得了良好的效果。

参考文献

[1] 中华人民共和国行业标准. JTG/T F50—2011 公路桥涵施工技术规范[S]. 北京:人民交通出版社,2011.

[2] 周世忠,等. 江阴长江公路大桥建设论文集[M]. 北京:人民交通出版社,2000.

[3] 徐军兰. 悬索桥[M]. 北京:人民交通出版社,2001.

[4] 牛和恩. 虎门大桥工程[M]. 北京:人民交通出版社,1998.

[5] 周孟波.悬索桥手册[M].北京:人民交通出版社,2001.
[6] 刘小飞.北盘江大桥悬索桥钢桁梁施工技术[J].贵州工业大学学报,2008.
[7] 黄小峰,王荣辉.钢桁梁制造和拼装误差对桁架内力的影响缝隙[J].科学技术与工程,2012.
[8] 郑国荣.山区大跨度悬索桥加劲梁施工工艺分析[J].湖南交通科技,2012.

刘家峡大桥正交异性钢桥面板拼焊技术

姚记所　李鸿盛

（中交一公局第一工程有限公司）

摘　要　刘家峡大桥桥面正交异性板采用工厂制造单元板经试拼装合格后，运至施工现场拼装场地组拼焊接成吊装板块，然后整节段进行逐节安装的施工方案。提高结构制造精度，避免焊接变形，弱化残余变形和消除关键节点开裂以及高强螺栓的连接质量为关键控制点。本文着重介绍该桥钢桥面板的组拼焊接技术和质量控制效果。

关键词　正交异性钢桥面板　拼装　焊接　高强螺栓连接

1　工程概况

刘家峡大桥主桥采用钢桁梁和正交异性钢桥面板叠合结构，全桥设 3 联 33 节桥面板，共有 6 种节段板块，其中边段 2 个（A 型）、4 个桥面伸缩缝段（C. D 型各两块），1 个中间段（F 型）和 26 个一般段（B、E 型各 13 块），桥面板宽 15m，高 67 ~ 77cm，节段最大吊装重量为 85t，采用厂内制作板单元，经试拼装合格后运至施工现场组拼吊装节段，然后利用大型吊装设备进行逐节安装方案。经过厂内设计，每节桥面板横向分成 7 个板单元。桥面板从制造到成桥需要经过厂内试拼装、现场节段组装焊接、桥上纵向一联组拼焊接三个组拼工序，施工中需要解决场地组拼、现场转运、起吊设备、控制对接、焊接变形、合龙控制等关键技术问题，以确保桥面板快速、优质、安全成桥。

2　工厂拼装工艺及要求

正交异性钢桥面板板单元采取船形法进行肋板和面板、横纵肋（梁）与面板的焊接，经检验合格的板单元需在拼装胎架上进行桥面板节段反拼装。通过节段试拼装来验证板单元制造方案的正确性、检验制造工艺的合理性、工艺装备的精确性、板件制造质量的可控性；通过试拼装检验板单元的匹配情况、检查构件拼接处有无相互抵触情况，有无横纵肋（梁）无法对接情况、栓孔制造错位偏差质量问题等。试拼装发现的各种问题，要在厂内及时处理并提出改进措施，确保后续板单元制作质量符合要求。

2.1　试拼装思路

刘家峡大桥正交异性钢桥面板单元制造组拼板件结构复杂、U 肋和桥面板焊接质量要求高，U 肋和面板、纵肋制造过程中的下料、钻孔、焊接过程中的变形等都会对桥面板的正确组拼造成致命影响，U 肋的安装间距和焊接变形控制会影响到后期桥面组拼纵向对接质量，必须通过试拼来验证制造工艺和焊接工艺的合理性，并采取如下措施来提高板件的制造加工质量以消除桥面板的拼装缺陷。

（1）寻找专业制造厂家定制 U 肋，根据桥面板节段长度定尺加工，考虑焊接变形和温度影响后确定加工长度。纵横肋按照施工图设计分段尺寸进行无余量制造。

（2）加强对横梁接板、纵肋、纵梁长度控制，采用余量下料工艺进行板材下料尺寸控制，采用数控切割设备下料，构件端部成孔采用标准模板集中胎架成孔法以提高孔群施工精度。

（3）对反装胎架进行精细化设计，尽量少用码板临时连接，提高组拼焊接质量和减少码板切割打磨用工。

（4）采用整体式桥面板拼装胎架进行单元板制作，采用 3 + 1 匹配制造工艺进行节段连拼制作（图 1），提高节段横向和纵向对接精度。

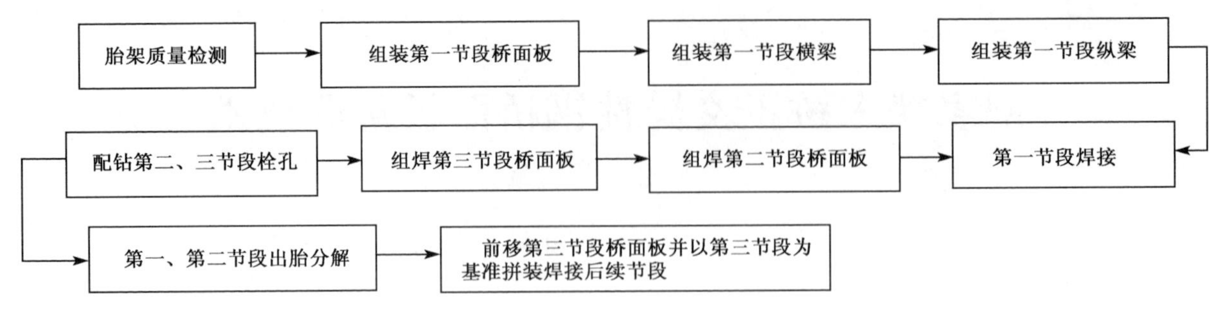

图1　桥面板厂内拼装流程示意图

2.2　试拼装胎架

正交异性板的结构尺寸和焊接要求决定了其拼装胎架的选择可以采用反向拼装法，即桥面板紧贴胎架，胎架支撑面的平整度和横坡度按桥面设计坡度控制。

2.3　节段拼装、焊接控制

(1)对桥面板平整度、U肋横向间距、U肋轴向位置、板间横向缝隙严格控制。对横梁与U肋的组装相对位置严格进行检查控制。

(2)采用线能量少、焊接变形小的CO_2气体保护焊进行U肋与桥面板的角焊缝对称焊接，U肋与横肋的连接焊缝端部进行打磨处理。

(3)采用板端反压工艺进行桥面板扭曲变形控制，施工中采用对称焊接即先焊接纵横梁，然后焊接纵横梁与桥面板焊缝的工艺以减少纵横、梁的焊接变形。

2.4　试拼装检查

(1)对正交异性钢桥面板顶板对角线检查，控制U肋和板肋板块的纵横向尺寸，避免切割或接长板块，对端部坡口进行处理。

(2)检查几何尺寸、栓孔通过率、连接板层间隙及有无相抵触情况和螺栓不易施拧处，当发现有问题应及时进行矫正。

(3)连接板与桥面板U肋、纵梁端部栓孔进行对接，验证纵向组拼情况。

(4)U肋肢边与面板的间隙控制在2mm。

3　现场吊装节段组拼工艺及要求

桥面板净宽15m，桥塔之间净宽12.6m，桥面板无法采用直接在塔后拼装直接纵移上桥拼装方案，也无法采用直接在桥面拼装方案，只能采用从塔侧横移进入桥面的施工方案，经比选论证，最终采用在东桥塔一侧设置拼装场组拼成节段后横移进入桥塔前面缆索吊下安装就位的施工方案。

3.1　现场吊装节段拼装场地设计

正交异性钢桥面板现场组装必需采用联拼工艺，根据现场条件设置两套拼装胎架，以桥梁跨中为分割点，一套依次向东塔方向组拼吊装，一套依次向西塔方向组拼吊装才能实现联拼作业和不间断吊装。因为桥面板的宽度以及转运小车的设置间距与加劲梁的纵移轨道不同，需要设置单独的纵移轨道来完成桥面板的纵向移动，采用大型龙门吊完成桥面板的转运装车作业。

本桥扣除加劲梁的组拼场地后将桥面板拼装胎架设置在加劲梁组拼场的后侧，根据场地长度设置一个3段组拼胎架和一个2段组拼胎架。另外设置支座存放区、连接板存放区、高强螺栓存放区和桥面板单元堆放区。

3.2　现场吊装节段拼装场地布设

根据加劲梁的纵移轨道15.6m的宽度，桥面板运输小车横向间距设为12.6m，在靠近桥塔一侧增设一条桥面板纵移轨道，后场利用加劲梁组拼80t龙门完成桥面板的节段组拼和吊装。

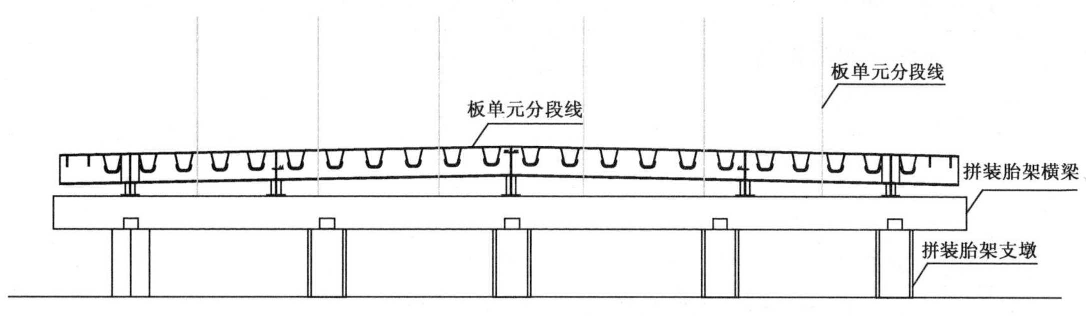

图2 东岸现场拼装支架布置横断面图

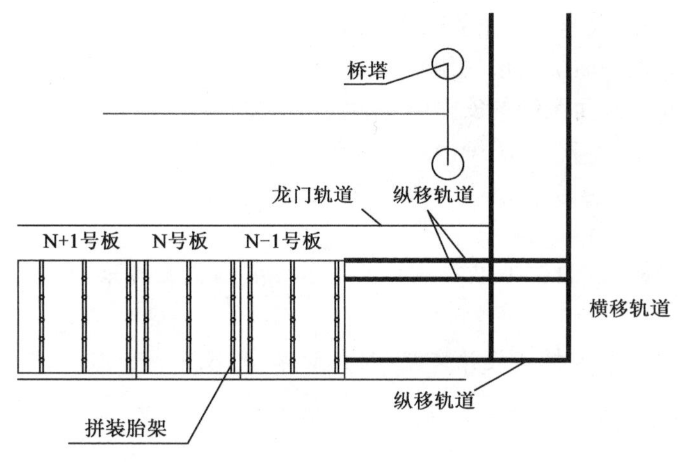

图3 东岸现场拼装场地平面布置图

3.3 现场吊装节段组拼要求

为提高功效，现场利用汽车吊和平板车进行板单元的倒运，然后利用龙门吊逐块拼装桥面板吊装节段。组拼时，先用连接板将待拼装板单元与已经拼装焊接完毕的上一段桥面板U肋和纵梁栓接，然后用临时码板将桥面板进行固定。组拼过程中要严格控制横梁的对接误差、桥面板纵向缝隙、纵梁垂直度、纵向接缝的空间位置等，桥面板拼装尺寸检验合格后开始焊接施工。焊接次序为：先进行横梁竖缝焊接，检验合格后再进行桥面板顶部纵向焊缝焊接。

4 桥上正交异性钢桥面板连续组拼

吊装到桥上的正交异性钢桥面板成桥阶段需要对节段之间采用连接板和高强螺栓连接副锁定后进行面板横向接缝焊接，每个U肋处有4块大型连接板，每个节段间的连接需要约1400多个螺栓。

刘家峡大桥桥面板之间的连接安排在所有一联下部的钢桁加劲梁栓接完毕后开始进行，由于整个桥梁线形还没有成型，采用先栓接最后整体焊接的工艺施工，随着桥面板上桥数量的增加，桥面线形基本符合设计线形后开始桥面板横向焊缝的焊接。由于各种影响因素较多，需要重点从以下几个方面严格控制以提高焊接质量和成桥线形。

(1)在连续组拼之前对相邻正交异性钢桥面板四角高程进行测量，偏差在2mm以内时开始高强螺栓的安装和初拧，必要时采取顶、压措施进行面板的变形矫正以使桥面板的整体平整度和横坡符合要求。

(2)根据一联的总体长度控制面板之间的纵向间隙，为保证合适的焊缝宽度提供条件。

(3)桥面板端部伸缩端的缝隙要根据温度进行调控，充分考虑温度影响系数和伸缩缝安装误差指标，合理控制间隙。

(4)高强螺栓安装时需搭设脚手架作业平台以便人员安装和施拧，脚手架平台在高强螺栓检测合格后才能拆除。

(5)由于U肋端部槽口的手孔小,连接钢板需提前放置于U肋槽口内。

(6)高强螺栓连接中为避免漏拧,高强螺栓施拧班组要采用标记作业法,即完成一个,标记一个,直至全部施拧完毕后进入下一节点作业。

(7)高强螺栓扭矩检测不合格的螺栓要重新更换安装,更换后的螺栓不得重复使用。

5 结语

正交异性钢桥面板的拼装焊接质量关系到整个桥面系的结构安全和桥面铺装厚度等重要指标,焊缝和高强螺栓连接质量直接影响到桥面行车系统的耐久性,因此必须采取有效措施进行管控,在试拼装工序把好制造关,在现场拼装阶段把好组拼关,在桥上拼装连接阶段把好焊接关,才能够将施工常见问题消除在各施工环节中,为后续车辆运营安全提供有力保障。

刘家峡大桥正交异性钢桥面板的成功组拼,证明了本桥采取的施工工艺和管控措施是合理的,通车后的运营效果也证明了大桥桥面系统的安全舒适性。

参考文献

[1] 中华人民共和国行业标准.JTG/T F50—2011 公路桥涵施工技术规范[S].北京:人民交通出版社,2011.

[2] 周世忠,等.江阴长江公路大桥建设论文集[M].北京:人民交通出版社,2000.

刘家峡大桥钢桥面沥青铺装黏结层施工技术

路小科

（中交一公局第一工程有限公司）

摘　要　本文主要介绍了刘家峡大桥钢桥面在沥青混凝土铺装施工中沥青层与钢桥面以及沥青层之间的黏结层施工技术，以及在施工过程中采用的质量控制措施及注意事项。

关键词　钢桥面　铺装层　黏层　防水黏结层　施工

1　引言

刘家峡大桥主跨为536m简支梁式悬索桥，桥面结构采用型钢桁梁+正交异性钢桥面板。桥面板顶板厚度为16mm，桥面沥青铺装采用环氧沥青层+SMA沥青层的双层铺装结构形式。

大跨径桥梁的钢桥面沥青混凝土铺装一直是一个国际性难题，其原因在于沥青铺装较难具有良好的随钢桥面变形能力，且铺装层受力复杂，受温度影响严重，在水平剪应力的作用下，铺装层易于产生各种变形破坏，尤其是钢桥桥面与沥青混凝土之间以及沥青层之间的界面层，更是影响桥面沥青混凝土使用寿命的关键因素。

2　钢桥面沥青铺装分析

钢桥面沥青铺装层同钢桥面在材料的物理力学性能上有明显的差异，即一柔一刚，此特性会导致二者在共同的温度与外力作用下发生截然不同的应力变化，加之桥梁自身变形带来的应力变化和行车荷载带来的水平剪切力则全部由铺装层承受，因此提高铺装层与钢桥面的黏结，除了铺装层主体材料性能的改进外，加强层与层之间的处理和联结成为另一项关键点。

2.1　刘家峡大桥桥面铺装结构

选用的结构自下而上依次为：①防腐环氧富锌漆；②环氧防水黏结层，用量控制在0.4kg/m^2；③环氧沥青混凝土铺装层，厚度为30mm；④环氧黏结层，用量控制在0.4kg/m^2；⑤高弹改性沥青SMA混凝土铺装层，厚度为30mm。

2.2　大桥气候环境情况

桥址地处山区，气候以温凉为主，年平均气温7℃，历年最高温度为36.4℃，历年最低温度为-24.7℃，且昼夜温差较大。冬季易积雪，最大积雪深度21cm。年平均降水量494.9mm，降水量分布不均匀，多集中于7、8、9三个月。

2.3　钢桥面沥青铺装常见病害分析

钢桥面铺装层的破坏主要表现为推挤、开裂、拥包、车撤以及导致刚柔变形不一致的“搓皮”现象等。除去因原材性能引起的病害之外，其余均为层间黏结原因导致的，因此在施工过程中加以重点控制，以降低由于施工原因导致此类病害的发生。

3　钢桥面沥青铺装层间黏结层施工控制要点

3.1　钢桥面表面净化处理

首先对桥面油污严重的地方用小铲刀配以化学溶剂进行重点清理，然后用高压水枪、毛刷等工具对钢板表面全面清扫、冲洗。冲洗时以先难后易、先里后外、先高后低的顺序进行。待桥面干燥后，将钢板表面凸出的焊瘤、焊疤以及毛刺等焊接残留物用角磨机逐个进行打磨，打磨过程中不能过多地侵入桥面板，打磨过后的钢板表面应平整、洁净。

3.2 钢桥面抛丸除锈

抛丸除锈工作控制在表面净化处理完毕2h后进行。抛丸除锈施工采用真空回收式钢板抛丸机进行。抛丸机使用钢丸和棱角钢砂的混合磨料，钢丸和棱角钢砂的混合比为7∶3；钢丸代号为S330和S280，粒径为0.5～1.0mm；钢砂代号为G25，粒径为0.7～1.0mm。钢丸和钢砂应符合《铸钢丸》（GB 6484—86）和《铸钢砂》（GB 6485—86）的相关要求。

混合磨料的洁净、干燥性直接影响了除锈效果。施工过程中如发现磨料出现油污、受潮等情况应停止使用，更换新砂或干燥达到要求后再使用。钢丸和钢砂经反复使用后会有所碎破，当破碎较多时要及时补充，以保证抛丸除锈后表面粗糙度达到设计要求。

真空回收式钢板抛丸机工作参数见表1。

真空回收式抛丸机工作参数 表1

参数名称	抛丸机转速	抛丸机工作电流	行走速度	抛丸有效幅宽
参数值	2940r/min	16～20A	1m/min	380mm

多台真空回收式钢板抛丸机沿行车道纵向平行作业，一般每次行程10m，往返运动；相邻两次抛丸机作业幅宽应有50mm重叠，严防漏除；重叠区域喷砂未达到要求的部分抛丸2遍，但重复次数不宜过多，以防降表面粗糙度。

对受距离路缘石（挡水板）影响抛丸机打磨不到的区域，使用角磨机配置砂纸进行人工打磨。

钢板在抛丸除锈后应进行质量检验，检验项目、设计要求、检验方法、检验频率和检验技术标准见表2。

抛丸除锈相关检验标准 表2

<table>
<tr><th>检验项目</th><th>设计要求</th><th>检验方法</th><th>检验频率</th><th>检验技术标准</th></tr>
<tr><td>清洁度</td><td>Sa2.5级</td><td>图片对比法</td><td>100%</td><td rowspan="4">《涂装前钢材表面锈蚀等级和除锈等级》（GB 8923—88）；
《涂装前钢材表面粗糙度等级的评定（比较样块法）》（GB/T 13288—91）；
《热喷涂金属表面预处理通则》（GB 11373—89）</td></tr>
<tr><td rowspan="2">表面粗糙度</td><td rowspan="2">40～80μm</td><td>测量法</td><td rowspan="2">每节桥面板取8点</td></tr>
<tr><td>比较样块法</td></tr>
<tr><td>人工打磨清洁度</td><td>St3级</td><td>图片对比法</td><td>100%</td></tr>
</table>

3.3 防腐环氧富锌漆涂装

防腐环氧富锌漆的涂装是在抛丸除锈检验合格后4h内进行，以隔绝空气氧化和湿气锈蚀，并且起到保护作用，以防止油污、灰尘对处理过的桥面污染影响黏结质量。

涂装厚度控制在60～80μm。刘家峡大桥采用人工手持滚筒刷并排涂抹，相比于喷枪作业涂装厚度更易保证。涂装后2h内不能淋雨，如淋雨则应重新进行抛丸除锈后再进行涂装。

涂装后的外观应满足颜色均匀一致、完整光洁、无破损、无气泡、无裂纹、无针孔、无麻点、无流挂、无皱皮的要求。

3.4 环氧防水黏结层施工要点

刘家峡大桥环氧防水黏结层采用日本环氧结合料KD-HYP由主剂和固化剂组成。环氧结合料在使用时有诸多要求。首先是使用温度，如果室外温度低于20℃时，应加热到20～30℃方可使用；其次是混合料从混合之后应持手动搅拌器搅拌60s以使其搅拌均匀；最后从混合之后到涂抹结束有时间要求，如表3所示。

黏结层从拌料到涂刷完毕时间要求 表3

混合料温度(℃)	20	30	40
有效使用时间(min)	45	20	5

关于混合料涂抹方式,国内有诸多桥梁均使用KD-HYP环氧结合料,江阴大桥采用机械洒布,洒布时间久且容易喷洒厚度不均;广州珠江黄埔大桥、泰州大桥、虎门大桥均采用人工滚筒刷涂抹,所用时间短喷洒厚度均匀。在结合诸多桥梁施工经验,刘家峡大桥在KD-HYP环氧结合料涂抹施工时采用人工滚筒刷进行涂抹,每2人为一组,沿大桥横向以桥面板宽度为界共设6组计12人并排纵向涂刷。另外为保证混合料温度保持在规定范围内并且搅拌均匀,安排4人为一组进行混合料搅拌,1人搅拌、1人倒料、1人计表控制搅拌时间、1人手持汽油喷灯进行加热。在KD-HYP环氧结合料施工过程中,以上配置共设2组,1组从桥西头向中跨进行施工,1组从桥东头向中跨进行施工,保证施工连贯进行,并控制在当天涂抹结束。

在涂抹过程中,为保证KD-HYP环氧结合料涂抹厚度,采用重量控制,每平方米控制在0.4~0.6kg。搅拌时每组份主剂+固化剂共计30kg,平均分为6小桶,每2人一桶纵向涂抹5m,并保证涂抹均匀。

在KD-HYP环氧结合料涂抹结束后进行养生,并限制车辆及行人通行,直到确定树脂已达到所需硬化程度(检验方式为用手指按压黏结层无黏手情况为宜)。

KD-HYP环氧结合料所处环境温度条件、所用养护时间及有效期限应满足表4要求。

养护时间 表4

环境温度条件(℃)	养护时间(d)	有效期限(d)
40~50	0.5	1.5
30~40	1	2
20~30	1	3
10~20	2	6

3.5 铺装主体上、下层间黏层施工要点

刘家峡大桥铺装主体上、下层间黏层也采用日本KD-HYP环氧结合料,施工方法同2.4所述。

3.6 环氧结合料施工注意事项

(1)环氧黏结料的施工温度必须进行控制,在施工前对环境温度和钢桥面板顶温度进行测量,并且应控制好施工时间,避开早、晚温度低的时段。刘家峡大桥施工时将开始时间安排在上午10点后,下午4点前全桥涂抹结束。

(2)保证环氧黏结料涂抹的搅拌时间和温度。人工搅拌时间不小于60s,拌和完毕的温度在20度以上,必要时采用现场加热的方式进行处理,但是加热的温度又不能太高,以免缩短混合料的容留时间。

(3)保证环氧黏结料涂抹区。刘家峡大桥在施工前将铺装区域两侧沿路线方向通长焊接两条高度为6.1mm的角钢进行定位和拦挡,在沥青混凝土铺装时也能起到确定摊铺范围的作用。

(4)环氧结合料涂抹前应将作业区内残留物、水、灰尘进行清理,以保持作业面洁净、干燥。刘家峡大桥在施工时采用先清扫,再用高压空气吹风清理的方式,并对作业时可能产生的水等影响因素进行控制,保证作业面干燥。

(5)加强对每层黏结料施工成品的防护,采用围挡、人员看护、设置人行通道的方式避免交叉作业人员、设备对黏结层的污染和破坏。

4 结语

钢桥面采用双层铺装体系在国内已广泛应用,各种新材料、新工艺陆续出现。随着沥青铺装所用材

料进步的同时,施工过程更加成为关键环节,而层间处理这些细节因素的作用也将更加突出。本文通过刘家峡大桥钢桥面层间处理施工过程,对此类工程实践的质量控制措施及注意事项进行了总结,期望能对同类型工程能有所帮助。

参 考 文 献

[1] 任必年.公路钢桥腐蚀与防护[M].北京:人民交通出版社,2002.

[2] 林伍湖.海沧大桥钢桥面铺装层损坏原因及维修探讨[J].北京:公路,2004.

[3] 郭忠印,任必年.沥青路面施工与养护技术[M].北京:人民交通出版社,2006.

[4] 武汉绕城公路建设指挥部.武汉阳逻长江公路大桥工程技术总结[C].北京:人民交通出版社,2009.

刘家峡大桥钢桥面铺装施工技术

阳华国　李鸿盛

（中交一公局第一工程有限公司）

摘　要　刘家峡大桥桥面系统采用钢桁加劲梁和正交异性钢桥面板叠合结构。悬索桥正交异性钢桥面板上桥面铺装质量要求严，西北干冷气候条件下首次应用钢桥面铺装，需要进行大量的研究和进行过程控制。本文介绍本桥钢桥面铺装涉及的关键技术。

关键词　钢桥面铺装　配合比设计　施工技术　质量

1　工程概况

刘家峡大桥钢桥面全长536m，桥面宽度15m，其中行车道铺装宽度为11. m，两侧人行道部分各宽1.5m，桥面横坡2%，位于纵坡2.5%的凸形竖曲线上。行车道铺装面积约5800m^2，具体的桥面铺装结构形式和相应的主要工程材料用量如下：30mm沥青混凝土（SMA）+（0.4 ±0.05）kg/m^2 环氧黏结层 +30mm 环氧沥青混凝土 EA10 +（0.4 ±0.05）kg/m^2 环氧防水黏结层 + 环氧富锌漆防腐层，总厚度6.0cm（图1）。

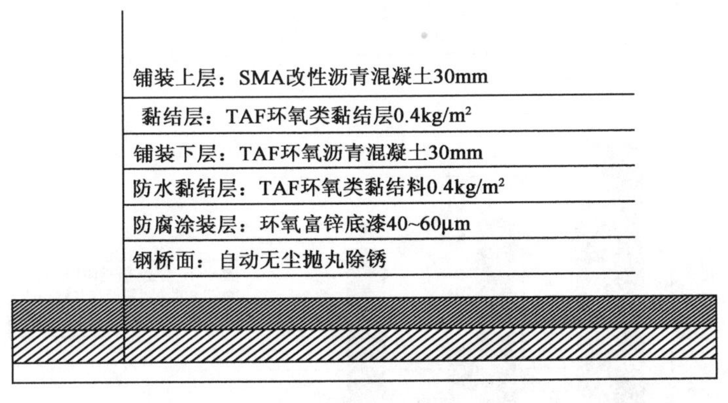

图1　刘家峡大桥钢桥面铺装结构形式

2　钢桥面铺装方案的确定

刘家峡大桥特殊的地理气候条件，对钢桥面铺装提出了更高的要求：强度高、温度稳定性好、抗疲劳；还有抗车辙、抗剥落、耐久、耐腐蚀和不易产生裂缝等性能。即既要保证夏季高温的抗车辙能力，又要保证冬季寒冷气候条件下较好的抗裂能力，既要行车磨耗层有良好的构造深度保证较好的抗滑能力，又要考虑后期疲劳损坏的修复。钢桥面铺装作为一种还没有在我国广阔的地域范围内有足够经验可取的高难技术问题，需要在刘家峡库区有科学合理的结构设计形式和合理的施工控制工艺。

在目前国内外现有的施工经验、材料、技术、结构形式基础上，对双层环氧、浇筑式沥青混凝土、双层SMA、环氧加SMA以及目前刚刚兴起的ERS结构等各种桥面铺装结构形式在西北地区的适应性进行了研究和破解。

刘家峡大桥项目部联合甘肃省公路养护研究院对不同形式的钢桥面铺装形式进行了长达一年时间的研究，在充分比较力学性能、耐久性、可操作性和经济性的基础上选择了低温抗裂性好，耐高温、表面构造深度好、修复方便，同时也适合在气温较低的时段施工的日本环氧 + SMA 结构形式的钢桥面铺装方案（大桥铺装试验参照了国内外的相关规范和指南，见表1）。

刘家峡大桥钢桥面铺装试验及参考的试验标准 表1

试验名称		试验标准
材料物性实验	集料	《公路工程集料试验规程》(JTG E42—2005)
	拉拔试验	《涂层附着力的测定法 拉开法》(GB 5210—85)
	剪切试验	《剪切用接合试验片》(JIS 6850—2)
	断裂伸长率试验	《塑性材料的拉伸试验方法》(JIS K 7113)
	裂缝追随性试验	《道路桥面板防水便览》日本道路协会

ERS黏层油有较高的拉拔强度,但断裂伸长率差。国产黏层油与日本黏层油有相同的拉拔强度,但日本黏层油的断裂伸长率比国产环氧黏层油高1倍,所以日本黏层油是首选方案,如表2和图2、图3所示。

黏层油的力学性能 表2

材料		养生条件	拉拔强度(MPa)			抗剪强度(MPa)			断裂伸长率(%)		
			-20℃	25℃	70℃	-20℃	25℃	70℃	-20℃	25℃	70℃
黏层油	EBCL	常温放置1d,60℃下养生16h	23.3	18.7	3.8	25.5	15.9	1.8	31.1	26.6	47.1
	国产黏层油	常温放置1d,60℃下养生16h	17.3	7.6	3.7	8.8	10.5	3.3	444.3	408.1	371.3
	日本黏层油	60℃下养生4d	15.16	3.8	2.7	14.7	7.8	3.0	885.1	822.5	946.6

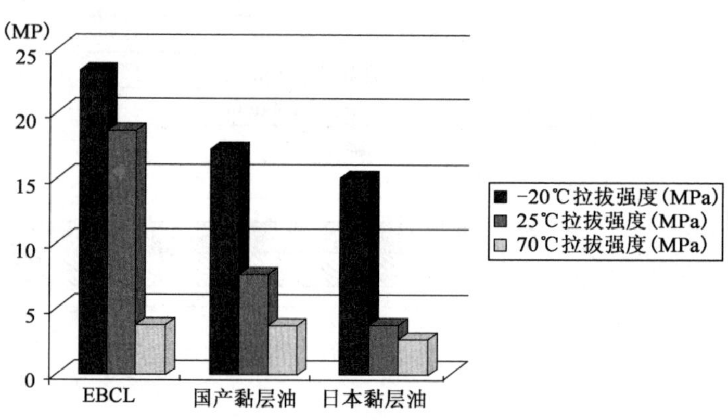

图2 黏层油拉拔强度试验

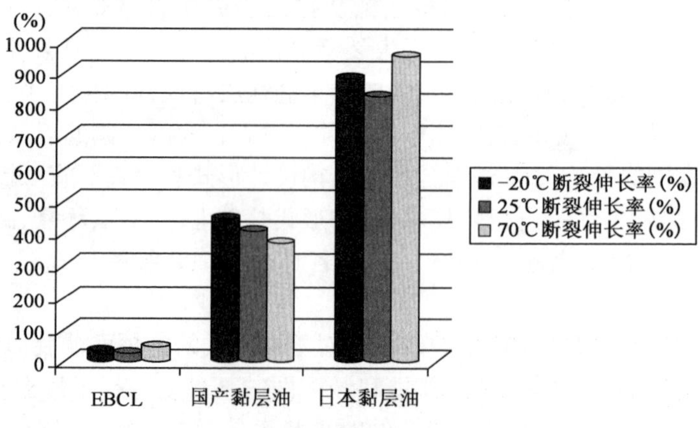

图3 黏层油断裂伸长率试验

ERS 的 RA 环氧沥青有较高的拉拔强度和抗剪强度，但断裂伸长率只有日本环氧沥青的$\frac{1}{2}\sim\frac{1}{3}$。国产环氧和日本环氧沥青的拉拔强度和抗剪强度与断裂伸长率接近，但日本环氧在 -20℃时的断裂伸长率是国产环氧的 2 倍，所以日本环氧有更优异的低温抗开裂性能，如表 3 和图 4 ~ 图 6 所示。

环氧沥青的力学性能　　表 3

材　　料		养 生 条 件	拉拔强度(MPa)			抗剪强度(MPa)			断裂伸长率(%)		
			-20℃	25℃	70℃	-20℃	25℃	70℃	-20℃	25℃	70℃
环氧沥青	RA05	60℃下养生 16h	16.4	11.7	10.8	26.4	12.0	1.90	120.4	120.8	117.0
	国产环氧沥青	常温放置 1d，60℃下养生 12h	8.6	8.9	4.2	12.3	5.0	1.4	234.7	361.9	390.8
	日本环氧沥青	150℃下 3h，60℃下养生 4d，常温 1d	7.0	6.5	1.5	12.5	6.7	0.7	382.6	301.7	365.4

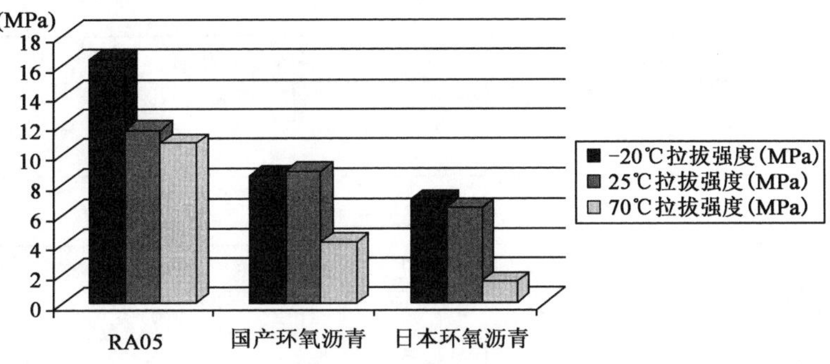

图 4　环氧沥青拉拔强度试验

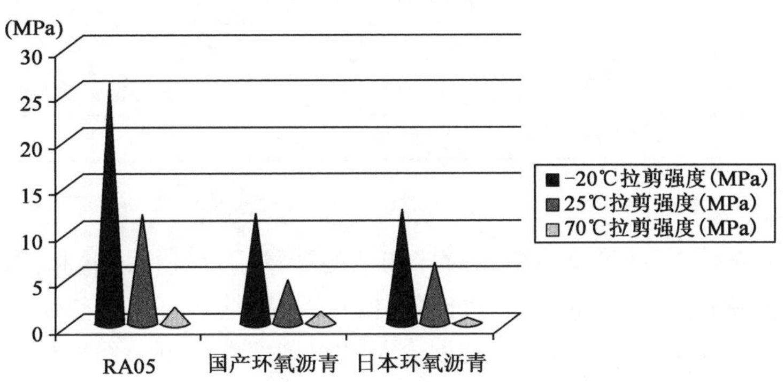

图 5　环氧沥青抗剪强度试验

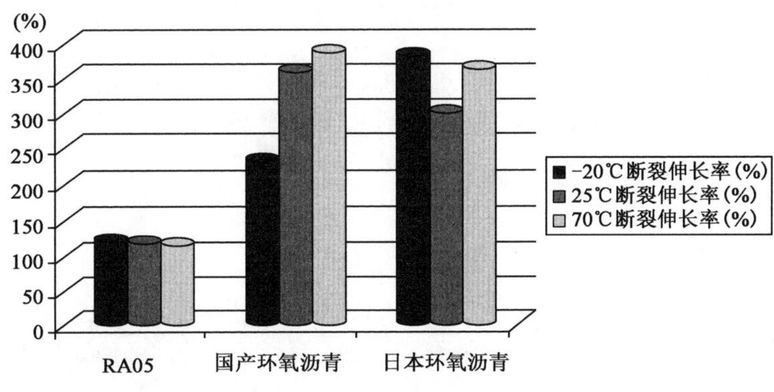

图 6　环氧沥青断裂伸长率试验

SMA 沥青混凝土的木质纤维素能很好地提高该结构形式的高温抗车辙性能，抗水损害性能优良，构造深度好。

在综合对比日本双层环氧和日本环氧 + SMA 结构形式后，看出两者性能相近，但后一种方案经济性和后续维修性能更加优异。经专家会议多次评估，最终选择日本环氧 + SMA 结构形式为刘家峡大桥钢桥面铺装方案予以实施。

3 目标配合比设计和生产配合比设计与验证

3.1 目标配合比设计

在目标配合比设计阶段，根据《公路工程沥青路面施工技术规范》（JTG F40—2004）、《公路钢箱梁桥面铺装设计与施工指南》、《公路沥青玛蹄脂碎石路面施工技术指南》优选矿料级配，确定最佳沥青用量，并进行水稳定性能、高温稳定性（车辙试验）、低温弯折试验、变形协调性能试验，合格后确定环氧沥青混合料目标配合比，见表 4 ~ 表 6。

矿料配合比及油石比 表 4

混合料类型	下料各种矿料所占比例（%）					
	4.75 ~ 9.5	2.36 ~ 4.75	1.18 ~ 2.36	0.6 ~ 1.18	0 ~ 0.6	矿粉
TAF-10	30.0	12.0	25.0	18.0	10.0	5.0

合成级配通过率 表 5

级　配	通过下列筛孔（方孔筛，mm）的质量百分比（%）								
筛孔（mm）	13.2	9.5	4.75	2.36	1.18	0.6	0.3	0.15	0.075
通过率（%）	100.0	99.6	70.7	58.2	45.5	32.5	21.0	18.5	9.6

最佳油石比及密度、空隙率 表 6

级配类型	油石比（%）	试件毛体积相对密度	计算理论最大相对密度	空隙率（%）	矿料间隙率 VMA（%）	沥青饱和度 VFA（%）
TAF-10	7.1	2.633	2.686	2.0	18.7	89.2

3.2 生产配合比设计

拌和站建设调试完毕后，经计量检验单位对拌和站的计量系统进行校验和标定，开始进行生产配合比设计。粗配冷料（3 种级配粗集料和石粉）按比例计量掺配后输送进入加热滚筒加热除尘后进入热料仓，经热料仓筛分成两种混合矿料，经检测两种混合料的材料级配和混合级配后，确定热料仓的配合比，供拌和站控制系统使用。按照相关规定进行不同沥青用量马歇尔试验和试拌，通过室内试验和试拌混合料情况确定生产配合比的最佳沥青用量。

3.3 生产配合比验证

拌和站按生产配合比结果进行试拌。在铺筑之前，拌和站试拌 3 盘，取其混合料进行油石比、矿料级配、水稳定性、高温稳定性、渗水性能、低温抗裂性等检验，各项指标均符合设计要求后，再进行铺筑。

4 钢桥面铺装施工工艺

4.1 桥面清洁和除锈

抛丸除锈是钢桥面铺装作业的关键环节，不得等同于钢结构的防腐处理。除锈的目的除了要将前期的防锈底漆打磨干净外，还要形成一定的粗糙度，以便钢桥面与防水黏层进行很好的连接。喷砂除锈等级不低于 Sa2.5。

（1）钢桥面板采用真空无尘打砂的除锈方法，要求喷砂除锈后钢板表面的清洁度达 Sa2.5 级，粗糙度达到50~80μm。

(2)采用多台抛丸机并行直线连续抛丸的方式进行喷砂作业。抛丸机每次行走距离不超过50m,往返多次,直至将整个需除锈范围抛丸完毕;两幅抛丸搭接处应互相搭接5~10mm。在进行最后一遍抛丸除锈时,应换用清洁干燥磨料,禁止使用回收磨料。

(3)对于打砂机无法施工的区域或边缘,采用手持式打磨机人工打磨,确保该部位的清洁度与粗糙度满足设计要求。

4.2 防锈漆施工

防腐层在表面喷砂处理检验合格后4h内或在表面品质明显降低之前采用人工涂刷或高压无气喷涂,涂装前人工预涂所有焊缝、边角位及所有不易喷涂的部位,以保证这些部位有足够的膜厚。

4.3 防水环氧黏结层施工

4.3.1 防水黏结层施工

(1)防水黏结层采用人工使用滚筒或毛刷涂布,用量为(0.4±0.05)kg/m^2。必须严格按照标准距离进行均匀喷涂,以防止多涂或漏涂情况发生。此外,为防止黏结剂在涂布时飞散到涂布范围以外,应设置挡板进行必要遮挡。

(2)主剂和固化剂从混合后到喷洒结束所要时间必须在表7所列可使用时间范围内。

黏结剂的可使用时间 表7

温度(℃)	20	30
可使用时间(min)	45	20

4.3.2 防水黏结层养生

洒布后,对防水黏结层应进行养生,直到确定树脂已达到所需固化程度(用手指按压黏结层不黏手的状态,即指干状态)。如果养生状态达到要求,按照通常的施工方法进行下面层的铺装,如果还没达到则继续养生。但如果养生时间过长会导致黏结力下降,一旦超过有效期,需重新喷涂黏结剂;当预测施工当日或养生过程中有下雨可能的时候,则应停止施工。黏结层的养生天数及黏结有效期限见表8。

黏结剂的养生天数参考表 表8

温度条件	养生天数(d)	黏结有效期限(d)
20℃以上30℃以下	1	3
10℃以上20℃以下	2	6

4.4 环氧沥青混凝土施工

4.4.1 环氧沥青混凝土生产工艺流程(图7)

4.4.2 环氧沥青混凝土施工

(1)混合料拌和

①搅拌完毕的环氧树脂主剂和固化剂混合液与沥青同时投放入搅拌仓内。

②环氧树脂和沥青投入搅拌仓内的拌和时间控制在45~50s。

③环氧沥青混合料出料温度控制在(175+5)℃。

(2)运输

①运输车辆设置测温孔和覆盖保温装置,装料前对车厢内部进行清理、均匀涂刷食用油。

②对运输道路进行规划,定点掉头、定点清理,进入桥面顶部前保证轮胎清洁干净。

③运料车采用倒行法驶入摊铺机前等待。

④运料车返回拌和站后检查车厢内有无余料,装车前进行清理。

(3)摊铺

环氧沥青混合料的摊铺采用单向双机联铺模式作业,不允许环氧混凝土之间出现纵向冷接缝。

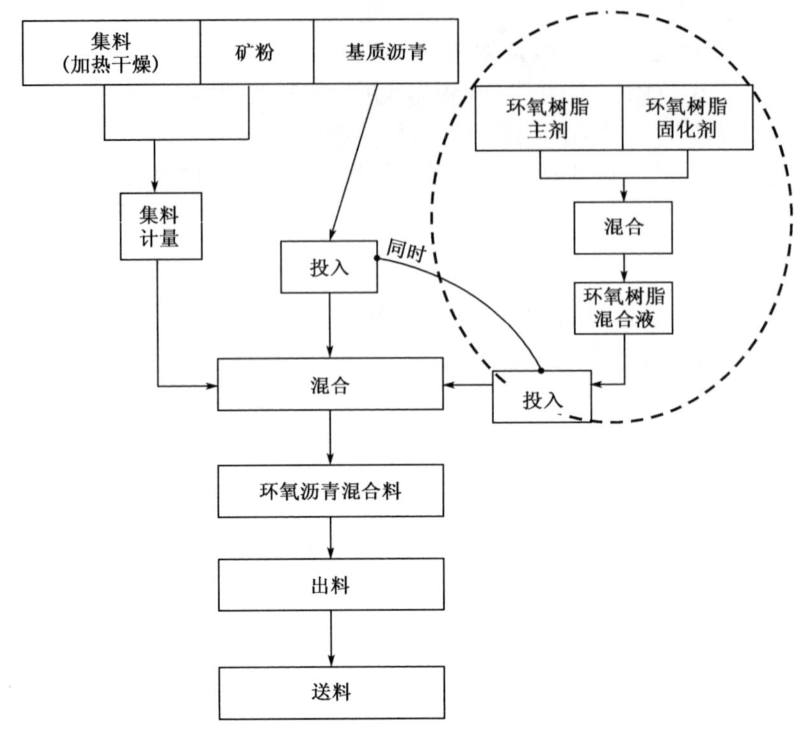

图7　环氧沥青混凝土施工流程

(4)碾压

环氧沥青混合料碾压应紧跟摊铺机,碾压过程按初压、复压、终压三个阶段进行。其碾压遍数应符合表9的要求。

压路机组合及碾压遍数　　表9

面　层	初　压	复　压	终　压
环氧沥青面层	轮胎压路机3遍	钢轮压路机3遍	轮胎压路机3遍

注:碾压一遍的定义为碾压范围内,摊铺层表面的任一点都通过了一次压路机(不含叠轮)。

(5)养生

环氧沥青混合料采用自然养护方式,养护期暂定4d(≥30℃),具体养护期根据试件与桥面铺装层同步养生强度指标确定(表10)。同时还应注意以下几个问题:

①主桥钢桥面环氧沥青混凝土层严格实行封闭养生,养生期间禁止一切车辆通行(包括施工车辆)和其他作业。

②已施工的环氧沥青混凝土层养生期满后应尽快铺筑上面层。

③环氧沥青混凝土层碾压完成后,当天应仔细检查表面是否有死料或推挤裂缝等情况,对存在的问题应及时处理或采取补救措施。

养生强度指标　　表10

温度条件	养护时间(d)	有效期限(d)
40℃以上50℃以下	0.5	1.5
30℃以上40℃以下	1	2
20℃以上30℃以下	1	3
10℃以上20℃以下	2	6

4.5　环氧黏层油施工

环氧沥青施工完毕,待养生结束后,为了确保环氧沥青混凝土与上层SMA沥青混凝土更好的结合在一起，马上在环氧沥青混凝土表面涂刷环氧黏层油，其施工工艺与上述环氧黏层油施工方法一样。

4.6 SMA 沥青混凝土施工

在进行 SMA 沥青混凝土施工前，做好如下准备工作：

（1）对拌和楼、摊铺机等机械设备进行调试，消除机械设备的缺陷，保证在大规模施工中能正常稳定运行。

（2）根据沥青路面的各种施工机械相匹配的原则，通过试验段的施工，确定合理的机械数量及其结合方式。

（3）验证沥青混合料生产配合比设计，提出生产用的标准配合比和最佳沥青用量。

（4）确定了 SMA 面层的施工工艺。

（5）通过试铺确定黏层的喷洒方式和效果、摊铺、压实工艺，确定松铺系数等。

5 钢桥面铺装质量管理重点

5.1 桥面板除锈质量管理重点

桥面铺装前将其他上部交叉作业工序进行统一管理，防锈施工完毕的桥面禁止进行主缆涂刷等作业，人工对桥面的附着物质进行清理，对正交异性钢桥面板焊缝打磨、码板、吊装板进行切割打磨，控制焊缝余高不大于 2mm，对桥面板顶面的油污采用清洁剂或溶剂进行清洗。

要求环境温度不低于 10℃且钢板表面温度超过空气露点温度 3℃以上；遇雨、雪、结露等天气条件或空气相对湿度大于 85% 时严禁施工。

采用带吸尘装置的移动式自动真空无尘抛丸设备，彻底去除桥面板顶车间底漆以及钢材表面锈迹、油污、尘土、污水等一切脏物，确保在涂漆前表面清洁、干燥。

5.2 桥面板防锈漆施工质量管理重点

环氧富锌漆涂装工作结束后，对已涂装作业区进行封闭，严禁非施工人员进入封闭区域，必须进入封闭区域时，要穿戴干净的脚套并认真保护已完工作面，严禁二次污染。养护时间以漆膜完全固化为准。

5.3 钢桥面防水黏层油施工质量管理重点

（1）环氧沥青黏结剂喷洒时要求环境温度不得低于 10℃，当预计可能会出现浓雾或降雨时，在无足够工作时间的情况下，不得进行环氧黏结剂喷洒工作。

（2）黏结层施工前，先用软扫帚或鼓风机清洁钢板尘埃、杂物；如果有油污，需用适当浓度（足以洗去油污）的非离子型肥皂水溶液清洗（用长柄鬃毛刷），最后可用自来水彻底冲洗桥面。清洗后彻底进行烘干，保证干燥并不得再受污染。每次的清洁范围，应略大于此后黏结料的喷洒范围。

（3）黏结剂是由主剂和固化剂组成，使用前按 1∶1 的质量比将主剂和固化剂倒入混合容器里，用手持电动搅拌器搅拌 30s。如果主剂和固化剂的保管场所或施工现场温度低于 20℃的时候，则要把主剂和固化剂加热到 20～30℃左右，开始混合使用。

5.4 钢桥面环氧沥青混凝土拌和质量管理重点

（1）生产阶段环氧树脂固化剂的桶装重量为 16.2kg，主剂的桶装重量为 13.8kg，环氧树脂的温度控制在 50～60℃，采用保温棚加热储存的方式。

（2）环氧树脂与沥青的质量比为 1∶1，根据每盘沥青混合料的沥青用量计算环氧树脂用量，同时考虑桶装树脂的实际重量调整混凝土的拌和总量，确定每盘需要掺加的树脂主剂和固化剂的桶数。

（3）按生产配合比要求将主剂和固化剂按 1∶1 的比例进行掺配搅拌，搅拌时间不少于 30s。

5.5 钢桥面环氧沥青混凝土摊铺、碾压质量管理重点

（1）因为混合料在拌和的同时进行固化反应，所以在混合料生产到复压完了的时间要控制在 1.5h

以内。

(2)由于混合料摊铺的厚度较薄,空气和桥板很快吸收混合料的热量,造成混合料温度下降较快,所以摊铺后尽快进行碾压。

(3)施工时的气温和路面在10℃以下,风速在10m/s以上的大风天气时要避免施工。

如因天气、设备等原因造成留设施工缝时,必须机械切割施工缝。

(4)碾压时压路机驱动轮面向摊铺机,由低到高依次连续均匀碾压,相邻碾压带重叠1/3轮宽,碾压过程中压路机不得在铺装层上转向、掉头,压路机启动、停止必须减速缓行,不准紧急刹车制动。

(5)要对初压、复压、终压段落设置明显标志,便于司机辨认。对碾压顺序、压路机组合、碾压遍数、碾压速度及碾压温度应设专岗管理和检查、记录,坚决杜绝面层漏压。

(6)碾压时的混合料的温度以下温度为标准:

初压开始温度≥155℃;复压开始温度≥110℃;终压开始温度≥90℃。

5.6 钢桥面SMA施工质量管理重点

SMA作为表面层要控制接缝的施工处理,尽量采用全幅摊铺工艺,碾压设备的选择以现场温度为控制依据。如果气温较低时,要投入胶轮压路机以提高路面的碾压密实程度,减少钢轮的碾压遍数,而这不会对SMA的表面质量有所降低。

6 结语

刘家峡大桥钢桥面铺装施工适逢临夏地区10月季节,气温渐低,日最高环境温度为16℃,合适的施工时段较短,施工中克服了施工条件差的作业条件,严格按照既定的施工方案和配合比进行桥面铺装施工。施工工艺流程科学,质量控制措施到位,材料管理严格,桥面铺装完毕后各项检测指标均符合设计和规范要求,路用性能良好。

参考文献

[1] 中华人民共和国行业标准.JTG F40—2004 公路沥青路面施工技术规范[S].北京:人民交通出版社,2005.

[2] 重庆交通科研设计院.箱梁桥面铺装设计与施工技术指南[S].北京:人民交通出版社,2006.

[3] 黄卫.润扬长江公路大桥钢桥面铺装[M].北京:人民交通出版社,2005.

6　科研、试验篇

刘家峡黄河大桥岸坡岩体原位剪切试验研究

胡建芳

（甘肃省交通规划勘察设计院有限责任公司）

摘　要　刘家峡黄河大桥为某公路重点工程，桥长536m，建成后将成为甘肃地区单跨跨度最大的桥梁，在勘察中对桥台两岸边坡采用平硐勘察进行大型原位岩体抗剪强度试验及岩体变形试验，测定岩体的抗剪断强度、抗剪强度参数及岩体的变形参数，为大桥设计提供有效的岩土体物理力学参数，其结论对大桥合理设计，安全施工有着重要的指导意义。

关键词　岩体　抗剪(断)试验　参数

随着国内高速公路的迅速发展，高速公路建设正逐步进入地形条件复杂，地质灾害频发，建设难度大的山区；高速公路规划设计中高墩大跨桥梁增多，桥台斜坡愈加陡峻，这也对设计施工人员提出了更高的要求。

刘家峡黄河大桥为某公路重点工程，为跨越刘家峡水库支沟而设，桥长536m，采用单孔主跨1－536m悬索桥、钢管桁式加劲梁，重力式锚碇，建成后将成为甘肃地区单跨跨度最大的桥梁；则对桥台岸坡岩体稳定性的调查、分析、评价显得尤为重要。

为了更真实、详细的得到桥台岸坡岩土体的各项物理力学参数，对桥台岸坡进行稳定性验算、分析、评价，在刘家峡黄河大桥勘察中对两岸边坡采用平硐勘察进行大型原位岩体抗剪强度试验及岩体变形试验，测定岩体的抗剪断强度、抗剪强度参数及岩体的变形参数，作为大桥设计中岩土体物理力学参数的重要依据。

1　工程地质概况

桥址区位于刘家峡水库库区右岸的本池沟沟口，属黄土高原区的陇中黄土高原亚区陇中黄河干流及支流河谷平原、微谷小区，桥梁横跨本池沟，沟道内水面宽约330～370m，沟岸两侧山体陡峻，坡度约38°～46°，底部出露第三系紫红色泥质砂岩、砂质泥岩，表层呈强风化。上覆坡积黄土，干燥疏松，植被稀少，多为荒坡。

根据工程地质测绘及钻探揭露，桥址区地层岩性主要为晚前震旦系马啣山群的石英片岩、黑云母片岩等，第三系临夏组泥质砂岩、砂质泥岩、第四系冲积粉土和卵石、坡积黄土及风积黄土组成，由上自下为：①第四系坡积黄土、第四系冲积粉土和卵砾石；②上新统临夏组泥质砂岩、砂质泥岩，含砾砂岩、砾岩等，呈厚层～巨厚层状，几种岩性呈夹层、互层状出露，产状：190°∠6°。③前震旦系马啣山群第四组浅灰绿色石英片岩及灰黑色黑云母片岩（有时为片麻岩），岩性较坚硬、完整。

2　试验简介

根据桥址区工程地质条件，勘察期间在大桥两侧的山体上各开挖深30m的勘探平洞，结合两个勘探平洞对岸坡岩体及锚碇区岩体分别进行了现场岩体试验，试验项目有：岩体变形试验，混凝土/泥岩的抗剪(断)强度试验，岩/岩的抗剪(断)强度试验，试验主要目的是：

(1)进行现场岩体变形试验，确定岩体的变形特性；

(2)进行现场混凝土/岩体抗剪(断)试验，确定混凝土与泥质砂岩接触面的抗剪强度参数；

(3)进行现场泥质砂岩“切层”抗剪(断)试验，确定泥质砂岩“切层”的抗剪强度参数。

3 试验结果

3.1 岩体变形试验

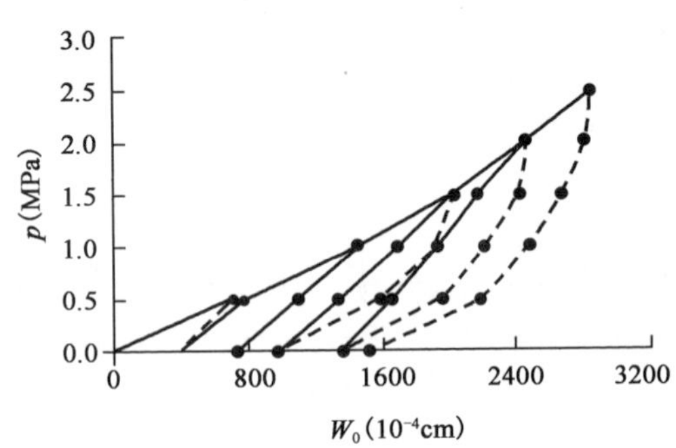

图1 压力-变形关系曲线

试验采用刚性承压板法，即通过刚性承压板施力于半无限空间岩体表面，测量岩体变形，并按均匀、连续、各向同性的半无限弹性体表面受局部荷载的布西涅斯克公式计算岩体变形特性指标。本次试验采用直径50cm刚性承压板。

根据现场试验记录，选取适当比例，以压力P(MPa)为纵坐标，以变形W_0($\times 10^{-4}$cm)为横坐标，绘制压力-变形关系曲线(图1)，然后根据刚性承压板法(圆形板)计算公式

$$E_0 = \frac{\pi}{4} \cdot \frac{(1-\mu^2)pd}{W_0}$$

式中：E_0——岩体变形(弹性)模量；

p——按承压板单位面积计算的压力，MPa；

d——承压板直径，cm；

μ——泊松比，采用0.28；得出各试验点岩体变性参数，如表1所示。

岩体变形试验成果汇总表 表1

试点编号	岩性特征	变形模量	弹性模量
		E_0(GPa)	E(GPa)
ZB1	砂质泥岩	0.77	2.16
ZB2		0.91	1.82
ZB3		1.31	2.30
平均值		1.00	2.09
YB1	砂质泥岩	0.32	0.74
YB2		0.48	1.04
YB3		0.27	0.57
平均值		0.36	0.78

3.2 混凝土与岩体直剪试验

混凝土与岩体的抗剪强度，是指在外力作用下混凝土沿岩体接触面所具有的抵抗剪切的能力。在直剪试验中，正应力和剪应力直接施加在预定的剪切面上。将混凝土浇注在岩体上，沿胶结面进行剪断时，通称抗剪断试验；剪断以后，沿剪断面继续进行剪切的试验，通称抗剪试验(也称摩擦试验)。本次试验混凝土试体的底面积为50cm×50cm，高度40cm，混凝土的强度等级为C30。

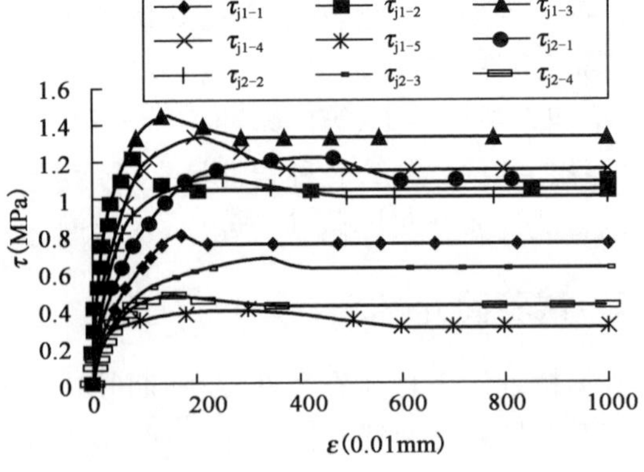

图2 不同正应力下剪应力与剪切变形关系曲线

根据实验记录绘制不同正应力下剪应力与剪切变形关系曲线(图2)，从图可以得出屈服强度、峰值抗剪强度和残余抗剪强度。然后再绘制出各剪切阶段的剪应力和正应力关系曲线，按库仑表达式定出相应的摩擦系数$\tan\varphi$和黏聚力c值(表2)。

抗剪(断)强度试验成果汇总表

表2

试验位置	项目	抗剪(断)强度指标							
		图解法				最小二乘法			
		抗剪断		抗剪		抗剪断		抗剪	
		f'	c'(MPa)	f	c(MPa)	f'	c'(MPa)	f	c(MPa)
西岸平洞	屈服值	0.42	0.15	0.33	0.20	0.43	0.06	0.39	0.14
	峰值	0.54	0.30			0.55	0.22		
	残余值	0.49	0.20			0.51	0.16		
西岸平洞	屈服值	0.38	0.13	0.45	0.22	0.31	0.22	0.45	0.22
	峰值	0.53	0.22			0.51	0.21		
	残余值	0.43	0.18			0.46	0.18		

3.3 岩/岩直剪试验

岩石本身的抗剪强度，是指在外力作用下，岩体本身抵抗剪切的能力。目的在于测定当在外力作用下，岩体本身的抗剪强度和变形，为验算岩体的抗滑稳定性和研究其破坏机制提供计算参数。

根据实验记录绘制不同正应力下剪应力与剪切变形关系曲线，从图可以得出屈服强度、峰值抗剪强度和残余抗剪强度。然后再绘制出各剪切阶段的剪应力和正应力关系曲线(图3)，按库仑表达式定出相应的摩擦系数 $f=\tan\varphi$ 和黏聚力 c 值(表3)。

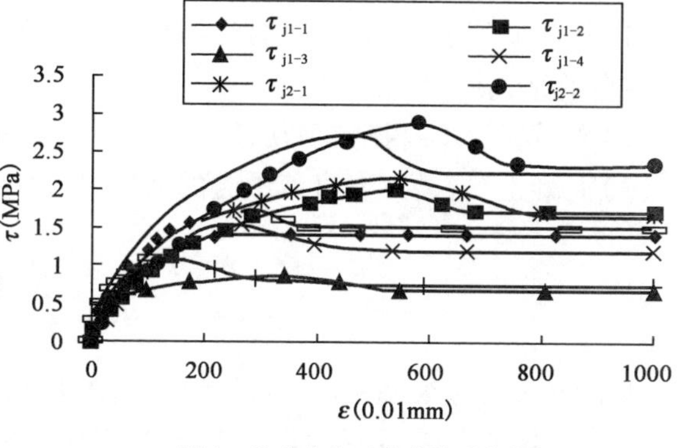

图3 剪应力和正应力关系曲线

岩/岩抗剪(断)强度试验成果汇总表

表3

试验位置	项目	抗剪(断)强度指标							
		图解法				最小二乘法			
		抗剪断		抗剪		抗剪断		抗剪	
		f'	c'(MPa)	f	c(MPa)	f'	c'(MPa)	f	c(MPa)
东岸平洞	屈服值	0.65	0.34	0.70	0.30	0.66	0.30	0.60	0.38
	峰值	0.86	0.52			0.84	0.53		
	残余值	0.66	0.47			0.68	0.46		
东岸平洞	屈服值	0.61	0.48	0.62	0.38	0.67	0.33	0.60	0.43
	峰值	0.86	0.55			0.84	0.56		
	残余值	0.64	0.55			0.68	0.44		

4 试验分析

4.1 岩体变形试验

西岸平洞的砂质泥岩变形(弹性)模量大于东岸的，这是因为东西平硐揭示的砂质泥岩不同，东岸出露的砂质泥岩与泥质砂质岩呈互层结构，且厚薄不均，软硬相间；而西岸的砂质泥岩层理明显，结构紧密、岩性单一、因此其物理力学性质较好。

4.2 混凝土与岩体直剪试验

从混凝土与砂质泥岩接触面的抗剪断试验过程和应力-应变关系曲线看，其破坏特征为塑性破坏。从剪断后的剪切面上看，试件均沿接触面剪断，剪切面平整，上盘混凝土剪切面上黏附有 2～3mm 砂质泥岩，擦痕明显。经分析其破坏机理，砂质泥岩较混凝土试体软弱，但其层面紧密，完整性相对较好；因此砂质泥岩本身抵抗剪切破坏的能力高于混凝土/岩接触面的抗剪能力，也就是说混凝土/岩接触面的抗剪强度是最弱的。

4.3 岩/岩直剪试验

从剪应力-剪应变关系曲线看，试件的破坏形式均为塑性破坏。从试件剪断后的剪切面上看，试件均沿预定接触面剪断，剪切面基本平整，沿剪切方向擦痕明显，有岩屑颗粒分布。当试件受到剪切应力的作用后，由于应力分布不均，试件前缘既受剪切作用又受拉力作用，随着剪应力的增大，应力逐渐传到试件后缘，试件前缘和基岩断裂，造成应力集中向后传递，试件与基岩的连接面逐渐减少，最终被剪断。

5 结语

通过对刘家峡黄河大桥岸坡岩体进行了多组抗剪强度及岩体变形试验研究，基本得出了可靠度较高的试验参数，为大桥稳定分析提供了可靠的力学参数。同时也得出以下结论：

(1)从砂质泥岩变形试验结果来看，西岸平硐的变形(弹性)模量大于东岸的，这是由东西平硐砂质泥岩各自的结构所决定的。

(2)砂质泥岩本身抵抗剪切破坏的能力高于混凝土/岩接触面的抗剪能力。

(3)混凝土/岩、岩/岩直剪试验的剪应力-剪应变关系曲线看，试件的破坏形式均为塑性破坏。

参考文献

[1] 工程地质手册编委会. 工程地质手册[M]. 4版. 北京:中国建筑工业出版社,2007.

[2] 中华人民共和国国家标准. GB/T 50266—99 工程岩体试验方法标准[S]. 北京:中国计划出版社,1999.

[3] 中华人民共和国行业标准. SL264—2001 水利水电工程岩石试验规程[S]. 北京:中国水利出版社,2001.

刘家峡大桥桥台岸坡岩体特性及其稳定性研究

王骑虎[1,2] 陶连金[1] 韩友续[2]
(1. 北京工业大学 城市与工程安全减灾省部共建教育部重点实验室;
2. 甘肃省交通规划勘察设计院有限责任公司)

摘 要 刘家峡大桥位于刘家峡水库右岸冲沟沟口,是临夏折桥至兰州市达川二级公路的控制性重点工程。该桥设计采用单跨悬索桥方案(跨径20m+536m+20m),建成后将成为甘肃省乃至北方地区最大跨度的桥梁。通过地质调绘、工程钻探、平洞勘探、岩体声波测试、大型原位岩体变形试验和室内力学试验多种方法,对桥台岸坡岩体特性进行了详细研究。基于变形理论,运用Geo-Studio和FLAC数值模拟软件对库水位升降、桥基开挖、桥塔荷载等因素影响下的桥台岸坡的稳定性进行了研究,最后并就桥台岸坡防治措施提出了建议。

关键词 刘家峡大桥 桥台岸坡 岩体特性 稳定性

桥台稳定性是桥梁建筑场地适宜性和安全性评价的基本岩土工程问题之一,对于布设于水库岸坡的大桥显得尤为重要。综合前人研究成果,岸坡桥台稳定性研究一般采用两种方法的结合运用,并按照三个步骤的逐次展开。两种方法,即定性分析判断和定量力学计算分析;三个步骤,首先是研究场地的地形地貌、地层岩性、地质构造、水文地质等基本地质条件,主要采用工程地质分析原理定性评价桥台岸坡的自然稳定状况;然后分析桥台基础施工扰动和桥梁工程加载作用对桥台岸坡稳定性的破坏程度,即研究工程—场地的相互作用结果;最后预测地震、降雨和地表水等诱发因素作用下的桥台和岸坡的整体的长期稳定性。在后边两个阶段的研究实践中,主要采用有极限平衡理论、强度折减法和变形分析等方法,大多以数值仿真模拟技术为支撑,强调"地质过程分析"思想,对边坡的变形破坏模式和防治措施变形进行系统分析。

评价位于水库岸坡的大桥桥台的稳定性,关键在于查明岸坡岩体结构及力学变形特性,继而分析水库岸坡特有的自然因素和施工作用下桥台岸坡的整体稳定性。刘家峡大桥两岸水库边坡目前处于稳定状态,但是,在库岸再造作用以外,更重要的是桥基开挖、索塔荷载、锚定拉力、库水位升降、地震以及降雨等因素对桥台岸坡的稳定性存在的复杂影响。因此,综合考虑各种影响因素,系统研究桥台岸坡的稳定性是刘家峡大桥建设和运营安全性的首要任务。为此,本文通过地质调绘、工程钻探、平硐勘探、岩体声波测试、大型原位岩体变形试验和室内力学试验等多种方法,对桥台岸坡岩体结构和力学特性进行了详细研究,并基于强度理论和变形理论,运用Geo-Studio和FLAC数值模拟软件对桥台岸坡的稳定性进行了系统分析和评价。并提出工程防治措施建议。

1 桥址工程地质条件

刘家峡黄河大桥横跨刘家峡水库右岸U形冲沟,两岸自然坡度38°~46°。该处水库正常高水位1736.0m,最大水深58.0m左右,年变幅在20m以内。大桥两岸索塔距岸坡前缘正常水边线的水平距离分别为87.3m和88.5m,桥面设计高程距正常水位约60.0m。桥址区位于临夏盆地北缘,无水库塌岸等不良地质作用,附近无断裂构造通过,属构造相对稳定地段。地震动峰值加速度为0.15g。年平均降水量494.9mm。两岸山体覆盖第四系风积、坡积黄土,结构疏松,垂直节理发育,最大厚度22.85m。下伏基岩为晚第三系临夏组(N_2^1)黏土岩,岩性主要为泥岩、砂质泥岩、砂岩等,均为湖泊沉积的碎屑岩。岩层产状190°∠6°,呈中厚层状~巨厚层状。易风化,具崩解性,属软岩~极软岩。底部基岩为前震旦系马唧山群石英片岩。桥址区地下水主要为碎屑岩类裂隙水,赋存于基岩裂隙中。该桥工程地质纵断面如图1所示。

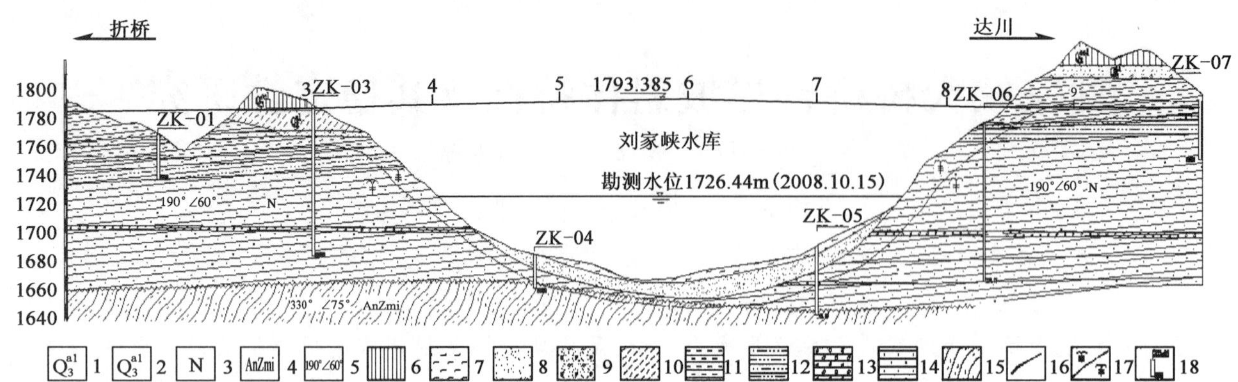

图1 刘家峡大桥工程地质纵断面图

1-上更系统风积层;2-上更系统冲积层;3-第三系临夏组;4-前震旦系马唧山群第四组;5-岩层产状;6-黄土;7-淤泥;8-细砂;9-圆砾;10-粉土;11-泥岩;12-泥质砂岩;13-砾岩;14-砂岩;15-石英片岩;16-地层界线;17-风化界线;18-钻孔

2 岸坡岩体特性

2.1 结构特性

地质调绘可查明岩体风化裂隙和沉积层面等表层节理的分布情况,平硐勘探则可以直观揭露岩体深部的结构特征。据岩体结构面分级方法,刘家峡大桥岸坡岩体中的结构面可分为Ⅳ级、Ⅴ级,均属于裂隙类结构面。Ⅳ级结构面指岸坡表层分布的风化裂隙和岩层层面。在西端岸坡共发育145条节理,其中剪节理63条,面平,无填充,间距0.5~2.5m。张性节理82条,面呈波状,弯曲,张开度2~5m,无填充,间距0.2~3.0m,两种结构面中均无地下水。Ⅳ类结构面为随机节理,在两岸平硐中共发育23条,以剪节理为主,面平直,光滑,闭合,间距1~2.5mm。据采用跨孔法在平硐侧壁上完成的超声波测试结果,岩体纵波速度在1500~1700m/s之间,而钻孔岩芯纵波速度2222~2370m/s。结合平硐内裂隙统计,在水平方向上,桥台岸坡0~7.1m段属强风化带,岩体较破碎;7.1~15m段属弱风化带,岩体较完整;15~30m段,岩体新鲜完整。

2.2 变形特性

岩体平板载荷试验是通过刚性承压板施力于半无限空间岩体表面,测量岩体变形,并按布西涅斯克公式计算岩体变形特性指标。本次岩体原位试验在两岸平硐中进行,采用直径为50cm刚性承压板。得出岩体压力—变形关系曲线如图2所示。试验发现,西岸平硐中的三个变形试验点的压力—变形关系曲线属于为上凹型,符合层理明显岩体的变形特征;东岸试岩体压力—变形关系曲线有所差异。据试验计算,西岸砂质泥岩变形模量平均值1.00 GPa,弹性模量2.09 GPa,泊松比为0.34;东岸砂质泥岩变形模量平均值0.36 GPa,弹性模量0.78 GPa,泊松比0.32。西岸平硐测得的变形(弹性)模量大于东岸的,这是因为东岸出露的砂质泥岩与泥质砂质岩呈互层结构,且厚薄不均,软硬相间,而西岸的砂质泥岩层理明显,结构紧密,岩性较均一,岩层厚度变化不大,整体性好。

2.3 力学特性

在平硐中通过岩—岩抗剪断试验得出不同正应力下剪应力与剪切变形关系曲线(图3)。根据计算,岩体内摩擦角的屈服强度、峰值抗剪强度和残余抗剪强度依次为32.93MPa、40.39MPa、33.64MPa,平均值为32.19MPa;内聚力的屈服强度、峰值抗剪强度和残余抗剪强度依次为0.36MPa、0.54MPa、0.48MPa,平均值为0.37MPa。另据室内岩块试验,泥质砂岩的物理力学参数为:密度2.19g/cm^3,吸水率10%,孔隙率18.58%,弹性模量1.76GPa。泊松比0.28,干抗压强度19.3MPa,饱和抗压强度2.46MPa,软化系数0.12,凝聚力0.77MPa,内摩擦角47.37°。

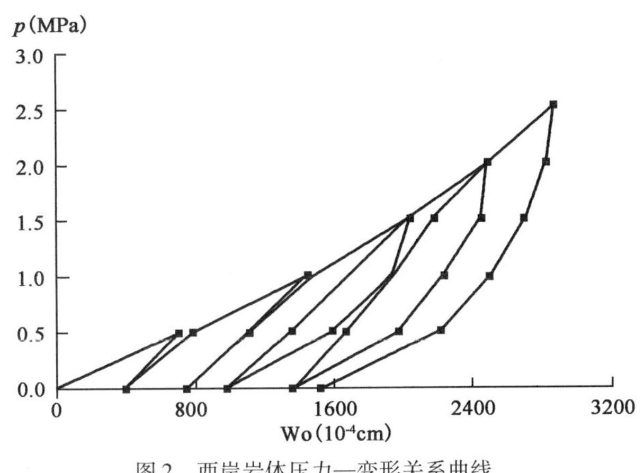

图2 西岸岩体压力—变形关系曲线

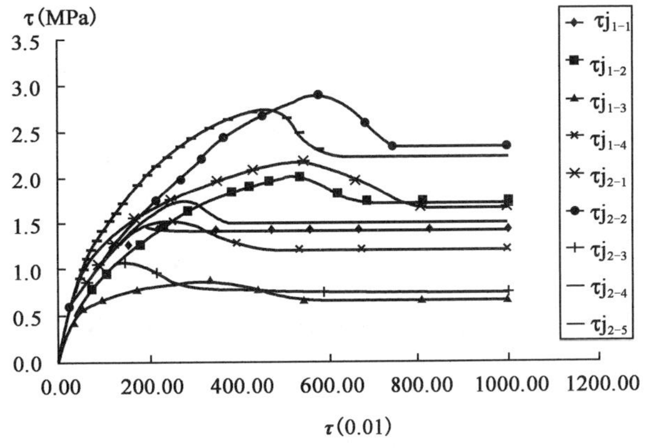

图3 岸坡岩体抗剪断试验成果曲线

3 基于强度理论的岸坡稳定性分析

3.1 计算方法

极限平衡方法是目前斜坡稳定性定量评价的最常用计算方法。本次数值模拟计算选取刘家峡大桥工程地质纵断面图作为计算模型剖面，采用 Geo - Studio 软件，共划分 2453 个三角形单元，通过 Seep 模块计算出库水水位在 1716m 和 1736m 之间升降以及暴雨情况下的孔隙水压力，然后将孔隙水压力导入 Slope 模块，从而计算出边坡的稳定系数。计算过程考虑：①天然状态 + 库水压力；②天然状态 + 地震 + 库水压力；③天然状态 + 暴雨 + 库水压力；④天然状态 + 暴雨 + 地震 + 库水压力；⑤库水水位骤降 + 库水压力；⑥库水水位骤降 + 地震 + 库水压力；⑦库水水位上升 + 库水压力；⑧库水水位上升 + 地震 + 库水压力 8 种工况。

3.2 计算结果分析

东岸坡为顺倾向边坡，较西岸的反倾向边坡稳定性差。鉴于此，主要分析东岸桥台的稳定性。建桥后东岸桥台岸坡在工况⑥下潜在滑动面位置如图 4。东岸桥台在各种工况计算得到的岸坡稳定系数见表 1。

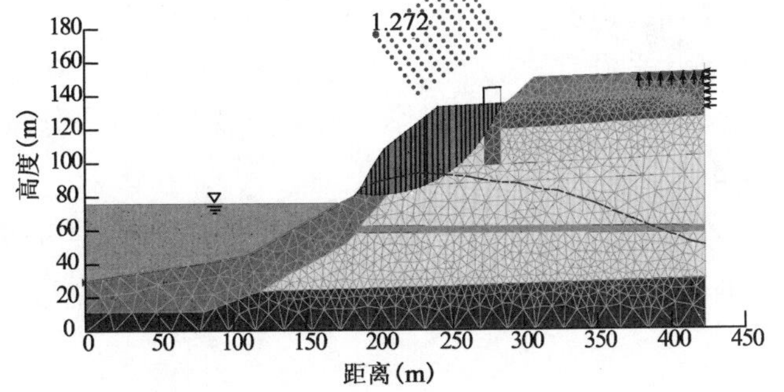

图4 开挖建桥后东岸边坡在工况⑥条件下潜在滑动面

计算表明，刘家峡黄河大桥自然岸坡在 8 种个工况下搜索的潜在滑动面都处于表层强风化泥岩中。建桥前后，计算得到的稳定系数都大于规范要求，说明边坡整体稳定性好，不会发生整体失稳破坏。另外，根据参数敏感性分析，地震对库岸边坡影响最大，其次是库水骤降的影响。水位下降速度越快，稳定系数越低，边坡的稳定性越差。

东岸桥台岸稳定性系数计算成果一览表 表1

计算工况	一般条分法		Bishop 法		Janbu 法		Morgenstern-price 法	
	建桥前	建桥后	建桥前	建桥后	建桥前	建桥后	建桥前	建桥后
工况①	1.585	1.356	1.627	1.558	1.587	1.391	1.624	1.533
工况②	1.254	1.231	1.292	1.388	1.244	1.245	1.290	1.373
工况③	1.344	1.314	1.369	1.514	1.345	1.341	1.368	1.489
工况④	1.103	1.201	1.128	1.343	1.102	1.211	1.127	1.328
工况⑤	1.299	1.264	1.325	1.439	1.294	1.293	1.323	1.418

续上表

计算工况	一般条分法		Bishop 法		Janbu 法		Morgenstern-price 法	
	建桥前	建桥后	建桥前	建桥后	建桥前	建桥后	建桥前	建桥后
工况⑥	1.060	1.163	1.098	1.284	1.053	1.182	1.096	1.272
工况⑦	1.357	1.295	1.384	1.492	1.362	1.324	1.383	1.468
工况⑧	1.078	1.167	1.099	1.366	1.073	1.183	1.100	1.311

4 基于变形理论的岸坡稳定性分析

4.1 计算方法

根据边坡演化的变形分析理论，运用快速（显示）拉格朗日分析法（FLAC-Fast Laganragri of Continum）对该桥台岸坡稳定性进行动态数值模拟。计算条件为：①计算范围：整个地质剖面，水平距离为900m，垂直距离为350m。②本构模型：mohr-coulomb。③应力场：初始地应力场为自重应力场。④计算工况：计算考虑6种工况：即低库水位、中水位、高水位、高水位+降雨、中水位、低水位+暴雨。⑤边界条件：左右两侧边界作x方向约束，底部边界作y方向约束，开挖面为自由面。⑥网格划分情况：x方向划分为272个网格，y方向划分为115个网格。⑦模拟过程：考虑岸坡水—力耦合作用，分7个阶段：水库水位1716m自然条件；索塔和锚碇区开挖；库水位升至1726m；库水位升正常水位1736m；库水位下降至1726m；库水位下降至1736m；库水位下降至1716m。

4.2 应力场

根据模拟计算，建桥前后库岸边坡的主应力矢量分布符合一般以自重应力为主的边坡的应力矢量分布规律，坡面附近，最大主应力的方向基本平行于坡面，最小主应力垂直坡面。建桥前岸坡最大主应力接近8.859×10^3 kPa，随着该边坡开挖卸载，最大主应力的量值有所降低，但桥梁施工过程由于桥梁荷载施加在边坡上，使得最大主应力有所提高，达1.346×10^4 kPa。另外，在库水位升降过程中，最大主应力场几乎没有发生变化。雨后最大主应力为4.0×10^3 kPa，而降雨前为3.5×10^3 kPa，降雨后边坡最大主应力增大。高水位时岸坡岩体内最大主应力分布如图5所示。

4.3 位移场

在桥梁施工施工过程，桥梁建设完成锚碇和承台对库岸岸坡影响范围有限，发生的最大位移为3.453×10^{-6}m，岸坡的变形主要以自重应力作用下的竖直变形为主。桥梁建成后岸坡位移如图6所示。

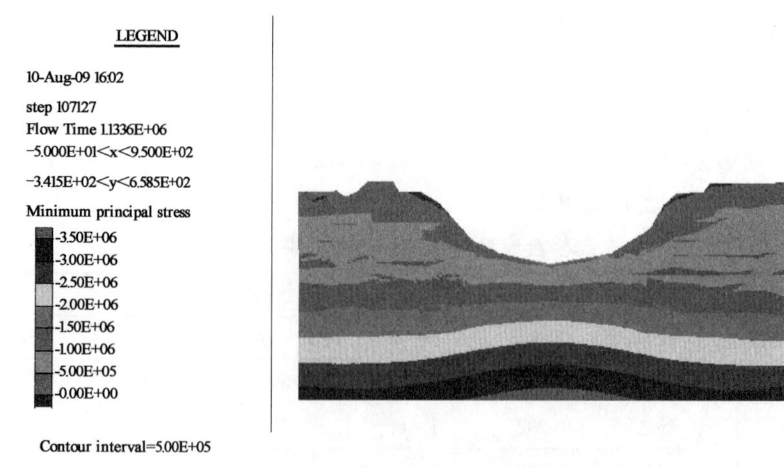

图5 高水位时最大主应力等值线色谱图

在整个桥建好投入使用后，对库岸岸坡产生了重大影响，岸坡附近的位移矢量方向将逐渐由竖直向水平方向转化，且其位移方向指向坡外，在岸坡后缘，其位移方向基本仍保持近于竖直方向；在两者之间

LEGEND

10-Aug-09 0:03
step 106099
Flow Time 7.9241E+07
-5.000E+01<x<9.500E+02
-3.415E+02<y<6.585E+02

Displacement vectors
scaled to max=4.000E-03
max vector=4.543E-03

0 1E-2

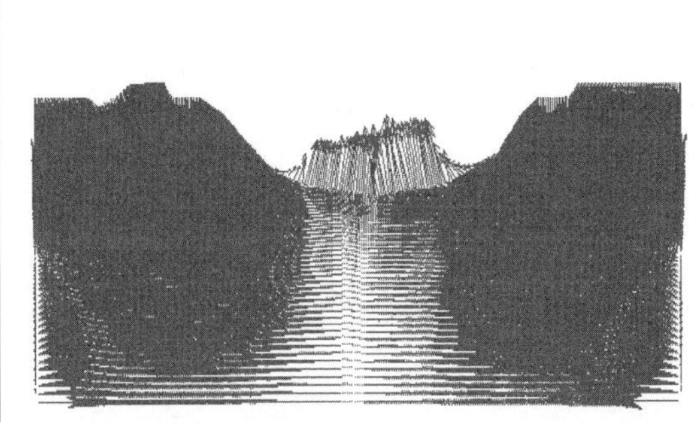

图6 桥梁建设完成后的位移矢量图

的部位，则从上到下逐渐由近于竖直转化为近于水平。

在水库位置，位移方向垂直向上，发生的最大位移为 4.543×10^{-3}m。库水位变化对库岸边坡的影响范围有限，主要集中在库水所包括的范围，深度和外延都小；库水位上升引起的位移要比库水位下降所引起的位移大，其中从中水位升到高水位引起位移最大为 6.0×10^{-4}m，而降雨所引起的位移为最小，仅有 7.50×10^{-5}m。

4.4 孔隙水压力场和饱和度特征

桥头岸坡开挖后孔隙水压力分布进行了小幅度调整，但孔压量值未发生变化，岸坡开挖卸荷后岸坡整体发生向上的位移，引起了孔压场变化。库水位的升降没有引起整体孔隙水压力场的大幅度波动，影响范围仅限于水库底部以及水位变化范围内的岸坡部位。因此，水库升降对整体岸坡孔隙水压力场的分布影响不大，对岸坡的整体稳定性不能构成威胁。建桥后高水位是孔压分布如图7所示。

边坡的饱和度和孔隙水压力场的分布基本一致，库水位升降时，边坡整体饱和度分布规律基本上未发生变化，仅在库水位升降影响范围内的边坡部位会随着水位的抬升，饱和度有所变化，但影响范围有限；降雨时，虽然在模型区域表层产生了饱和度，但不能产生孔隙水压力场，降雨仅对边坡土体起入渗加载作用，即雨水使土体的含水量增大，重度变大，从而使滑移面的剪应力增大。

4.5 岸坡稳定性评价

模拟计算过程，可通过跟踪岸坡重要部位的位移随时间的变化情况来分析坡体在施工开挖过程变形演变特征。桥头库岸岸坡位移随着库水位升降、降雨变化而变化，当计算达到稳定状态时，岸坡整体竖向最大位移为1.5mm，无论坡顶还是坡脚位移，都将达到一个定值。从变形的角度看，两岸桥头岸坡整体上均处于稳定状态。桥台岸坡在最后工况下塑性变形区分布如图8所示。

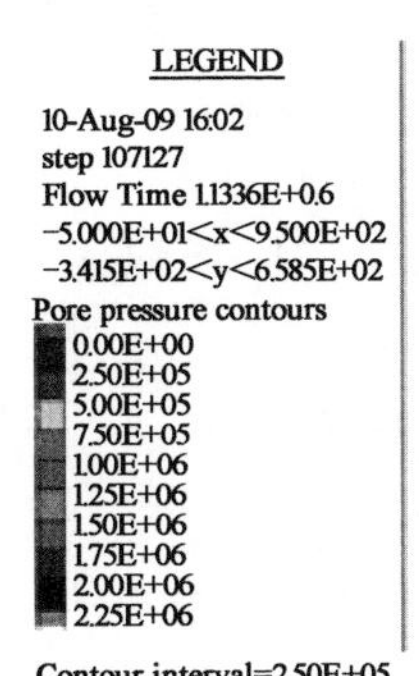

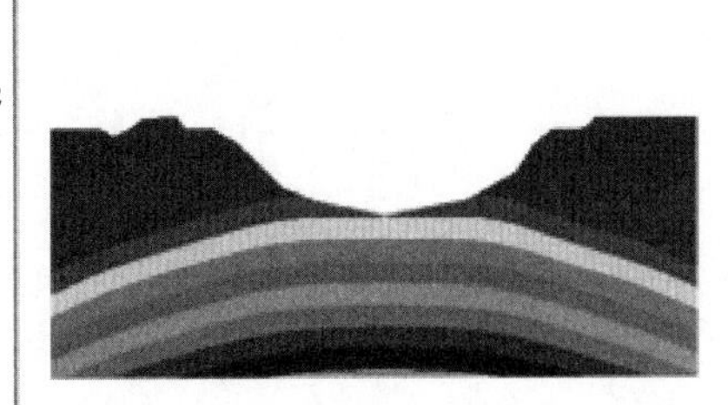

图7 桥梁建设完成后高水位时孔压场等值线色谱图

LEGEND

10-Aug-09 14:52
step 107130
Flow Time 2.2672E+06
-5.000E+01<x<9.500E+02
-3.415E+02<y<6.585E+02

stata
Elastic
At Yield in Shear or Vol
Elastic,Yield in Past
At Yield in Tension

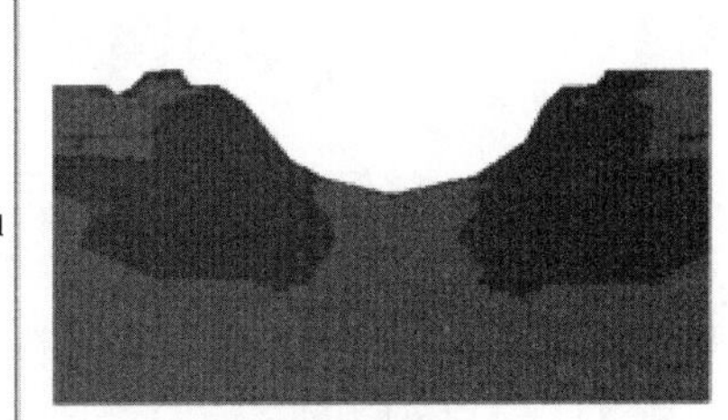

图8 桥台岸坡塑性区分布图

由图可看出，桥台岸坡在施工过程中部分坡体曾发生塑性变形，但经过应力应变调整后，岸坡岩体处于弹性状态，整体上是稳定的。另外，在锚碇和索塔区会出现拉应力区域，但随着库水位和降雨条件的稳定，拉应力区域并没有进一步发展。

5 结语

通过上述分析研究，得到主要结论如下：

(1)据地质调绘和平硐勘探，刘家峡大桥桥台岸坡岩体中结构面均属于裂隙类结构面（Ⅳ级、Ⅴ级），岩体整体属于层状结构，强风化层深度7.1m。

(2)平硐内原位平板载荷试验表明，西岸三个变形试验的压力—变形关系曲线属于为上凹型，符合层理明显岩体的变形特征；东岸岩体压力—变形关系曲线有所差异。西岸平硐的变形（弹性）模量大于东岸的。

(3)刚体极限平衡计算表明，大桥岸坡在8个工况下潜在滑动面都处于表层强风化带内，计算得到的稳定系数都大于规范要求，说明边坡整体稳定性好，不会发生整体失稳破坏。从参数敏感性分析可知，地震对库岸边坡影响最大，其次是库水骤降的影响。水位下降速度越快，稳定系数越低，边坡的稳定性越差。

(4)数值模拟计算分析表明，库水处于上升阶段时，岸坡竖向位移增大；在库水下降时，竖向位移较少，增幅小于1.0mm。库水位的升降影响范围仅限于水库底部以及水位变化范围内的岸坡部位。水库升降对整体边坡孔隙水压力场的分布影响不大。岸坡整体竖向最大位移为1.5mm。从变形的角度看，两岸桥头岸坡整体上均处于稳定状态。但受库水冲刷影响，边坡会发生局部崩塌破坏。

(5)在施工前和施工期间，应合理设置边坡的临时排水设施以减少地表水对边坡岩体的浸泡，尽量减少爆破对边坡岩体完整性的破坏。在桥台岸坡下部的水库水位升降影响范围内应采取防护措施，以减小库水对岸坡下部的掏蚀，防止岸坡规模掉块和坍岸的发生。

参考文献

[1] 张倬元，王士天，王兰生. 工程地质学分析原理[M]. 2版. 北京：地质出版社，1997.

[2] 崔政权. 系统工程地质导论[M]. 北京：水利电力出版社，1992.

[3] 黄润秋，张倬元，王士天. 高边坡稳定性的系统工程地质研究[M]. 成都. 成都科技大学出版社，1991.

[4] 汤庭杰. 典型强风化边坡开挖稳定性分析与加固方案设计[J]. 公路工程，2010，35(6)：70-90.

[5] 刘佑荣，唐辉明，方云，等. 巴东长江大桥地质环境与岩土工程问题研究[J]. 中国地质大学学报，2001，26(4)：410-414.

[6] 于洪丹，陈卫忠，谭贤君，等. 大宁河特大拱桥桥址溶崩角砾岩力学特性研究[J]. 地下空间与工程学报，2010，6(4)：729-734.

[7] 王跃飞，肖毅海，刘海鸿. 桥址高陡岩质斜坡稳定性分析[J]. 公路工程，2012，37(1)：144-148.

[8] 蒋亮等. 成都至兰州铁路金溪特大桥边坡稳定性及防治方案研究[J]. 公路工程，2012，37(3)：30-37.

[9] 虢柱，等. 岩质边坡稳定性数值模拟及动力响应分析[J]. 公路工程，2012，37(5)：23-27.

[10]《工程地质手册》编委会. 工程地质手册[M]. 4版. 北京：中国建筑工业出版社，2007.

[11] 张宜虎，彭元诚，张波，等. 某特大桥西侧桥头边坡稳定性分析与评价[J]. 长江科学院院报，2008，25(5)：120-124.

[12] 邹团结，等. 路堑高陡边坡开挖变形的时空效应分析[J]. 公路工程，2012，37(6)：48-50.

[13] 郭爱斌，等. 考虑降雨入渗的非饱和边坡稳定分析[J]. 公路工程，2010，35(3)：119-121.

大直径钢管混凝土配合比的初探

朱 琪[1] 李鸿盛[2]

(1. 甘肃省远大路业集团;2. 中交一公局第一工程有限公司)

摘 要 刘家峡悬索桥桥塔为直径3m的钢管混凝土结构,国内大直径钢管混凝土桥塔应用于桥梁工程不多,如何优选微膨胀混凝土的配合比。刘家峡大桥通过试验确定C40混凝土配合比、混凝土浇注工艺、C40混凝土膨胀系数,确保钢管与混凝土的完美结合,为大桥钢塔施工提供了指导,供同类型结构参考。

关键词 桥塔 微膨胀混凝土 配合比

1 桥塔结构形式

刘家峡黄河特大桥为1-536m单跨双铰钢桁加劲梁式悬索桥。桥塔采用钢管混凝土门式框架结构,由桩基础、塔基、塔柱(ϕ3000mm×50mm的钢管,主塔钢管尺寸:高度×直径×壁厚:60m×3m×0.05m.钢管内灌注C40微膨胀混凝土分层浇筑)和横梁组成。塔柱用制造的3.0m标准节段进行组焊,吊装节段长度分别为5.0m、19m、19m、17.5m,节段间采用内连接法兰盘连接,再焊接对接钢管。为增加钢管径向刚度,沿塔柱高度每3~3.5m设置加强环,并在横梁处加密。管壁内侧设置ϕ300×25mm焊钉,增加填充混凝土和桥塔钢管之间的黏接强度。横梁采用2000mm×2500mm的钢箱梁,雀替镂空部分做成"穹顶"形,内部采用球扁钢纵肋和横隔板加强。

主塔(如图1)采用逐段拼装钢管、分段泵送灌注C40微膨胀混凝土的工艺施工。

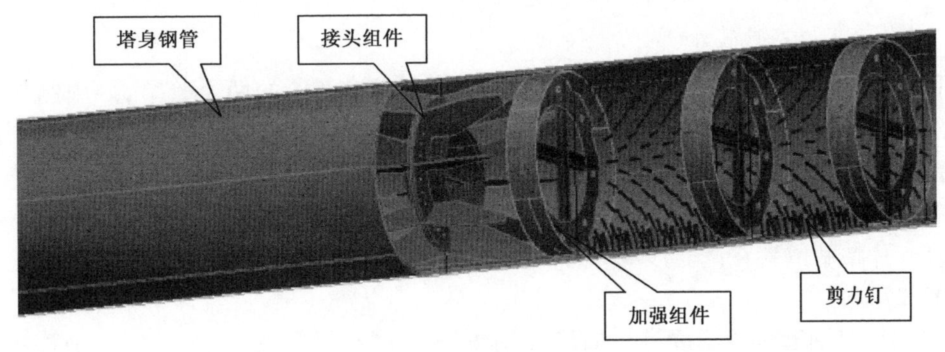

图1 塔柱钢管构造图

2 配合比选择的依据

以往有施工钢管混凝土拱桥经历,但直径超过3m的大直径钢管混凝土工程应用不多,如何合理选择混凝土施工配比是我们首先要解决的问题。设计对微膨胀混凝土的设计指标为:"混凝土密实,补偿自身收缩,与钢管不发生脱粘现象"。

我们在翻阅大量文献和规范的基础上,决定通过钢塔模拟试验,最终确定C40微膨胀混凝土配合比、混凝土浇筑工艺、实体质量检测方法等,保证钢管内混凝土与钢管黏结密实、无空洞。确保桥塔钢管混凝土的施工质量。

试验采用现场模拟试验选取4个,高度×直径×壁厚:1.5m×3.0m×0.05m的钢管作为试验段,内部模拟现场实际施工状况浇筑C40微膨胀混凝土。通过测定现场混凝土及钢管表面应变值,并结合现场温度状况和实验室养护混凝土膨胀率综合确定本次试验的微膨胀混凝土膨胀率是否满足设计要求，评价混凝土的膨胀和温度变化对钢管的影响；通过超声波检测钢管混凝土缺陷及混凝土与钢管是否发生脱落。

3 配合比选择的思路和方法

模拟试验段的思路是考虑钢管在环境温度的作用下有少许变形，尤其是温度降低后混凝土发生收缩，有与钢管脱离的趋势，因此我们的混凝土试验段就是确定不同的膨胀剂掺量下混凝土浇筑后是否与钢管发生脱离，或者在钢管外部产生多大的应力，据此确定钢管微膨胀混凝土配合比。

3.1 前期准备

(1)钢管试验段制作

选用同主塔柱相同材料、相同厂家、相同焊接工艺的钢管试验前需核实相关材料并检查尺寸、焊接质量等是否符合要求。同时在微膨胀混凝土浇筑前应将底部用钢板焊接封闭，形成类似于钢塔实体混凝土施工的条件。

(2)C40 微膨胀混凝土试验配合比确定

钢管微膨胀混凝土配合比根据强度、限制膨胀率、坍落度、外加剂性能等条件合理确定。

水泥：采用祁连山 42.5 普通硅酸盐水泥。

粉煤灰：采用兰州云天Ⅰ级粉煤灰，质量应符合《用于水泥和混凝土中的粉煤灰》(GB/T 1596—2005)的规定。

砂：采用唐汪砂厂产的中砂，含泥量≤1.2%，细度模数 2.6 ~2.9，属于 2 区级配区。

石子：采用乌龙沟碎石，石子为 5 ~31.5mm 连续级配，级配优良，来源稳定，含泥率≤1.0% 。

减水剂：采用山西黄河新型化工有限公司的聚羧酸高效能减水剂，减水率为 21%。

膨胀剂：采用山西黄河新型化工有限公司的 HJUEA 膨胀剂。

水：拌和水采用刘家峡水库的水，符合相关规定。

3.2 温度作用下空钢管应变试验

(1)利用同样厚度、同样材质的钢板卷制直径 3.0m，高度 1.5m 的两个管节，厂内制作预制管节并试拼装，接缝部位按钢管制作工艺制作坡口。运至工地后由有资质的焊接工人进行现场焊接，并严格按照工艺评定指导书执行。

(2)取焊接好的 1.5 m×3.0m×0.05m 的钢管，使用钢丝砂轮片打磨钢管表面至光滑，粘贴环向及纵向应变片，应变片粘贴位置在试验段 0.3m 和 1.2m 高度位置布置两层，每层布置 5 处应变测点，分别为 0°、90°、180°、270°处。

(3)搭设保温棚对钢管环境温度进行加热，记录棚内温度和钢管的温度，并记录钢管初始温度下的应变值。

(4)使用加热设备在钢管内部进行加热，每间隔 5℃记录应变值，钢管表面温度加热至 45℃左右时停止。

(5)超声波检测空管波形、完成空管试验全部内容。

3.3 10%、12%膨胀剂掺量钢管混凝土应变试验

(1)利用 4 个高度 1.5m，直径 3.0m、壁厚 0.05m 的钢管作为试验段，试验前需用钢板将试验管底部焊接封闭成不透水形状，焊接完毕要对焊接质量进行严格的质量检查，确保焊接质量。

(2)粘贴表面应变片，取焊接好的 1.5m×3.0m×0.05m 的钢管，使用钢丝砂轮片打磨钢管表面至光滑，粘贴环向及纵向应变片，应变片粘贴位置在试验段 0.3m 和 1.2m 高度位置布置两层，每层布置 5 处应变测点，分别为 0°、90°、180°、270°处。

(3)每个试验段均布置 5 个埋入式混凝土应变计，2 个为竖直方向，三个为水平方向。具体布置与

应变计编号如图 2、图 3 所示。

(4)浇筑混凝土。现场共有 4 个钢管试验段,其中两个浇筑膨胀剂掺量为 10% 的 C40 混凝土,另外两个浇筑膨胀剂掺量为 12% 的 C40 混凝土。混凝土配合比如表 1、表 2 所示。

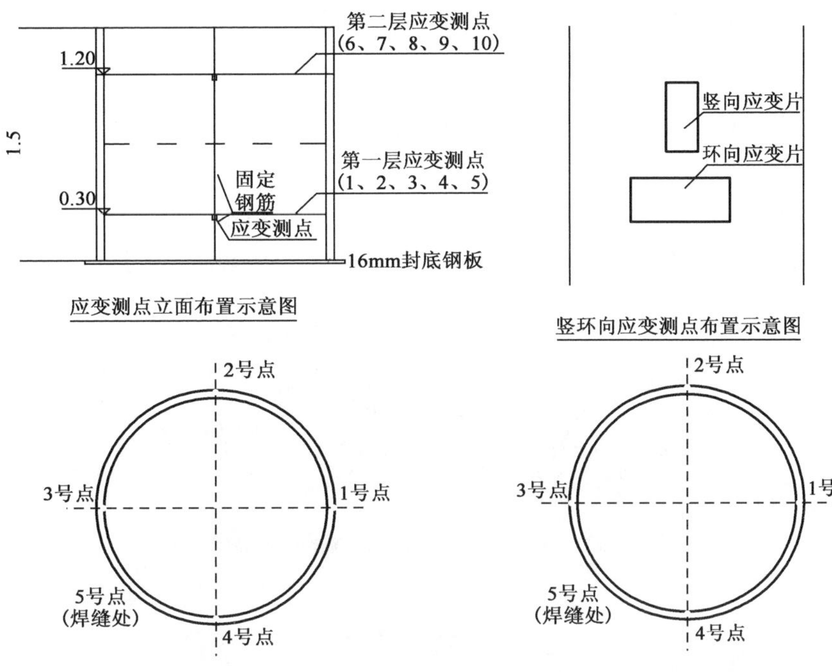

图 2 表面应变片布设示意图

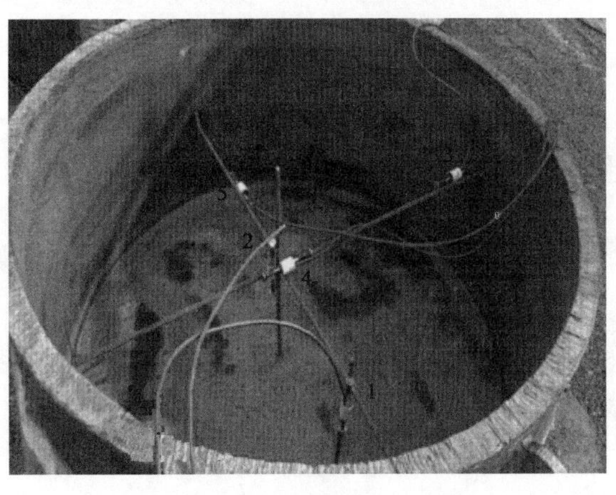

图 3 埋入式混凝土应变计示意图

注:1、2 为竖直方向;3、4、5 为水平方向

10%掺量 C40 微膨胀混凝土试验配合比 表 1

材料用量(kg/m^3)强度	水泥	粉煤灰	砂	石	拌和水	减水剂	膨胀剂
C40(微膨胀)	437	44	726	1044	154	8.74	43.7

12%掺量 C40 微膨胀混凝土试验配合比 表 2

材料用量(kg/m^3)强度	水泥	粉煤灰	砂	石	拌和水	减水剂	膨胀剂
C40(微膨胀)	437	44	726	1044	154	8.74	52.5

(5)记录混凝土浇筑并振捣后的初始应变计应变值。

(6)连续监测应变计读数,每天测 4 次,计算混凝土 7 天膨胀率。

(7)混凝土采用90型集中拌和站拌制、搅拌车运输、吊车吊斗入模、混凝土坍落度按照泵送混凝土配合比要求控制。

(8)试验中应变检测仪器采用YH0200表面应变计、YH0100埋入式混凝土应变计。YH6406通用读数仪;DH3816静态应变测试系统;加热设备;应变片20个;温度计若干。

3.4 钢管混凝土室内标准对比试验

试验人员利用同批混凝土制作抗压强度试件、限制和非限制性膨胀率试件进行标准养护和试验。

3.5 超声波检测钢管混凝土质量

使用ZBL—U520非金属超声检测仪检测7天龄期的混凝土与钢管结合密实性。每个试验段均布置水平4个测点,竖向分3层,共12个测点,图4为试验段超声波检测示意图:

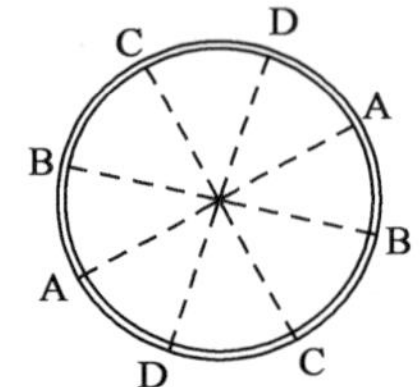

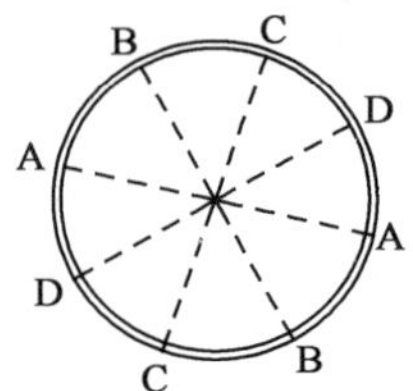

10%-1超声波检测平面测点布置图　10%-2超声波检测平面测点布置图

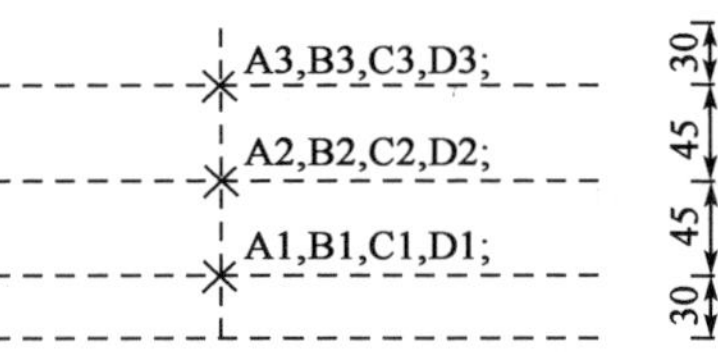

图4　超声波检测立面测点示意图

4 钢管混凝土试验检测

4.1 钢管混凝土试验段7天超声波检测混凝土质量

(1)首波声时法(声速)

接受探头接收首波是最短途径声时,检测超声波首波声时大小,可判断声波途径。若混凝土与钢管黏结良好,接收信号的首波是沿钢管混凝土径向传播的超声纵波,其声时为

$$T_1 = T_s + T_c = \frac{D - 2a}{\nu_c} + \frac{2a}{\nu_s} \tag{1}$$

式中:T_1——总声时;

T_c——混凝土声时;

T_s——钢管壁声时;

a——钢管壁厚;

ν_c——混凝土声速;

ν_s——钢管壁声速。

混凝土有脱空现象,则首波可能绕钢管壁半周长传至接收探头,其初至波叠加于首波后,声时为

$$T_2 = \frac{\pi D}{2\nu_s} \tag{2}$$

故若钢管与混凝土结合质量良好,应满足

$$T_1 < T_2 \tag{3}$$

现场共检测4个钢管混凝土试验段16个截面，48个超声波测点，超声波速均在4261～4973m/s之间，小于声波在钢管中的波速（约5400m/s），符合要求。

（2）波形识别法

脉冲波在传播过程中遇到两种不同介质交界面时，会发生波的反射、折射、绕射等现象，而后与原脉冲波叠加产生波的干扰，通过对波形特征（如波形的组成、波的叠加现象、分布特点等）进行分析混凝土内部是否存在缺陷，若混凝土质量良好，则波形清晰正常，无衰减，有明显圆弧状脉冲包络线。

由于本次试验无标准超声波检测试件，因此也无法得出标准波形图。图5为拱桥钢管混凝土正常与非正常波形分析图，作为判定参考依据。

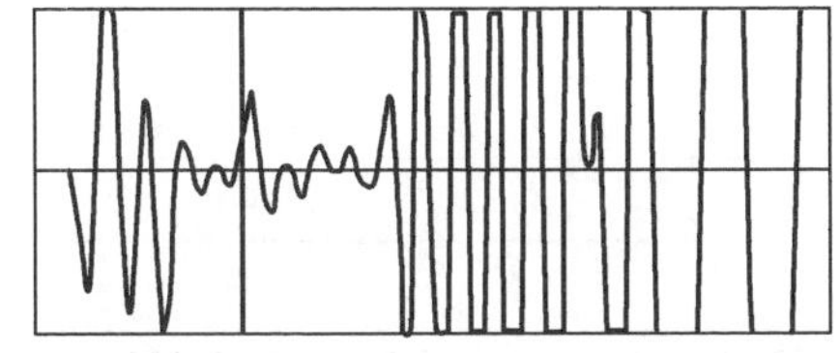

a）首波信号较强，波形良好，表明钢管混凝土质量较好

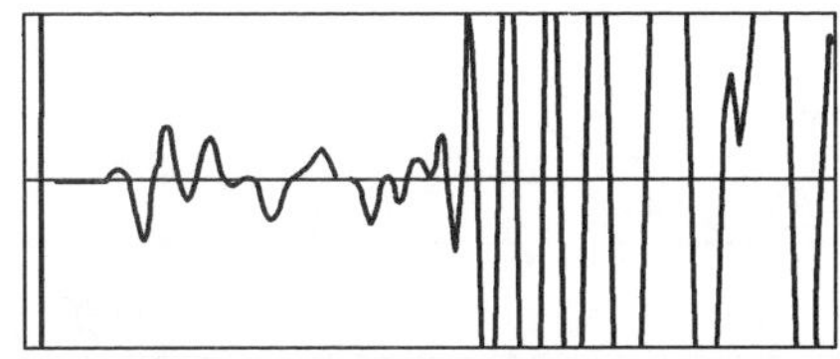

b）首波信号稍弱，波形稍差，表明钢管与混凝土胶结不紧密

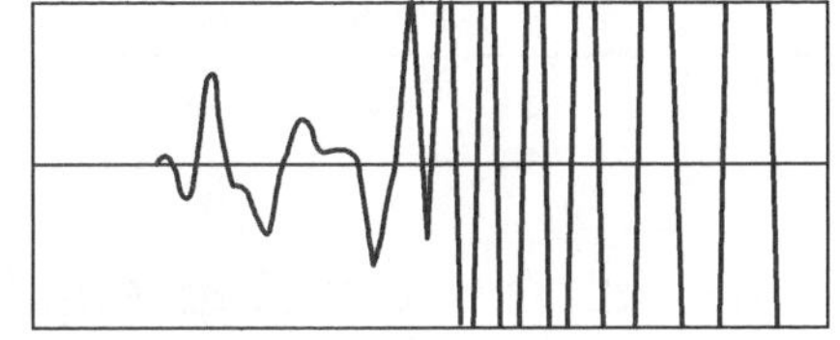

c）首波信号受一定干扰，表明钢管与混凝土胶结稍差

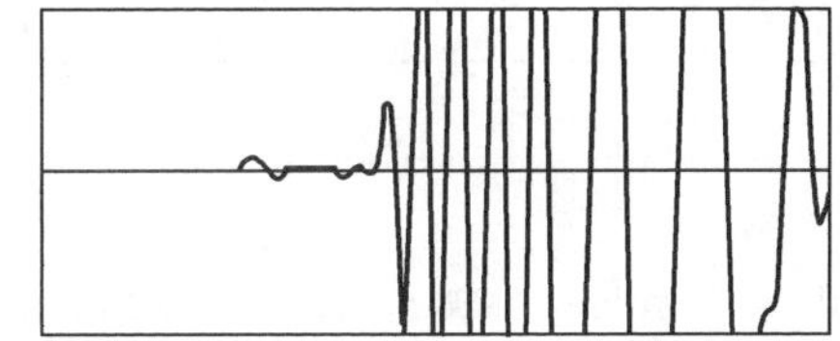

d）首波信号受干扰严重，波形畸变，钢管与混凝土有大面积胶结不良区

图5　波形分析图

通过对桥塔试验段微膨胀钢管混凝土现场检测波形图（见图6、图7）可以得出：首波信号较强，波形良好，检测范围内没有发现有空管、空洞等缺陷，说明钢管混凝土的混凝土与钢管黏结良好，混凝土内部严密充实。

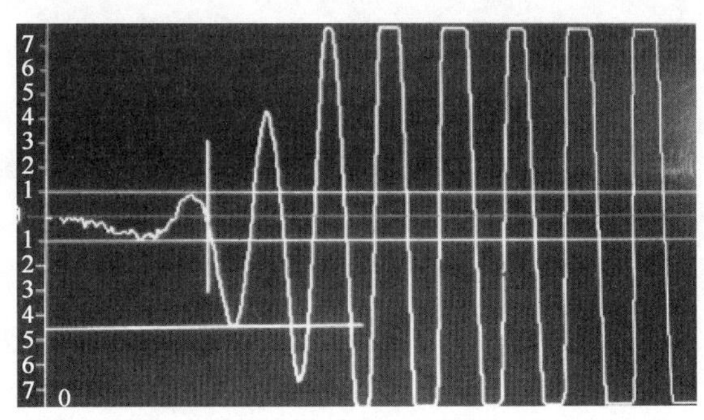

图6　10%掺量膨胀剂试验段现场检测波形图

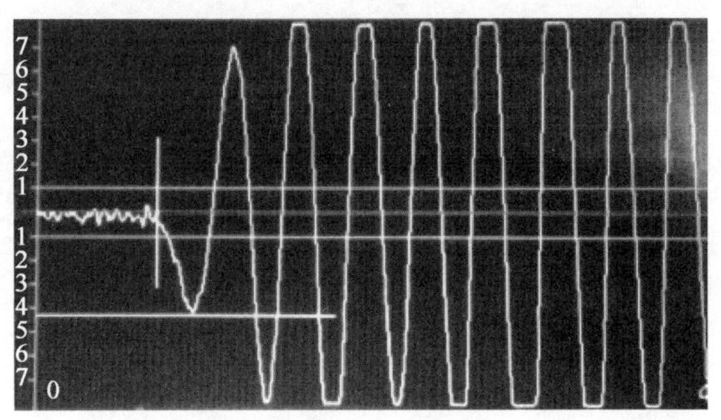

图7　12%掺量膨胀剂试验段现场检测波形图

4.2　室内标准试验数据

两次试验段施工现场检测混凝土坍落度满足设计配合比要求，具体见表3。

现场浇筑混凝土坍落度　　表3

膨胀剂掺量	坍落度			均值
10%	201	192	196	195
12%	183	178	181	180

现场制作了抗压强度标准试件、对3d和7d的抗压强度进行测试、强度符合要求，如表4～表6所示。

7d标准试件抗压强度 表4

膨胀剂掺量		强度(MPa)			均值
10%	3d	31.6	31.7	32.4	31.9
	7d	40.0	40.9	37.1	39.4
12%	3d	32.2	33.1	32.8	32.7
	7d	40.3	41.4	39.5	40.4

现场混凝土标准养护膨胀率试验 表5

膨胀剂掺量	7d限制膨胀率(%)	7d非限制膨胀率(%)
10%	0.0030	0.0168
12%	0.0033	0.0206

设计配合比膨胀率数据 表6

膨胀剂掺量	干缩率(%)	采用规范
10%	-0.0213	T 0566—2005
12%	-0.0322	T 0566—2005

5 结语

经过邀请相关专家对试验数据的仔细分析，参考同类型钢管微膨胀混凝土桥梁施工经验、认为采用10%膨胀剂掺量的微膨胀混凝土配比进行施工能够满足设计提出的充填密实、避免脱空、防止空洞的要求。实际施工中混凝土无损检测密实、无空洞，达到了预期的目的。

刘家峡大桥吊索疲劳试验

闫瑞争　赵鑫淼

（中交一公局第一工程有限公司）

摘　要　刘家峡大桥所用吊索为热铸锚拉索。这种拉索由若干根高强度镀锌钢丝并拢，经大节距扭绞、绕包，并在外热挤单层或双层防护PE，最后在索体两端浇铸锚头而成。本文介绍该桥吊索组件试验的试验方法、试验标准及试验结果。所得结论不仅对确定和改进吊索制造工艺起到了良好的作用，而且对悬索桥吊索制定相应技术标准有一定的参考价值。

关键词　悬索桥　吊索　静力试验　疲劳试验　研究

1　概述

悬索桥吊索作为主缆与桥梁梁体之间的重要承重和传力构件，在桥梁运营过程中处于复杂的应力、应变环境，吊索又根据梁体结构形式和索夹构造分为叉耳销接形式和锚头螺栓连接两种形式。刘家峡大桥桥吊索上端采用叉耳销接方式、下端采用锚头螺栓加楔形垫板连接钢锚箱的方式，吊索最短2.813m，最长50.291m，纵桥向标准间距8m，边跨无吊索，具体吊索布置如图1所示。单根吊索由73根直径5mm高强镀锌钢丝组成，吊索安装长度调整装置位于下锚头部位，调节长度100mm，吊索结构如图2所示。

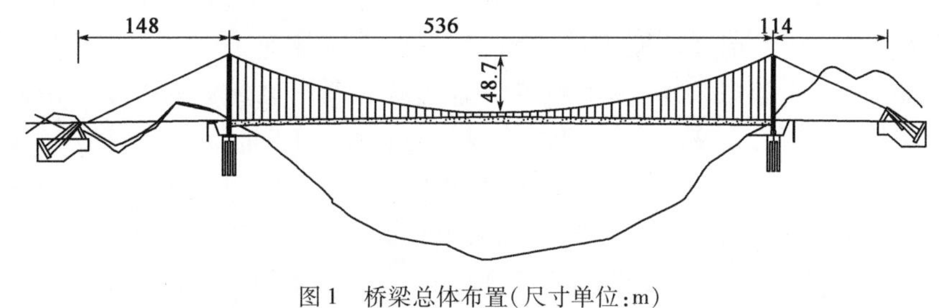

图1　桥梁总体布置（尺寸单位：m）

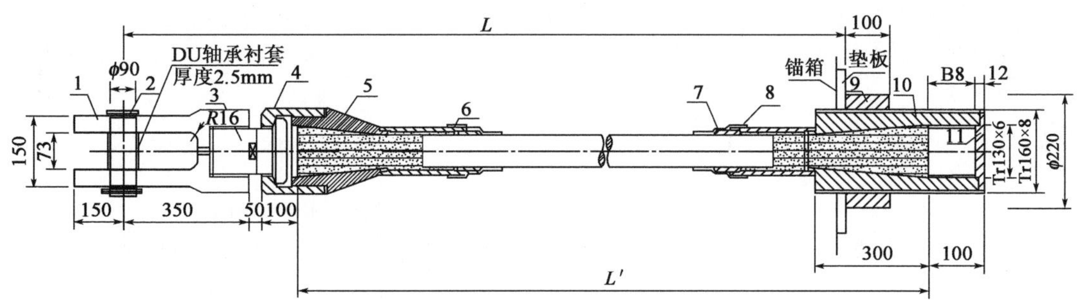

图2　吊索组件示意图（尺寸单位：mm）

1-叉耳；2-销轴；3-上端锚杯；4-密封筒；5-透盖；6-热缩套；7-螺母；8-下端锚杯；9-盖板

为检验刘家峡大桥吊索组件的可靠性和工艺的合理性，吊索正式制作之前，进行了2组吊索组件疲劳和静载强度试验，通过试验测定吊索的弹模值，考核吊索组件的结构和工艺。1组平行钢丝吊索带PE护套，观察疲劳和静载状态下PE护套的耐损状况；1组钢丝绳吊索不带PE护套，以便观察钢丝断丝情况，同时进行索体锚固辅助试验。疲劳试验选用英国INsTRON公司的2165疲劳试验机，系统最大荷载为2500kN，系统精度为±1.0%，动作筒最大行程±125mm。疲劳试验装置如图3所示。试件为刘家峡大桥吊索的实型短索，两端锚具与钢丝与成品索规格型号一致。试验索规格为 $\phi5\text{mm}\times73\text{mm}$，净长 4.1m。钢丝抗拉强度 1670MPa，吊索公称破坏载荷为 2349kN，数量 2 根，单侧叉形耳板连接。

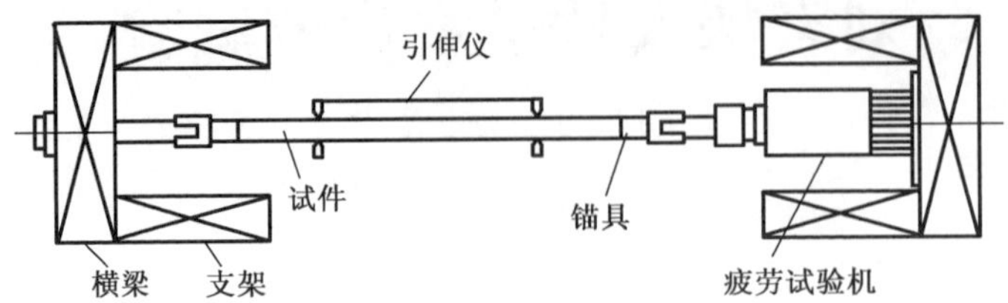

图 3　疲劳试验装置示意图

1.1　疲劳试验的目的

为保证吊索在正常使用情况下工作状态的稳定性，需要对吊索进行疲劳试验，以测定吊索疲劳应力或应变循环数的过程。疲劳是循环加载条件下发生在吊索某点处局部的、永久性的损伤递增过程。经足够的应力或应变循环后，损伤积累可使吊索发生裂纹，或是裂纹进一步扩展，出现可见裂纹或完全断裂。

1.2　疲劳试验原理

疲劳试验是指通过金属材料实验测定金属材料的 $\sigma-\varepsilon$，绘制材料的 $S\text{-}N$ 曲线，观察疲劳破坏现象和断口特征，进而在对称循环应力下测定金属材料疲劳极限的方法。检测设备一般有疲劳试验机和游标卡尺。

在足够大的交变应力作用下，于金属构件外形突变或表面刻痕或内部缺陷等部位，都可能因较大的应力集中引发微观裂纹。分散的微观裂纹经过集结沟通将形成宏观裂纹。已形成的宏观裂纹逐渐缓慢地扩展，构件横截面逐步削弱，当达到一定限度时，构件会突然断裂。金属因交变应力引起的上述失效现象，称为金属的疲劳。静载下塑性性能很好的材料，当承受交变应力时，往往在应力低于屈服极限且没有明显塑性变形的情况下突然断裂。疲劳断口明显地分为两个区域：即较为光滑的裂纹扩展区和较为粗糙的断裂区。裂纹形成后，交变应力使裂纹的两侧时而张开时而闭合，相互挤压反复研磨，光滑区就是这样形成的。荷载的间断和大小的变化，在光滑区留下多条裂纹前沿线。至于粗糙的断裂区，则是最后突然断裂形成的。统计数据表明，金属构件的失效，约有 70% 左右是疲劳引起的，而且造成的事故大多数是灾难性的。因此，通过实验研究吊索的抗疲劳的性能是有实际意义的。

2　产品介绍

2.1　吊索成品

成品索如图 4 所示。

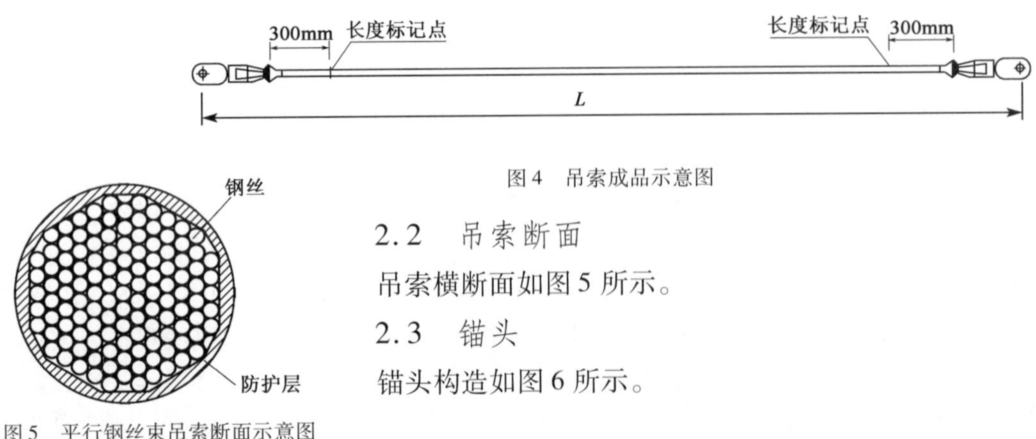

图 4　吊索成品示意图

2.2　吊索断面

吊索横断面如图 5 所示。

2.3　锚头

锚头构造如图 6 所示。

图 5　平行钢丝束吊索断面示意图

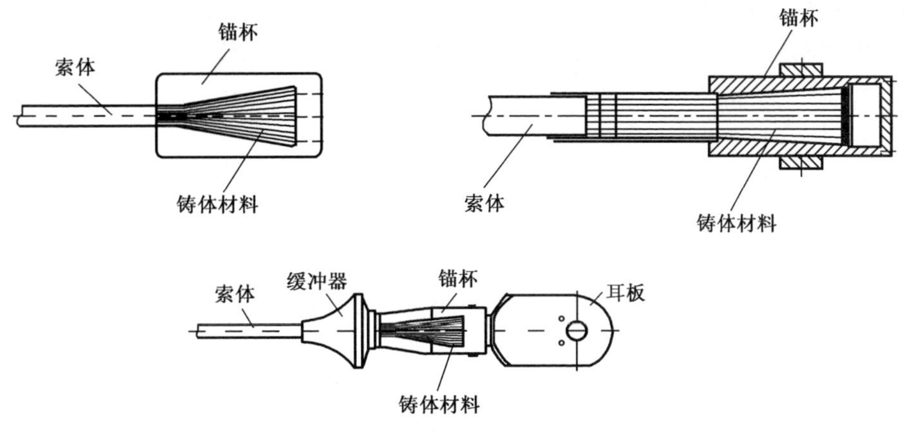

图6　锚头构造示意图

3　材料

3.1　高强度新钢丝

应符合 GB/T 17101 的各项指标要求。

3.2　主要受力构件

对于锚头锚杯、盖板或销接式锚头的耳板、销轴等必须选用优质钢材制造，其技术条件应符合 GB/T 11352，GB/T 69 和 GB/T 3077 的规定。

3.3　锚内铸体

锚杯与吊索采用锌—铜合金热铸为一体，选用低熔点锌铜合金，其中锌含量为 98% ±0.2%，应符合 GB/T 470 的规定；铜含量为 2% ±0.2%，应符合 GB/T 467 的规定。锚头浇铸完毕冷却至常温后以设计荷载的1.25倍顶压力进行预压检验，持荷时间5min，索体外移量小于5mm为合格。锚头灌注后吊索与锚头断面的垂直度应控制在 90°±0.5°。浇铸合金前应将锚杯预热，预热温度应根据当地气温条件经试验后确定，以保证合金浇铸温度在460℃ ±10℃范围，锚杯内浇铸材料实际浇铸量应为理论计算铸入量的92%以上。

3.4　吊索防护

应根据设计图进行防护层施作，符合相关的技术标准。

4　技术要求

4.1　吊索

4.1.1　平行钢丝束吊索宏观弹性模量 $E \geqslant 1.9 \times 10^5$MPa。

4.1.2　吊索静力破断荷载 P 不小于吊索公称破断荷载 P_b 的 95%。

4.1.3　吊索的特殊位置处应设置标记点，主要的标记点应有：锚头端面位置点、吊索长度标记点（与锚头端面的距离为 300mm）。

4.1.4　成品吊索交货长度为恒载状态设计长度；叉形耳板安装后，成品吊索两端耳板销孔间长度容许误差为 ±2mm。

4.1.5　疲劳性能符合如下要求：

(1)用脉动荷载加载，上限荷载为 $0.35P_b$，应力幅为 150MPa；

(2)经 2×10^6 次脉冲循环加载试验后，吊索断丝率不大于 5%；

(3)吊索护层不应有明显损伤，锚头无损坏。

4.1.6 吊索应能弯曲盘绕，最小盘绕直径应不小于20D（索体外径），盘绕弯曲后，外形不应有明显变形。吊索侧面应设置沿轴向的标志线，以监测安装时索体不发生扭转。

4.2 锚头

4.2.1 一般要求

（1）锚头规格尺寸应符合设计要求。

（2）锚头材料为铸钢件，探伤检验要求的质量要求应符合GB/T 7233，GB/T 9443及GB/T 9444的规定。

（3）锚头材料为锻钢件，探伤检验要求的质量要求应符合GB/T 4162和JB 3965的规定。

（4）锚头的各主要受力构件硬度测试应符合GB/T 231的规定。

（5）销接式锚头叉形耳板以螺纹安装至锚杯时，应保证吊索两端锚头耳板方向一致。

（6）锚头灌铸后吊索与锚头端面的垂直度应控制在90°±0.5°。

（7）锚杯内浇铸材料应密实，无气孔。

4.2.2 热铸锚

（1）浇铸合金前应将锚杯预热，预热温度应根据当地气温条件经试验后确定，以保证合金浇铸温度不低于规定值。

（2）热铸合金的浇铸温度应控制在460℃±10℃范围。

（3）锚杯内浇铸材料实际浇铸量应为理论计算注入量的92%以上。

（4）锚头浇铸完毕冷却至常温后以设计荷载的1.25倍顶压力进行顶压检验，持荷时间5min，索体外移量小于5mm为合格。

5 工艺要求

5.1 吊索

（1）钢丝束应同心左向绞合形成，最外一层钢丝绞合角为2°～4°，其相应捻距为40～60倍的索体外径，视吊索中钢丝数量而异。

（2）吊索中钢丝应排列整齐、扭绞均匀、无交叉错位。

（3）钢丝束外绕包层右旋，每圈搭接应不小于带宽的1/3。绕包层应齐整致密、无破损、无缺漏。

（4）绕包后的钢丝束，外挤包PE护层。护层应紧密包覆，在正常的生产、运输、吊装过程中不松脱。

（5）成品吊索在自然状态下应保持顺直，不应有螺旋形卷曲。

（6）成品吊索护层表面不应有深于1mm的划痕。

（7）锚头与索体的锚固能力应不小于相应规格吊索公称破断荷载P_b的95%。

5.2 锚头

（1）进行锚头安装的索体必须经检验合格，灌铸料满足材料指标要求后方可进行灌锚工艺。

（2）锚头表层防护不得有损伤，螺纹不得有任何碰伤，并能够自由旋合。

（3）锚头的各外露件应作发黑处理。也可以作镀锌防护，电镀锌件在镀后应作脱氢处理。

（4）热铸锚进行顶压检验前，油压表及测力仪器等检测设备应通过计量检定，配套使用。

（5）对于热铸锚，浇铸热铸合金时，热铸锚的锚杯应预热，钢丝应均匀散开在锚杯中。

（6）对于冷铸料，在浇铸前应将定位板按设计位置定位于锚杯中，钢丝端头抵紧定位板。浇铸冷铸料时应强迫振实，并有可靠的防漏措施。

6 试验方法

6.1 预张拉

（1）使用液压千斤顶作为加载装置，荷载由压力表控制，压力表的精度不低于1.5级。

(2)预张拉装置的加载精度,在测定范围内要保持在 ±2% 以内。

(3)将拉索置于台座中,逐渐加载至预拉力的 10%,检查加载装置及拉索连接系统准确可靠后,继续缓慢加载至预拉索力,并分 5 级加载。

(4)加载速度不大于 100MPa/min。

6.2　吊索长度测量

(1)吊索在进行预张拉后,在恒载拉力下进行长度标记。

(2)长度测定时所用测力及测距仪器均需进行标定并持有标定证书。

(3)长度标记后,卸载至零荷载,然后重新加载至恒载荷载下复测长度,其误差应满足 6.1.4 规定。

6.3　静载试验

(1)试验吊索长度(不计两端锚头长度)不小于 3m,试验吊索根数不少于 2 根。

(2)试验由 0.1P_b(公称破断荷载)开始,逐级加载至 0.5P_b,每级 0.1P_b。加载速度为每分钟 100MPa,每级持荷时间 2min,测量每级吊索长度变化。当荷载达到 0.5P_b 后持荷 10min,然后继续逐级加载,每级 0.05P_b。加载速度每分钟 100MPa,每级持荷时间 2min,测量每级索长的变化(图 7)。

(3)当加载至 1.0P_b 时,持荷时间 2min 后继续加载至荷载达到极限或索体中钢丝的破断率达到 5% 时,所得的拉力即为实测破断荷载。

(4)试验完成后需进行锚头剖面检查,进行灌注合金致密性分析(图 8)。

图 7　静载试验逐级加载

图 8　锚头剖面检查

6.4　疲劳试验

(1)试验吊索长度(不计两端锚头长度)不小于 3m,试验吊索根数不少于两根。

(2)先加设计荷载 1.2 倍的静载并持荷 10min 卸载。

(3)用脉动荷载加载,上限荷载为 0.35P_b,应力幅为 150MPa,经 2×10^6 次脉冲循环加载试验(图 9)。

(4)吊索断丝率不大于 5%;吊索护层不应有明显损伤,锚头无损坏,疲劳试验合格(图 10)。

图 9　对吊索加载

图 10　吊索疲劳试验后解剖照片

7 检测结果

检测试验结果列于表1、表2。

1 号 试 验 索 表1

序号	检测项目	计量单位	技术要求	检测结果	单项评定	备注
1	疲劳试验脉冲次数	次	2×10^6	2×10^6	合格	$F=2.9$Hz
2	疲劳试验断丝率	%	≤5	疲劳试验后解剖未发现断丝	合格	
3	疲劳试验后锚具检查	—	疲劳试验后锚具无异常	疲劳试验后锚具无异常	合格	

2 号 试 验 索 表2

序号	检测项目	计量单位	技术要求	检测结果	单项评定	备注
1	疲劳试验脉冲次数	次	2×10^6	2×10^6	合格	$F=2.9$Hz
2	疲劳试验断丝率	%	≤5	疲劳试验后解剖未发现断丝	合格	
3	疲劳试验后锚具检查	—	疲劳试验后锚具无异常	疲劳试验后锚具无异常	合格	

8 试验结果分析

以刘家峡大桥技术规范和设计文件(含变更条款)作为判定条件,刘家峡大桥吊索索体弹模值均符合要求;疲劳试验在相应的试验条件下检验通过;疲劳后破断强度和静载破断强度均大于95% P_b,且超过索体材料的公称破断强度 P_b,这说明吊索具备一定的强度余量;PE护套、锚具、叉耳、销轴试验后仍完好无损,证明吊索组件合格;钢丝绳吊索索体锚固位移量观察,反映出模具灌铸的锚具质量合格;刘家峡大桥吊索组件动、静载强度试验及锚具辅助性试验结果全部合格,符合安全使用的要求,可以进行吊索批量生产。

参 考 文 献

[1] 中华人民共和国行业标准.公路悬索桥吊索[S].北京:人民交通出版社,2001.
[2] 中华人民共和国行业标准.公路桥涵钢结构及木结构设计规范[S].北京:人民交通出版社,1987.
[3] 中华人民共和国行业标准.JTG/T F50—2011 公路桥涵施工技术规范[S].北京:人民交通出版社,2011.

大直径厚壁钢管混凝土超声检测方法研究

陈旺生[1] 耿江玮[2] 朱 琪[1]
(1. 甘肃省远大路业集团有限公司;2. 甘肃省交通科学研究院有限公司)

摘 要 本文介绍了钢管混凝土管内混凝土灌注质量的一般检测方法,并在考虑大直径厚壁钢管混凝土基础上对检测方法进行了改进,通过工程实例验证了改进后超声检测法检测钢管混凝土管内混凝土灌注质量的可行性。

关键词 大直径 钢管混凝土 厚壁 超声检测

1 引言

钢管混凝土由于具有承载能力高、塑性和韧性好、耐火和抗震性能好、耐久性好、制作与施工方便、经济效益好等优点,越来越多被采用于公路桥梁领域。而钢管混凝土受材料和施工工艺影响,常出现一些诸如混凝土空洞、混凝土与钢管壁脱粘等的缺陷,这将影响钢管混凝土的承载能力。于是钢管内混凝土的灌注密实性检测显得尤为必要与重要。

2 传统检测方法

对钢管混凝土的灌注密实性检测国内规范规定不一:《钢管混凝土结构设计与施工规程》提出对管内混凝土灌注质量,可用敲击钢管的方法进行初步检查,如有异常则应用超声检测方法复测;《钢管混凝土工程施工质量验收规范》认为应检查钢管内混凝土浇筑工艺试验报告及混凝土浇筑施工记录;《超声法检测混凝土缺陷技术规程》规定采用径向对测法或埋置声测管检查钢管混凝土缺陷,但前提是钢管壁与混凝土胶结质量良好。

归纳以上关于钢管内混凝土灌注质量的检测,其方法有三:

(1)人工敲击法;

(2)检查资料法;

(3)超声检测法。

通过检查资料的方法检查管内混凝土的灌注质量现不作讨论。

2.1 人工敲击法

人工敲击法为通过小锤敲击钢管外壁,根据声音回响判断钢管外壁与核心混凝土的黏结质量的方法。如声音浑沉无震感则说明管壁与混凝土结合紧密;如果声音清脆发空,则可能是混凝土与钢管出现脱空现象。人工敲击法需要熟练的人工操作与丰富的经验,检测过程中人为因素较大,缺陷判断的准确性差,且其只能检测钢管与混凝土的黏结质量,对管内混凝土是否存在空洞等缺陷无法达到检测目的。另外,此方法对薄壁钢管适合,而当钢管壁厚超过 20mm 时通过声音判断钢管与混凝土的黏结质量将变得困难。

2.2 超声波法

超声检测法是用超声波检测钢管混凝土的质量,由于超声波在混凝土中传播时它的声学参数发生变化,而超声波的声学参数与核心混凝土的密实度、均匀性及其与钢管壁的黏结情况等有关。根据超声仪接收信号的超声声时或声速、初至波幅度、接收信号的波形和频率的变化情况,作相对比较分析判定钢管混凝土各类质量问题。

一般检测时采用首波声时法，通过检测穿透钢管混凝土的首波声时值来判断钢管混凝土内部是否存在缺陷。超声波的首波可以穿透钢管混凝土到达一另端，也可沿钢管壁到达另一端。只有当发射换能器发射的超声波透过核心混凝土到达接受换能器的时间 $t_{混}$ 小于超声波沿钢管壁到达接受换能器的时间 $t_{管}$ 时，才能避免穿透钢管的超声波首波受到沿钢管壁传播的超声波干扰，造成混乱而无法识别。

对于圆形钢管混凝土，超声波沿钢管混凝土径向传播的时间 $t_{混}$ 和沿钢管壁半周长传播的时间 $t_{管}$ 的关系为：

$$t_{管} = \frac{\pi R}{v_{管}}$$

$$t_{混} = \frac{2R}{v_{混}}$$

$$t_{管} = \frac{\pi}{2}\frac{v_{混}}{v_{管}}t_{混}$$

式中：R——钢管的半径；

$v_{混}$——超声波在钢管内混凝土中传播的速度；

$v_{管}$——超声波在钢管中传播的速度。

在工程领域，超声波在混凝土中的传播声速一般在 3650 ~ 4900m/s，在钢材中传播的声速大致为 5300 ~ 5700 m/s。以最大值计算，钢材中超声波传播速度为 5700m/s，那么只要在测试过程中所有测点的波速大于 3628m/s，便可认为检测时的超声波为直接穿透钢管混凝土的，于是可以通过综合所有测点的声时（波速）进行分析，找出存在缺陷的测点。

超声波在钢管混凝土中的传播是由钢管到混凝土再到钢管的过程，再加上混凝土的非均质性，造成了超声波在钢管混凝土中的传播行为变得尤为复杂。当钢管混凝土直径较大时，波在钢管混凝土中传播的路径也相应变长，于是复杂的反射、散射、折射等也发生更多，波能量衰减更严重。这就可能导致从钢管混凝土中透射的首波难以被超声仪分辨出。

《超声法检测混凝土缺陷技术规程》规定当钢管混凝土直径较大时，可以在管内混凝土中预埋声测管，按超声法检测桩基完整性的方法检测管内混凝土的灌注质量。但该法也只能检测声测管包围范围内混凝土的浇筑质量，对混凝土和钢管之间的胶结质量则难以达到检测目的。

3 改进检测方法

在传统超声波检测钢管混凝土灌注密实性方法的基础上进行改进，在钢管内预埋声测管，除检测声测管包围范围内混凝土浇筑质量外，在钢管外壁也布置换能器，使其与声测管内的换能器形成一个发射 - 接收过程，以此来判断钢管与混凝土之间是否存在脱黏现象，见图 1。先通过声测管 A、B、C、D 分 AB、AC、AD、BC、BD、CD 六个剖面检测几根声测管范围内混凝土的密实性，然后通过声测管内的径向换能器和钢管外壁的平面换能器检测 Aa、Bb、Cc、Dd 之间混凝土与钢管壁的黏结质量。

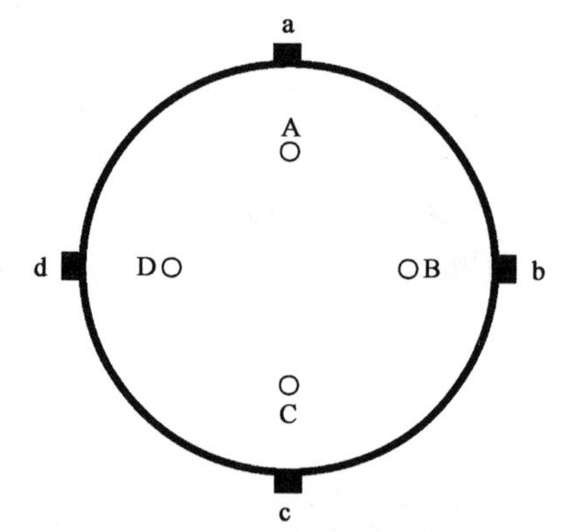

图 1 改进超声法检测钢管混凝土灌注密实性示意

该方法通过在钢管内预埋声测管，有效缩短每次检测超声波在混凝土中的传播距离，使仪器能清楚地分辨首波，达到检测目的。同时还能检测混凝土与钢管的黏结质量，达到完整检测钢管混凝土灌注质量的目的。

4　工程实例

某悬索桥索塔采用3m直径的钢管混凝土，塔高60.5m，钢管壁厚0.05m。因钢管壁厚较大，人工敲击法检测仅做参考，主要以超声法对混凝土灌注质量进行检测。

4.1　传统超声波法

以索塔2.5m长为代表，竖向每0.5m布置一个测试截面共5个测试截面，从下往上分别用1、2、3、4、5表示，每一截面布置4个对测点，分别为A-A1、B-B1、C-C1、D-D1，如图2所示。先检测超声波在钢管中的传播速度，结果为5323m/s。然后检测钢管混凝土整体的声时和波速，结果如表1所示。

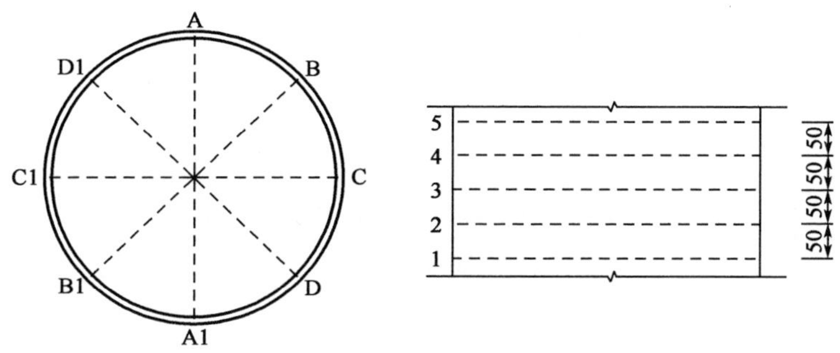

图2　传统超声法测点布置示意图（单位：cm）

传统超声法检测结果　　表1

截面编号	测点编号	测距（cm）	声时（μs）	声速（m/s）
1	A-A1	300	892.5	3361
	B－B1	300	892	3363
	C－C1	300	848.5	3536
	D－D1	300	893.5	3358
2	A-A1	300	891.4	3365
	B－B1	300	895.7	3349
	C－C1	300	850.7	3527
	D－D1	300	874.9	3429
3	A－A1	300	871.6	3442
	B－B1	300	880.4	3408
	C－C1	300	849.6	3531
	D－D1	300	872.7	3438
4	A-A1	300	865	3468
	B－B1	300	863.8	3473
	C－C1	300	861.7	3481
	D－D1	300	871.6	3442
5	A-A1	300	871.6	3442
	B－B1	300	894.7	3353
	C－C1	300	857.3	3499
	D－D1	300	869.4	3451

从表1可看出：采用传统对测法检测钢管混凝土各测点声时和波速都比较平均，无奇异值，各测点声速均在3400m/s左右。上文提到测点波速大于3628m/s时为超声波直接穿透钢管混凝土，而表1中各测点的波速没一个大于3628m/s，判断该首波为沿钢管壁绕射。为验证该判断，以截面1的A－A1

测点为例,测试声时为892.5μs,检测过程中认为超声波直接透射过钢管混凝土,所以测距为300cm,实际若收到首波为沿钢管壁绕射,则波传播的距离为471cm,以此计算超声波在钢管中的传播速度为5277m/s,与前所测超声波在钢管中的传播速度相符。这也证明传统超声法对大直径钢管混凝土无损检测并不适用。

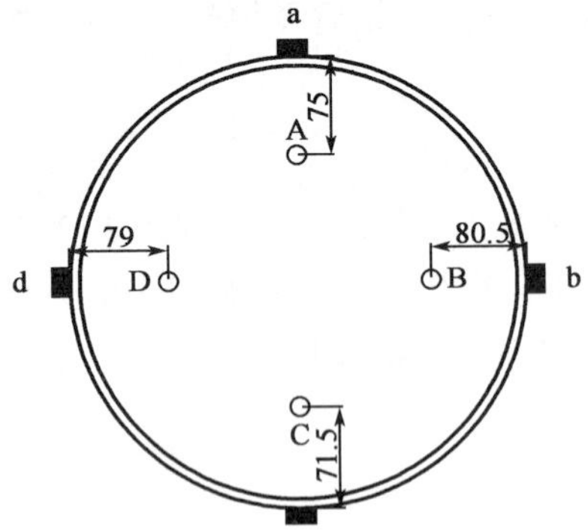

a
75
A
79
80.5
d
D
B
b
C
71.5
c

图3 改进超声法声测管平面布置示意图(单位:cm)

4.2 改进超声波法

采用改进超声波法对上文的2.5m钢管混凝土进行检测,竖向同样每0.5m布置一个测试截面共5个测试截面,从下往上分别用1、2、3、4、5表示,钢管内预埋4根声测管,声测管与钢管外壁测点的平面布置如图3所示。

首先通过A、B、C、D四根声测管的6个剖面检测声测管范围内混凝土的密实性,结果如表2所示,然后通过Aa、Bb、Cc、Dd检测混凝土与钢管壁的黏结质量,结果如表3所示。

声测管范围内混凝土密实性检测结果 表2

截面编号	测点编号	测距(cm)	声时(μs)	声速(m/s)
1	AB	102.3	236.4	4327
	AC	153.5	348.8	4401
	AD	103.3	237.2	4355
	BC	104.9	239.4	4382
	BD	140.5	315.6	4452
	CD	106.5	240.9	4421
2	AB	102.3	233.1	4389
	AC	153.5	352.4	4356
	AD	103.3	231.7	4458
	BC	104.9	238.8	4392
	BD	140.5	324.6	4329
	CD	106.5	244.2	4362
3	AB	102.3	233.7	4377
	AC	153.5	355.4	4319
	AD	103.3	237.8	4344
	BC	104.9	237.8	4412
	BD	140.5	318.7	4409
	CD	106.5	243.3	4378
4	AB	102.3	230.4	4440
	AC	153.5	347.9	4412
	AD	103.3	233.1	4432
	BC	104.9	243.4	4309
	BD	140.5	321.2	4374
	CD	106.5	244.7	4352
5	AB	102.3	232.1	4408
	AC	153.5	344.4	4457
	AD	103.3	236.5	4367
	BC	104.9	240.9	4355
	BD	140.5	317.4	4427
	CD	106.5	241.6	4409

混凝土与钢管黏结质量检测结果 表3

截面编号	测点编号	测距(cm)	声时(μs)	声速(m/s)
1	Aa	75	168.8	4442
	Bb	80.5	183.0	4398
	Cc	71.5	160.5	4454
	Dd	79	177.4	4452
2	Aa	75	167.7	4473
	Bb	80.5	182.2	4419
	Cc	71.5	161.1	4438
	Dd	79	180.0	4389
3	Aa	75	167.5	4478
	Bb	80.5	180.7	4456
	Cc	71.5	161.8	4420
	Dd	79	176.7	4472
4	Aa	75	169.2	4433
	Bb	80.5	181.9	4425
	Cc	71.5	160.0	4468
	Dd	79	176.6	4473
5	Aa	75	169.0	4439
	Bb	80.5	182.9	4401
	Cc	71.5	160.5	4456
	Dd	79	176.4	4478

从表2和表3可看出:无论是声测管范围内混凝土的密实性检测还是混凝土与钢管间黏结质量的检测,各测点的声速都在4400m/s左右,均大于3628m/s且无异常测点。说明该段混凝土浇筑质量良好,不存在混凝土空洞、裂缝或混凝土与钢管脱黏的缺陷。另外,表2中检测声测管范围内混凝土浇筑质量各测点波速的平均值为4386.8m/s,表3中检测混凝土和钢管黏结质量各测点波速平均值为4443.2m/s,表3波速平均值大于表2波速平均值,这是由于在检测钢管与混凝土黏结质量时超声波先穿过混凝土后穿过钢管壁,超声波在钢管中传播的速度大于在混凝土中传播的速度,使得超声波通过混凝土再通过钢管传播的平均速度大于只在混凝土中传播的速度。

5 结语

本文介绍了钢管混凝土管内混凝土灌注质量的一般检测方法,并在考虑大直径厚壁钢管混凝土基础上对检测方法进行了改进,通过工程实例验证,得出以下结论:

(1)人工敲击法对厚壁钢管混凝土钢管与混凝土黏结质量的检测较难实现;

(2)传统超声检测法对大直径钢管混凝土的灌注质量检测不适合;

(3)改进后的超声法可较好地检测钢管内混凝土的灌注质量,既可以检测混凝土内部空洞、裂缝缺陷又可以检测钢管与混凝土的黏结质量,在类似工程中可以参考应用;

(4)由于大直径钢管混凝土多应用于高度较大的结构体系,采用改进超声波检测法检测其管内混凝土灌注质量时需要长时间高空作业,危险性和困难性不言而喻。因此该方法还有待进一步改善或者定量的规定检测比列,减小工作量。

刘家峡大桥索夹摩阻系数试验

赵鑫淼

(中交一公局第一工程有限公司)

摘　要　悬索桥的索夹受力状态复杂,难以准确分析计算,基于刘家峡大桥的索夹本体试验,得出相关数据,并对试验结果进行了分析。

关键词　悬索桥　摩阻系数　索夹

1　项目概况

刘家峡大桥主缆索股采用127丝索股规则排列成六边形结构,然后通过丝股整理成直径约434mm的圆形后紧缆,索夹设计为上下两半拉杆连接式结构,为保证索夹与主缆有足够的摩擦力,索夹加工阶段除内壁控制加工精度外还要喷砂、喷锌处理。常规的索夹与主缆索股之间的摩阻系数常通过室内试验完成,与现场存在较大差异,本项目采用了一种现场试验方法,精确的测定了索夹与索股的摩阻系数。

2　试验设计

试验索夹(工作索夹)采用4组螺栓的索夹,制动索夹采用10组螺栓的索夹,各配适当的高强螺栓,并于试验索夹处装有百分表。方案一,在试验索夹与制动索夹之间用钢丝绳将两个索夹连接在一起,在两索夹的中间位置安装千斤顶。在试验过程中由于钢丝绳与索夹的连接不牢固,导致该方案未成功。方案二,将工作索夹与制动索夹的间距置于千斤顶适当的量程范围内,再将两个千斤顶对称置于主缆的两侧,见图1所示。试验主缆及索夹如图2所示。

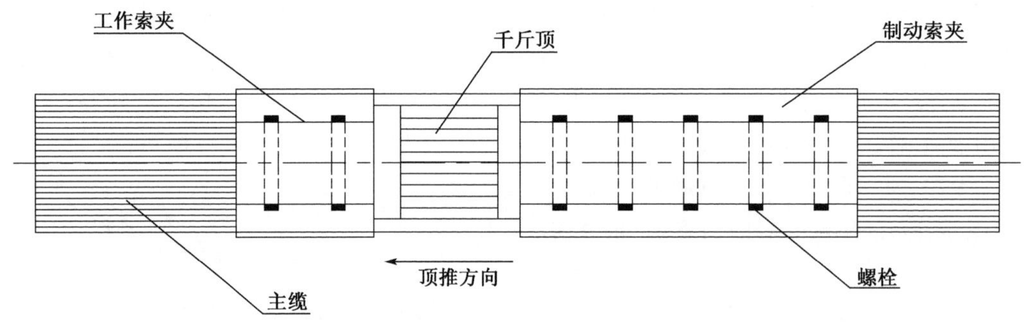

图1　抗滑试验组装示意

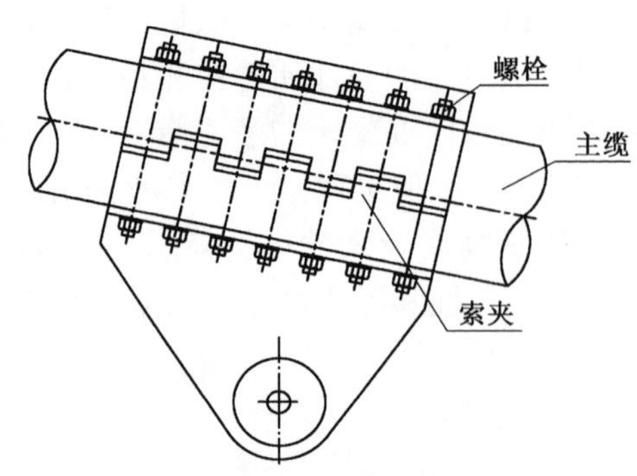

图2　试验主缆及索夹

按照试验要求组装试验索夹和千斤顶,并采用螺栓预紧器先将工作索夹的螺栓预紧,按设计预紧力的20% ~30%预紧试验索夹,用千斤顶顶推试验索夹,以消除索股中因钢丝的弯曲所造成的不密实。索夹的抗滑试验中,较难控制的是高强螺栓的预紧力,而预紧力的精确程度与抗滑摩阻系数直接对应。

3 理论分析

悬索由众多束股组成,每一束股又含有多根钢丝,主缆与索夹间的摩阻力由周边钢丝与索夹接触摩阻产生。中心束股与周边束股保持紧密接触而形成整体,各束股之间又通过全桥密布的索夹夹持力而不产生相对滑移。索夹由2个半圆形钢铸结构通过高强螺栓紧箍在主缆上,依靠索夹内壁与主缆高强钢丝间的摩阻力来抵抗吊杆力沿主缆切线方向的分力。假设索夹长度为l,索夹夹紧力为P_{tot},索夹对主缆的抗滑摩阻力为F_{fc},主缆的滑动牵引力为F_C,主缆半径为R,并假定索夹对主缆产生的径向压力沿圆周均匀分布,压应力为P,索夹处力学简图如图3所示。由力学平衡方程可得:

$$\int_0^{\pi} plR\sin\theta \mathrm{d}\theta = P_t \tag{1}$$

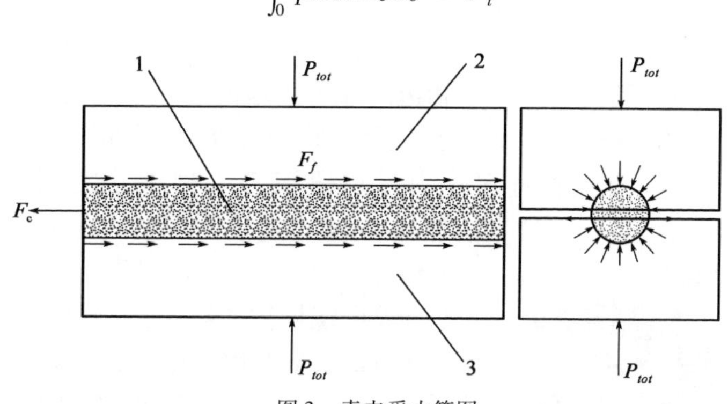

图3 索夹受力简图

由式(1)可得主缆受到的径向均布压应力为

$$p = p_{tot}/(2lR) \tag{2}$$

假设主缆与索夹间摩阻系数为μ,可得抗滑摩阻力为

$$F_{fc} = 2\pi Rl\mu p = \pi\mu P_{tot} \tag{3}$$

式(3)是在假定索夹对主缆产生的径向压力沿圆周均匀分布的前提下得到的。实际上,主缆受到索夹挤压,横截面并不是规则的圆,索夹对主缆产生的径向压力非均匀分布,因此须对式(3)进行修真。抗滑摩阻力应为

$$F_{fc} = k\mu P_{tot} \tag{4}$$

式中:k——紧固及压力分布不均匀系数,取2.8;

μ——摩阻系数,设计时取0.15。

4 理论计算

4.1 由吊索拉力产生的索夹在主缆上的下滑力 T 计算

$$T = T_1 \times \sin\alpha$$

式中:T_1——吊索拉力(理论设计值为500kN);

α——索夹在主缆上的安装倾角(本索夹为16.7°)。

故下滑力 $T = T_1 \times \sin\alpha = 500 \times \sin 16.7° = 143.68\text{kN}$

4.2 索夹夹紧力产生的理论抗滑摩阻力 F 计算

$$F_{fc} = k\mu P_{tot}$$

P_{tot}——索夹上螺栓总的夹紧力(设计单个螺栓夹紧力为225kN,本索夹共有4个螺栓,总夹紧力为

900kN)。

故理论抗滑摩阻力 $F_{fc}=k\mu P_{tot}=2.8\times0.15\times900=378\text{kN}$

4.3 实测抗滑摩阻系数 μ 的计算

$$\mu = F_{fc}/kP_{tot}$$

在试验中，分若干级逐渐加大顶推千斤顶的推力，同时观察试验索夹有无开始滑移的迹象，根据试验索夹开始产生滑移时的实测推力值 F_0，就可以算出索夹与主缆之间的实测抗滑摩阻系数 μ。

4.4 索夹内(外)空隙率计算

$$\gamma = (1 - A/A') \times 100\%$$

式中：A——全部钢丝截面积 $=44\times127\times5.2^2\times\pi/4=118673.3\text{mm}^2$；

A'——实测索夹内(外)面积，$A=C^2/4\pi$；

C——实测紧缆后索夹内(外)周长。

5 试验过程

本次试验分两级加载，最不利情况为中跨和边跨靠近主塔的第二个索夹，倾角为16.7°(最大)。工况一为预拧索夹螺栓使夹力为100kN时，施加沿主缆方向顶推力，总共得三组数据，测得摩阻系数(取平均值)；工况二为将索夹螺栓直接施拧至压力设计值225kN时，施加沿主缆方向顶推力(最大至300kN)，此时索夹的位移若为0mm(理论也应该为0mm)，则说明索夹质量合格，索夹与主缆之间摩阻力学关系符合规范及设计要求。

图4 测试实况

(1)采用螺栓拉伸器先将制动索夹的螺栓预紧，并按设计预紧力的120%～130%预紧试验索夹，然后用千斤顶顶推试验索夹，使其产生一个位移，以便消除索股中因钢丝弯曲而造成的长度不一致(相当于主缆整形预紧工作)。

(2)螺栓拉伸器加载、持荷，然后测量索夹出口处索股圆周长，计算索夹内的空隙率。

(3)分别在主缆主跨、边跨二分之一、四分之一跨处测量试验索股的圆周长，计算索夹外索的空隙率。

(4)千斤顶顶推试验索夹，并逐渐加载，在索夹开始移动时记录螺栓上传感器的数据(图4)。

6 试验结果(表1)

测试数据记录表　　表1

工况	中跨				边跨			
	Ⅰ		Ⅱ		Ⅰ		Ⅱ	
试验次数	1	2	1	2	1	2	1	2
组合推力千斤顶的顶推力(kN)	243.04	226.24	526.68	556.92	236.32	244.16	539.28	531.72
索夹位移(mm)	0.01	0.02	0.01	0.01	0.01	0.03	0.01	0.01
摩阻系数	0.217	0.202	0.209	0.221	0.211	0.218	0.214	0.211
摩阻系数平均值	0.210		0.215		0.214		0.212	
索夹内周长(mm)	—		13453.01		—		13452.93	
索夹外周长(mm)	—		13518.95		—		13518.71	

索夹抗滑摩阻系数:$\mu = (\mu_1 + \mu_2 + \mu_3 + \mu_4)/4 = 0.213$

索夹内空隙率:$\gamma = 17.6\%$

索夹外空隙率:$\gamma = 18.4\%$

测试数据如表1所示。

7 结语

通过本次实体索夹抗滑试验,测出主缆与索夹之间的最小平均抗滑摩阻系数 $\mu = 0.213$,通过两级加载的二次抗滑移试验,所得抗滑移系数均大于设计要求,因此试验证明刘家峡大桥索夹抗滑移性能良好,与工程界公认的抗滑移系数要求相比,具有足够的安全储备。

由于索夹受力复杂,索夹设计应把安全系数取得足够大,或进行实体试验,以保证索夹的受力安全。

试验测得索夹内部空隙率为17.6%,索夹外部空隙率为18.4%,满足设计要求20%限值。

参考文献

[1] 赵东海.自锚式悬索桥索夹抗滑及应力测试试验研究[J].铁道建筑技术,2009(10):18-19.

[2] 侯苏伟,强士中,刘明虎,等.CFRP主缆与索夹间摩擦学性能试验研究[J].深圳大学学报:理2版,2012,29(3):201-206.

[3] 中华人民共和国国家标准.GB 50205—2001 钢结构工程施工质量验收规范[S].北京:中国计划出版社,2002.